浙江省普通本科高校"十四五"重点立项建设教材
高等教育跨境电子商务专业"校行企"协同育人系列教材

跨境电商案例分析

主　编　林菡密　章剑林
副主编　高　帅　金贵朝

电子工业出版社
Publishing House of Electronics Industry
北京·BEIJING

内容简介

本书以现阶段跨境电商生态圈的构成及运作机理为基础，遵循深入浅出、可读性强等原则，围绕构成跨境电商生态圈的关键"物种"如政府端、园区、卖家企业、跨境电商平台和各类主要服务商等，撰写反映跨境电商发展全貌的典型案例。本书共七章，主要包括跨境电商及生态圈概述、跨境电商平台商业模式创新案例、跨境电商卖家企业案例、跨境电商物流服务案例、跨境电商网络营销服务案例、跨境电商金融服务案例和跨境电商衍生服务案例等。

本书提供了大量的教学资源，包括教学大纲、教学课件，编者还精心组织编写了案例使用说明，每个案例使用说明包含了教学目的与用途、案例思考题、分析思路、理论依据与分析、公司背景信息、关键要点与后续讨论等。

本书可作为普通高等院校跨境电子商务、电子商务、市场营销、国际经济与贸易、经济学、数字经济、商务英语等专业的教材。

未经许可，不得以任何方式复制或抄袭本书之部分或全部内容。
版权所有，侵权必究。

图书在版编目（CIP）数据

跨境电商案例分析 / 林菡密，章剑林主编. -- 北京：电子工业出版社，2024. 8. -- ISBN 978-7-121-48622-7

Ⅰ. F713.365.2

中国国家版本馆 CIP 数据核字第 2024WK6708 号

责任编辑：王二华
印　　刷：三河市华成印务有限公司
装　　订：三河市华成印务有限公司
出版发行：电子工业出版社
　　　　　北京市海淀区万寿路 173 信箱　　邮编：100036
开　　本：787×1092　1/16　　印张：14　　字数：367 千字
版　　次：2024 年 8 月第 1 版
印　　次：2024 年 8 月第 1 次印刷
定　　价：49.00 元

凡所购买电子工业出版社图书有缺损问题，请向购买书店调换。若书店售缺，请与本社发行部联系，联系及邮购电话：(010) 88254888，88258888。

质量投诉请发邮件至 zlts@phei.com.cn，盗版侵权举报请发邮件至 dbqq@phei.com.cn。

本书咨询联系方式：wangrh@phei.com.cn。

前言

在全球数字化快速发展的新时代，以互联网、大数据、人工智能、区块链等数字技术与对外贸易相融合为主要特征的跨境电商因其成本更低及效率更高等优势，日益成为我国外贸发展的新动能、转型升级的新渠道和高质量发展的新抓手。近年来，跨境电商的发展再次展现了中国速度。截至2022年年底，我国已经设立了165个跨境电商综试区，覆盖31个省、区、市，基本形成了陆海内外联动、东西双向互济的发展格局，从而促进更多企业参与国际贸易，激发外贸主体活力，稳定产业链和供应链，推动更多优质商品的进出口，更好地服务于构建"双循环"新发展格局。公开数据显示，跨境电商占我国货物贸易进出口的比重从2015年的1%增长到2022年的5%，跨境电商的发展也从粗放式高速增长阶段进入了高质量发展的黄金阶段。

随着跨境电商进入新的发展阶段，它需要更多元化的人才来支持，包括跨境电商运营、营销、直播、数据分析及供应链管理等。更为重要的是，行业需要具备综合性和复合型能力的人才，由此催生了对高质量综合性跨境电商教材的需求。在这样的时代背景下，编者编写了这本《跨境电商案例分析》，以现阶段跨境电商生态圈的构成及运作机理为基础，围绕生态圈构成主体如跨境电商综试区、跨境电商平台、跨境电商卖家企业、跨境电商网络营销服务商、跨境电商物流服务商、跨境电商金融服务商、跨境电商衍生服务商等展开案例的撰写和分析。本书共计20多个案例，涉及跨境电商综试区、平台经济、国际物流与供应链管理、国际市场战略、国际营销、国际金融、国际商法、跨国公司管理、跨境电商合规运营等140多个知识点。希望本书能够为相关的专业与课程教学提供第一手材料，加强读者对理论知识的了解并提高实务操作能力。

本书具有以下特色。

其一，系统性。本书在案例的选择上覆盖了跨境电商生态圈中关键且典型的"物种"，能够完整地反映跨境电商整体生态的发展全貌及其运作机理，以及跨境电商全产业链的运作过程。

其二，原创性。本书的大部分案例是由案例编写人员对案例企业进行亲自采访调研后，在精心整理相关素材的基础上撰写而成的。这些案例的真实性和可信度高，能够为读者提供深入了解跨境电商行业的途径。

其三，新形态。本书提供了大量的教学资源，包括教学大纲、教学课件等，编者还精心组织编写了案例使用说明。每个案例使用说明包含了教学目的与用途、案例思考题、分析思路、理论依据与分析、公司背景信息、关键要点与后续讨论等内容，从而为教学提供有效的支撑。

本书是典型的产教融合产物，在本书的编写过程中，浙江工商大学杭州商学院、杭州师范大学经济学院等院校，以及飞书深诺、店匠科技、马帮科技、弧米科技、百世集团、杭州乐链网络科技、小派科技等跨境电商生态圈内知名企业给予了大力支持。编写人员皆为具有丰富跨境电商教学经验的骨干师资，第一章由林菡密编写，第二章由章剑林编写，第三章和第四章由高帅、林菡密共同编写，第五章由林菡密、金贵朝和高帅共同编写，第六章由林菡密、郑秀田共同编写，第七章由金贵朝、林菡密和郑秀田共同编写。需要说明的是，本书案例在编写过程中还得到了高等学校电子商务与数字经济案例中心的大力支持，该案例中心的专家对本书中的部分案例提出了宝贵的意见，同时该案例中心还收录了本书中的部分案例，特此致谢。同时，也非常感谢电子工业出版社王二华和张天运编辑的大力支持。

　　为了更好地服务于跨境电商教学，编者在编写过程中，借鉴了大量文献资料与网上资源，参考了SHEIN、TikTok、Shopee、连连国际、红毛猩猩、中国信保、小棉花等公司的官网和微信公众号中的大量素材。限于时间和精力，编者未能与原创者一一联系，在此特别表示感谢和歉意。由于时间仓促、编者水平有限，书中不当之处在所难免，望广大读者批评指正！

目录

第一章 跨境电商及生态圈概述 1

第一节 跨境电商概述 2
一、跨境电商的定义与类型 2
二、跨境电商境外市场分析 9
三、跨境电商的发展历程、发展现状与发展趋势 14

第二节 跨境电商生态圈概述 17
一、商业生态圈简介 17
二、跨境电商生态圈的定义与构成 19
三、跨境电商生态圈的构建与运行机制 25
四、跨境电商生态圈不同种群的代表性企业及本书后续安排 29

第三节 杭州跨境电商综试区：打造跨境电商全球最优生态圈 31
一、打造跨境电商创新发展策源地 32
二、打造全球跨境电商平台集聚地 33
三、打造跨境电商卖家总部集聚地 34
四、打造跨境电商人才培养高地 34
五、尾声 35

第二章 跨境电商平台商业模式创新案例 37

第一节 跨境电商平台商业模式创新概述 38
一、平台商业模式创新的内涵 38
二、跨境电商平台商业模式创新的目的 39
三、跨境电商平台商业模式创新存在的问题及主要类型 40
四、本章主要案例概述 42

第二节 SHEIN：从快时尚独立站走向第三方全品类跨境平台 43
一、白手起家创办全品类女装服饰品牌 Sheinside 44
二、更名 SHEIN，打造快时尚 DTC 模式 45
三、战略转型第三方全品类跨境平台 48
四、尾声 50

第三节 Shopee：依托本地化模式成功问鼎东南亚市场 50
一、Shopee 应运而生 51

二、打造本地化商业模式 ··· 52
　　三、努力开拓双边市场 ··· 53
　　四、实现多元化盈利模式 ··· 54
　　五、尾声 ··· 56
第四节　TikTok：构建社交媒体电商和货架电商双链路跨境版图 ··· 57
　　一、社交平台出海积累海量活跃用户 ······································ 57
　　二、全球化战略为拓展跨境电商业务扫清障碍 ·························· 58
　　三、社交媒体电商掀起全球购物狂潮 ······································ 59
　　四、货架电商实现TikTok双链路闭环电商版图 ························· 61
　　五、尾声 ··· 62

第三章　跨境电商卖家企业案例 ··· 64

第一节　跨境电商卖家企业概述 ·· 65
　　一、跨境电商卖家企业的概念 ··· 65
　　二、跨境电商卖家企业的数量与地域分布 ································ 66
　　三、跨境电商卖家企业的分类 ··· 67
　　四、跨境电商卖家企业的现状与存在的问题 ····························· 69
　　五、本章主要案例概述 ··· 70

第二节　安克创新：从3C零配件卖家到"跨境电商第一股"的持续创新之路 ··· 71
　　一、更换电脑电池发现商机 ·· 72
　　二、持续改良产品成为亚马逊大卖家 ······································ 72
　　三、加大研发投入，开发智能类产品 ······································ 73
　　四、拓展市场和渠道，扩大营业收入 ······································ 74
　　五、尾声 ··· 75

第三节　上海欧佩克机械：传统外贸工厂从零到亿的跨境电商转型之旅 ··· 76
　　一、行业背景 ·· 77
　　二、力排众议开辟跨境电商之路 ·· 79
　　三、4次换将遭遇滑铁卢 ··· 79
　　四、亲自上阵，躬身入行 ··· 80
　　五、乘风破浪，扬帆出海 ··· 80
　　六、尾声 ··· 81

第四节　小派科技：颠覆VR产业，突破Kickstarter众筹纪录 ········ 82
　　一、专注技术性能突破，抓住差异化国际竞争优势 ··················· 82
　　二、京东众筹积累经验，多渠道培育国外种子客户 ··················· 84
　　三、突破Kickstarter众筹纪录，稳步推进交付工作 ···················· 87
　　四、尾声 ··· 89

第五节　时印科技：高科技创业型"小"公司跨境出海"大"市场 ··· 89
　　一、"科技发烧友"遇到3D打印 ··· 90

二、"吃"出来的创业灵感 90
　　三、偶然性出口走出国门 91
　　四、从 ODM 间接出口到亮相德国汉堡 G20 峰会中国创新展 92
　　五、依托跨境电商打造自主品牌 92
　　六、立足技术，放眼全球 93
　　七、尾声 93

第四章 跨境电商物流服务案例 94

第一节 跨境物流概述 95
　　一、跨境物流的概念与现状 95
　　二、跨境物流的主要模式 96
　　三、跨境物流存在的问题 98
　　四、跨境物流的发展趋势 99
　　五、本章主要案例概述 99

第二节 百世集团：跨境电商带动中国快递企业出海 100
　　一、因"堵车"成就国内物流巨头 101
　　二、跨境进口电商带动保税仓物流 102
　　三、跨境出口电商催生海外仓业务 102
　　四、领跑东南亚跨境物流 103
　　五、尾声 104

第三节 堡森三通：打造欧洲跨境物流领航者 105
　　一、直击跨境电商卖家的物流痛点，构建成熟的头程物流体系 105
　　二、感知跨境物流发展的新趋势，探索海外仓体系 107
　　三、把握跨境物流数字化发展的新契机，打造智慧物流数字化平台 108
　　四、尾声 109

第四节 乐链科技：正、逆向国际物流联动打造全球中心仓 110
　　一、传统货运行业的女强人 110
　　二、浙江公共海外仓的先行者 111
　　三、开创全球中心仓，助力卖家合规出海 111
　　四、逆向物流解决海外仓退换货难题 112
　　五、尾声 113

第五章 跨境电商网络营销服务案例 114

第一节 跨境电商网络营销概述 115
　　一、跨境电商网络营销的概念 115
　　二、跨境电商网络营销的发展趋势 116
　　三、跨境电商网络营销的渠道与方法 117
　　四、本章主要案例概述 120

第二节　飞书深诺：AI 驱动的数字营销服务专家 ... 121
一、成立背景 ... 122
二、10 年历程，成为出海数字营销服务专家 ... 123
三、推出 BeyondClick，提供一站式出海整合营销服务 ... 123
四、深耕"技术+数据"领域，取得最优营销效果 ... 124
五、构建三大竞争力，赋能中国企业品牌出海 ... 125
六、尾声 ... 126

第三节　红毛猩猩：聚焦东南亚市场的一站式品牌出海数字营销服务商 ... 127
一、识别东南亚内容营销机遇，红毛猩猩应运而生 ... 127
二、构建全链路品牌出海数字营销服务 ... 128
三、形成红毛猩猩特色的内容营销方法论：真实有趣 ... 129
四、打造结构化红人营销策略 ... 130
五、尾声 ... 132

第四节　弧米科技：掘金跨境直播电商"蓝海"，助力中国制造品牌出海 ... 133
一、从学校社团走上创业之路 ... 134
二、掘金跨境直播电商"蓝海"市场 ... 134
三、洞察外向型企业开展跨境直播电商的动因、模式和痛点 ... 136
四、多管齐下助力中国制造品牌出海 ... 137
五、尾声 ... 137

第六章　跨境电商金融服务案例 ... 139

第一节　跨境电商金融概述 ... 140
一、跨境电商金融的定义及服务概况 ... 140
二、跨境电商收付款服务 ... 141
三、跨境电商融资服务 ... 144
四、跨境电商保险服务 ... 146
五、本章主要案例概述 ... 147

第二节　连连国际：构建"支付+"全链路数智化跨境出海服务生态体系 ... 148
一、锚定核心痛点，深耕跨境支付基础服务 ... 149
二、持续迭代更新，拓展全链路服务 ... 151
三、监管合规与技术支撑，确保优质生态 ... 154
四、尾声 ... 155

第三节　中国信保：以特色金融服务支持跨境电商新业态的发展 ... 155
一、中国信保业务的发展概况 ... 156
二、推出"易跨保"，跨境电商保险项目从宁波走向全国 ... 157
三、持续创新，切实满足跨境电商卖家的风险保障需求 ... 159
四、尾声 ... 160

- 第四节　豆沙包：金融科技让跨境没有难做的生意......161
  - 一、首创跨境电商生态保险模式......161
  - 二、开拓跨境电商普惠金融模式......163
  - 三、持续创新，保持金融科技领先水平......165
  - 四、尾声......166
- 第五节　小棉花：以知识产权侵权责任保险为特色，为中国卖家提供全方位的跨境电商保险产品......167
  - 一、创新打造"跨境电商海外知识产权侵权责任保险"......168
  - 二、持续创新，推出多样化的跨境电商明星保险服务......171
  - 三、小棉花跨境电商保险服务具备扎实的基础......173
  - 四、尾声......173

第七章　跨境电商衍生服务案例......175

- 第一节　跨境电商衍生服务概述......176
  - 一、跨境电商衍生服务的范畴......176
  - 二、跨境电商 SaaS 概述......177
  - 三、合规服务概述......179
  - 四、产业园服务概述......181
  - 五、本章主要案例概述......182
- 第二节　店匠科技：用科技赋能跨境电商，助力中国企业成功出海......184
  - 一、行业背景......184
  - 二、创立至今，稳居国内跨境独立站 SaaS 行业龙头......186
  - 三、科技赋能，助力中国企业成功出海......186
  - 四、以 PLG 为导向，走差异化、本地化道路......188
  - 五、尾声......188
- 第三节　马帮科技：跨境电商专业全流程解决方案提供者......189
  - 一、应运而生，直面跨境电商卖家的痛点......190
  - 二、不断迭代，赢得跨境电商市场的青睐......191
  - 三、系统布局，构建全流程 ERP SaaS 体系......191
  - 四、多维赋能，护航中国企业品牌出海......193
  - 五、尾声......194
- 第四节　J&P：助力解决中国跨境电商卖家出海的合规痛点......195
  - 一、行业发展背景......195
  - 二、聚焦财税合规，直击中国跨境电商卖家出海的痛点......196
  - 三、以财税合规为基础，纵深发展合规业务......198
  - 四、尾声......200
- 第五节　跨知通：以知识产权服务赋能跨境电商出口......200
  - 一、应运而生，直面跨境电商企业出口的痛点......201

    二、系统布局，构建多门类知识服务体系 201

    三、多维赋能，护航中国制造品牌出海 203

    四、尾声 204

  第六节 运河国际跨境电子商务园：打造跨境电商集聚示范区 204

    一、成立背景 205

    二、园区定位 205

    三、服务生态 206

    四、创新举措 208

    五、尾声 209

参考文献 210

第一章　跨境电商及生态圈概述

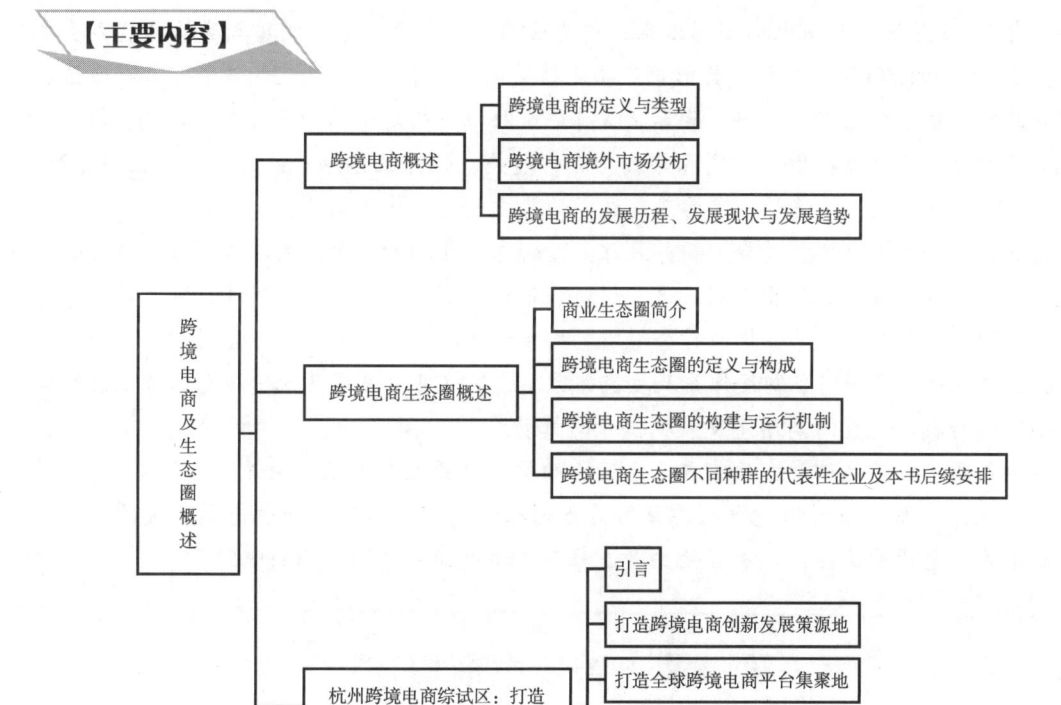

【主要内容】

```
                                    ┌── 跨境电商的定义与类型
                   ┌── 跨境电商概述 ──┼── 跨境电商境外市场分析
                   │                 └── 跨境电商的发展历程、发展现状与发展趋势
                   │
                   │                        ┌── 商业生态圈简介
跨境电商及生态圈概述 ┼── 跨境电商生态圈概述 ──┼── 跨境电商生态圈的定义与构成
                   │                        ├── 跨境电商生态圈的构建与运行机制
                   │                        └── 跨境电商生态圈不同种群的代表性企业及本书后续安排
                   │
                   │                                   ┌── 引言
                   │                                   ├── 打造跨境电商创新发展策源地
                   └── 杭州跨境电商综试区：打造         ├── 打造全球跨境电商平台集聚地
                       跨境电商全球最优生态圈          ├── 打造跨境电商卖家总部集聚地
                                                      ├── 打造跨境电商人才培养高地
                                                      └── 尾声
```

【学习目标】

1. 知识目标

（1）了解生态圈和商业生态圈的定义。

（2）掌握跨境电商和跨境电商生态圈的定义。

（3）了解跨境电商生态圈的构建方式和运行机制。

2. 能力目标

（1）培养跨境电商生态圈思维。

（2）运用跨境电商生态圈思维分析跨境电商综试区的作用。

（3）初步了解跨境电商生态圈中代表性企业的相关知识。

【导 入】

2023年5月31日，全国跨境电商综试区（全称为跨境电子商务综合试验区）现场会在杭州举行。会议上发布了2022年跨境电商综试区的考核评估结果，并评选出了杭州等10个优秀的跨境电商综试区。据介绍，杭州是全国第一个跨境电商综试区，创新打造"六体系两平台"，致力于发展跨境电商新业态，培育外贸新动能，并为全国的跨境电商发展探路。

浙江泰普森实业集团有限公司（简称泰普森）是一家传统外贸企业，主要生产户外休闲用品。自2017年进入跨境电商市场以来，该企业的跨境电商业务年销售额从约260万美元增长至2021年的8000万美元。其出口产品远销美国、日本、欧洲等20多个国家和地区。泰普森的副总裁曹智兴深有感触地表示，以前企业做跨境电商对接的资源成本很高，但杭州跨境电商综试区为企业提供了解决人才、物流、通关、软件服务等一系列痛点的服务资源。目前，在全国跨境电商综试区，像泰普森这样的跨境电商企业不断增多。相关数据显示，我国共有3万多家跨境电商相关企业，并且注册量仍在逐年增长。企业的跨越式发展背后，是跨境电商综试区通过产业转型升级、深入创新和先行先试的努力推进。对外经贸大学国际经济研究院的竺彩华教授认为，作为首个跨境电商综试区，杭州探索出了一套引领全国跨境电商综试区建设的顶层设计、制度体系及生态体系。这不仅可以提高其他跨境电商综试区的效率，还可以为我国外贸的高质量发展提供新的推动力。

跨境电商产业的高质量发展需要一套完善的跨境电商生态体系作为保障。那么，什么是跨境电商生态体系？杭州跨境电商综试区是如何推动优质的跨境电商生态圈建设的呢？此外，除了跨境电商综试区，还有其他力量在推动跨境电商生态圈的形成吗？

第一节 跨境电商概述

一、跨境电商的定义与类型

（一）跨境电商的定义

跨境电商作为重要的新业态、新模式之一，自2014年以来，连续11年被列入政府工作报告。相较于传统的国际贸易方式，跨境电商具有许多优势，包括减少了中间环节、降低了成本、提高了效率、门槛较低，以及数据实时透明等。中华人民共和国海关总署（简称海关总署）相关数据显示，2023年，我国跨境电商进出口额达2.38万亿元，同比增长约为15.6%。其中，跨境电商出口额为1.83万亿元，同比增长约为19.6%；跨境电商进口额为5483亿元，同比增长约为3.9%。这一数据进一步证明了跨境电商发展的迅猛势头。作为发展速度最快、潜力最大、带动力最强的外贸新业态，跨境电商吸引了大量的市场主体和资本。政府工作报告显示，2023年，我国跨境电商主体已超10万家。同时，一批具有国际知名度的跨境电商品牌也相继涌现，如SHEIN和安克创新科技股份有限公司（简称安克创新）。这一现象表明，跨境电商已成为推动国际贸易高质量发展的新动能和重要抓手。

跨境电商是跨境电子商务的简称。它指的是分属于不同关境的交易主体，通过电子商务（简称电商）模式进行交易和支付结算，并通过跨境物流实现商品的送达、服务交付和交易完成。与国内电商相比，跨境电商跨越了关境。关境与国境不同，关境是指适用同一海关法或关税制度的区域或领域。举例来说，我国的港、澳、台地区拥有独立的关税区，在这种情况下，关境小于国境；而欧盟的成员国适用同一关税制度，这时关境大于国境。其他国家像日本等，在特殊情况下关境等于国境。正因为跨境电商需要跨越关境，与国内电商相比，在交易主体、交易环节和交易规则上存在一定的差异性。

1. 交易主体的差异性

国内电商的交易主体主要位于国内，包括国内企业、国内个人等。而跨境电商的交易主体则遍布全球，通常包括国内企业、境外企业、国内个人、境外个人等。不同地区的消费者往往具有不同的消费习惯、文化心理和习俗。因此，跨境电商卖家在进行品牌建设时必须深入了解目标国家的市场情况。这也意味着，与国内电商相比，跨境电商的运营更加复杂。

2. 交易环节的差异性

与国内电商相比，跨境电商由于涉及跨越关境，其供应链的链条更长，业务更加复杂。它需要经历海关通关、检验检疫、跨境物流、外汇结算、出口退税和进口征税等环节。以跨境物流为例，如果采用直邮方式，则货物从售出到送达国外消费者手中的时间比国内电商更长，因为需要经过长距离运输，货物也更容易损坏。同样，跨境退货也面临着更大的挑战，经常会出现退货时间过长和费用过高导致卖家选择放弃货物，采取重新发货的方式来满足消费者的需求的情况。

国内电商交易主要在国内进行，通过快递方式将货物送达消费者手中。由于路程短，货物到达速度快，货物损坏的概率较低。如果选择海外仓方式，则跨境电商卖家需要考虑是建立自有海外仓还是租赁海外仓，并解决海外仓货物积压和成本控制等问题。另外，跨境电商在外汇结算方面也面临风险，因为汇率的浮动可能会给跨境电商卖家带来交易风险。因此，在更加复杂的业务环节，如何提高跨境运营的效益成为跨境电商卖家面临的重要课题。

3. 交易规则的差异性

跨境电商相比国内电商，需要适应更多、更细致、更复杂的规则。首先是平台规则，跨境电商卖家通常依托国际电商平台进行交易，如亚马逊、eBay、Shopee、Wayfair 和 Newegg 等。这些国际平台的规则与国内电商平台的规则存在许多不同，因此，国内电商卖家在转型做跨境交易时很容易无意中违反平台规则并受到平台的惩罚。例如，在包裹中夹带卡片、传单等告知消费者在给予好评后可以返现的行为，在亚马逊平台上是被严格禁止的。

其次，跨境电商的基础是国际一般贸易协定，以及双边和多边的贸易协定。跨境电商卖家需要及时了解国际贸易体系、规则、政策，以及进出口管制的变化，并具备更强的理解和分析能力。否则，这些卖家就容易面临知识产权和税务违规、虚假贸易、夹藏违禁品出口等风险。举例来说，跨境电商所销售的"网络爆款"通常存在侵犯知识产权的风险。知识产权纠纷是目前中国跨境电商领域最主要的法律风险之一，特别是服装、玩具、CCC 产品及灯具等热销商品，这些往往会成为侵权问题的"重灾区"。侵权可以分为侵犯商标权（如产品使用相同或相似的商标）、侵犯版权（如盗用他人作品）和侵犯专利权等。其中，侵犯商标权的产品占据了侵权产品的 95% 以上。以税收征管为例，全球速递协会（GEA）将各国的征税模式分为 3 类：综合税制、在边境征收关税和在销售环节以消费税或增值税为征收重点。这些模式并非相互替换的关系，而是可以合并使用的关系。因此，跨境电商卖家需要根据不同地区的具体税务政策，谨慎处理相关的业务事项。

（二）跨境电商的类型

跨境电商可以根据不同的维度进行分类。按照交易对象的不同，跨境电商可以分为 B2B 跨境电商（如依托阿里巴巴国际站进行的跨境电商）、B2C 跨境电商（如兰亭集势，通过自建平台将商品销售给境外买家）和 C2C 跨境电商（如国内个人依托 eBay 平台向境外个人销售商品）等。

按照商品所有权归属的不同，跨境电商可以分为以下几种类型：平台跨境电商（如亚马逊、全球速卖通等，仅提供平台服务而不涉及采购和配送等）、"自营+平台"跨境电商（如 SHEIN，起初采用的是独立站自营模式，主要经营自有品牌。然而从 2023 年 5 月开始，为了满足买家对产品多样性的需求，平台开始允许其他品牌商家通过 SHEIN 建设的渠道销售自有品牌，一方面自营部分产品赚取差价，另一方面作为平台提供方收取佣金），以及自营跨境电商（如安克创新，通过自营模式赚取差价）。

按照业务专业性的不同，跨境电商可以分为以下两种类型：综合型跨境电商（如亚马逊、沃尔玛、全球速卖通等，以业务多元化为特点，拥有大量用户流量和商家商品数量）和专业型跨境电商（专注于核心品类的深耕细作，如 Mumzworld 是中东地区的母婴电商网站、Zalando 是欧洲最大的时尚电商平台等）。跨境电商类型总结表如表 1-1 所示。

表 1-1 跨境电商类型总结表

分类标准	具体类型	代表性企业
商品流向	出口跨境电商	依托阿里巴巴国际站、亚马逊、eBay 等销售产品给境外买家的企业
	进口跨境电商	依托天猫国际、京东全球等销售产品给国内买家的企业
交易对象	B2B 跨境电商	企业依托阿里巴巴国际站等平台销售产品给境外的 B 类买家的企业
	B2C 跨境电商	企业依托兰亭集势或者 eBay 等销售产品给境外的 C 类消费者的企业
	C2C 跨境电商	个人依托 eBay 等销售产品给境外 C 类消费者的企业
商品所有权归属	平台跨境电商	如亚马逊、eBay 等不涉足采购和销售的企业
	自营跨境电商	如安克创新等通过自营赚差价的企业
	"平台+自营"跨境电商	如 SHEIN 等兼有平台和自营功能的企业
业务专业性	综合型跨境电商	如亚马逊、沃尔玛等售卖全品类产品
	专业型跨境电商	如 Mumzworld 这类母婴电商网站

当然，跨境电商的类型也可以根据商品流向进一步细分为出口跨境电商和进口跨境电商。通过将商品流向置于一级分类标准的位置，我们可以进一步按照交易对象、商品归属权及业务专业性等标准进行分层分类。如图 1-1 所示，本书的案例分析主要集中在出口跨境电商的 B2C 模式下进行，选取相关案例进行深入分析。同时，还包括少量进口跨境电商和 B2B 跨境电商的案例分析。

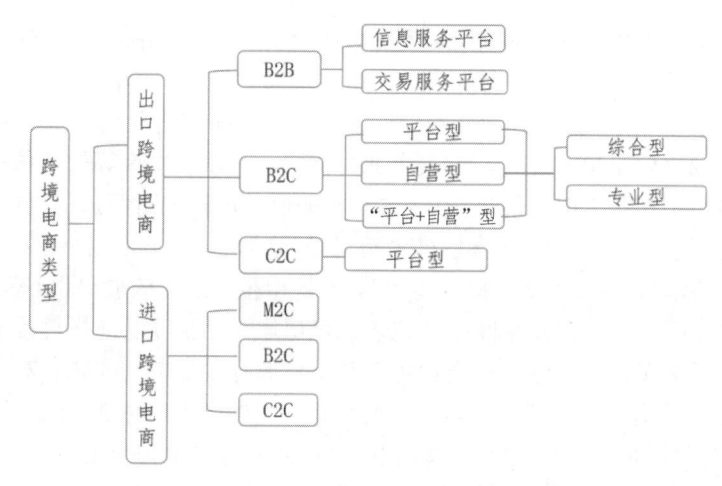

图 1-1 跨境电商类型之间的关系示意图

下面以商品流向不同为重点，对出口跨境电商模式和进口跨境电商模式进行分析。

1. 出口跨境电商模式

出口跨境电商不仅可以通过上述交易对象进行分类，还可以通过不同的监管模式进行分类，主要包括特殊区域出口（海关监管方式代码为1210）、跨境零售出口直邮模式（海关监管方式代码为9610）、跨境电商B2B出口。其中，特殊区域出口的增长态势尤为明显。从监管模式的视角了解出口跨境电商的类型，既有助于政府掌握跨境电商行业的实时状态，也有利于卖家享受相关政策的优惠。

1）特殊区域出口

特殊区域出口，又称保税备货出口，是一种依托于综合保税区等海关特殊监管区域开展的模式。在这一模式下，跨境电商企业可以享受入区即退税政策（保税区除外），从而提高企业的资金利用率，并降低物流成本。

跨境电商的特殊区域出口可以进一步细分为特殊区域包裹零售出口和特殊区域出口海外仓零售两种模式。特殊区域包裹零售出口是指货物通过一般贸易出口方式进入综合保税区等特殊区域，并办理出口退税。在通过电商平台完成销售后，将货物在特殊区域内打包为小包裹，经过拼箱后离境，并被送达境外的消费者手中。特殊区域出口海外仓零售是指货物通过一般贸易出口方式进入综合保税区等特殊区域，在特殊区域内进行理货和拼箱后，以批量的形式出口至海外仓。在境外的电商平台完成零售后，商品从海外仓打包送达境外消费者手中。

企业开展特殊区域出口的前提条件是在综合保税区内设立符合要求的场地，并完成电商资质备案。此外，企业还需要与海关等相关部门进行信息化系统对接，并在金关二期[①]系统中设立专门用于"出口跨境电商"用途的电子账册。只有满足了上述条件，企业才能开展特殊区域包裹零售出口业务。对于特殊区域出口海外仓零售的情况，还需要在海关备案出口海外仓业务模式，并提供相应的海外仓证明材料。同样，企业需要在金关二期系统中设立用于"海外仓"用途的电子账册。除此之外，其他要求和流程基本与特殊区域普通货物出口相似。

---

① 总署金关工程二期项目（简称金关二期）是国务院批准的"十二五"期间国家电子政务的重大信息化工程，建设内容覆盖海关工作的各主要方面，包括通关管理系统、加工和保税管理系统、企业进出口信用管理系统等20个系统。自2018年2月2日起，金关二期保税担保管理系统在全国范围内全面推广应用。2018年6月30日，全国所有海关特殊监管区域、保税监管场所已全面推广应用金关二期海关特殊监管区域管理系统、保税物流管理系统。

特殊区域包裹零售出口的流程如下所述。①商品进入综合保税区。区内企业在金关二期系统申报"进口核注清单"，区外企业填报"出口报关单"（监管方式为一般贸易）。区内企业再次申报"入区核放单"，将货物送入保税区内。②商品零售后离开综合保税区。境外消费者通过跨境电商平台下单并支付，相关企业将交易、收款、物流等信息传输给海关。在跨境电商统一版系统中申报"申报清单"，海关对相关信息进行比对后放行"申报清单"。企业对包裹进行打包（包裹上应贴有包含境外消费者信息的快递单），并在金关二期系统中归并已放行的"申报清单"，生成"出口核注清单"，再次申报"出区核放单"。最后，包裹按批次离开保税区。根据所在的综合保税区是否包含出境口岸，企业可以选择直接出口或办理转关手续至出境口岸后离境。③区内电商企业可以在出口放行之日起一年内，对出口电商所列的全部或部分商品申请退运回原特殊区域，并退回原跨境电商出口账册。退货商品必须符合检验检疫要求。在特殊区域包裹零售出口模式下，出口商品可以单独或批量退运回原特殊区域，这样可以缓解电商出口退货逆向物流成本过高等难题。

特殊区域出口模式下的出口流程图具体如图 1-2 所示。

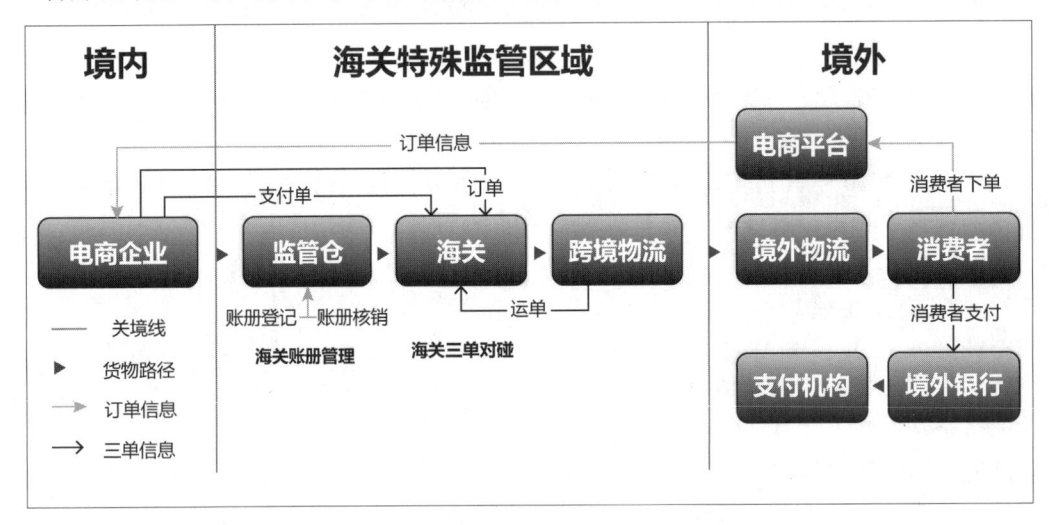

图 1-2 特殊区域出口模式下的出口流程图

2）跨境零售出口直邮模式

跨境零售出口直邮模式适用于境内个人或电商企业通过跨境电商平台向境外消费者销售产品。在此模式下，境外消费者下单并付款后，相关企业会实时将交易、收款、物流等电子信息传输给海关。海关先审核该包裹的"申报清单"，进行查验后放行，然后将包裹交由国际运输，并进行境外配送，直至将包裹送达境外消费者手中。在办理报关手续方面，企业采取"清单核放、汇总申报"的方式。对于符合条件的跨境电商综试区内的跨境电商零售商品的出口，可以采用"清单核放、汇总统计"的方式办理报关手续。此外，对于不涉及出口征税、出口退税、许可证件管理且单票价值在人民币 5000 元以内的商品，企业可以按照 4 位税号简化申报（通常为 10 位）的规定操作。

3）跨境电商 B2B 出口

跨境电商 B2B 出口货物有两种方式：一种是直接配送给境外企业；另一种是先运至海外仓，待实际成交后再进行发货。第二种方式可以大幅降低物流成本，并使终端价格降低，同时方便国家对 B2B 出口模式的数据进行精准识别和统计，为商务、财政、税务、外汇等部门制定相关政策提供支持。跨境电商 B2B 出口可细分为跨境电商 B2B 直接出口（海关监管方式代码为 9710，也称 9710 出口）、跨境电商出口海外仓（海关监管方式代码为 9810，也称 9810 出口），如图 1-3 所示。

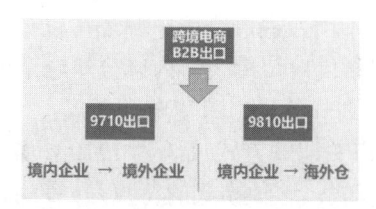

图 1-3 跨境电商 B2B 出口模式

跨境电商 B2B 直接出口，是指境内企业通过跨境电商平台与境外企业达成交易后，通过跨境物流将货物直接出口送达境外企业。跨境电商 B2B 出口海外仓，是指境内企业先将出口货物通过跨境物流运达海外仓（Overseas Warehouse），再通过跨境电商平台实现交易，将货物从海外仓送达境外购买者。海外仓一般有自营型海外仓、第三方海外仓和亚马逊物流模式（Fulfillment By Amazon，FBA）3 种类型。

开展跨境电商 B2B 出口的前提条件是跨境电商业务的境内参与者，如跨境电商企业、跨境电商平台企业和物流企业，需要按照海关报关单位注册登记的相关规定在海关处进行注册，并选择相应的企业类型。如果跨境电商企业打算开展跨境电商出口海外仓业务，则还需要在业务开展地的海关处办理出口海外仓业务模式备案手续。

跨境电商 B2B 出口的申报流程主要取决于货物的单票金额，以及是否涉及证书、检验、税收等流程。对于单票金额超过人民币 5000 元或涉及证书、检验、税收的跨境电商 B2B 出口货物，企业应使用 H2018 通关管理系统来办理通关手续。而对于单票金额在人民币 5000 元（含）以内，且不涉及证书、检验、税收的货物，企业既可以使用 H2018 通关管理系统，也可以使用跨境电商出口统一版系统来办理通关手续。跨境电商 B2B 出口的申报流程如图 1-4 所示。

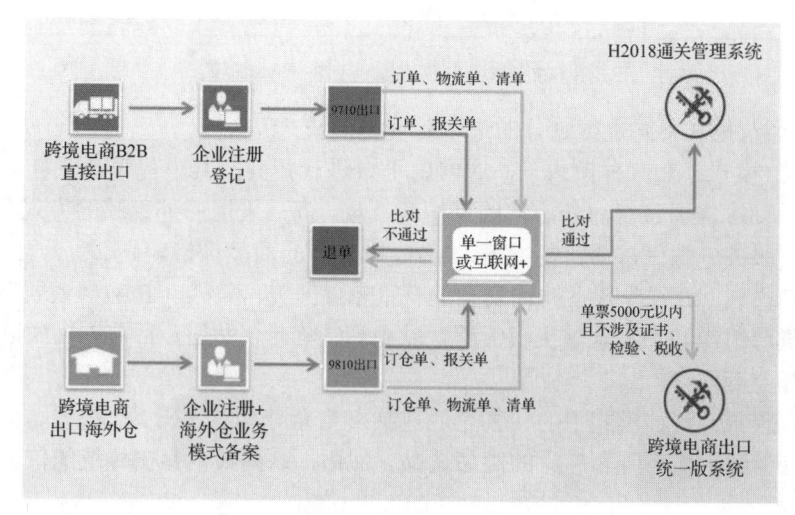

图 1-4 跨境电商 B2B 出口的申报流程

2. 进口跨境电商模式

进口跨境电商是指国内买家先通过国内或国外的电商平台，挑选并购买国外商品，然后由跨境物流公司直接完成配送。在进口跨境电商中,买家通常是终端消费者。进口跨境电商还可以根据不同的分类标准进行划分。例如,按照清关方式的不同,进口跨境电商可以分为网购保税进口模式(海关监管方式代码为1210)和直购进口模式(海关监管方式代码为9610)。此外,按照经营模式的不同,进口跨境电商还可以分为M2C模式、B2C模式、C2C模式、海外电商直邮、返利导购/代运营模式、内容分享/社区资讯模式等。

1)按照清关方式不同进行划分的进口跨境电商模式

(1)网购保税进口模式(海关监管方式代码为1210)。这是消费者购买跨境商品时常见的模式,也称"保税仓发货"模式。这种模式的特点是,跨境电商企业将整批商品运入海关特殊监管区域或保税物流中心B型①,并向海关报关。当消费者进行网购后,商品只要办结海关相关手续,就可通过国内物流公司送达消费者手中,这个过程通常只需要1~3天。

跨境电商网购保税进口的具体流程如图1-5所示。

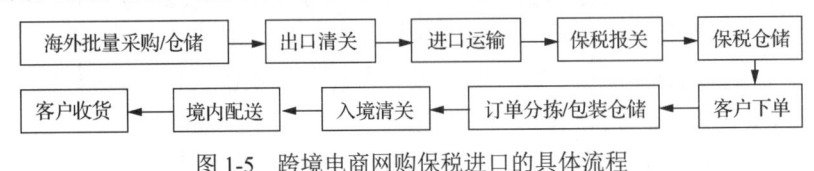

海外批量采购/仓储 → 出口清关 → 进口运输 → 保税报关 → 保税仓储

客户收货 ← 境内配送 ← 入境清关 ← 订单分拣/包装仓储 ← 客户下单

图1-5 跨境电商网购保税进口的具体流程

(2)直购进口模式(海关监管方式代码为9610)。这是消费者购买跨境商品时较为常见的模式,也称"海外仓发货"或者"××直邮"。这种模式的特点是,合格的跨境电商企业或平台与海关建立了联网关系。境内个人消费者进行跨境网购后,商品会直接从国外通过跨境物流公司运输到海关监管地点,清关后再送达消费者手中。因此,从时效上来看,由于消费者下单后需要将商品从境外运送回境内,所以往往需要较长的时间。跨境电商直购进口的具体流程如图1-6所示。

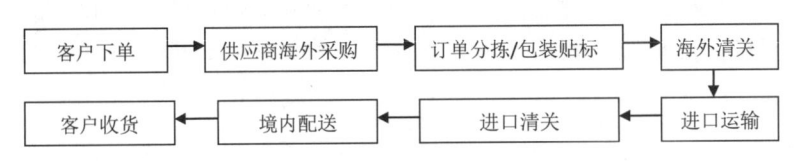

客户下单 → 供应商海外采购 → 订单分拣/包装贴标 → 海外清关

客户收货 ← 境内配送 ← 进口清关 ← 进口运输

图1-6 跨境电商直购进口的具体流程

2)按照经营模式不同进行划分的进口跨境电商模式

(1)M2C模式:在这种模式下,通常由平台进行招商,其中代表企业有天猫国际。在M2C模式下,商家需要获得海外零售的资格和授权,商品采用海外直邮的方式,同时平台提供本地退换货服务。然而,通常情况下,M2C模式下的商品价格较高。

(2)B2C模式:这种模式下的代表企业有京东、聚美、蜜芽。在B2C模式下,平台一般会直接参与货源组织和物流仓储买卖流程,以提高销售量。然而,目前该模式通常只适用于爆款商品,品类有限。

(3)C2C模式:这种模式下的代表企业包括淘宝全球购、洋码头、海蜜、街蜜。在C2C模式下,平台构建了供应链和广泛的商品选品。然而,该模式也存在传统的依靠广告和返点

---

① 保税物流中心B型是指经海关批准的,由中国境内一家企业法人经营、多家企业进入并从事保税仓储物流业务的海关集中监管场所,经海关批准可存放国内出口货物、转口货物和国际中转货物、外商暂存货物、加工贸易进出口货物、供应国际航行船舶和航空器的物料、维修用零部件,以及供维修外国产品所进口、寄售的零配件及其他未办结海关手续的货物。

盈利的现象，可能会影响用户的服务体验。

（4）海外电商直邮模式：采用这种模式的代表企业是亚马逊海外购。海外电商直邮的优势在于拥有全球优质的供应链和物流体系，以及丰富的SKU①。

（5）返利导购/代运营模式：采用这种模式的代表企业有么么嗖。么么嗖是一家基于大数据搭建的海淘平台，旨在让消费者享受来自海外的奢侈品福利。

（6）内容分享/社区资讯模式：采用这种模式的代表企业是小红书。这种模式被视为海外品牌的推广基地，因为它主要通过内容引导消费，实现自然转化。

二、跨境电商境外市场分析

（一）跨境电商境外市场的主要类型

对于从事跨境电商进口和出口交易的企业而言，了解国内市场和全球出口市场的特征是提升市场份额的重要前提，从而更好地为客户服务。根据海关总署2023年6月17日在中国·廊坊国际经济贸易洽谈会国际跨境电商发展论坛上发布的《中国跨境电商贸易年度报告》，我国跨境电商出口主要集中在一些国家，其中最主要的是美国（占比34.3%）、英国（占比6.5%）、德国（占比4.6%）、马来西亚（占比3.9%）和俄罗斯（占比2.9%）。此外，新加坡、日本、加拿大、法国，以及泰国、菲律宾、巴西、越南等新兴市场也是我国重要的跨境电商出口市场。

根据我国跨境电商卖家在当地的经验积累时间的长短，可以将上述跨境电商出口市场分为成熟市场和新兴市场。成熟市场拥有巨大的市场容量，而新兴市场则具有可预见的增长潜力。

1. 成熟跨境电商市场的特点、优势和挑战

成熟的跨境电商市场主要以北美、西欧、日韩、澳洲等市场为代表。根据海关总署的统计数据，在2021年我国跨境电商企业的市场分布中，北美和欧洲分别占据了62.5%和57.7%的市场份额。成熟市场的特点包括高网络渗透率和高线上零售渗透率，消费者在线消费习惯成熟，物流和支付等电商配套基础完善，线上零售品类丰富，市场容量巨大。成熟市场的主要优势在于市场成熟度高、整体消费能力强、市场容量巨大，同时营销渠道丰富。在出口品类方面，消费电子、服装和家居装饰等品类是欧美地区的热门赛道。而在我国跨境电商卖家主要经营的品类中，3C电子、家居装饰和服装占据了较高的比例，因此我国跨境电商卖家在这些市场拥有较大的市场机会。由于对欧美等成熟跨境电商市场的语言文化和消费者习惯有着更深的了解，我国跨境电商卖家进入该市场的门槛相对较低。然而，由于当地的电商市场发展得较为成熟，我国跨境电商卖家需要选择合适的渠道和模式，并进行精细化的运营规划。

我国跨境电商卖家在进军欧美市场时面临着多个挑战。第一，成熟市场的电商发展历史悠久，同类产品竞争激烈，流量获取成本高昂，营销竞争也异常激烈。第二，我国作为"世界工厂"，能够提供低成本、高质量的产品，但在国外缺乏品牌溢价优势，因此如何增加我国产品在当地的品牌认知度成为挑战之一。第三，欧美等地区的跨境电商平台和本地的法律

---

① SKU是Stock Keeping Unit的缩写，即存货单位，可以是以件、盒、托盘等为单位。SKU是对大型连锁超市配送中心（Distribution Center，DC）进行物流管理的一种必要方法，当下已经被引申为产品统一编号的简称，每种产品均对应有SKU号。对一种商品而言，当其品牌、型号、配置、等级、花色、包装容量、单位、生产日期、保质期、用途、价格、产地等属性与其他商品存在不同时，可称为一个单品。

法规对卖家的合规要求越来越高，因此我国跨境电商卖家需要应对各国的合规经营挑战。第四，欧美地区的经济增长乏力，通货膨胀问题严重，使得我国跨境电商卖家不得不寻求新的市场增量。

2. 新兴跨境电商市场的特点、优势和挑战

东南亚、印度、东欧、中东和中南美洲等地区是新兴的跨境电商市场。这些市场的最大特点是网络渗透率迅速增长且人口呈年轻化状态。通过全球移动互联网接入网络比例的统计数据可以看出，印度、印度尼西亚、墨西哥和巴西等国的主要网络接入方式是移动设备。以东南亚为例，联合国相关统计数据显示，东南亚的人口总量已在 2022 年达到近 6.8 亿人，且人口结构呈现年轻化趋势，尤其是印度尼西亚、马来西亚、菲律宾和越南 4 国，35 岁以下的人口占比超过 50%，消费增长潜力可观。

我国跨境电商卖家将新兴的跨境电商市场视为发展目标，原因是这些市场具有巨大的购买潜力、相对较低的电商竞争力度和较低的流量成本。对于具备技术、资本和供应链优势的企业来说，这提供了许多机会。以 TikTok Shop 为例，2023 年年初，TikTok Shop 正式宣布在东南亚上线商城，其 2023 年的商品交易总额（Gross Merchandise Volume，GMV）超过 130 亿美元。其中，印度尼西亚市场突破 40 亿美元，泰国市场约为 35 亿美元。相关数据显示，如果 2024 年东南亚电商的"游戏规则"没有出现太大变动，那么 TikTok Shop 在东南亚电商市场的份额占比将有望突破 15%。

然而，相比欧美等已经成熟的电商市场，我国跨境电商卖家在开拓新兴市场时面临一些挑战。首先，新兴市场的成熟度较低，物流、支付等配套设施不够完善。其次，新兴市场的政策与法规存在不明确或多变的情况。此外，语言、文化和当地工作习惯的差异性也会给我国跨境电商卖家带来诸多问题。

（二）主要新兴跨境电商市场的概况

对于跨境电商卖家而言，要想在新兴市场上取得长期的发展，需要深入了解当地的需求、适应政策和市场环境，并实现本地化。跨境电商卖家在进入新市场时，通常应从人口因素、互联网渗透率、经济增长情况、政策因素、电商发展状况、文化因素等多个维度对当地市场进行分析。下面以东南亚市场和中东市场为例进行分析。

1. 跨境电商东南亚市场分析

1）跨境电商东南亚市场潜力分析

东南亚地区作为"一带一路"建设的重点区域，长期以来，贸易、投资和金融一直是我国与该地区各国主要的合作领域。然而，近年来，随着数字贸易逐渐成为全球经济发展的新动力，中国和东南亚国家的跨境电商迎来了前所未有的机遇。特别是在 2022 年 1 月 1 日 RCEP（Regional Comprehensive Economic Partnership，区域全面经济伙伴关系）协定生效，以及"一带一路"经济合作的推动下，该地区的电商行业有望蓬勃发展。东南亚地区有着由年轻人、中产阶级和大量移动互联网用户构成的新兴市场。该地区市场开放，对于新鲜事物的接受度较高，因此对于消费升级和电商海淘有着更高的接受程度。

eMarketer 发布的《2023 年全球零售电商预测报告》显示，2023 年东南亚电商增速在全球排名第一，而且东南亚连续 3 年成为全球电商规模增长最快的地区。根据 Google、淡马锡、贝恩三家机构联合发布的报告，东南亚电商 GMV 在 2022 年已达到 1310 亿美元，未来将以

26%的年复合增长率增长,预计 2025 年东南亚电商 GMV 将达到 2340 亿美元。其中,新加坡、马来西亚、泰国、印度尼西亚、菲律宾和越南 6 国电商市场较为发达,在过去的 3 年中,以上 6 国在东南亚 11 国中的包裹收发量占比均达到 90%以上。表 1-2 总结了这些国家的电商市场的特点。这些数据和信息为我们提供了深入了解东南亚电商市场的基础。

表 1-2　东南亚 6 国的电商市场的特点

序号	国家	电商市场的特点	客单价排名	转化率排名
1	印度尼西亚	全球第四大移动电商市场,也是东南亚最大的电商市场	5	2
2	泰国	社交媒体上的用户互动率高于东南亚其他地区	4	5
3	新加坡	东南亚最为成熟的电商市场,消费者比较注重折扣和促销活动	1	3
4	越南	消费者更关注价格和商品的实用性	6	1
5	马来西亚	消费者更关注促销和优惠活动	3	4
6	菲律宾	消费者更愿意购买知名和值得信赖的品牌	2	6

2）跨境电商东南亚市场交易基础分析

（1）交易平台分析。在东南亚的跨境电商领域,存在两类交易平台:国际平台和东南亚本土平台。表 1-3 展示了东南亚 6 国消费者对不同电商平台的偏好。这些数据清楚地表明,要在东南亚市场开展业务,与本土平台进行合作是一种不错的途径。虽然国际平台在全球范围内享有较高的知名度和影响力,能够提供全球范围内的品牌曝光和销售机会,吸引着大量的国际消费者,但是与国际平台相比,东南亚本土平台具有更强的了解和适应当地市场的能力。它们了解东南亚消费者的文化、购买偏好和支付习惯,因此能够提供更贴近当地市场的服务和解决方案。在开发东南亚市场时,与这些本土平台合作,将为企业带来更大的成功机会。

表 1-3　东南亚 6 国消费者对不同电商平台的偏好

序号	国家	电商平台
1	马来西亚	Shopee、Lazada 、Lelong、Zalora、Qoo10
2	印度尼西亚	Tokopedia、Bukalapak、Lazada、Zalora
3	菲律宾	Zalora、Argomall、YouPoundit
4	越南	Tiki、Sen Đỏ、Thế Giới Di Động
5	新加坡	Qoo10、Carousell、Singsale、FairPrice On
6	泰国	Lazada、Shopee、JD CENTRAL、JIB、Advice

（2）物流平台分析。随着电商市场的迅速崛起,东南亚地区的物流行业正在经历转型。该地区本地物流公司、国际物流公司和我国的跨境物流服务供应商已经意识到这一趋势并采取了相应的行动。在东南亚地区,一些具有代表性的头部物流公司包括极兔物流（J&T Express）、DHL Express、菜鸟（Cainiao）物流和百世物流等。从全球物流巨头 DHL Express 到新兴的东南亚物流新秀极兔物流,它们都在不断提升其网络覆盖能力和技术创新水平,以满足日益复杂和快速变化的市场需求。同时,我国的跨境物流服务供应商也在东南亚市场扮演着重要的角色。菜鸟物流和百世物流作为我国出口电商领域中物流环节的重要服务商,通过雄厚的物流实力和技术优势为我国电商企业在东南亚市场的发展提供了强有力的支持。

（3）支付基础分析。与许多发达国家相比,东南亚地区的银行卡和信用卡的普及率较低,在这里"现金为王"。然而,随着电商的深入发展,以及政府推动、疫情影响和基础设施水平提升等因素的影响,东南亚地区的人们正在逐渐从依赖现金转向线上数字支付。这种趋势主要包括银行卡、信用卡支付、网上银行转账和电子钱包等。根据《2021年东南亚互联网经济报告》，东南亚数字支付的总交易价值（Gross Transaction Value，GTV）在2021年达到了7070亿美元，并预计到2025年达到11 690亿美元，年复合增长率为13%。然而，需要注意的是，东南亚地区的数字支付市场处于快速发展阶段，竞争激烈且变化迅速。不同国家和地区的支付习惯和偏好存在差异，因此对于跨境电商企业而言，了解当地的支付环境和便民服务至关重要。

3）跨境电商东南亚市场消费者特征分析

（1）东南亚线上消费者的品类偏好。东南亚不同国家的线上消费者对跨境购物的品类偏好有所不同，如表1-4所示。

表1-4 部分东南亚国家线上消费者对跨境购物的品类偏好

序号	国家	品类偏好
1	泰国	服装是最受欢迎的品类，其次为个人护理用品、化妆品、电子技术产品
2	新加坡	前三为旅游、服饰、娱乐用品，除此之外便是美容产品、电子产品、书籍
3	马来西亚	时装、美妆、玩具类产品格外抢手
4	越南	最热销的是婴童类产品，如奶粉、纸尿裤、婴儿车等
5	印度尼西亚	母婴用品、时尚饰品、手表、家居产品、女士包具、手机周边产品都颇受欢迎

（2）社交媒体营销是东南亚消费者容易接受的电商营销方式。东南亚地区的人们在移动互联网上表现出了3个显著特点：使用人数多、花费时间长，以及极高的活跃度。相关数据显示，东南亚地区人均每天在移动互联网上花费约3.6小时。其中，泰国位列第一，人均每天花费4.2小时；其次是印度尼西亚，人均每天花费3.9小时。相比之下，美国、英国和日本人均每天花费在移动互联网上的时间分别为2小时、1.8小时和1小时。这些数据对跨境电商企业具有重要的意义。在进入东南亚市场时，跨境电商企业应充分把握移动互联网的优势，重视移动端的用户体验和社交化特点，并结合当地消费者的使用习惯和偏好来进行市场营销和推广。

2. 跨境电商中东市场分析

1）跨境电商中东市场潜力分析

中东地区横跨欧亚非三大洲，地理位置十分独特，同时也是"一带一路"倡议涉及的重要地区之一。对于跨境电商企业而言，中东市场是一个非常有吸引力的市场。2023年迪拜南部电子商务区发布的报告显示，中东、北非地区2022年的电商市场规模达到370亿美元，同比增长14%，预计到2026年将增至570亿美元。阿联酋、沙特和以色列是该地区最大的电商市场，其市场总规模约占该地区的72%。其中，阿联酋的迪拜具有最高的购买力，其次是沙特的利雅得、阿布扎比、吉达和沙迦。可见，中东地区的电商市场发展迅速。报告同时显示，电商经济占中东、北非地区商业的比重仍有很大的发展空间，预计到2026年将增长到8.3%。中东地区的电商市场不断扩大得益于多个因素。首先是互联网和手机普及。目前，中东地区的互联网用户约为2亿人，其中大多数人通过手机上网。在阿联酋和沙特等国家，手机普及率已经达到近100%。在约旦和突尼斯等国家，预计到2026年手机普及率也将达到80%。其次是数字支付方式增长。相关数据显示，中东地区的金融科技公司业务有85%集中在数字支付领域。最后是网购需求增加。新冠疫情期间，中东地区的电商市场获得爆发式增长。

2）跨境电商中东市场交易基础分析

（1）跨境电商平台基础。纵观中东地区电商平台的发展，可以分为3档，排名前三的电商平台是 Trendyol、n11 和 GittiGidiyor，土耳其的许多购物者都在使用这些平台。第四名是 Souq，2017 年被亚马逊收购，但在埃及仍然以 Souq 网站进行运营，其他站点都改为亚马逊站点。接下来是中东地区唯一一个真正的跨国本土电商平台 Noon，其用户主要来自阿联酋、沙特和埃及。最后是一个非洲平台 Jumia，它在德国成立，其总部也位于德国，用户主要来自埃及。

（2）跨境电商中东市场的物流基础。跨境电商中东市场的物流可以分为两个环节：头程和第二程。头程指的是从卖方国家运送货物至中东地区，第二程则是指中东地区的本地配送。在头程方面，迪拜是中东地区最大的港口，海运业相对发达。然而，在第二程的本地派送环节中存在较大的问题，这也是中东地区电商发展面临的最大障碍之一。中东地区物流的落后表现主要体现在两个方面，即低效率和高成本。同时，中东地区还存在着货物易丢失、层层转包，以及回款周期长等问题。这些问题都需要被解决，以提高中东地区电商物流的质量和效率。目前中东地区的主要物流公司如表 1-5 所示。

表 1-5　中东地区的主要物流公司

公司名称	主要特点
Aramex	老牌快递公司，积累了大量的历史数据
Q Express	Souq 成立的物流公司，优势在于提供货到付款服务并且为买家提供订单追踪服务
Wing.ae	Souq 物流服务平台，本身没有快递员，是提供电商和快递之间连接服务的 B2B 模式的物流服务平台
Fetchr	拥有整套"移动互联网物流解决方案"的物流公司
One Click	连接司机和需要提供送货服务企业的技术平台
iMile.me	提供既"懂"中国又"懂"中东的、着力解决货到付款问题的整套物流解决方案的物流公司

（3）中东地区电商市场的支付环境。从电商发展的历史来看，货到付款一直是中东和北非地区网上购物中首选的付款方式。然而，近年来这一情况正在发生变化。根据一项调查数据，自 2020 年以来，货到付款的比例下降了 75%，60% 的中东和北非地区的消费者更愿意采用数字支付方式。此外，在 2020 年，中东和北非地区有 24% 的消费者选择了先买后付（Buy Now Pay Later，BNPL）的支付方式，该比例已超过欧洲市场。中东和北非地区开始流行 BNPL 服务，如 Tabby 和 Spotii 等平台也从最近的投资中受益。这种支付模式使消费者能够根据自己的购买兴趣灵活地选择支付方式，并且这一趋势在全球范围内被逐渐普及。

3）跨境电商中东市场消费者特征分析

（1）中东地区线上消费者的产品品类偏好。根据 2021 年 2 月的数据，中东地区的线上消费者在产品品类上主要偏好电子产品、家用电器和媒体、时尚和美容、玩具、业余爱好和 DIY（Do It Yourself，自己动手制作），以及数字服务。此外，快速消费品电商也呈现出稳步增长的趋势，并且在 2019—2020 年间增长了一倍多。

（2）宗教、地域和人文因素对消费者购物的影响。因为宗教、地域和人文等因素，商家在中东地区进行跨境贸易时需要注意将禁售产品和敏感性产品考虑在内，要尊重该地区民众的宗教信仰和风俗习惯。商家在售卖产品时，应注意以下几个问题：①不要售卖宗教敏感类产品；②不要售卖含有裸体、色情文字或图像的产品；③产品目录和说明书不能只有中文版（至少还需要有英文版）；④香水或美容产品需要有发票以证明原产地；⑤婴儿产品、玩具、家用电器、杂货、家居园艺产品、手机和平板电脑等产品，不仅需要符合欧盟的相关标准，也必须符合当地的插座规格，且电子产品的启动语音必须是英语并包含阿拉伯语选项（电器也是如此）。

三、跨境电商的发展历程、发展现状与发展趋势

（一）中国跨境电商的发展历程

回顾中国电商行业的发展历程，我们可以发现跨境电商并不是一开始就存在的。它经历了从传统外贸到外贸电商的转变，最终发展成跨境电商。虽然跨境电商的发展时间只有20多年，但通信技术、互联网技术和智能物联技术的广泛应用，以及全球消费者的快速成长，使跨境电商呈现出爆发式的增长。总体来看，我们可以将跨境电商的发展历程划分为4个阶段，即萌芽期、成长期、发展期和成熟期。

1. 萌芽期（1999—2003 年）

跨境电商在萌芽阶段主要以 B2B 模式和 SEM[①]广告形式发展，通过平台广告吸引消费者进行线下交易，交易的核心仍然集中在线下。在这个阶段，代表性的跨境电商企业有环球资源国际 B2B 电商网站（成立于 1995 年，2000 年于纳斯达克上市）、中国制造网（成立于 1998 年）和阿里巴巴国际站（成立于 1999 年）。随着新兴互联网技术的发展，全球各国的电子政务和电子商务发展得到了快速推进，跨境电商涉及的范围越来越广泛。

2. 成长期（2004—2012 年）

2004—2012 年是跨境电商的成长期。在这个阶段，跨境电商的发展以 B2B 模式和 B2C 模式并行为主要特征。其中，B2B 模式发展的代表性事件是敦煌网的成立（2004 年），它是国内首个允许中小型企业参与国际贸易的平台。敦煌网实现了在线展示、交易、客服和支付功能，推动了跨境电商全程电子化的实现。在成长期，跨境电商平台朝着平台化和标准化的方向发展。另外，大龙网也是在这个时期成立的代表性 B2B 网站。在这个阶段，B2C 跨境电商的发展取得了重要进展，标志性事件包括 B2C 平台兰亭集势的成立（2007 年），以及阿里巴巴旗下 B2C 跨境电商平台全球速卖通的成立（2010 年）。同时，一些专业跨境电商企业如有棵树、傲基科技、易佰网络和环球易购等也相继成立，推动了出口跨境电商经营主体的规模化和专业化发展。各类跨境进口新模式的平台，如洋码头、小红书等陆续成立。

3. 发展期（2013—2017 年）

2013 年被誉为跨境电商发展"元年"，因为这一年"跨境电子商务"一词首次出现在政府工作报告中，这标志着跨境电商进入发展期。在这个阶段，出现了三大特征。其一，不仅跨境电商的渠道变得更加多样化，品类也扩展到了更广泛的领域，从而推动了交易规模的快速增长。其二，跨境电商企业开始尝试建立自主品牌，并探索独立站点的运营模式。这种分化模式的出现也引领了行业的发展，并为巨头企业的崛起提供了机会。其三，跨境电商平台开始重视用户体验和服务质量，不断提升网站的功能和服务，以满足消费者的需求。在进入发展期前后，发生了许多推动跨境电商发展的标志性事件：2013 年 7 月，国务院出台了支持外贸跨境电商的"国六条"[②]，商务部也制定了多项支持措施，为跨境电商的发展提供政策支持；2013 年 12 月 27 日，中华人民共和国全国人民代表大会常务委员会（简称全国人大常委

---

① SEM（Search Engine Marketing）即搜索引擎营销，它是基于各大搜索引擎平台产生的营销活动，如百度、搜狗、360 等，主要就是在搜索引擎平台进行广告推广及管理。

② "国六条"包括：制定便利通关办法，分步在全国口岸实行；整顿进出口环节经营性收费，减少行政事业性收费；鼓励金融机构对企业及项目加大支持力度；支持外贸综合服务企业为中小型民营企业出口提供融资、通关、退税等服务；积极扩大商品进口，增加进口贴息资金规模；努力促进国际收支基本平衡，保持人民币汇率在合理均衡水平上的基本稳定。

会）正式启动了《中华人民共和国电子商务法》的立法进程；2018年8月31日，第十三届全国人大常委会第五次会议通过《中华人民共和国电子商务法》。《中华人民共和国电子商务法》的实施为跨境电商的持续健康发展提供了法律保障；上海自贸试验区成为指定的外贸跨境电商试点区域，启动了全国首个跨境贸易电商试点平台；外贸电商集中转型，打造品牌化出海，提高了中国企业在国际市场上的影响力；跨境电商移动化、移动端交易成为主流，顺应了移动互联网的发展潮流；大型跨境进口平台如天猫国际、考拉海购（原网易考拉）、京东全球购的成立，改变了之前代购、海淘等不规范现象，并催生了各类跨境进口新模式的平台，如小红书、洋码头、奥买家等，推动了跨境购物走向常态化。

4. 成熟期（2018年至今）

自2018年起，跨境电商逐步进入发展成熟阶段，其主要特征包括对精细化运营、本地化运营的重视和实践，以及线上线下结合、"小B"（小客户）分销、直播营销等创新模式的持续渗透。与此同时，行业壁垒也开始初步形成。这些特征表明跨境电商已进入成熟阶段，标志着行业正朝着程式化、规范化的发展方向迈进。这一阶段的重要事件包括：2018年，《中华人民共和国电子商务法》正式通过，对跨境电商平台等进行法律监督和指导，完善了监管流程和制度，推动行业向程式化、规范化发展；2019年，阿里巴巴收购了考拉海购；2021年4—9月，亚马逊因中国卖家"滥用评论"，还有涉及伪造身份、行贿（和一些灰色产业方合作）和销售非法产品等违规行为，累计封禁了600个中国品牌和3000个卖家账号，由此倒逼中国卖家在目标市场进入电商运营全面合规化的新阶段；自2015年起，截至2022年11月，国务院分7批共建了165个跨境电商综试区。与此同时，各地政府也在加大跨境电商综试区的建设力度。跨境电商行业普遍认为，在全球范围内，跨境电商的发展态势非常良好。图1-7总结了跨境电商发展的阶段性特征与标志性事件。

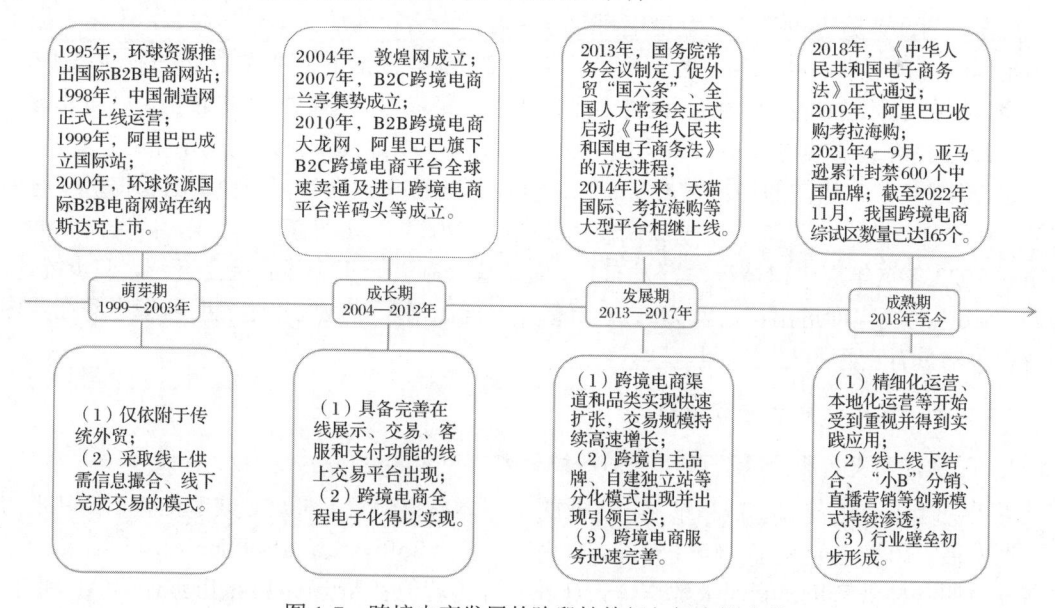

萌芽期 1999—2003年	成长期 2004—2012年	发展期 2013—2017年	成熟期 2018年至今
1995年，环球资源推出国际B2B电商网站；1998年，中国制造网正式上线运营；1999年，阿里巴巴成立国际站；2000年，环球资源国际B2B电商网站在纳斯达克上市。	2004年，敦煌网成立；2007年，B2C跨境电商兰亭集势成立；2010年，B2B跨境电商大龙网、阿里巴巴旗下B2C跨境电商平台全球速卖通及进口跨境电商平台洋码头等成立。	2013年，国务院常务会议制定了促外贸"国六条"、全国人大常委会正式启动《中华人民共和国电子商务法》的立法进程；2014年以来，天猫国际、考拉海购等大型平台相继上线。	2018年，《中华人民共和国电子商务法》正式通过；2019年，阿里巴巴收购考拉海购；2021年4—9月，亚马逊累计封禁600个中国品牌；截至2022年11月，我国跨境电商综试区数量已达165个。
（1）仅依附于传统外贸；（2）采取线上供需信息撮合、线下完成交易的模式。	（1）具备完善在线展示、交易、客服和支付功能的线上交易平台出现；（2）跨境电商全程电子化得以实现。	（1）跨境电商渠道和品类实现快速扩张，交易规模持续高速增长；（2）跨境自主品牌、自建独立站等分化模式出现并出现引领巨头；（3）跨境电商服务迅速完善。	（1）精细化运营、本地化运营等开始受到重视并得到实践应用；（2）线上线下结合、"小B"分销、直播营销等创新模式持续渗透；（3）行业壁垒初步形成。

图1-7 跨境电商发展的阶段性特征与标志性事件

（二）中国跨境电商的发展现状

根据海关总署的统计数据，2022年，中国跨境电商进出口规模首次突破2万亿元的关口，主要呈现出进出口规模再创新高、贸易伙伴更趋多元、消费品占比进一步提升、业态发展头部效应明显等新气象，为中国外贸发展不断注入新动能。

1. 进出口规模再创新高

我国跨境电商经过不断发展，2022年的进出口规模再次创下了历史新高。具体而言，我国跨境电商进出口规模首次突破2万亿元，其中出口额达到1.53万亿元，增长了10.1%，占到了我国出口总值的6.4%。这一成就表明，跨境电商为我国外贸发展注入了全新的动能。

2. 贸易伙伴更趋多元

从出口目的地来看，美国市场占据了34.3%的份额，英国市场占据了6.5%的份额，德国市场占据了4.6%的份额，马来西亚市场占据了3.9%的份额，俄罗斯市场占据了2.9%的份额。此外，还有一些新兴市场，如新加坡、日本、加拿大、法国，以及泰国、菲律宾、巴西、越南等市场。从进口来源地来看，日本占据了我国跨境电商进口总额的21.7%，美国占据了17.9%，澳大利亚占据了10.5%，法国占据了7.5%。同时，来自韩国、荷兰、德国、新西兰、瑞士、加拿大、英国、印度尼西亚、泰国、越南等贸易伙伴的货物也通过跨境电商进入了中国市场。

3. 消费品占比进一步提升

在出口商品中，消费品的比重提高了1个百分点，占到了92.8%。其中，服饰鞋包占比为33.1%，手机等电子产品占比为17.1%，家居家纺用品占比为7.8%。而在进口商品中，消费品的比重也增加了1.7个百分点，占到了98.3%。其中，美妆及洗护用品占比为28.4%，食品生鲜占比为14.7%，医药及医疗器械占比为13.9%，奶粉占比为12.9%。这说明在全球范围内越来越多的消费者能够通过跨境电商获得更多的选择和便利。

4. 业态发展头部效应明显

广东、浙江、福建和江苏是跨境电商业态发展较为活跃的地区。具体而言，广东占据了跨境电商进出口总额的43.4%，浙江占据了13.5%，福建占据了6.4%，江苏占据了5.4%，这4个地区的合计占比接近70%。此外，部分省市的跨境电商出口增速也较快。以河北省为例，2022年河北省跨境电商出口额同比增长超过20%，增速高于全国平均水平。

自2022年起，我国的经济发展呈现出回升向好的势头，为外贸的稳定增长提供了有力支持。在这种势头下，我国跨境电商规模持续增长。2024年1月12日上午，国务院新闻办公室就2023年全年进出口情况举行发布会，海关总署副署长王令浚在会上介绍，初步统计，2023年我国跨境电商进出口总额为2.38万亿元，同比增长15.6%。这表明跨境电商在我国外贸中仍然具有良好的发展前景。

（三）中国跨境电商的发展趋势

1. 跨境电商支持服务提供商市场的潜力巨大

随着跨境电商运营的日益精细化，行业的支撑体系正朝着多样化、数字化和智能化的方向不断发展。跨境电商物流、跨境支付、软件即服务（Software as a Service，SaaS）、数字营销等支持服务提供商正在利用大数据、云计算、人工智能（Artificial Intelligence，AI）和区块链等数字技术加速推动供应链的重构。这些技术的应用有助于跨境电商流程的优化，大大提高行业的运行效率和利润空间，为跨境电商行业带来跨越式的发展。因此在跨境电商行业发展进入"黄金十年"后，跨境电商支持服务提供商市场的潜力巨大。

2. 行业格局向头部集中，强者恒强

近年来，我国跨境电商支持政策密集出台、制度体系逐步成熟，海外电商渗透率加速提升，大数据、云计算、AI、区块链等数字技术持续赋能，我国跨境电商行业保持高速增长态势，市场参与者不断增多，竞争不断深化。头部企业拥有资源优势、技术和创新优势、品牌和信誉优势，以及广泛的合作伙伴网络。这些优势相互促进，使得头部企业能够持续巩固自身的竞争优势，并进一步扩大市场份额，形成头部企业更加集中的趋势。

3. 品牌化、多元化、精细化成发展新趋势

随着跨境电商第三方平台规则限制的增多和流量红利的减弱，再加上新技术推动服务生态不断完善，我国跨境电商正步入"深耕细作"时代。在这一时期，品牌力、渠道力和运营力将成为评估企业竞争力的重要指标。企业通过品牌化经营能够获得消费者的信任和认可，吸引更多的消费者选择其产品或服务。这种品牌化的经营战略带来的溢价效应能够增强企业的竞争力和利润空间。同时，多元化经营可以减少企业对单一产品或市场的依赖，提高企业的盈利能力。通过拓展产品线或服务领域，企业能够满足消费者不同的需求，降低市场风险。此外，精细化运营能够提高企业的运营效率和竞争力。通过数据分析、精准营销等方法，企业能够更深入地了解消费者的需求和市场趋势，有针对性地优化产品选择、销售渠道和服务体验。这种精细化管理能够实现更精准的市场营销和供应链管理，进而增加企业的市场份额和利润。

【思考题】

1. 请说明跨境电商的定义，并分析它与国内电商的异同之处。
2. 请解释出口跨境电商的定义，并探讨其常见的模式。
3. 请阐述进口跨境电商的含义，并说明其常见的模式。
4. 请回顾一下跨境电商的发展历程，并预测其未来的发展趋势。
5. 请列举一些已经成熟的跨境电商市场，并描述它们的特点。
6. 请指出一些新兴的跨境电商市场，并描述它们的特点。

第二节　跨境电商生态圈概述

一、商业生态圈简介

（一）生态圈的定义与组成

生态圈（也称生物圈或生物圈层）这个概念源自生物学，它是地球上最大的生态系统，指的是在特定空间范围内生物与环境相互作用和互相制约所形成的一个统一整体。生态圈中的生物与环境之间相互依赖、相互影响，并在一段时间内保持相对稳定的动态平衡。生态系统是一个具有边界的生态圈，其空间范围既可以是微观的，如一个培养基，也可以是宏观的，如整个生态圈（地球上最大的生态系统）。在生态圈中，各种生命物质为了生存需要从环境中获取所需的能量和物质，而生物的活动又会引发、促进能量的流动和物质的循环，进而导致环境的变化。在长期的自我调节和相互作用中，生物适应了生态圈中的环境，同时生态圈也具有了一定的自我调节能力。生物通过适应和调节，实现了与环境的相对稳定，而生态圈

通过自我调节和相互作用，保证了整个生态系统处于相对稳定的状态。

生态圈是由非生命的物质和能量，以及具有生命的"物种"组成的。非生命的物质和能量包括空气、无机盐、光、热和水等；而物种是生物分类学研究的基本单元和核心，包括生产者、消费者及分解者。种群是指同一物种在同一地点形成的群体，而群落则由多个种群组成。在自然界中，大部分种群都处于相对稳定的状态。种群的密度会受到多种因素的影响，在生物群落中与其他生物相互作用，并维持在特定的密度水平上。这被称为种群的自然平衡。生态圈的构成要素及运作过程如图 1-8 所示，该图详细展示了生态圈内各个组成部分的关系和相互作用。

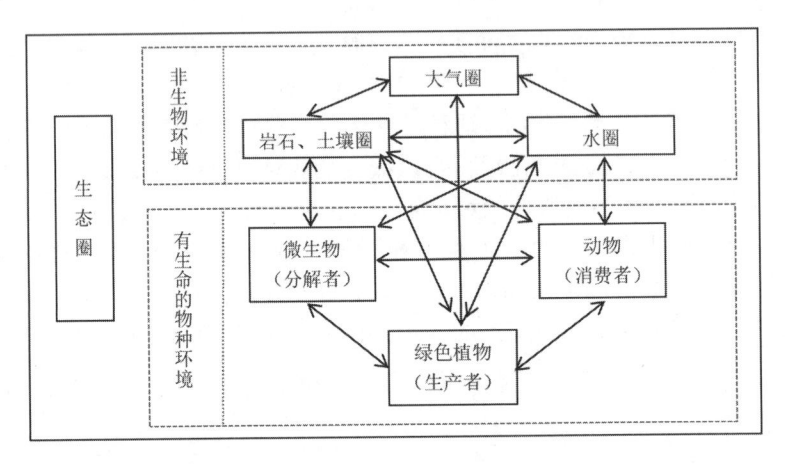

图 1-8 生态圈的构成要素及运作过程

（二）商业生态圈的定义与构成

商业生态圈，又称商业生态系统，这一概念最早由美国经济学家穆尔于 1996 年在《哈佛商业评论》杂志上发表的一篇文章中提出。此概念将商业界比作自然界，认为其中存在着各种各样的生态系统。每家企业都有可能成为商业生态圈中的一个组成部分。在商业生态圈中，各个生态成员通过创新的方式实现竞争共生。商业生态圈是一个动态变化的系统，其中的生态成员的命运不仅受到自身因素的影响，也受到所在生态圈的制约。自该概念提出后，该概念被广泛应用于商业领域，包括互联网、金融、创业等各个领域。

商业生态圈的内涵主要表现在以下 3 个方面。首先，完整的商业生态圈由两个部分组成，类似于自然生态圈。一部分是围绕核心商业任务承担不同功能的商业"物种"，如企业自身、顾客、市场媒介和供应商等。这些商业"物种"可以被看作商业生态系统的初级组成部分，而它们的所有者和控制者可以是政府机构、管理机构，以及代表消费者与供应商的协会等。另一部分是商业"物种"所处的政治环境、经济环境、社会文化环境、地理环境。这两个部分共同构成了一个完整的商业生态圈。其次，商业生态圈相对稳定，但也会发生动态变化。在某个行业发展的特定阶段，商业生态圈内的商业"物种"会保持相对稳定的状态。然而，内外因素的变化可能打破这种相对稳定的状态。一方面，商业生态圈本身的创新活力可能会主动推动变革。另一方面，外部政治因素、经济因素、社会文化因素的变化可能会导致商业生态圈中商业"物种"数量和类型的被动改变。因此，商业生态圈是一个不断变化的系统。最后，商业生态圈中的企业对该生态圈有强烈的依赖性。在同一个生态圈内，不同商业"物种"之间的利益紧密关联，甚至可能一荣俱荣、一损俱损。如果某个商业"物种"离开了一个状态良好的商业生态圈，其发展就会受到限制。同时，某一商业"物种"也可能因生态圈内其他关联商业"物种"的困境而遭受牵连。商业生态圈的构成及其运作过程如图 1-9 所示。

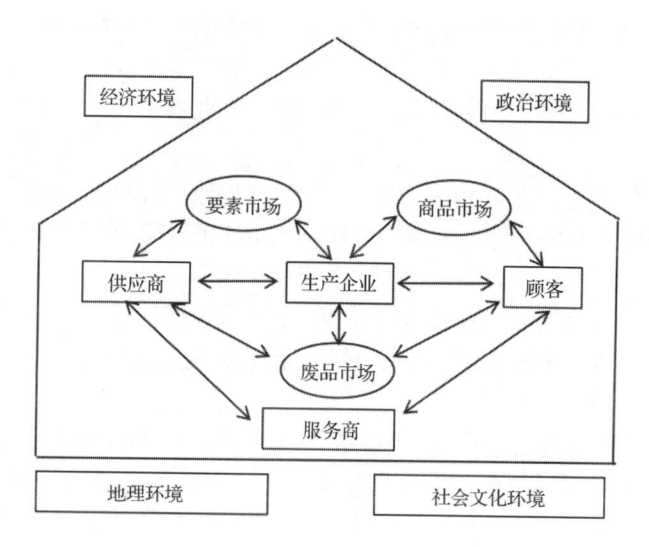

图 1-9　商业生态圈的构成及其运作过程

根据穆尔的观点，一个商业生态圈需要经历开拓、扩展、领导和更新或死亡 4 个阶段。然而，这 4 个阶段的边界常常是模糊不清的，并且每个阶段都会面临许多挑战。首先是商业生态圈的开拓阶段。在这个阶段，各种能力被集结起来，以创造关键的产品。这意味着不同的组织和个体需要协作，通过整合资源来满足市场的需求。其次是商业生态圈的扩展阶段。这个阶段从协作关系的核心开始，通过不断扩大规模和范围来进行资源整合。同时，在所开发的市场中建立核心团体，以巩固和扩大商业生态圈的影响力。再次是商业生态圈的领导阶段。在这个阶段，一些企业逐渐成长为某商业生态圈的领导者，并对生态系统的整体发展做出关键贡献。这些企业具有一定的权威性，并在某商业生态圈中发挥领导作用。例如，阿里巴巴主导的商业闭环生态系统、腾讯的"亚马逊森林生态"，以及百度的"冰山生态"等。最后是商业生态圈的更新或死亡阶段。一旦商业生态圈建立起来，就必须寻找新的方法，为旧的秩序注入新的观念，以保持竞争力。这可能意味着引入替代产品或技术来延续生态系统的生命，或者最终使其逐渐衰落并被其他生态系统取代。

二、跨境电商生态圈的定义与构成

（一）跨境电商生态圈的定义

商业生态圈理论被广泛应用于创业、软件、服务、金融等领域的研究。近年来，该理论也逐渐被引入电商领域，形成了电商生态圈。这是一个结合传统商业和互联网技术的新兴产物。具体来说，电商生态圈指的是一系列关系密切的组织和个人，利用互联网平台进行优势互补与资源共享，克服了时空限制的有机整体。跨境电商是电商生态圈的一部分，但由于其独特的影响因素，因此发展、演变出了具有特色的跨境电商生态圈，主要原因可总结为如下两点。

其一，跨境电商行业的发展是行业内诸多"物种"合力推动的结果。在我国，从事跨境电商的中小型卖家占据了相当大的市场份额，可以说他们是中国跨境电商发展的基石。然而，"大而全"的商业理念并不适用于数量庞大的中小型跨境电商卖家。由于中小型跨境电商卖家无法单独支撑整个跨境电商供应链的运作，因此众多中小型跨境电商卖家更倾向于将所有辅助业务环节外包出去，以便更专注于核心领域。因此，中小型跨境电商卖家既需要依赖物流、IT、客服、海外营销、报关报检等各类跨境电商商业服务，也需要依靠公共服务和政策推动来支持其发展。

其二，国际政治环境、经济环境、社会文化环境和地理环境的发展变化也全方位影响了跨境电商行业的变化、发展。经过多年的发展，跨境电商逐渐回归到其本质，即更加关注消费者的需求而非追求规模扩张。如今，跨境电商的生态环境正在发生变化，新技术、新业态和新模式不断涌现，这对企业运营各类商业模式提出了更高的要求。在跨境电商生态圈中，合作伙伴需要通过资源、技术或市场等方面的互补来满足彼此独特的服务需求。因此，跨境电商的未来发展将呈现集约和整合的共生状态。根据上述观点，围绕跨境电商交易本身有不同职能的主体，如买卖双方、平台商、各种交易服务商，以及政府和行业组织等，它们组成了跨境电商生态圈中的各类角色。此外，跨境电商行业的发展也受到不同目的国的政治环境、经济环境、社会文化环境和地理环境的影响，这些环境因素构成了跨境电商生态圈的另一个重要组成部分——跨境生态。

综上所述，跨境电商生态圈是从电商生态圈中发展而来的，在互联网条件下以跨境电商交易为中心，各个相关"物种"围绕跨境电商交易的整个流程发挥各自的核心功能，并与影响跨境电商行业发展的政治环境、经济环境、社会文化环境和地理环境相互作用形成的有机整体。因此，跨境电商生态圈主要由生态圈"物种"和生态圈环境两个部分组成。

（二）跨境电商生态圈的构成

通过对跨境电商生态圈的定义分析可知，跨境电商生态圈主要由跨境电商生态圈"物种"和跨境电商生态圈环境圈这两个重要组成部分构成，而这两个部分又由不同的要素构成。接下来的内容将主要围绕这两个部分对跨境电商生态圈的构成进行详细分析。

1. 跨境电商生态圈"物种"

根据跨境电商交易过程中各"物种"所发挥的功能不同，跨境电商生态圈"物种"分为关键种群、领导种群、支撑种群与寄生种群四大类型。

1）关键种群

关键种群是整个跨境电商生态圈的最初动力来源，它由跨境交易的买卖双方组成。买卖双方的类型不同会影响跨境电商的运营模式、监管模式、服务模式等方面。就出口跨境电商而言，卖方可以是我国国内不同类型的卖家。根据是否有工厂，可以将卖家分为工厂型卖家、贸易型卖家和个人卖家。根据规模大小，可以将卖家分为大卖家和中小型卖家。根据是否依托平台，可以将卖家分为平台型卖家和独立站卖家。根据是否有品牌，可以将卖家分为品牌型卖家和卖货型卖家等。而买方则遍布世界各地，根据来源地区的不同可以分为成熟的跨境电商市场（如欧美市场等）和新兴的跨境电商市场（如东南亚、中东、南美等市场）。此外，根据是否为最终消费者，买方可分为C端消费者和B端消费者（如经销商、分销商、工厂等）。就进口跨境电商而言，买方是国内为满足更多元化和更优质需求的终端消费者，而卖方则是来自世界各地可提供优质资源的卖家，如来自欧美、日本、韩国及澳大利亚等国家和地区的卖家。

2）领导种群

领导种群是跨境电商生态圈的核心种群，指的是跨境电商平台。跨境电商平台不仅充当买卖双方之间的信息传递者，还扮演着生态系统协调员的特殊角色。举例来说，亚马逊平台会接入物流、合规、支付、技术等服务商，并每年评选优质服务商，以确保平台内的卖家能够享受更优质的服务，从而提升其运营效果。同时，跨境电商平台也会对卖家提出限制性要求。比如，亚马逊平台提出了合规运营要求，一旦卖家违反这些要求，将会遭受严厉的制裁。从 2021 年 5 月开始，亚马逊关闭了大量中国品牌的账号，以严厉打击灰色产业链，虽然这种限制使部分中国企业遭受严重损失，但是从全球范围来看，这种限制性要求的实施有助于维护跨境电商平台的合规性和品牌声誉，从某种意义上来说也能推动中国企业的合规性发展。

跨境电商平台可以根据是否自营分为 3 种类型：跨境电商第三方平台、跨境电商独立站平台、跨境电商独立站兼第三方平台。跨境电商第三方平台仅提供连接买卖双方的渠道，而不提供商品。跨境电商第三方平台又可以分为国际型平台（如亚马逊、eBay 等）和本土型平台（如印度尼西亚的 Tokopedia、Bukalapak 等）。此外，跨境电商第三方平台还可以分为进口跨境电商平台（如京东全球购、天猫国际、小红书等）和出口跨境电商平台。另外，跨境电商第三方平台还可以细分为垂直类跨境电商平台和综合类跨境电商平台。跨境电商独立站一般是指跨境电商企业在跨境电商第三方平台上成为大卖家后，为了成为品牌卖家而建立的自主经营渠道，如安克创新、兰亭集势等。此外，跨境电商独立站卖家也有可能在发展到一定阶段后转变为跨境电商独立站兼第三方平台的模式，如 SHEIN 等。第二章将详细介绍跨境电商平台商业创新模式的典型案例。

3）支撑种群

支撑种群是为买卖双方完成跨境电商交易提供核心功能服务和监管的服务商与政府部门，包括支付、物流、营销方面的市场化服务、公共服务和监管等。这些种群的支持使得跨境电商交易中的资金流、信息流和物流得以顺畅进行。举例来说，连连国际、杭州乒乓智能技术有限公司（简称乒乓智能）和珊瑚跨境等第三方支付公司为跨境电商卖家提供全方位的收支和结汇服务；菜鸟物流、深圳堡森三通物流有限公司（简称堡森三通）、百世物流和杭州乐链网络科技有限公司（简称乐链科技）等为跨境电商卖家提供通往欧洲、东南亚和美国等地的物流服务；而钛动科技、飞书深诺数字科技（上海）股份有限公司（简称飞书深诺）和星谷云则为跨境电商卖家提供广告营销服务。此外，海关总署、中华人民共和国财政部（简称财政部）和国家外汇管理局等相关部门也根据通关检疫、税收、支付结算和结汇等关键问题，制定了针对性政策。这些政策使得我国的跨境电商企业能够合法、合规地以低成本开展跨境电商业务。整个支撑种群体系已经基本形成完善的制度体系。跨境电商支撑种群的类型及其服务内容与特点主要归纳如表 1-6 所示。而物流服务、网络营销服务、金融服务等典型案例将分别在第四章、第五章、第六章详细展开讨论。

表 1-6 跨境电商支撑种群的类型及其服务内容与特点

支撑种群的类型	服务内容及特点
物流服务商	头程揽收、跨境清关、海外仓和落地配送等
金融服务商	收付款、结汇等

续表

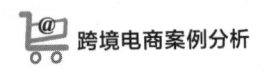

支撑种群的类型	服务内容及特点
网络营销服务商	营销技术：Martech、全球营销推广、广告投放、平台代理
	数据分析：客户数据平台、智能运营和智能商业决策
监管部门	海关总署、财政部、国家外汇管理局等相关部门

4）寄生种群。寄生种群是指围绕跨境交易核心流程为其他种群提供各种衍生服务的中介机构、行业协会、高等院校等。这些服务包括SaaS、数据分析、合规服务、产业园服务、代运营、翻译、保险、融资、咨询和培训等。尽管这些种群并非跨境交易所必需的，但它们为促进跨境电商生态圈的发展提供了衍生服务。例如，中国出口信用保险公司（简称中国信保）研发了跨境电商出口政治风险保险、平台支付风险保险和海外仓销售风险保险等产品，帮助卖家化解境外政治风险和支付风险等问题。另外，浙商银行、中国建设银行和中信银行等多家银行也开发了服务跨境电商业务的融资产品。表1-7总结了一些寄生种群及其代表性企业，而第七章将详细展开介绍寄生种群中的典型案例。

表1-7 部分寄生种群及其代表性企业

寄生种群的类型	代表性企业
SaaS	马帮软件、易仓、领星、积加ERP、牛信云、福建紫讯信息科技有限公司（紫鸟浏览器）、重庆菲欧坦软件开发有限公司（softtime）等
综合信息服务	白鲸出海、雨果网、亿邦动力、亚马逊卖家导航等
建站服务	SHOPLINE、店匠科技、FunPinPin等
供应链服务	卓志、宝尊电商和行云集团等
合规服务	J&P、跨知通、华测检测等
人才输送服务	高等院校、国贸数字等
行业协会	杭州跨境电商百人会、深圳跨境电商协会等
跨境电商园区	运河国际跨境电子商务园、全球速卖通电子商务园和杭州钱塘智慧城等
融资服务	浙商银行、中国建设银行和中信银行等
保险服务	中国信保

2. 跨境电商生态圈环境

跨境电商是指在不同关境之间进行的交易，而不同关境之间的政治环境、经济环境、社会文化环境、技术环境和地理环境均不同。这些环境的变化会对跨境电商生态圈的成员发展产生推动或抑制作用。中国跨境电商生态圈中的各类参与者，不仅受到国内跨境电商生态圈环境的影响，还受到目标市场跨境电商生态圈环境的影响。下文将对国内外跨境电商生态圈环境进行简要概述。

1）中国跨境电商政策助力跨境电商生态圈的成员蓬勃发展

这些政策主要包括中国跨境电商综试区扩容政策、跨境电商综试区的监管政策，以及推动跨境电商服务发展的相关政策等。

（1）跨境电商综试区扩容政策。我国已经分7个批次设立了165个跨境电商综试区，基本形成了陆海内外联动、东西双向互济的发展格局。增设跨境电商综试区，可以促进更多企业参与国际贸易，而各项优惠政策有利于激发外贸主体的活力，稳定产业链和供应链，进而推动更多优质商品的进出口，更好地服务于构建"双循环"新发展格局。图1-10所示为

2015—2022年中国跨境电商综试区的发展进程。

① 2015	在杭州成立首个跨境电商综试区，先行试点探索
② 2016	设立天津、上海等12个城市和地区为跨境电商综试区，主要覆盖东部沿海及南部省份
③ 2018	设立北京等22个城市和地区为跨境电商综试区，为推动全国跨境电商健康发展持续探索新经验、新做法
④ 2019	在石家庄市等24个城市设立跨境电商综试区，对跨境电商零售出口试行增值税、消费税免税等相关政策
⑤ 2020	增设46个城市和地区为跨境电商综试区，深化空间布局并稳步推进先行试验省份产业集群
⑥ 2022.2	在鄂尔多斯市等27个城市和地区设立跨境电商综试区，基本形成了陆海内外联动、东西双向互济的发展格局
⑦ 2022.11	本次扩围新增了33个城市，重点部署中西部地区和边境地区，并填补了西藏地区没有跨境电商综试区的空白

图1-10　2015—2022年中国跨境电商综试区的发展进程

（2）跨境电商综试区的监管政策。在跨境电商监管和公共服务方面，海关总署、财政部、国家外汇管理局等相关部门针对通关检疫、税收、支付结算和结汇等关键问题，出台了有针对性的政策，为中国跨境电商企业合法、合规、低成本地开展跨境电商业务提供了支持。表1-8总结了相关部门对跨境电商进出口业务的监管政策。

表1-8　相关部门对跨境电商进出口业务的监管政策

政策类别	政策名称	关键内容
金融	2022年1月，中国人民银行发布《关于支持外贸新业态跨境人民币结算的通知（征求意见稿）》	允许银行与支付机构合作，为跨境电商等外贸新业态市场交易主体及个人跨境交易提供经常项下跨境人民币结算服务
	2022年4月，中国人民银行、国家外汇管理局等颁布《关于做好疫情防控和经济社会发展金融服务的通知》	优化外汇与跨境人民币业务办理，促进外贸出口平稳发展
	2022年6月，中国人民银行发布《关于支持外贸新业态跨境人民币结算的通知》	完善跨境电商外贸新业态跨境人民币业务相关政策
物流、海外仓	2022年1月，国家发展改革委等9部门发布《关于推动平台经济规范健康持续发展的若干建议》	鼓励平台企业发展跨境电商、积极推动海外仓建设
	2022年4月，交通运输部发布《关于加快推进冷链物流运输高质量发展的实施意见》	增强跨境冷链物流服务能力，推进国际物流企业与跨境电商平台战略合作
	2022年7月，财政部和交通运输部发布《关于支持国家综合货运枢纽补链强链的通知》	鼓励运输企业与跨境电商等加强合作
	2022年9月，商务部发布《支持外贸稳定发展若干政策措施》	出台进一步支持跨境电商海外仓发展的政策措施
	2022年11月，工业和信息化部、国家发展改革委、国务院国资委等发布《关于巩固回升向好趋势加力振作工业经济的通知》	支持运输企业与跨境电商等加强合作
税务	2022年4月，国家税务总局等10部门发布《关于进一步加大出口退税支持力度 促进外贸平稳发展的通知》	便利跨境电商进出口退换货管理，鼓励跨境电商出口企业积极使用出口退税政策
	2022年6月，国家税务总局发布《关于阶段性加快出口退税办理进度有关工作的通知》	进一步压缩出口退税时间

续表

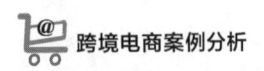

政策类别	政策名称	关键内容
营销	2022年7月，工业和信息化部等5部门发布《数字化助力消费品工业"三品"行动方案（2022—2025年）》	支持跨境电商开展海外营销推广，巩固增强中国品牌国际竞争力

（3）推动跨境电商支撑和衍生服务发展的相关政策。表1-9总结了我国在国家层面发布的关于推动跨境电商在金融、税务、物流、海外仓和营销等方面发展的相关政策。这些政策旨在推动金融、物流、海外仓、营销和人才培养等方面的发展，为跨境电商提供支撑及衍生服务。

表1-9 我国在国家层面发布的关于推动跨境电商行业发展的相关政策

时间	政策名称	关键内容
2014年1月	海关总署发布《关于增列海关监管方式代码的公告》	增设"跨境贸易电子商务—9610"代码
2014年7月	海关总署发布《关于跨境贸易电子商务进出境货物、物品有关监管事宜的公告》《关于增列海关监管方式代码的公告》	明确了对跨境电商的监管框架；增设"保税跨境贸易电子商务—1210"代码
2016年12月	海关总署发布《关于增列海关监管方式代码的公告》	增设海关监管方式代码"1239"，全称"保税跨境贸易电子商务A"，简称"保税电商A"
2018年11月	财政部、海关总署、国家税务总局发布《关于完善跨境电子商务零售进口税收政策的通知》	营造公平竞争的市场环境
2018年11月	海关总署发布《关于实时获取跨境电子商务平台企业支付相关原始数据有关事宜的公告》	进一步规范跨境电商零售进口业务的监管工作，要求参与企业向海关开放数据
2020年3月	海关总署发布《关于全面推广跨境电子商务出口商品退货监管措施有关事宜的公告》	"退货企业"可向海关申请开展跨境电商零售出口、跨境电商特殊区域出口、跨境电商出口海外仓商品的退货业务
2020年3月	海关总署发布《关于跨境电子商务零售进口商品退货有关监管事宜的公告》	跨境电商企业境内代理人或其委托的报关企业（简称退货企业）可向海关申请开展退货业务
2020年6月	海关总署发布《关于开展跨境电子商务企业对企业出口监管试点的公告》	增设"跨境电子商务企业对企业直接出口—9710""跨境电子商务出口海外仓—9810"代码
2021年3月	商务部、国家发展改革委、财政部、海关总署等6部门发布《关于扩大跨境电商零售进口试点、严格落实监管要求的通知》	将跨境电商零售进口试点扩大至所有自贸试验区、跨境电商综试区、综合保税区、进口贸易促进创新示范区、保税物流中心（B型）所在城市（及区域）

除了国家层面的政策，地方政府也纷纷出台相关政策，以鼓励跨境电商企业在建立海外仓方面积极行动。这些政策包括扶持企业租用或自建海外仓的措施、针对物流企业提升效率的补贴与奖励政策，以及支持跨境电商企业和品牌进行海外营销服务的奖励与扶持措施。此外，地方政府还制定了加强人才引进和跨境电商产业园区建设的相关政策，以进一步促进跨境电商产业的发展。

2）中国跨境电商生态圈成员面临不同目标市场的生态环境

当跨境电商企业将不同国家或地区作为目标市场时，需要根据目标市场的政治环境、经济环境、社会文化环境、技术环境、地理环境等各方面的特点，制定适合自身发展的方案。

（1）政治环境。政治的稳定性是发展跨境电商的前提条件，直接关系到信息传输和货物流通的顺畅性。以印度市场为例，自 2020 年 6 月起，中国许多的应用程序被印度列入了封禁名单，全球跨境电商 SHEIN 及专注印度市场的跨境电商平台 Club Factory 也面临封杀。又如，2021 年 2 月，TikTok Shop 在印度尼西亚上线，上线仅一年，其在印度尼西亚电商市场的份额就增长到 5%。然而自 2023 年 7 月起，印度尼西亚官员突然批评 TikTok Shop 损害了当地中小型商家的利益，并提出应禁止 TikTok 同时运营社交媒体与电商业务。经过两个多月的舆论造势，9 月 27 日，印度尼西亚贸易部长哈桑宣布签署法规，要求 TikTok 将电商业务与社交媒体剥离。10 月 4 日，TikTok Shop 在印度尼西亚正式下线。

（2）经济环境。经济环境对于中国在当地市场的跨境出口规模和未来潜力起到决定性的作用。首先，当地的产业基础和商品结构决定了中国与该国进行跨境电商合作的基础。中国多年来建立的强大产业链及供应链优势对于中国卖家在传统市场和新兴市场的开拓发挥了重要的作用。其次，当地电商的发展水平，包括交易规模、物流基础设施、支付基础设施、电商平台等诸多因素，对于中国卖家制定战略规划和运营方案以开拓当地市场具有巨大影响。此外，区域一体化水平和国家间的汇率变动等因素也会影响消费者进行跨境网购的意愿。最后，人口数量、年龄结构、性别比例、职业分布、收入水平、教育水平、计算机素养、劳动力素质等都会影响消费者的购买能力和偏好。

（3）社会文化环境。对当地社会文化环境的熟悉程度，以及对当地社会文化元素在跨境运营中的灵活应用水平，深深地影响着卖家的产品和品牌在当地消费者中的接受程度。社会文化因素主要包括宗教信仰、价值观、语言文化、民族习俗等。例如，美国的许多节假日都已经形成了一种独特的美国风情，这也给了跨境电商企业一定的选品运营方向，企业可深入研究其背后涵盖的文化、风俗习惯，以调动用户的购买积极性。比如，复活节前的整周是销售宗教用品的好时期，彩蛋和复活节兔是复活节的节日象征，因此可供跨境电商企业借鉴的选品方向是塑料蛋、复活节彩蛋装饰、兔子主题的物品、节日装饰品等相关宗教用品。

（4）技术环境。电商平台技术、支付技术、物流技术和网络通信技术的快速发展为跨境电商的发展提供了必要的条件。大数据、物联网、云计算及 AI 等技术的不断进步推动了跨境电商服务的转型和升级。然而，不同国家间电商技术水平的不均衡发展可能成为跨境电商进一步发展的障碍。因此，建立技术合作和交流的机制，并推动各国间的技术水平协同发展，对于跨境电商的发展至关重要。

（5）地理环境。地理位置的邻近使两国间发展跨境电商具备了天然优势。邻近的两国不仅因交通便利而能够降低物流成本，还因特殊的政治历史背景、相似的民族文化和语言等而使得两地之间的文化理解度高，社会经济往来密切。例如，中国广西地区相较于中国其他地区在拓展东盟市场方面具有天然的地理优势。（本书在第一章第一节中重点介绍了东南亚市场和中东市场的生态环境。）

三、跨境电商生态圈的构建与运行机制

（一）跨境电商生态圈的构建

运作良好的跨境电商生态圈往往不是自发构建的，而是由某种力量推动而成的。从目前国内跨境电商生态圈构建的情况来看，推动力量可以分为政府力量和市场力量。政府和市场在侧重点上有所不同。政府更注重依托政策和制度创新，从宏观角度推动跨境电商生态圈的构建；而市场更注重从微观的角度集合各类运营服务商，为卖家提供全链条的运营服务，从

而推动跨境电商生态圈的构建。同时，无论是政府还是市场推动构建的跨境电商生态圈都会在更大范围内受到全球政治环境、经济环境、社会文化环境和地理环境等因素的影响。

1. 政府力量推动跨境电商生态圈的构建

政府力量推动跨境电商生态圈构建的典型案例是商务部分 7 个批次共设立了 165 个跨境电商综试区。这些跨境电商综试区依托创新的制度、管理和服务，通过协调发展，解决跨境电商发展中的深层次矛盾和制度问题，实现跨境电商的自由化、便利化和规范化，以满足新商业模式的发展要求。我国第一个跨境电商综试区是杭州跨境电商综试区，杭州跨境电商企业从 2014 年的不足 2000 家，到 2023 年已达 6 3436 家，10 年间增长了 30 倍，跨境电商进出口总额达到 1400.4 亿元，其中跨境电商进出口总额达到亿元以上的企业有 194 家。这些企业跨越式发展的背后，离不开杭州跨境电商综试区不断推进产业转型升级、深入创新和先行先试的努力。杭州已经探索出一套引领全国跨境电商综试区建设的顶层设计、制度体系和生态体系。本章的第三节将重点介绍杭州跨境电商综试区如何推动全球最优的跨境电商生态圈的构建。

2. 市场力量推动跨境电商生态圈的构建

市场力量推动跨境电商生态圈构建的典型案例，是以亚马逊、eBay、阿里巴巴国际站和全球速卖通等跨境电商第三方平台为主导所构建的跨境电商生态圈。以亚马逊平台为例，这个跨境电商生态圈依托亚马逊云科技与全球开店合作伙伴，为跨境电商卖家提供一站式跨境护航服务，包括广告营销、品类运营、供应链优化和投融资等，助力企业实现精细化运营和快速增长。此外，该平台还能帮助品牌卖家与全球商家建立联系，并为跨境电商合作伙伴构建资源聚合的全球商业生态体系，以实现聚势共赢和突破增长瓶颈，从而加速业务增长。亚马逊主导构建的跨境电商生态圈具体如图 1-11 所示。

图 1-11 亚马逊主导构建的跨境电商生态圈

其中，亚马逊 SPN 是生态圈中除亚马逊平台本身外为跨境电商卖家提供服务的重要力量。其帮助卖家筛选优质服务商，助力卖家的跨境出海业务起步和拓展，对卖家而言选择一家合规、专业的服务商能让卖家跨境无忧、出海无虑。亚马逊针对面向中国卖家开放的十八大站点，对服务商的口碑、服务能力及品牌影响力等方面进行全方位的评估、审核，最终筛选出了 160 余家中国本地的服务商企业和在中国有实体办事处的跨国服务商企业，根据卖家需求，涵盖物流、海外仓、合规、税务、营销推广和运营支持六大服务领域，具体如图 1-12～图 1-17 所示。

图 1-12　亚马逊物流服务商提供的物流服务

图 1-13　亚马逊海外仓服务商提供的海外仓服务

图 1-14　亚马逊合规服务商提供的合规服务

图 1-15　亚马逊税务服务商提供的 VAT 注册和申报服务

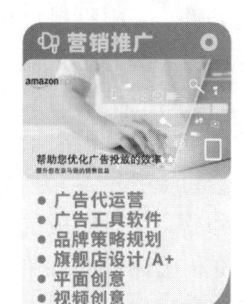

图 1-16　亚马逊营销推广服务商提供的营销服务

图 1-17　亚马逊运营支持服务商提供的运营服务

亚马逊 SPN 为卖家搭建与服务商沟通的直通车，帮助卖家快速找到服务商并建立联系，实现沟通"零"距离。

（二）跨境电商生态圈的运行机制

1. 生态圈成员推动跨境电商生态圈的运行

根据上文对跨境电商生态圈"物种"和跨境电商生态圈环境的分析，跨境电商生态圈的构成要素及其运作机制如图 1-18 所示。

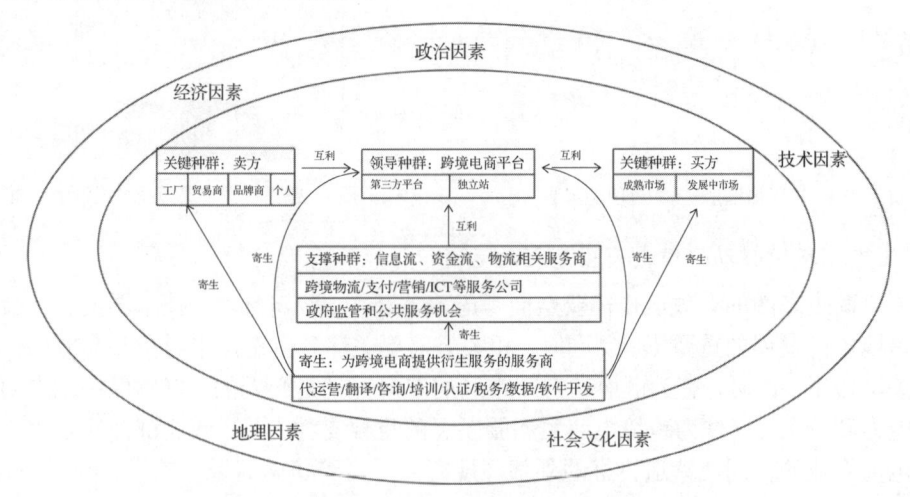

图 1-18　跨境电商生态圈的构成要素及其运作机制

在跨境电商生态圈环境和主导力量的作用下，生态圈成员在跨境交易中扮演着各自的角色。通过持续的互动，形成了既互利共赢又互相竞争的动态平衡关系，以确保跨境电商生态圈的有效运行，从而保障跨境电商活动的顺利开展。可见，跨境电商生态圈内不同类型的群体，即不同类型的跨境电商生态组织，一般是根据跨境电商生态圈的主导力量所制定的规则来发挥其核心功能，从而推动跨境电商生态圈健康运行的。

以亚马逊构建的跨境电商生态圈为例，亚马逊通过 SPN 小程序汇集了跨境电商六大类型的服务商、跨境电商卖家和品牌方，通过制定合理的规则优化生态圈的运作。一方面，亚马逊通过提供更多的服务商信息，帮助跨境电商卖家和品牌方快速筛选合适的服务商。亚马逊了解到，在选择和对比服务商时，卖家更关注服务商的过往服务数据，如响应速度、询盘量、客服专业度、卖家评价、过往成功案例和核心服务能力等。因此，在亚马逊 SPN 小程序首页，卖家可以根据偏好来选择筛选条件，并根据排序确定与哪家服务商先进行沟通。筛选条件主要包括以下 4 个方面：综合考评服务商总体表现的多项服务指标、过往总体卖家询盘量、服务商通过亚马逊 SPN 小程序在线响应卖家的平均时长，以及针对物流服务商增加的筛选条件。卖家筛选服务商的功能界面如图 1-19 所示。另一方面，亚马逊 SPN 小程序上线了卖家点评和打分功能，让卖家直接参与提升产品和服务商服务质量的过程。卖家可以在与服务商的咨询页面中对客服人员进行点评，并对完成的服务订单进行打分和点评。在"我的"页面，卖家可以查看全部订单、待评价和已评价的订单。卖家对服务商的评价界面如图 1-20 所示。通过这些功能，既能够帮助其他卖家做出正确选择，也能提高亚马逊跨境电商生态圈的服务商资质。

图 1-19　卖家筛选服务商的功能界面　　　图 1-20　卖家对服务商的评价界面

2. 生态圈环境推动跨境电商生态圈的运行

跨境电商生态圈的有效运作需要全面考虑政治环境、经济环境、技术环境和社会文化环境等对跨境电商发展的重要影响。同时，相关方需要关注各生态圈中各个参与方如何更好地发挥其关键作用。此时，有为政府和有效市场的双向互动是必要的，以确保跨境电商生态圈的生存能力和持久力。作为跨境电商生态圈发展的重要支撑力量，政府部门应发挥引导和规范跨境电商企业的作用，营造良好的外部环境。同时，跨境电商企业应努力利用各种条件，形成自身的竞争优势，并与其他参与方保持良好的竞争及合作关系。研究发现，从生态圈环境视角出发，应从政治环境、社会文化环境、经济环境和技术环境4方面推动跨境电商生态圈的发展。

从政治环境与社会文化环境的角度来看，为了促进跨境电商的发展，政府部门可以借助跨境电商综试区平台，推动跨境电商的发展需要政府的积极参与和有效监管，同时需要与其他国家进行合作及交流，共同构建一个可持续发展的跨境电商生态系统。首先，政府应该提供有利于企业快速健康发展的政策支持，特别关注税收优惠和财政补贴等扶持政策。其次，政府应通过税收政策、进出口检验检疫等监管政策引导企业规范运营。再次，政府积极与其他国家进行政策沟通和文化交流，以减少障碍和摩擦，也是重要的策略。最后，政府应积极推动各级部门、地区，以及国家之间的信息沟通与合作，建立完善的监管合作平台，构建全球信用风险监控体系。

从经济环境的角度来看，首先，政府应该通过推动跨境电商平台的发展，特别是本地的跨境电商平台如全球速卖通、阿里巴巴国际站和 SHEIN 等，发挥其在行业中的领导作用。其次，政府还应与跨境电商物流、支付、营销、ICT 类支撑企业，以及人才培养、翻译和合规等相关企业建立良好的竞合关系，以确保整个生态系统的健康、有序发展。再次，政府应在经济发达国家和处于"一带一路"沿线重要节点的国家布局，加快跨境电商平台的全球化步伐。最后，为了拓宽销售网络、物流网络和支付网络，政府可以通过国际合作或收购并购等方式来提升跨境电商平台的能力，并通过本地化运营来提高对海外市场的了解和服务能力。这些举措将有助于推动跨境电商平台的发展，促进该行业在全球范围内的业务扩张。同时，与各方企业的良好合作关系将为跨境电商平台提供重要的支持和资源，使其能够更好地应对市场竞争及发展需求。

从技术环境的角度来看，跨境电商人才的培养至关重要。政府可以通过制定相关政策和提供资金等方式，支持高等教育机构开设跨境电商相关专业，培养专业人才。同时，政府还可以引导企业和高等院校合作，开展产、学、研相结合的人才培养项目，提升人才培养的实践性和针对性。跨境电商企业应该注重企业内部培训和外部学习，与高等院校、研究机构等合作，开展技术交流和人才培养项目。此外，跨境电商企业还应加强本地精英人才的培养，通过设立专项计划、提供培训机会及良好的职业发展通道，吸引和培养跨境电商领域的人才。同时，跨境电商企业应开拓渠道，提供良好的工作环境和福利待遇，吸引并留住具备国际视野与专业知识的海外人才。这些举措将为跨境电商的发展提供坚实的人才基础，推动行业的持续创新和进步。

四、跨境电商生态圈不同种群的代表性企业及本书后续安排

本书后续章节将选取跨境电商生态系统中的代表性企业（在第一章中已经介绍了买方市场的关键种群）进行全面分析，以帮助读者深入了解这些企业如何发挥核心功能来推动跨境电商行业的快速发展。表 1-10 总结了本书所选取的不同种群中的代表性企业。

表 1-10　本书所选取的不同种群的代表性企业

种群性质	种群类别	代表性企业	分布章节
领导种群	跨境电商第三方平台	Shopee、TikTok	第二章
	跨境电商独立站	SHEIN（2023 年 5 月以前）	

续表

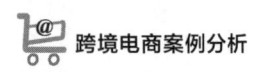

种群性质	种群类别	代表性企业	分布章节
关键种群	卖家（不同类型的卖家企业）	安克创新、上海欧佩克机械、小派科技、时印科技	第三章
	买家	目标市场（欧美、中东、中南亚）中的相应企业	第一章
支撑种群	物流服务商	百世集团、堡森三通、乐链科技	第四章
	网络营销服务商	飞书深诺、红毛猩猩、弧米科技	第五章
	金融服务商	连连国际、中国信保、豆沙包、小棉花	第六章
寄生种群	技术服务商	店匠科技、马帮科技	第七章
	合规服务商	J&P、跨知通	
	产业园服务商	运河国际跨境电子商务园等	

本书的第二章至第八章，分别对跨境电商的第三方平台企业和独立站企业、不同类型的跨境电商卖家和买家、跨境电商物流服务商、网络营销服务商、金融服务商、技术服务商、合规服务商，以及产业园服务商的基础理论和典型案例进行了详细介绍。表 1-11 总结了第二章至第八章的不同案例。

表 1-11 全书案例汇总

章节	种群类别	典型案例名称
第一章	跨境电商及生态圈概述	杭州跨境电商综试区：打造跨境电商全球最优生态圈
第二章	跨境电商平台商业模式创新案例	SHEIN：从快时尚独立站走向第三方全品类跨境平台
		Shopee：依托本地化模式成功问鼎东南亚市场
		TikTok：构建社交媒体电商和货架电商双链路跨境版图
第三章	跨境电商卖家企业案例	安克创新：从 3C 零配件卖家到"跨境电商第一股"的持续创新之路
		上海欧佩克机械：传统外贸工厂从零到亿的跨境电商转型之旅
		小派科技：颠覆 VR 产业，突破 Kickstarter 众筹纪录
		时印科技：高科技创业型"小"公司跨境出海"大"市场
第四章	跨境电商物流服务案例	百世集团：跨境电商带动中国快递企业出海
		堡森三通：打造欧洲跨境物流领航者
		乐链科技：正、逆向国际物流联动打造全球中心仓
第五章	跨境电商网络营销服务案例	飞书深诺：AI 驱动的数字营销服务专家
		红毛猩猩：聚焦东南亚市场的一站式品牌出海数字营销服务商
		弧米科技：掘金跨境直播电商"蓝海"，助力中国制造品牌出海
第六章	跨境电商金融服务案例	连连国际：构建"支付+"全链路数智化跨境出海服务生态体系
		中国信保：以特色金融服务支持跨境电商新业态的发展
		豆沙包：金融科技让跨境没有难做的生意
		小棉花：以知识产权侵权责任保险为特色，为中国卖家提供全方位的跨境电商保险产品
第七章	跨境电商衍生服务案例	店匠科技：用科技赋能跨境电商，助力中国企业成功出海
		马帮科技：跨境电商专业全流程解决方案提供者
		J&P：助力解决中国跨境电商卖家出海的合规痛点
		跨知通：以知识产权服务赋能跨境电商出口
		运河国际跨境电子商务园：打造跨境电商集聚示范区

【思考题】

1. 简单介绍一下生态圈、商业生态圈和跨境电商生态圈的定义。
2. 跨境电商生态圈"物种"的类型有哪些？
3. 寄生种群有哪些类型，它们的代表性企业有哪些？
4. 跨境电商生态圈环境的构成是什么？
5. 哪些力量可以推动跨境电商生态圈的构建形成？
6. 以亚马逊为例，谈谈跨境电商生态圈的构建及其运作方式。

第三节 杭州跨境电商综试区：打造跨境电商全球最优生态圈

摘要：杭州作为全国首个跨境电商综试区，发挥先行先试作用，打造了"六体系两平台"，出台落实系列跨境电商便利化政策，将"杭州经验"多次向全国复制推广，成为跨境电商创新发展的策源地。同时，依托良好的创新创业生态，杭州与全球知名跨境电商企业开展合作，促使本土平台加速发展，孕育出跨境电商交易、支付、供应链服务等 60 多个平台，成为跨境电商平台的集聚地。不仅如此，杭州完善的跨境电商生态体系吸引了众多卖家，成为跨境电商卖家总部的集聚地。此外，杭州一直把推动人才的发展作为跨境电商发展的核心要素，积极探索跨境电商人才的"引、育、留、用"机制，建立了人才培养体系。为加速迈向跨境电商"全国第一城，全球第一流"，杭州跨境电商综试区将持续完善"六链融合"模式，打造全球最优跨境电商生态圈。

【教学目的与用途】

1. 本案例的教学目的包括：

（1）理解跨境电商综试区的成立背景与承担的使命。

（2）学会分析杭州跨境电商综试区"六体系两平台"策略。

（3）掌握跨境电商生态圈的概念，梳理杭州跨境电商生态圈的打造模式，深入探讨跨境电商综试区的成功经验。

（4）了解人才培养在推动跨境电商发展中的作用，剖析杭州跨境电商综试区在人才培养方面的举措。

（5）了解跨境电商综试区的发展趋势。

2. 本案例主要适用于跨境电子商务、国际贸易、电子商务、创业管理和财务管理等专业的课程。

【引言】

2015 年 3 月，杭州获批成为全国首个跨境电商综试区，开启了全国跨境电商第一区的先行先试，以"六体系两平台"为核心的"杭州经验"多次向全国复制推广。目前，我国跨境电商综试区增至 165 个，覆盖 31 个省份，基本形成了陆海内外联动、东西双向互济的发展格局。

杭州跨境电商综试区在先行先试的实践中，不断实干争先，实现了跨越式发展。2021年、2022年，杭州跨境电商综试区连续两年位列全国跨境电商综试区考核第一档"成效明显"。2022年、2023年，杭州跨境电商综试区作为全国跨境电商综试区的唯一代表，携各项优秀成果连续两年登上第五届、第六届进博会国家馆中央展区。杭州跨境电商卖家数由2012年的不足百名增长到2023年的63 436名。目前，在杭州，年交易额达2000万元以上的跨境电商企业有1045家，年跨境电商交易额超亿元的龙头企业有212家，集聚跨境电商服务商2881家、海外仓362个，海外仓占地总面积达785.75万平方米，常态化运营国际货运航线22条，杭州跨境电商贸易辐射全球220个国家和地区。

让我们通过本案例一起解锁杭州跨境电商综试区快速发展与生态圈打造的密码。

一、打造跨境电商创新发展策源地

作为"中国电子商务之都"，杭州最先感受到跨境电商蓬勃发展的"春意盎然"，也最先感觉到跨境电商发展制约的"春寒料峭"。

在国家相关部委的有力指导和支持下，杭州跨境电商综试区从2014年11月正式提出到2015年3月获得批复，仅用了4个月的时间，这是截至目前国家在综合改革领域批复最快的一次，充分说明国家对跨境电商发展的高度重视，也充分说明跨境电商"以改革促发展"的迫切需要。作为跨境电商制度创新、管理创新、服务创新的"先行先试区"，杭州跨境电商综试区承担的是国家使命与国家责任。

杭州充分发挥其作为全国首个跨境电商综试区的优势，坚持问题导向，针对"三个碎片化""三不""三难"等问题，力图通过制度创新、管理创新、服务创新"三大创新"来实现跨境电商的自由化、便利化、规范化"三化发展"，破解跨境电商发展过程中的深层次矛盾和体制性难题，打造跨境电商完整的产业链和生态链，以"六体系、两大平台"为核心的跨境电商"杭州经验"已被多次复制、推广到全国其他跨境电商综试区。

"六体系"包括信息共享体系、金融服务体系、智能物流体系、电商诚信体系、风险防控体系和统计监测体系，"两平台"是指线上"单一窗口"平台和线下"综合园区"平台。其中，建立信息共享体系，将统一信息标准规范、统一信息备案认证、统一信息管理服务，打通"关""税""汇""检""商""物""融"之间的信息壁垒；建立线上"单一窗口"平台，将实现政府管理部门之间"信息互换、监督互认、执法互助"，实现"一次申报、一次查验、一次放行"，通关全程无纸化，提高通关效率。同时，跨境电商综试区应努力推动线上"单一窗口"平台和线下"综合园区"平台的有机结合。

杭州跨境电商综试区还着力在跨境电商各环节的技术标准、业务流程、监管模式和信息化建设等方面先行先试，一系列创新的制度模式从这里走出去。例如，首创跨境电商进出口退换货模式、全球中心仓模式、寄递渠道进口个人物品数字清关模式和跨境电商进口商品质量安全公共服务平台，不断创新跨境电商零售进口模式，构建"数据多跑路、人为少干预、货物快通关、退/换货更便捷"的新型监管模式；推进税收和外汇便利化，探索跨境电商零售出口"无票免税"及所得税核定征收等试点经验并在全国推广，推出9710、9810出口退税便利化措施；开展贸易外汇收支便利化试点，引导连连国际、乒乓智能、珊瑚支付等跨境支付结算便利化发展。

截至 2022 年 11 月，杭州跨境电商综试区累计出台、落实跨境电商相关便利化政策 218 条，促进跨境电商发展政策措施 492 条，出台、落实国家重大战略且与跨境电商相关的政策措施 144 条，组织、参与编写跨境电商相关国家、行业标准 20 项。

二、打造全球跨境电商平台集聚地

自杭州跨境电商综试区设立以来，杭州依托良好的创业创新生态，不仅拥有阿里巴巴，还孕育出跨境电商交易、流量、支付、供应链服务等 60 多个平台。

2021 年 9 月，亚马逊全球开店在亚洲的首个综合性卖家培训中心正式启动并落户杭州，引发业界强烈关注。亚马逊全球副总裁、亚马逊全球开店亚太区执行总裁戴竫斐表示："杭州始终走在中国跨境电商发展前列，杭州市政府对跨境电商产业的支持力度非常大，杭州的卖家极具企业家精神，创业氛围浓厚，这些要素非常吸引我们。"

亚马逊与杭州跨境电商综试区的合作多年来不断深入，全球卖家培训中心的落地可谓水到渠成。2016 年 5 月，亚马逊与杭州跨境电商综试区签署有关出口跨境电商业务的合作备忘录，迈出了携手推动杭州出口跨境电商发展的第一步。之后，亚马逊全球开店许多创新举措和实践都落地杭州：2017 年，亚马逊全球开店"杭州跨境电商园"落成，这是亚马逊在国内的首个"出口生态圈"；2018 年，亚马逊在全国率先开展"亚马逊全球开店 101·时代青年计划"，与 8 所在杭高校合作加速杭州出口跨境电商领域专业人才的培养与储备；2019 年，亚马逊与杭州跨境电商综试区合力培育"亚马逊全球开店杭州品牌 50 强"企业，带动杭州特色产业带的发展。此外，亚马逊还在杭州举办了大型卖家峰会、走入产业带等活动。

"我们短短几年就收获了几百家又专业发展又好的杭州客户。"深圳市领星网络科技有限公司（简称领星）的创始人付博说，"如今来到杭州，就是为杭州的跨境电商企业提供近距离服务。"主打为中国跨境电商企业提供亚马逊 SaaS ERP 软件的领星于 2021 年在杭州建设华东中心，计划以杭州为中心布局 500 人的团队，辐射整个华东及华北地区。

深圳欧税通技术有限公司也将办公室设在杭州，其华东区总经理韩莎莎说，已有十几家华南服务商落地杭州，还有更多在筹划当中。

据不完全统计，全球具有影响力的平台如亚马逊全球开店、Shopee、Wish 等平台都争相与杭州跨境电商综试区合作。同时，与杭州跨境电商综试区合作的本土跨境电商平台如全球速卖通、阿里巴巴国际站、Lazada、Newegg、wholee、Fordeal、外贸快车、集酷等年出口额约为 2450 亿元，服务范围覆盖 200 多个国家和地区，服务中小型企业超 60 万家。

杭州还致力于打造跨境电商支付中心，这里孕育出连连国际、乒乓智能、蚂蚁国际、万里汇、珊瑚支付等第三方跨境支付收款的领军企业。杭州跨境支付机构为全国约 150 万名卖家提供服务，占全国跨境支付交易额的近 7 成。珊瑚支付专做东南亚市场，全程与银行系统直连；连连国际会同美国运通公司出资成立的连通公司获批全国第二块银行卡机构清算牌照；连连国际获泰国、新加坡两国数字支付牌照，乒乓智能获得由卢森堡颁发的卢森堡 EMI 电子货币机构牌照。

三、打造跨境电商卖家总部集聚地

2014年，外贸人陈长洪在温州开了第一家专卖汽车配件的跨境电商店铺。从上架、卖货开始，亲力亲为，陈长洪逐渐成为eBay平台汽配类目的运营能手。2017年，陈长洪来到杭州，创立杭州均冠信息技术有限公司（简称均冠），生意得到了飞速发展，均冠销售额连续多年保持每年100%以上的增长速度，2021年企业跨境平台交易额突破5000万美元。

陈长洪表示，在事业上升期另起炉灶来到杭州创业，这是他这些年来做过的最正确的决定。杭州的跨境电商综试区与设立之初不同了，其中一个很大的变化就是，杭州成为跨境电商的福地，孕育着一大批跨境电商新生力量，大量卖家把运营总部放在了杭州，整合浙江省和长三角产业带的工厂供应链资源，实现了从初创期卖家向头部卖家的转变。

目前，均冠已建立起eBay、亚马逊、沃尔玛等第三方平台加上自营独立站的"多条腿走路"运营模式，拥有20多个海外仓站点。如今，均冠已成为eBay平台大中华区前50强企业之一，其品牌"MOSPLUS"入选2021年度浙江跨境电商出口知名品牌。浙江温州、台州等地的汽配产业带则成为均冠的工厂供应链，与均冠一起实现了品牌出海。

"正所谓'居善地，动善时，事善能'，杭州有志同道合的跨境电商组织，有完整协同的跨境电商生态，有高度亲和力的跨境电商主管部门。"陈长洪说。

此外，泰普森、杭州中艺实业股份有限公司均采用了以杭州为运营中心，由外地生产基地提供供应链的发展模式。杭州完善的跨境电商生态还吸引了许多采用DTC模式（Direct to Consumer，直达消费者的商业模式）的出海品牌创客，在2021年杭州跨境电商综试区举办的阿里巴巴GDT挑战赛上，一位智能汽车巨头的高管就选择了在杭州建立运营中心开启了创业之路，并与浙江省内的纺织品产业带合作，打造高性价比的内衣产品。

杭州跨境电商综试区拥有跨境电商协会、跨境百人会等一批行业商协会，吸引了涵盖金融支付、财务税务、物流、品牌推广等跨境电商产业链各个方面的服务商资源。借助这一环境优势，子不语集团有限公司成功上市，浙江圣奥集团有限公司、浙江同富特美刻股份有限公司等一大批交易额过千万美元甚至过亿美元的跨境电商大卖家崛起，涵盖了纺织服装、五金工具、家居卫浴等多个领域。

自杭州跨境电商综试区设立以来，杭州的跨境电商优势资源不断集聚，以杭州为代表的跨境电商"华东模式"产业链强，制造能力突出，且始终坚持产品意识和合规运营观念，已形成了良好的跨境电商卖家生态圈，成为跨境电商卖家总部集聚地。

四、打造跨境电商人才培养高地

在跨境电商快速发展的同时，我国逐渐暴露出综合型跨境电商人才缺乏的问题，人才短缺已成为制约跨境电商高质量发展的重要因素。阿里巴巴国际站预测，我国跨境电商专业人才的缺口已超过600万人。

在"潮起钱塘·数字丝路"第六届全球跨境电商峰会"人才分论坛"上，时任杭州商务局跨境电商综试处处长的武长虹发表了题为"杭州跨境电商人才实践"的演讲。她强调，人才强则城市强，杭州一直把推动人才的发展作为整个跨境电商发展的核心要素。

为加强跨境电商人才培养，杭州跨境电商综试区于 2016 年编制并发布了《跨境电商人才标准和紧缺人才目录》。2019 年，浙江外国语学院与杭州师范大学钱江学院获批开设全国首批跨境电商本科专业，全国共有 7 所高等院校获批，杭州独占两所。杭州跨境电商综试区还联合浙江大学、浙江工商大学、浙江外国语学院、杭州师范大学钱江学院等 9 所高等院校，以及阿里巴巴、亚马逊、Wish、eBay 等五大跨境电商平台编写了全国首套跨境电商教材。丛书共有 13 册，包含了基础教材、实战教材、特色教材 3 个大类，是国内首套整合了浙江省内外高等院校、跨境电商平台、科研院所，政、产、学、研四位一体的跨境电商人才培养系统化教材。

杭州跨境电商综试区组建了全国首个跨境电商人才联盟，创新中国（杭州）跨境电商学院培育模式，创新校企人才培养模式，联合阿里巴巴"百城千校计划"、亚马逊"101 时代青年计划"、eBay "E 青春计划"、Wish 星青年计划，全面开展跨境电商实践训练基地建设，加快培育复合型人才。

与此同时，杭州跨境电商综试区还开展多层次人才培训，举办跨境电商领军班、精英班、创业班，以及实操班等人才培育工程，构建覆盖领军人才、精英人才和实操人才的多层次培训孵化与创业创新体系；搭建跨境电商人才输送渠道，结合高等院校毕业生就业季，先后在浙江工商大学、杭州师范大学、浙江外国语学院、浙江财经学院、浙江大学城市学院等在杭高等院校举办跨境人才双选会。

杭州跨境电商综试区通过政、企、校、社联动，寻找育人、引人、留人的"杭州模式"——在高等院校加强专业人才的培养，筑牢人才的蓄水池；推进跨境电商人才社会化培养，激发发展的新引擎；举办各类跨境电商赛事，下好人才集聚的先手棋。

对于下一阶段的发力目标，武长虹表示，杭州跨境电商综试区将持续完善跨境电商人才"引、育、留、用"机制，加快集聚国际高端人才，共同打造跨境电商最优人才生态圈。

五、尾声

目前，杭州已成为跨境电商的创新高地与发展福地，同时肩负着为全国跨境电商发展探路的使命。

在"潮起钱塘·数字丝路"第六届全球跨境电商峰会上，杭州市商务局（自贸委）局长、常务副主任王永芳给出了打造跨境电商全球第一流的答案——"六链融合"，即激发创新链、提升产业链、强化人才链、优化服务链、畅通金融链与升级政策链。

王永芳表示，杭州跨境电商综试区将深入实施跨境电商产业 3 年倍增计划，积极招引国际一流企业总部或区域总部落地杭州。力争到 2025 年年末，杭州跨境电商进出口总额达 250 亿美元以上，培育和集聚年交易额达 100 亿元以上的数字贸易龙头平台 30 个以上，培育年交易额达 1000 万美元以上的跨境品牌企业 500 家以上。杭州还将实施"e 揽全球 杭品出海"专项行动，建设全球跨境电商品牌研究中心等。

杭州跨境电商综试区正全力打造全球最优跨境电商生态圈，加速迈向跨境电商"全国第一城，全球第一流"。

【案例思考题】

1．什么是跨境电商综试区，为什么要设立跨境电商综试区？
2．作为跨境电商"先行先试区"，杭州跨境电商综试区进行了哪些有益的探索？
3．为什么杭州能成为全球跨境电商的平台集聚地？
4．与深圳跨境电商综试区相比，杭州跨境电商综试区具有哪些优势与劣势？
5．作为跨境电商综试区，如何加快走出跨境电商人才短缺的困境？

第二章 跨境电商平台商业模式创新案例

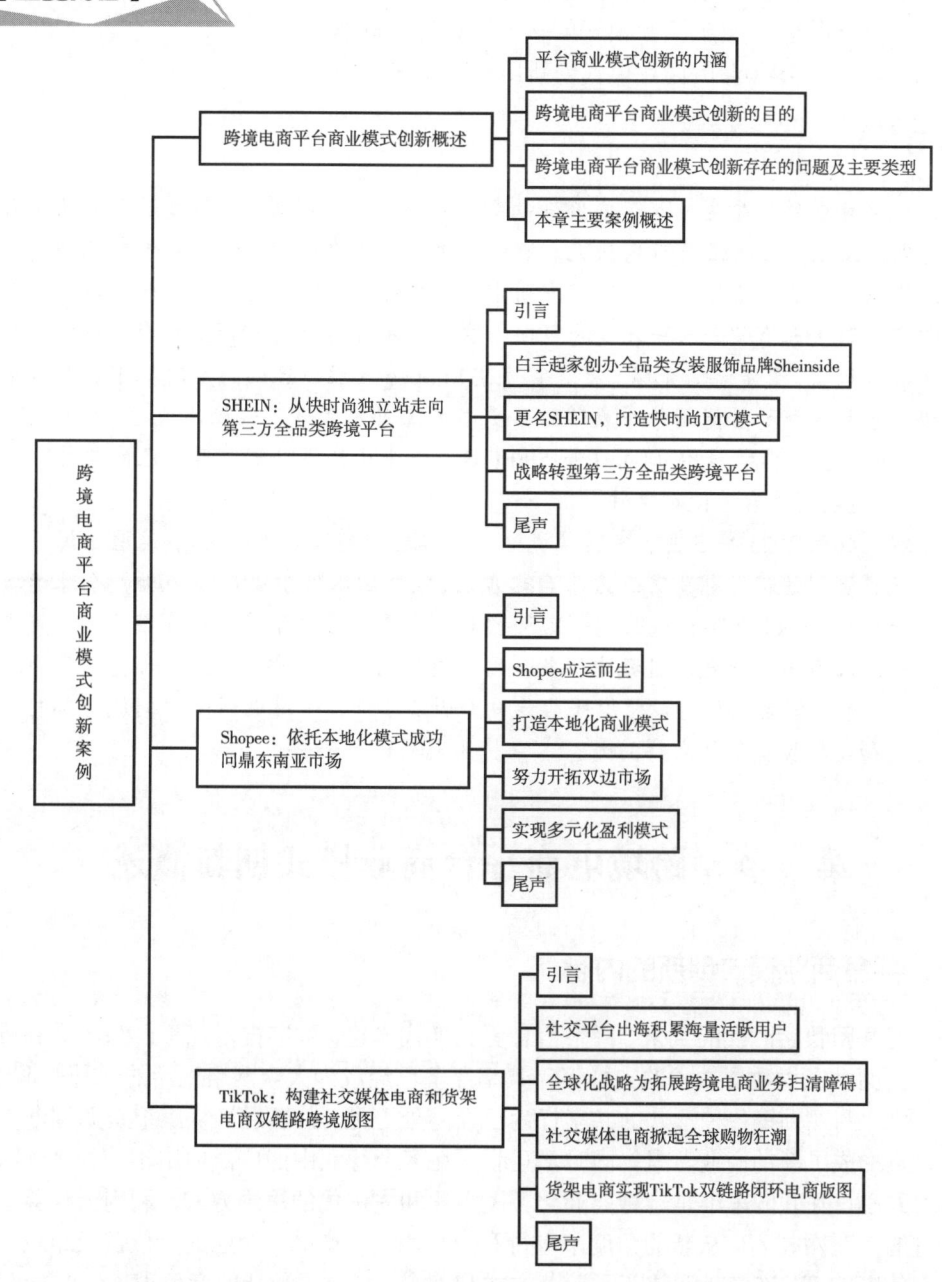

【主要内容】

- 跨境电商平台商业模式创新案例
  - 跨境电商平台商业模式创新概述
    - 平台商业模式创新的内涵
    - 跨境电商平台商业模式创新的目的
    - 跨境电商平台商业模式创新存在的问题及主要类型
    - 本章主要案例概述
  - SHEIN：从快时尚独立站走向第三方全品类跨境平台
    - 引言
    - 白手起家创办全品类女装服饰品牌Sheinside
    - 更名SHEIN，打造快时尚DTC模式
    - 战略转型第三方全品类跨境平台
    - 尾声
  - Shopee：依托本地化模式成功问鼎东南亚市场
    - 引言
    - Shopee应运而生
    - 打造本地化商业模式
    - 努力开拓双边市场
    - 实现多元化盈利模式
    - 尾声
  - TikTok：构建社交媒体电商和货架电商双链路跨境版图
    - 引言
    - 社交平台出海积累海量活跃用户
    - 全球化战略为拓展跨境电商业务扫清障碍
    - 社交媒体电商掀起全球购物狂潮
    - 货架电商实现TikTok双链路闭环电商版图
    - 尾声

【学习目标】

1. 知识目标

（1）掌握平台商业模式创新的内涵。

（2）了解跨境电商平台商业模式创新存在的问题。

（3）掌握跨境电商平台商业模式创新的主要类型。

2. 能力目标

（1）学会分析 SHEIN 的商业模式创新历程和内在机理。

（2）学会分析 Shopee 的商业模式创新历程和内在机理。

（3）学会分析 TikTok 的商业模式创新历程和内在机理。

【导 入】

刚走出象牙塔的朱先生进入亲戚经营的智能穿戴公司进行学习。经过近一年的学习与探索，朱先生摸清了产品行情及市场状况。朱先生决心跳出舒适圈，创造属于自己的一片小天地。他将目光投向了以巴西为主的拉丁美洲市场。巴西等地区的消费者有着穿戴电子产品的习惯，即使是孩子也有"一人一表"的习惯，这无疑蕴含着巨大的商业机会。同时，拉丁美洲等地区人口稠密，更是潜力无限。朱先生通过 Shopee 入驻以巴西为主的拉丁美洲市场后，成功地将实惠且优质的智能国货手表带给了更多的海外消费者，轻松实现 3 个月 GMV 破 500 万元，更是在"7.7"大促期间日销 5000 单。朱先生的成功离不开自己的努力，更离不开 Shopee 跨境电商平台的便利条件。

据了解，截至 2023 年 5 月，我国跨境电商主体已经超过了 10 万家，这些出海的企业基本都是依托各类型的跨境电商第三方平台起步的，包括但不限于亚马逊、eBay、全球速卖通、Shopee、Lazada、TikTok 等，成长到一定阶段后又发展、建立了跨境电商独立站。可见，在中国品牌出海及跨境电商发展过程中，平台的赋能作用非常重要，一旦平台覆盖了全球贸易的各个领域，中小型企业就可以借助平台走向全世界。那么跨境电商平台到底有哪些类型呢？其商业模式和发展现状是什么样的呢？本章将为大家进行讲解。

第一节　跨境电商平台商业模式创新概述

一、平台商业模式创新的内涵

随着互联网数字时代的到来，网络信息更新换代增速，数字技术几乎已经渗透到日常生活的方方面面。在大数据技术的支持下，共享经济已经成为大众网络生活的一种普遍现象。从文字、图片到视频等各种形式的共享行为已经随处可见。共享经济从虚拟资源逐渐扩展到实体消费，形成了新的商业背景。同时，互联网在多个行业中的广泛应用也使得"互联网思维"深入人心。互联网思维是一种商业化、民主化和先进化的思维方式，利用云计算、云存储等先进的互联网技术，从新的角度来看待和分析用户、产品、企业的价值链及市场。在互联网思维的影响下，许多企业转变了运营方式和理念，形成了独特的竞争力。在"共享经济"

和"互联网思维"这两种背景下,平台商业模式应运而生。陈威如教授和余卓轩教授对平台商业模式进行了定义:通过平台连接两个或两个以上的特定群体,为它们提供交流和互动机制,满足所有参与者的需求,并从中获得利益的商业模式。平台商业模式的出现引发了商业生态系统的变革,为各方参与者创造了新的价值。

平台商业模式是平台企业构建、传递和获得价值的基础架构,它解释了平台企业创造和获得价值的逻辑。平台商业模式创新是指平台企业基于新的商业模式,试图以新价值主张为利益相关者创造、传递和获得价值的组织变革过程。它是平台企业探索创造和获得价值新方法、新逻辑的过程,通常包括创新顾客价值主张模式、价值创造模式、价值传递模式(关键业务和流程创新)、收益模式等多个方面。平台商业模式创新的首要意义在于成功的创新能够提升平台企业创造和获得价值的能力,从而在具有挑战性的环境中获得竞争优势。平台企业通过不断创新其商业模式,能够更好地适应市场需求的变化,增强用户体验,提高平台的吸引力和竞争力。成功的平台商业模式创新能够实现平台企业的长期发展和持续盈利,并为其他企业提供学习和借鉴的范例。

近年来,随着网络经济的快速发展,跨境电商已逐渐成为全球商品和服务流通的主要形式。在这一过程中,跨境电商平台作为连接各方的重要媒介,其商业模式的创新对于创造和传递更多价值、获取竞争优势至关重要,这也是本章的核心关注点。

二、跨境电商平台商业模式创新的目的

(一)把握市场机会

近年来,不同国家和地区的人们对跨境商品的需求都在不断增长。首先,新冠疫情的影响导致社交隔离,使全球消费者更加深刻地体会到网络购物的便利,从而逐渐养成线上购物的习惯。其次,用户需求呈现出多元化的特点,人们需要更多、更丰富的跨境商品来满足各种不同的需求。2023年,我国跨境电商进出口总额达2.38万亿元,同比增长15.6%。其中,跨境电商出口额为1.83万亿元,同比增长19.6%;跨境电商进口额为5483亿元,同比增长3.9%。跨境商品需求的持续增长推动跨境电商业务进入新一轮高速增长阶段,跨境电商平台商业模式的创新可以帮助企业吸引更多的用户、获取更多的利润并扩大市场规模。最后,随着经济社会的发展和技术水平的提升,跨境电商平台获得了与消费者进一步密切接触的机会。由于这些商业机会是前所未有的,没有可以遵循的标准模板,因此企业必须以敏锐的嗅觉捕捉到具有开拓性的业务要素或市场领域,迅速构建适应这些变化的商业模式,以在新兴市场占据领先地位。把握新的市场机会并调整现有的商业模式,是跨境电商企业实现创新的根本所在。跨境电商企业需要精准把握消费者的需求,加强研发和创新,不断提升产品和服务质量,并与合作伙伴密切合作,共同探索适应市场需求的商业模式创新路径。

(二)整合产业价值链

当今,商业竞争已进入依靠价值链打造竞争优势的阶段,尤其在跨境电商领域,企业为了保持市场地位,需要持续调整商业模式以适应不断出现的市场机遇。商业模式的再开发和改造意味着对产业链的重新组合,通过整合资源和商业要素,重新定位产品、服务、技术能力和管理技能等方面的关系,从而实现更好的整体效应。数字技术赋能跨境电商平台,为商业模式创新提供可能性。AI、区块链、大数据和云计算等技术在跨境贸易的各个环节(包括

服务、生产、物流和支付等）的广泛应用，极大地提高了跨境电商全球运作的效率，解决了行业中存在的问题，简化了商品流通环节。技术应用带动产业升级，实现了跨境电商业务模式的创新和重塑。产业价值链整合是跨境电商平台商业模式创新的关键。

（三）调整内部价值链

相较于产业价值链整合，内部价值链调整具有局部性、灵活性、动态性和引导性的特点。企业可以根据不断变化的市场环境和需求导向对产品及服务进行优化调整，这实质上是对企业内部价值链的调整。跨境电商企业可以借鉴传统制造企业的创新思路。例如，戴尔专注于重组和再造营销渠道，海尔专注于打造完善的服务体系，格力则专注于深耕空调市场。对于那些缺乏整合产业价值链能力的企业来说，内部价值链调整有助于差异化竞争优势的产生，因此这是跨境电商平台商业模式创新的有效手段。

（四）拓展业务领域

在当前的电商环境下，单一领域的创新容易被模仿，从而难以维持可持续性的竞争优势。而多元化经营提供了多个领域积累竞争优势的机会。通过合理地设计和运营创新点，可以形成复合型竞争优势，这种优势难以被复制或模仿，有助于企业快速占领客户细分市场，增加收益来源，实现"长尾效应"。拓展业务领域的核心在于挖掘和整合原有市场中未能满足的离散需求，并整合多种优势资源，使其在一种统一的商业逻辑下合理运作，以实现共同的目标。根据目标的不同，拓展业务领域可以分为基于细分市场的拓展和跨细分市场的拓展。可见，拓展业务领域并对所拓展的业务领域进行有效整合是跨境电商平台商业模式创新的一种重要手段。

三、跨境电商平台商业模式创新存在的问题及主要类型

学者们对跨境电商平台商业模式的构成要素的研究聚焦于价值主张、价值创造、价值传递及价值获取等核心要素。这些要素创新的角度也同样贯穿于跨境电商平台商业模式创新全过程。

（一）跨境电商平台商业模式创新存在的问题

第一，跨境电商平台存在着价值主张表达欠缺的问题。虽然跨境电商平台在推动电商新业态发展方面起到了引领作用，但业态相似、模式趋同也导致竞争加剧。这主要是因为跨境电商采用了借助第三方平台开展业务的主流模式。在这种模式下，不同平台的主营商品范围基本相同，经营模式也存在较为同质化的趋势，缺乏创新。跨境电商平台在以这种方式拓展海外市场时，不仅要面临国内电商巨头的强有力竞争，还要与本区域其他平台企业展开竞争，很难吸引或留住用户。

第二，跨境电商中的价值创造环节存在薄弱之处。一方面，跨境电商的供应链往往较为复杂，涉及物流、售后、支付和通关等多个跨地域信息统一的环节，整合这些环节的难度较大。因此，目前将资源和能力转化为产品与服务往往需要耗费较长时间，与电商追求高效、便捷及快速响应的理念背道而驰。如何能够迅速响应消费者需求，将相应品类的商品快速交付给客户，成为跨境电商平台所面临的棘手问题，也是许多中小型跨境电商平台发展的瓶颈所在。为了解决这个问题，跨境电商平台需要不断提高对供应链和物流的整合能力。另一方

面，由于不同地区消费者的需求拥有显著的本地化特征，因此供应链和物流的整合也需要具备本地化的特点。只有在整合供应链、优化物流体系的同时，深度了解当地的用户需求、适应政策和市场环境，才能实现本地化的融合、互利、扎根、融入。只有这样，跨境电商平台才能够获得持久和长远的发展。

第三，跨境电商平台的价值传递渠道狭窄。主流模式下，跨境电商平台主要通过向客户提供自身或合作伙伴的产品和服务来实现价值传递，但往往未能很好地挖掘和激发用户的潜在消费需求。价值传递呈现出单向性和普发性的特点，跨境电商平台往往被动地等待用户的回应，难以提前判断或及时捕捉有效用户信息。因此，跨境电商平台需要拓宽其价值传递渠道，以获取更多的用户和机会。

第四，跨境电商平台存在着价值获取方式单一的问题。由于跨境电商平台所提供的产品或服务具有明显的规模经济效应和网络效应，因此"免费方式"已成为业内公认的一种模式。然而，免费只是一种吸引潜在客户的手段，只有扩大平台的覆盖范围，才能将产品销售给更多的潜在客户，企业最终确定的收入模式才是实现盈利的核心。对于大多数跨境电商平台来说，广告收入是其主要的收入来源。只有在用户规模达到一定程度之后，才能提供更有效的数据和信息服务。然而，在跨境电商平台内引入广告可能会产生负面效应，降低原有用户的顾客价值，导致用户流失。因此，跨境电商平台需要权衡增加收入与降低顾客价值之间的关系，并拓展其他的价值获取渠道。

（二）跨境电商商业模式创新的主要类型

1. 直击消费者心智的独立站模式

近年来，由于对主流模式竞争的担忧，越来越多的中国跨境电商卖家开始关注跨境电商独立站。独立站是一种自建平台，允许卖家自主设置域名，并进行个性化的网页前端页面修改和销售活动。通过独立站，卖家可以根据产品特点自定义网页主题、主页、Banner 图（网页导航图）、产品互动详情页、购买界面、社交分享等功能，从而增加产品销售量。独立站营销的优势在于增加产品销售自主性、促进买卖双方互动，以及提高公司销售利润。

独立站作为一种新兴的跨境电商平台，由于其采用的是自建模式，因此无法获取较全面的数据。然而，有关调查显示，北美地区的消费者并不都信任巨型电商平台，他们更喜欢独特而专业的电商官网。在北美市场，亚马逊的市场份额约占 30%～40%，而其他平台和独立站占据了剩余份额。这一趋势表明，独立站在国外市场具有一定的潜力。不论是 SHEIN、广州最大的跨境电商独立站 Banggood（棒谷），还是早期的京东国际站 Joybuy，它们都展示了通过建立独立站开辟独特成功之路的范例。

跨境独立站作为新兴平台，为已经从事跨境电商业务的从业人员和企业，以及即将进入跨境电商领域的新人和企业提供了一种新思路来开展跨境电商运营。独立站与其他平台运营相比的最大特点在于，它让经营者可以根据自身的特点选择相关的供应链和合适的物流方式，独立运营并能回笼资金等，最大限度地发挥跨境电商运营的自主性。然而，尽管独立站运营具有相当大的自主权，与跨境电商平台相比仍存在一些不完善之处，需要进一步改进和完善。

2. 本地化跨境电商平台模式

所谓"本地化"，指的是跨国公司在其海外子公司从事生产和经营活动时，为了迅速适应东道国的经济环境、文化环境和政治环境，淡化自身母国色彩，通过在人员、资金、产品零部件来源、技术开发等方面实施当地化策略，使子公司成为地道的当地企业。因此，本地化经营又被称为当地响应能力或当地化经营。实际上，"本地化"是跨国公司将生产、营销、管理、人事等各方面完全融入东道国经济中，并且承担起东道国公民的责任，以及将企业文化融入和扎根于当地文化模式的过程。

跨境电商企业在进行国际化运营时，无论是出于投资需求还是为了寻求新的海外利益增长点，要想在本土市场立足，建立基于当地消费习惯和文化的本地化模式是企业实现跨境长期发展的必然选择。电商行业的竞争激烈且变化快速，特别是东南亚这一蓝海市场吸引了许多国际电商企业的关注。在没有融入本地化的情况下进行探索，企业将需要支付大量的时间和机会成本，也会给竞争对手提供机会。

我们通过 Lazada 和 Shopee 的发展对比可以清楚地看出这一情况。Lazada 在被阿里巴巴控股后进行了 3 次领导层更迭，将阿里巴巴的价值体系整合到 Lazada 中。与此同时，Shopee 抓住机遇，坚持本地化策略，并取得了快速发展，在某些地区甚至呈现超越 Lazada 的势头。只有深入了解当地用户的需求、适应政策和市场环境，并实现本地化的融合和互利，跨境电商企业才能实现长久、持续的发展。

3. 社交型跨境电商平台模式

社交电商是基于人际关系网络的电商模式，通过利用社交媒体或网络媒体等工具进行信息传递、移动支付和物流等经营活动。

随着粉丝经济在社会中的盛行，传统跨境电商为了迎合社会发展趋势，纷纷涉足新型的跨境电商模式，即社交型跨境电商。社交型跨境电商平台是"社交媒体平台+跨境进口电商"的组合，被认为是未来跨境进口电商的主流模式。以 TikTok 这一社交型跨境电商平台为例，亚马逊、全球速卖通等搜索型电商平台主要竞争的是平台上品类和价格的多样性，即在同一平台上能够满足消费者的各类需求，使消费者获得一站式购物体验；Mate（原 Facebook）等社交电商平台基于信任关系链条，通过裂变效应推动社交电商的发展。尽管亚马逊、全球速卖通和 Mate 等平台的运作方式各不相同，但它们都满足消费者的真实需求，即消费者有明确的购买需求，而且这些需求是有限的。因此，消费者在做出购买决策时会仔细比较不同平台上的产品和价格。相比之下，TikTok 通过捕捉消费者多样的兴趣点，可以挖掘和激发传统电商可能忽视的潜在消费需求，从而为品牌创造更大的增长空间。TikTok 的逻辑是通过创造情景化的内容，吸引消费者的注意力，并引导他们发现感兴趣的商品，从而促使他们进行购买，即使消费者没有明确的需求甚至对产品一无所知。

四、本章主要案例概述

围绕跨境电商平台商业模式创新这个主题，本章选取了 SHEIN、Shopee、TikTok 3 家公司的商业模式创新历程作为研究内容，撰写了 3 个跨境电商平台商业模式案例，以帮助读者进一步了解目前国内跨境电商平台的发展历史及商业模式。

1. SHEIN：从快时尚独立站走向第三方全品类跨境平台

SHEIN 是当之无愧的跨境电商独角兽，也是服装行业的独角兽。胡润发布的"2022 年中全球独角兽榜"显示，SHEIN 以 4000 亿元的价值成为全球第五大独角兽企业。这家低调的企业创办于 2012 年，经历了从全品类女装服饰品牌 Sheinside 起步，到 2014 年更名为 SHEIN 打造快时尚 DTC 模式，再到 2020 年致力于战略转型第三方全品类跨境平台 3 个阶段。近几年全速冲刺，到了 2022 年，SHEIN 直接以 2.29 亿次的下载量超越亚马逊，登顶"封神"。那么，SHEIN 是如何以 DTC 模式重新定义快时尚的呢？如何通过数字化手段实现柔性供应链打造的呢？又为什么要从独立站转型为第三方平台，以及如何推动独立站到第三方平台的战略转型的呢？本案例将为大家一一揭开这些谜底。

2. Shopee：依托本地化模式成功问鼎东南亚市场

跨境电商第三方平台是赋能跨境电商卖家成功出海的重要力量。Shopee 于 2015 年正式启航，依托母公司——东南亚最大互联网公司 Sea 的雄厚实力，以及本地化运营团队，通过打造本地化商业模式，构建一站式跨境出海方案，为有跨境需求的企业及品牌提供出海东南亚及拉美市场的机会，成就每一种出海可能。经过多年的努力，Shopee 成绩斐然，平台覆盖新加坡、马来西亚、菲律宾、泰国、越南、巴西、墨西哥、哥伦比亚、智利等十余个市场。Shopee 的品牌影响力广泛，位列 YouGov 2022 年全球最佳品牌榜第五，为前十强中仅有的电商品牌。Shopee 最终实现了多元化的盈利模式，成为东南亚首个实现盈利的大型电商平台。

3. TikTok：构建社交媒体电商和货架电商双链路跨境版图

在前期社交平台出海积累海量用户，以及本地化战略扫清商业化障碍的基础上，TikTok 从 2019 年开始试水跨境电商，到 2020 年正式入局，截至目前一直在电商赛道上一路狂奔。TikTok 已经走通了半闭环跨境电商、闭环跨境电商和"内容+货架"双链路跨境电商的全路径。由内容带来的冲动消费，支撑起了 TikTok 电商在激烈行业竞争中的优势。最新消息显示，TikTok 电商业务覆盖的区域市场包括东南亚的印度尼西亚、新加坡、马来西亚、越南、泰国和菲律宾 6 国和中东地区的沙特，以及欧美地区的英国和美国。数据研究机构 Yipit Data 发布了有关 TikTok 电商业务的数据，数据显示，2023 年，TikTok 全球电商 GMV 约为 136 亿美元，其中东南亚地区的贡献值超 90%。那么 TikTok 是如何从社交平台走向跨境电商平台，并实现"内容+货架"双链路版图的呢？本案例将为大家一一揭开谜底。

【思考题】

1. 简述跨境电商平台及其在跨境出海中发挥的作用。
2. 什么是商业模式？为什么要进行跨境电商平台商业模式创新？
3. 跨境电商平台商业模式创新有哪些类型？
4. 什么是社交型跨境电商平台模式？
5. 跨境电商独立站和跨境电商第三方平台之间的联系与区别是什么？

第二节 SHEIN：从快时尚独立站走向第三方全品类跨境平台

【教学目的与用途】

1. 本案例的教学目的包括：
（1）了解独立站和第三方平台之间的异同。
（2）了解 SHEIN 的发展历程。

（3）理解 SHEIN 如何打造快时尚独立站。

（4）了解 SHEIN 如何推动从独立站到第三方平台的战略转型。

2. 本案例主要适用于跨境电子商务、国际贸易、电子商务、创业管理和财务管理等专业的课程。

【引言】

2023 年 5 月 16 日"新财富 500 富人榜"发布，39 岁的 SHEIN 创始人许仰天以 1120 亿元的财富成为最新广州首富。在此前发布的"2023 胡润全球富豪榜"中，许仰天以 500 亿元的财富名列第三百四十一位。许仰天被称为"中国最神秘的千亿富豪"。但在电商界有句无人不知的话："国内女人成就了阿里巴巴，国外女人成就了 SHEIN。"许仰天的财富确实来自其创立的跨境电商企业 SHEIN。该企业 2022 年的利润为 7 亿美元，并连续 4 年实现盈利。仅十几年的时间，SHEIN 就从初出茅庐跃升为全球最有价值的独角兽之一，在"2023 全球独角兽榜"中位居第四，仅次于字节跳动、Spece X 和蚂蚁集团。人们不禁好奇，这只狂奔的独角兽到底是如何长成的呢？

一、白手起家创办全品类女装服饰品牌 Sheinside

在 SHEIN 品牌正式创办之前，创始人许仰天进行了七八年时间的摸索，包括从事外贸（电商）网站的搜索引擎优化（Search Engine Optimization，SEO）工作，以及创办南京点唯信息技术有限公司（简称南京点唯），从中积累了流量和外贸的敏感度，并赚取了第一桶金，从而创办了 SHEIN 的前身——全品类的跨境女装服饰品牌 Sheinside，为最终成立 SHEIN 奠定了基础。

1. 初入职场，积累流量敏感度

2008 年，24 岁的许仰天从青岛科技大学毕业后来到南京，在一家外贸线上营销公司从事外贸（电商）网站的 SEO 工作。许仰天发现，在产品款式与质量完全相同的情况下，这些网站上的售价比国内高出了很多。这段 SEO 工作经历让许仰天受益匪浅，其从中积累下来的经验及在此过程中形成的流量敏感度，为 SHEIN 的未来发展奠定了根基。得益于许仰天高强的 SEO 能力，SHEIN 网站和 App 现在的自然流量占比非常大，跳出率也低于许多同行网站。

2. 尝试婚纱跨境电商赚取第一桶金

2008 年 10 月，许仰天就有了创业的想法，他与志同道合的王小虎、李鹏合伙成立南京点唯。在运营南京点唯的过程中，许仰天看到了外贸生意中的商机。比如，兰亭集势将苏州虎丘的婚纱转销到海外市场，价格就可以翻数十倍，赚取了巨大利润。这让许仰天十分心动，跃跃欲试。由于未能和合作伙伴达成共识，许仰天带着团队于 2009 年另外成立公司并正式转向跨境电商行业。他抓住了婚纱这个热卖单品，低价向海外消费者提供定制婚纱服务，并由此赚得了第一桶金。

3. 创办全品类的跨境女装服饰品牌 Sheinside

虽然当时婚纱业务的发展状况很好，但许仰天也看到纷至沓来的竞争对手。另外，由于婚纱这个单品的特殊性，复购率低，需要一直拓新，因此增长空间小，他决心改变过去只出售婚纱这个单品的经营模式。2011 年，许仰天拿着经营婚纱获得的原始资金积累打造了一个全品类的跨境女装服饰品牌——Sheinside，这就是 SHEIN 的前身。2011 年，SHEIN 正式推出了西班牙网站，来到了快时尚巨头 ZARA 的产地西班牙。由于背靠我国国内巨大的服装市场，SHEIN 多样的款式及低廉的价格使其一上线就大受好评，甚至让 ZARA 也感受到了压力。在之后的几年时间里，SHEIN 网站又先后在法国、俄罗斯、德国、意大利及阿拉伯地区上线，网站上线了许多款式的上衣、裤子、裙子、鞋帽及其他配饰，平均售价只有十几美元，不少产品的售价甚至低于 10 美元。其远低于其他品牌的价格及多样的款式，让 SHEIN 在这些国家累积了大量的用户。不过 SHEIN 开始在外国市场火起来的时候，其在国内的知名度并不高，更没什么人认识许仰天，但很快投资公司就注意到了许仰天的公司，于是在 2013 年许仰天拿到了第一笔 500 万美元的融资，投资方是集富亚洲 JAFCO。

二、更名 SHEIN，打造快时尚 DTC 模式

2014 年对许仰天来说是重要的一年，他对标 ZARA，决定打造快时尚 DTC 模式，即"在线销售+按需生产"模式。为此许仰天前往服装产业链完备的广州番禺，用两年的时间组建了一支 800 人的设计打版团队。2015 年，公司主体迁往广州番禺，Sheinside 正式更名为 SHEIN，由此拉开了 SHEIN 品牌故事的帷幕。2022 年，SHEIN 的总营业收入达 227 亿美元，复合年均增长率约为 180%，净利润约为 7 亿美元，连续 4 年实现盈利，成为全球最具价值的独角兽之一。SHEIN 的快速发展是对快时尚市场的重新定义，彭博社相关分析文章中有一句话是这样评价的："SHEIN 几乎可以立即对顾客的偏好做出反应，这一过程被称为实时时尚（Real-time Fashion）。"在一定程度上，这种评价反映了外界对 SHEIN 这家中国跨境电商企业的好奇与崇拜。总的来看，SHEIN 成功打造快时尚 DTC 模式离不开 3 件法宝：对标 ZARA 的快时尚品牌定位、基于独立站的自主独立闭环流量，以及依托数字化技术的柔性供应链。

1. 对标 ZARA 的快时尚品牌定位

中文互联网可查的最早对于许仰天的报道是在 2012 年，采访中记录了一段他的言论："做品牌，一定要找专业的人，用专业的方式经营。从市场上随便找一批便宜、畅销的货，随便用什么方式卖出去，这种野蛮生长的路子越来越行不通了。"可见早在十几年前，SHEIN 就已经扎下了做精做强品牌的根。SHEIN 的工作人员表示，SHEIN 的企业文化是"弱宣传，强口碑"，企业的大部分资金用于提升服装质量、优化用户体验，而不怎么进行传统的广告推广。SHEIN 对标 ZARA，将自己定位为高性价比的快时尚品牌，同时以 DTC 模式对快时尚重新进行了定义。媒体总结认为，快时尚的本质，是将引领流行趋势的小众时装大众化，通过快速满足消费者的新鲜感来提升消费频次，具备款式多、上新快、性价比高的特点。因此，分析 SHEIN 快时尚品牌的特点就必然要提及其客户定位、产品体系与价格体系。

SHEIN 品牌定位对标的是 Z 世代[①]和千禧一代[②]等消费人群，主要是 18～35 岁的年轻女

[①] Z 世代通常是指 1995—2009 年出生的一代人，也被称为"网生代""互联网世代""二次元世代""数媒土著"。这一代人自出生以来就与网络信息时代无缝对接，受到了数字信息技术、即时通信设备、智能手机产品等的重大影响。他们是在科技快速发展和互联网普及的环境中成长起来的，因此他们通常更加注重购物体验、浏览体验、场景体验、触摸体验和画面体验等。

[②] 国际上有一个专门的代际术语"千禧一代"（1982—2000 年出生），英文是 Millennials，同义词为 Y 一代，是指出生于 20 世纪时未成年，在跨入 21 世纪（2000 年）以后达到成年年龄的一代人。这代人的成长时期几乎同时和互联网/计算机科学的形成与高速发展时期相吻合。

性。该群体对服饰的设计、风格要求较高，同时希望价格尽量优惠，因此性价比往往是该群体选购商品的关键因素。在产品品类及出品速度方面，SHEIN以女性服饰为切入口，在形成一定规模后涉足大纺织领域，目前已形成十八大品类。快时尚鼻祖ZARA每年推出大约12 000款新品；相关资料显示，2022年4月5—7日，SHEIN每周上新的SKU高达40 000～50 000款，实现了对ZARA的超越。就产品价格而言，SHEIN服饰的最大特点是价格亲民，其产品核心价格为9～24美元。对于许多设计相近甚至同款的产品，SHEIN的价格比ZARA便宜数倍，因此SHEIN的价格竞争优势明显。由此可见，SHEIN用自己的供应链模式成功实现了快时尚领域的"不可能三角"，如图2-1所示。

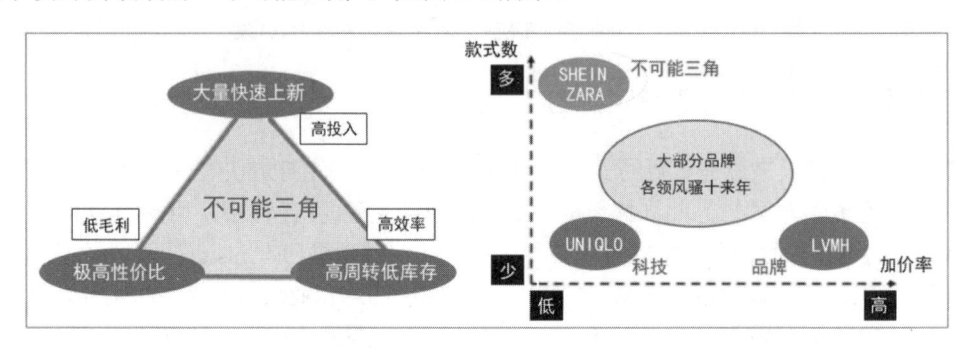

图2-1　SHEIN供应链模式实现了快时尚领域的"不可能三角"

庞大、丰富的SKU和持续不断的上新款式，让SHEIN成为许多欧美消费者（18～34岁的年轻人群）心目中"一站式淘选高性价比服装的目的地"。这一认知，牢牢地占据了相当规模的消费者心智。这份巨大的心智资产，也是SHEIN价值的重要支撑。

2. 基于独立站的自主独立闭环流量

SHEIN的创始人许仰天，在确立了要把SHEIN做大做强的目标后，第一步就是建立自己的独立站。早在2011年许仰天就投入了200万元迅速建立起域名为Sheinside.com的独立站，用许仰天的话来说："投入大一点，这样会更上心，毕竟不是小数目"。从中不难看出许仰天对做好SHEIN的决心及魄力。其不菲的投入为SHEIN的成功打下了扎实的基础，如今的SHEIN已经拥有2个自营国际站点（SHEIN和Romwe）、9个小语种站点，以及IOS和Andriod的移动端。SHEIN通过建立自己的独立站及App，让SHEIN在各个方面具备了强大的底气和坚实的基础。一是基于独立站，SHEIN构建了自主、独立的闭环流量。SHEIN将数据100%留存在自己手里，实现了数据安全和增值，并且还可以实现数据的二次开发，源源不断地挖掘数据价值。二是基于独立站，没有第三方平台规则的约束，使得交易佣金成本降低，同时在支付端的服务费用也相对低廉。这有利于SHEIN打造其独特的低价优势，从而使SHEIN能积累品牌口碑，既可以提升消费者信赖度，又可以为品牌赋能做好铺垫，可谓一举两得。

基于建设完善的独立站，SHEIN同时把握住了海外社交媒体的红利期，进行了Mate、Twitter、Instagram、YouTube等主流平台的全面覆盖，从而获得了大量的流量，同时，SHEIN选择做延时流量，即将流量的价值沉淀到品牌中，这样做会使短期效果打折扣，但中长期效果会放大。SHEIN起步的时代，是一个红人流量充裕的时代，甚至请网红宣传不需要费用。SHEIN果断抓住机遇，把国内电商和短视频传播的玩法带到了海外，在Mate、Youtube、Instagram及TikTok上联合网红进行产品推广，成功实现了低费用宣发。与此同时，SHEIN

鼓励用户分享，在 Mate 的 SHEIN 照片墙上上传产品照片，消费者通过分享可获得优惠券。SHEIN 还能根据买家上传的穿搭图片，挖掘新的时尚元素进而开发新品。如今，在 Mate 上，SHEIN 的官方粉丝数超过了 3000 万人；在 Instagram 上，SHEIN 的粉丝数逼近 3000 万人；在 TikTok 上，SHEIN 的粉丝群体更为庞大。其中，Sheinhual（开箱）的活动视频播放次数也已经突破 21 亿次。网红带货效应帮助 SHEIN 积攒了大量青少年群体用户，他们自发为其宣传。数据显示，2022 年，在 SHEIN 的 1.42 亿名消费者中，约 60%的用户是首次在该平台上购物。SHEIN 的目标是，将这些消费者中的大多数转化为忠实用户。到 2025 年，预计在 SHEIN 的 2.61 亿名消费者中，回头客占比为 60%。

此外，SHEIN 独立站经过十几年的 SEO 等运营沉淀，与 Google 等一级流量入口形成"共生关系"，收获了大量的自然流量（Organic Traffic）——无须付费推广而产生的流量。以 SHEIN 美国站的桌面端网站为例，其直接流量占总流量的 48.2%，接近总流量的一半，而付费流量（Paid Search）的占比要小很多，仅为 19.77%。自然流量占比高，跟创始人许仰天的"SEO 出身"和极致的流量思维有密切关系。

经过精心的流量运营，目前，SHEIN App 的累计下载量已超过 6 亿次。2022 年，SHEIN App 的下载量达到 2.29 亿次，成为全年下载量最大的电商类 App。

3. 依托数字化 DTC 的柔性供应链

自 2014 年起，依托国内淘系电商、移动互联网的发展，国内服装供应链高速发展。许仰天嗅到了机会，意识到打造柔性供应链的重要性。2015 年开始，许仰天委派任晓庆在全国四处走访安踏、李宁、茵曼等一线服装公司，一边学习经验，一边寻找合适的供应链管理者。在一次茵曼的供应链分享交流会上，任晓庆结识了茵曼的供应链负责人刘明光（云海），他向大家展示自创的服装供应链管理软件系统，任晓庆大受震撼。经过两人的多次沟通交流，云海与 SHEIN 达成两项合作：一是 SHEIN 购买云海自创的服装供应链管理软件系统；二是聘请云海做 SHEIN 的供应链管理顾问。在二人的通力合作下，SHEIN 的供应链能力逐渐有了起色，这也为其日后实现"小单快返"模式埋下种子。

SHEIN 正式通过供应链走向"小单快返"的转折点出现在 2019 年。一天，负责 SHEIN 运营和备货的苗苗，在和财务总监鲍平核算数据后发现，公司的库存高达数千万美元，这直接影响了公司的利润和资金周转。同年"黑五"（"黑色星期五"，具体指每年 11 月的最后一个星期五。这是美国的购物折扣节日，在这一天各大商场、商店及电商平台均会推出大促销活动），SHEIN 当日的出库量高达 1500 万件。暴涨的出货量，加上人手不足，严重影响了 SHEIN 的发货时效。这两个典型事件让许仰天深深意识到，SHEIN 的业务发展已经遇到了瓶颈，公司必须通过提高 IT 能力，进一步提升运作效率。不过此时的 SHEIN 连一位像样的架构师都没有，许仰天连忙找到 CTO（Chief Technology Officer，首席技术官）许浩商量对策，立即决定招兵买马组建更加专业的团队。团队成员在反复讨论后，决定根据 SHEIN 的经营情况分五大业务线来设计搭建供应链系统。除了财务系统单独设计，其他后台支持系统如产品设计、CRM（Customer Relationship Management，客户关系管理）、供应商平台、订单履约，以及生产制造等都囊括其中。自研系统的过程非常艰难，仅仓库这条线就花费了整整一年。为了让系统尽快上线，许浩甚至带着团队直接睡在了广州的库房。但苦尽甘来，SHEIN 也因供应链系统在行业内声名大噪。

供应链系统真正助力 SHEIN 实现了"在线销售+按需生产"的 DTC 模式，一般产品的首批生产数量仅为 100～200 件，投放市场通过图片测品后按需补单，非常灵活。比如，一款裙子，直接上架到网站上后，就可以观测到顾客浏览、点击、收藏、下单的情况，将这些信息向上游传递到工厂，SHEIN 可根据"一线情况"决定是否补货、改款或促销等。ZARA 只能测试 1～6 个款式，而 SHEIN 可以测试 30 个款式。这意味着，SHEIN 压中爆款的概率更高。因此，与许多服装企业不同，SHEIN 较少需要"预测"和"计划"，其一般仅需要基于销售反馈（如浏览时间、购买量、收藏量等）快速决定 SKU 的返单深度。同样，通过供应链系统，SHEIN 将打样到生产的流程缩短至最快 7 天，比 ZARA 最快的时候还少 7 天。一位 SHEIN 的顶级供应商对《晚点 LatePost》表示，其从收到 SHEIN 的订单、准备面料到将成衣送至 SHEIN 仓库只需 5 天：准备面料用 1 天，裁剪、车缝和收尾用 3 天，二次工艺（绣花和印花）用 1 天。SHEIN 可以将这种"小单快返"的柔性供应链解决方案与上文中所说的庞大的独立自主闭环流量互为支撑，成为 SHEIN 品牌建设的左膀右臂。图 2-2 所示为 SHEIN 和 ZARA 上新周期的对比图。

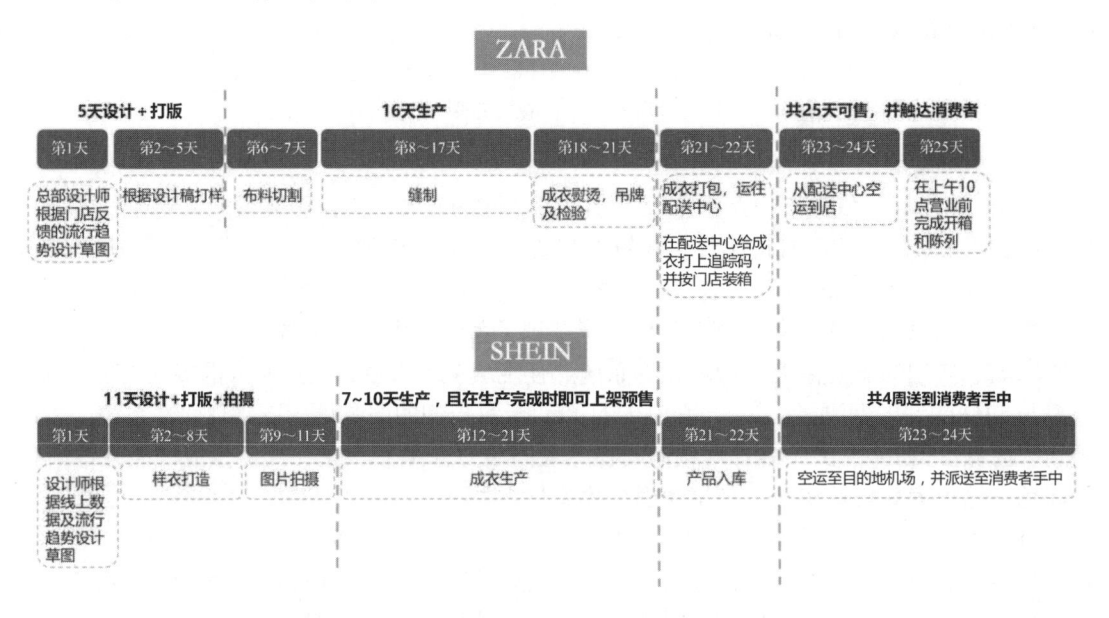

图 2-2　SHEIN 和 ZARA 上新周期的对比图

三、战略转型第三方全品类跨境平台

2020 年春，许仰天坐在北京的办公室沉思，公司从 2008 年成立至今，一路高歌猛进（SHEIN 的发展历程如图 2-3 所示），那么若从供给出发，跨境自营这个业务本身的天花板在哪？基于"小单快返"，重货、大货生意做不了，当算出时尚女装生意的天花板为 300 亿美元后，许仰天就思考是不是可以参照亚马逊、京东等，基于公司的核心优势，将供给扩大到全球市场，转型成囊括第三方卖家的全品类跨境平台。公司核心成员达成统一意见后，SHEIN 立即开始相关工作的部署。在平台模式下，SHEIN 将从独立站时期的高度中心化超级大卖家迭代为一个去中心化的市场（Marketplace），引入三方卖家，为卖家与消费者的线上交易提供"场地+水电煤"的基础设施及服务。SHEIN 的战略转型工作主要包括组织架构、本地化、品类多样化等。

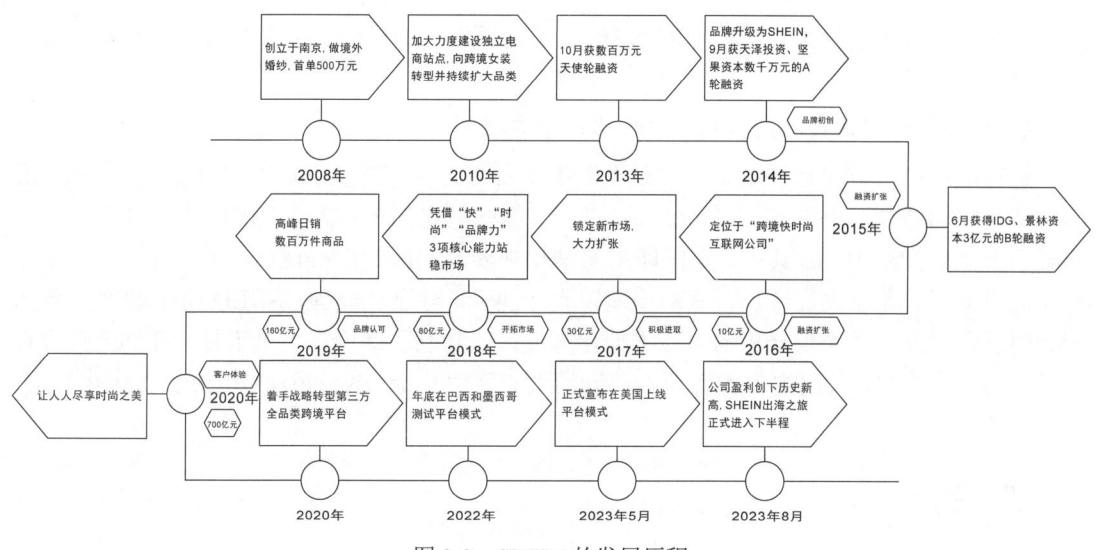

图 2-3　SHEIN 的发展历程

1. 重新梳理组织架构并吸收新鲜血液

听了许仰天对 SHEIN 的发展规划后，RD 的负责人孔少林重新梳理了公司架构，将很多业务线拆解成多个环节，并增设诸多职级划分。这给很多新入职的员工带来了很大的发展空间，为 SHEIN 的战略转型奠定了扎实的基础。邀请孔少林进行组织改革之际，许仰天也在投资方的支持下在全球寻找合适的人才。从 2020 年年初到 2021 年，红杉资本帮 SHEIN 找来了四五个来自全球的名校生做创新业务。其中包括美国市场负责人、美妆负责人、俄语区负责人等，这些"新鲜血液"帮许仰天解决了人手不足的燃眉之急。Vipkid 的原 CFO（Chief Financial Officer，首席财务官）桂镭于 2021 年 3 月加入 SHEIN，任 CFO 一职。业内人士认为，桂镭有助于 SHEIN 解决其所面临的两个重要问题，即上市和跨境金融合规。2022 年年底，许仰天邀请 Lazada 前总裁、品牌商城负责人刘秀云加入 SHEIN，担任全球品牌运营副总裁。刘秀云的加入正好可以帮助 SHEIN 弥补平台电商经验的不足，在整合产品、运营团队、提升整体的组织效率和能力等方面发挥重要作用。苗苗承担了许仰天曾扮演的管理角色，担任了 COO（Chief Operating Officer，首席运营官）一职，其他运营中心、商品中心、品类中心和供应链中心负责人均需向其汇报，其中品类中心是战略转型后新成立的部门，由苗苗直接管理。许仰天则直接聚焦于平台化和本地化的战略转型工作。

2. 丰富平台品类并逐步开放平台吸引卖家

据 MarketPlacePulse 的最新报道，SHEIN 最早于 2022 年年底在巴西和墨西哥测试平台模式。2023 年 5 月，SHEIN 正式宣布在美国上线平台模式，支持全球品牌、第三方卖家入驻。简单来说就是，SHEIN 开放了第三方平台，引进了除时尚和服装品类外的新产品类别，包括便携式洗衣机等家用电器、遥控照明等智能家居产品，以及浴室和厨房固定装置、壁纸等家居 DIY 产品。例如，"头部大卖"安克创新目前已经入驻，产品涵盖了移动电源、数据线、耳机等超过 200 款安克创新的产品。2023 年 6 月 22 日，SHEIN 宣布在墨西哥正式启动第三方平台运营模式。SHEIN 墨西哥平台除了销售第三方供应商的商品，还引入了知名的全球品牌，如球鞋品牌 Skechers、全球母乳喂养产品品牌 Lansinoh。目前 SHEIN 正处于战略转型初期，因此卖家是定向邀约的。但作为第三方平台，只有聚集大、中、小多类型卖家，才能维持健康、长久的生态，所以随着 SHEIN 平台更上一个台阶，未来其肯定会放宽门槛，让更多的卖家进来，让更丰富的品类"跑起来"。

3．加大本地化建设力度推动平台战略转型实现

跨境电商第三方平台的本地化建设有助于平台方为卖家提供优质的生存空间。其中物流是一个重要的硬件，SHEIN 平台化之后，对物流硬件开始加大投入。SHEIN 已经在美国设立了 3 个大型配送中心。其中，美国印第安纳州怀茨敦的配送中心现已启动，等 3 个配送中心全面启动后，客户收货时长将从两周缩短到三四天。除了在美国，SHEIN 也在波兰、意大利和阿联酋设立了 3 个配送中心。在本地化方面，除建仓、增设本土员工外，许仰天打算在美国、巴西和欧洲，采用本地人管理本地人的双 CEO（Chief Executive Officer，首席执行官）制度。

四、尾声

2023 年 8 月，SHEIN 的执行副董事长唐伟在一封致投资者的信中表示，公司上半年盈利创下历史新高。与此同时，SHEIN 的出海之旅也正式进入下半程，从一个单一的快时尚自营电商平台扩展为囊括第三方卖家的全品类跨境平台，SHEIN 的竞争对手范围也从快时尚服装品牌扩大到众多电商平台，包括跨境电商巨头亚马逊和跨境电商后起之秀 Tume。或许在快速增长的红利期消失后，对于第三方全品类跨境平台 SHEIN 的考验才刚刚开始。

【案例思考题】

1．SHEIN 的核心竞争力是什么？
2．SHEIN 为什么要从独立站转为"自营+平台"模式？
3．SHEIN 的商业模式转变后会面临哪些困境？

第三节 Shopee：依托本地化模式成功问鼎东南亚市场

【教学目的与用途】

1．本案例的教学目的包括：
（1）学会分析本地化跨境电商平台和国际化跨境电商平台的异同。
（2）了解 Shopee 成功实现本地化的影响因素。
（3）掌握 Shopee 的商业模式。
（4）学会分析 Shopee 与 Lazada 的联系和区别。
2．本案例主要适用于跨境电子商务、国际贸易、电子商务、创业管理和国际商务等专业的课程。

【引言】

Shopee 于 2015 年正式启航，致力于构建一站式跨境出海方案，为有跨境需求的企业及品牌提供出海东南亚及拉美市场的机会，成就每一种出海可能。经过多年的努力，Shopee 成绩斐然，成为东南亚地区首个实现盈利的大型电商平台：平台覆盖新加坡、马来西亚、菲律宾、泰国、越南、巴西、墨西哥、哥伦比亚、智利等十余个市场。根据权威移动数据平台 data.ai*

的报道，2022年度，Shopee 在全球购物类 App 中，平均月活跃用户数（简称月活）增速位居前三，并囊括东南亚及巴西市场的购物类 App 平均月活增速第一。同时，Shopee 的品牌影响力广泛，位列 YouGov 2022 年全球最佳品牌榜第五，为前十强中仅有的电商品牌。人们不禁好奇，Shopee 比 Tokopedia、Lazada 等区域对手晚了数年才上线，是如何通过短短几年的时间超越所有竞争对手，成功问鼎东南亚市场的呢？

一、Shopee 应运而生

Shopee 的成立源于一个很有爱的原因：李小冬的女儿告诉他，她很想念国内的淘宝。当然，仅有想法并不能随意造就一个成功的平台，唯有天时、地利、人和才能让 Shopee 应运而生，筚路蓝缕地问鼎东南亚电商市场。

1. 东南亚跨境电商市场的潜力巨大

Google 和 Temasek 联合报告显示，东南亚电商市场规模在 2015 年仅为 5.4 亿美元，到 2025 年，东南亚电商市场规模将高达 87.8 亿美元，激增 1526%。其中印度尼西亚将成为东南亚最大的电商市场，占东南亚电商市场总规模的 52%。此外，东南亚电商年增幅（32%）远超线下零售（7%），成为东南亚经济增长新杠杆。因此，在 2015 年成立的 Shopee，虽然晚于 Tokopedia、Lazada 等区域对手上线，但也正处于东南亚电商崛起的好时候。李小冬曾表示，"因为我们起步晚，没有包袱"，鉴于竞争对手的失误及消费者的喜好，更有利于 Shopee 选择对买家、卖家和平台本身来说更有效率的运作模式。

2. 母公司为 shopee 提供全方位支持

Shopee 的母公司 Sea Group 是由华人创业家李小冬于 2009 年在新加坡创立的，覆盖了新加坡、马来西亚、菲律宾、越南、印度尼西亚、泰国、中国台湾地区等市场。在 Shopee 成立之前，Sea Group 旗下包括全球领先的网络游戏制作与发行方 Garena 与东南亚地区发展最快的电子金融服务商之一 SeaMoney。实力雄厚的 Sea Group 为 Shopee 的成立和成功运营提供了有力的支持。Shopee 不仅得到了母公司雄厚的资金支持，还得到了 Sea Group 的多年互联网公司游戏业务运营经验及互联网金融服务的支持，同时还获得了 Sea Group 多年积累的互联网客户基数。

3. 选择曾在 Lazada 任职的冯陟旻担任公司 CEO

冯陟旻毕业于新加坡国立大学（NUS）计算机科学专业，毕业时成绩优异，获一等荣誉学士学位，随即进入国际顶尖咨询公司麦肯锡。在这家顶级咨询公司工作的 7 年经验为其日后负责 Shopee 做了充分的准备。如果说第一份工作（在麦肯锡）是职场起点，那第二份工作（在 Rocket Internet）就是冯陟旻的转折点。Rocket Internet 是一家很神奇的"创业孵化器"，孵化成功后便会将公司出售给其他公司，Lazada 便是 Rocket Internet 在关注电商新兴市场情况下成功孵化的产物，冯陟旻在 Lazada 项目中负责跨境采购业务。冯陟旻在 Rocket Internet 电商系工作了 3 年后，深刻地认识到这种复制—出售的模式并不能持久。当时李小冬创办的 Garena 正在如日中天地发展，同样是在新加坡的华人，又有相同的斯坦福求学背景，李小冬向冯陟旻抛来橄榄枝。在加入 Garena 两年后，天时、地利、人和 3 个因素凑齐，Shopee 应运而生。Shopee 由李小冬创建、冯陟旻领导，正式征战东南亚电商市场，重塑电商格局。由于冯陟旻之前在 Lazada 的经历，以及对中国电商打法的熟悉，在 Shopee 创始之初便明确了本地化作战模式。因此，Shopee 虽然比 Lazada 晚成立了 3 年，但少走了很多弯路，并快速占领了东南亚电商市场。

二、打造本地化商业模式

当跨境出海进入 2.0 时代，靠着做免费、解决用户刚需的工具类产品，就能低成本、快速获客的玩法已经失灵。哪怕是在人口红利还很显著的东南亚地区，大总部设在中国、海外当地只建设一个小办公室的"轻出海"模式，也难以为继。因为没有东南亚本地化运营经验，阿里巴巴、腾讯、京东等中国互联网巨头在东南亚的业务表现不佳。尽管它们垂涎新市场已久，但在几年试水之后，都从直接出海转为资金出海：投资本地其他企业。Shopee 虽然将总部设在新加坡，但它从新加坡走到整个东南亚地区，严格意义上来说也是跨境电商平台通过本地化方式成功出海的一个典范。众所周知，东南亚地区并不是一个统一的市场，各个国家的文化差异和政策差异巨大。Shopee 从创始之初就确立了本地化的商业模式，即在当地铺设更多团队、高度参与当地市场的"重出海"模式，为东南亚地区不同国家、不同类型的卖家提供能带来深度的信息流、物流、资金流的产品和服务。

1. 为东南亚 6 个市场量身定制不同的 App

鉴于东南亚诸国文化差异较大的情况，Shopee 于成立之初就在新加坡、印度尼西亚、马来西亚、菲律宾、泰国、越南等 6 个市场同时铺开，并分别做了 6 个 App，同时搭建本土团队并依据每个市场特性制定本地化方案，以便于 Shopee 紧跟当前互联网发展的特点和各国消费者的喜好。比如，Shopee 在印度尼西亚和马来西亚市场发起斋月大促活动，推广引流，使这两大市场迎来一年一度的流量高峰。再如，经过长时间的观察，Shopee 发现东南亚地区的消费者天生比较喜欢"逛"这件事情，因此在线上零售环境中，Shopee 也花了很多精力来设计用户"逛"的路径，而且 6 个市场"逛"的方法不同，每个 App 都根据当地特色进行了调整。Shopee 的这种做法无疑与其他平台以一个 App 贯穿始终的做法大相径庭，不由得让人好奇：Shopee 是怎么做到的？答案可能就是"源于团队的决心"。"中国市场太大了，这是好事也是坏事。新加坡市场很小，我们不觉得如果其他地区做不好还可以退回来。我们没有退路。"Shopee 跨境业务总经理刘江宏在面对 36 氪专访时这样回答。

2. 投入重金确保东南亚物流的全流程优质体验

Shopee 作为第一批电商平台，承担了垦荒者的角色，把物流作为重点投入方向，于 2016 年推出 Shopee 物流服务（Shopee Logistics Service，SLS）体系。通过 SLS 体系，卖家只要把货打包，发到离他们最近的转运仓，Shopee 的物流团队会接手接下来的流程，如海关的清关、同城的派送、航空运输等。对于一些高潜力的卖家，只要满足了一定的条件，Shopee 还提供免费上门揽收服务。这种自建物流模式与我国"京东"自建物流体系类似，缩短了消费者的收货时长，承担了跨境电商卖家的部分物流风险，并降低了他们的物流成本，可信度更高。现在 SLS 每周涉及 800 多个航班，覆盖 30 多个机场。从物流时效来看，从中国到印度尼西亚雅加达只需 3~4 天，而靠近澳大利亚的偏远岛屿，10~14 天也可以到达。从消费端来看，Shopee 通过本地化方式提升消费者的体验。以第一个派送问题为例，快递员会在投递之前发短信确认时间和地址，确保在某个时间段用户在家，以及地址如果不对可以提前更改。虽然只是加了一个小步骤，但是可以比较好地保证用户的物流体验。为了保证用户的消费体验，Shopee 不仅重金投入物流建设，还进行了有力的运费补贴。Shopee 的 7 个市场中，至少有 5 个在前期主打免邮策略。免邮的好处是能够抓住消费者最大的痛点，把门槛降到足够低。虽然现在平台运费补贴的幅度正在缩减，但这已经让 Shopee 在早期成功获取了大量用户，这也是 Shopee 追赶上 Lazada 的一个重要原因。

3. 高效且安全的多样化跨境支付服务

卖家可通过 Shopee 官方钱包，或第三方支付服务商连连国际、Payoneer、乒乓智能等提款交易，安全快捷，平台打款周期为每周一次。Shopee 接受买家的支付方式包括：信用卡/借记卡、银行转账（通过银行的 ATM 或网银）、分期付款（仅限于指定的银行）、Shopee 钱包和货到付款等。Shopee 根据买家所属的国家/地区为买家提供了强大而灵活的付款方式。例如，来自新加坡和泰国的买家可以通过借记卡或信用卡付款，或者在 Shopee 上购物时可以通过银行转账付款。Shopee 提供给买家 14 天的保证期，从买家付款之日算起。买家可以在 14 天内提出退货要求，如果买家还没收到货的话，还可以申请延长 3 天的保证期。在保证期内，买家可以直接向卖家提出退货要求，如果卖家不同意，则可以在 Shopee 平台上提出退货要求，由 Shopee 来调查、协调解决。

三、努力开拓双边市场

在网络技术、服务技术日益提高的背景下，社会分工进一步推动了市场形态从单边形态转为多边形态。跨境电商第三方平台是典型的双边市场，因此 Shopee 只有不断适应双边市场的特点和规律，积极调整发展策略，因势利导，才能吸引更多的卖家和买家加入平台，平台才能维持强大的生命力。

1. 兼容多类型卖家的 X2C 模式

X2C 是指兼容面向不同类型消费者的卖家，Shopee 的商业模式与其他电商平台有所不同。它采用了 C2C（消费者对消费者）和 B2C（商家对消费者）两种销售模式，同时支持 B2B（商家对商家）销售模式。无论支持哪种模式，都是为了更好地服务消费者，这使得 Shopee 成为一个非常灵活的电商平台，可以满足不同类型商家的需求。比如，Shopee 灵活的 C2C 模式会降低商家准入门槛，其 Power Seller 工具能够帮助卖家在 30 秒内开设一家"商店"。2017 年 7 月 18 日，Shopee 正式推出 Shopee Mall，这是一个专门为 B2C 卖家提供的应用内空间。Shopee Mall 旨在通过确保 Shopee Mall 上的所有卖家都能通过当地注册实体会计和企业监管局的验证，这样可以验证商家的可信度，并确保所有出售的商品都是真实的，从而让消费者放心。随着 ShopeeB2C 业务的发展，目前，客户可以方便地从数百个领先品牌中购物。

2. 深耕中国卖家市场

2016 年，Shopee 在深圳设立办公室，开展跨境业务。自此，Shopee 与我国的关系密不可分，真正打开了国货出海的渠道。我国跨境电商卖家拥有强大的供应链优势，主要体现在品类多、反应速度快、质量好、成本可控，可概括为多、快、好、省，这样的优势能够很好地填补东南亚市场网购需求激增下的消费缺口，深挖供应端的"中国优势"，能够极大地扩充 Shopee 商品品类的丰富度。在新冠疫情期间，东南亚市场的网购需求激增，然而本土供应力的下滑使供需之间出现巨大消费缺口。而中国经济率先实现正增长，有力带动了全球经济的恢复，且中国供应链韧性在新冠疫情期间也逐步增强，可以说新冠疫情倒逼了中国供应链的发展,中国供应链凭借在新冠疫情期间快速恢复的优势,能够有效填补市场缺口。为此,Shopee 快速深入中国各地,挖掘并孵化当地优质商家出海东南亚。

3. 瞄准全球寻找增量买家市场

Shopee 的核心市场一直是东南亚地区及中国台湾地区,同时也在逐步开拓新兴市场。2019 年 3 月,Shopee 进军南美市场,开设了巴西站点。作为全球前十大经济体,巴西占据南美洲近半数土地,人口超 2 亿人,接近东南亚最大市场印度尼西亚的总人口。巴西的互联网普及率高达 74%,而且移动化趋势明显,移动用户占比超过 80%,是非常理想的市场。巴西是 Shopee 进军的第八个市场,在这里,Shopee 仍然采取了免运费的营销策略,并借助中国供应链,为巴西用户提供更多的中国商品。相关资料显示,每 10 位巴西消费者中,就有 7 位在线购买过中国商品。

在开拓买家市场的过程中,Shopee 从社交切入,提升用户黏性,并结合本地元素、流量明星、互动游戏、社交网络等方式,在 App 内打造了一系列特色功能,如直播功能 Shopee Live、图文资讯功能 Shopee Feed,并在应用内引入 Shopee Quiz 等,以此提升用户黏性。Shopee 在 App 中也推出了直播带货,邀请各地区的名人来主持问答或邀请本土知名的社交明星强势引流。

四、实现多元化盈利模式

盈利模式是对企业经营要素进行价值识别和管理,在经营要素中找到盈利机会,即探求企业利润来源、生产过程及产出方式的系统方法。盈利模式分为自发的盈利模式和自觉的盈利模式两种。在市场竞争初期和企业成长的不成熟阶段,企业的盈利模式大多是自发的。随着市场竞争的加剧和企业的不断成熟,行业整体和成功的企业开始重视并逐步形成一定的盈利模式,即使如此,也并不是所有企业都有幸找到盈利模式。

1. 主要盈利模式

(1)第三方佣金。Shopee 在成立初期为了吸引商家,不会收取任何上市费用或从销售中收取佣金,后来才开始收取开店佣金。目前,为了继续鼓励卖家入驻 Shopee,卖家在平台首次开店后的前 3 个月,Shopee 将免收该卖家的佣金,并且只针对完成的订单收取交易佣金(收取佣金的基数不包含订单运费),收取额度为交易金额的 3%,在退货退款的情况下将退还退货商品相对应的交易佣金。像这样通过第三方佣金赚取提成是 Shopee 的盈利方式之一。

(2)广告收入。广告收入主要包括 CPC 广告收入与 CPM 广告收入,类似于淘宝搜索竞价排序和广告方面的收费。CPC(Cost Per Click)即点击付费,主要就是通过关键词竞价的方式去展现的,在买家搜索该关键字并点击之后才收费,单纯曝光不收费。广告的实际点击花费与广告在前端实际排名、广告的关键字质量分、广告的关键字单次点击出价、排名后一位广告的关键字质量分,以及其关键字单次点击价格相关,但是每次广告点击的实际收费不会高于该广告所设置的关键字单次点击价格。CPM(Cost Per Mile)即展示付费,也就是广告只要展示给买家,Shopee 平台就会对其收取一定费用。

(3)数据分析服务收入。Shopee 拥有大量用户数据,包括用户行为、消费偏好等。这些数据对于品牌商家和广告商来说具有重要价值。因此,Shopee 可以通过向合作伙伴提供数据分析服务，助其更好地了解用户需求并优化营销策略，从中获得一定的收入。

（4）金融服务收入。Shopee 近年来开始推出与金融服务相关的功能。例如，Shopee 提供了分期付款和信用卡分期付款等支付选项，吸引更多消费者前来购物。同时，Shopee 还与银行合作推出了一些金融产品，如个人贷款和信用卡优惠活动，从中获取相应的利润。

（5）物流服务收入。Shopee 还提供物流服务，使用平台的物流，租用平台的仓储产生的费用等，Shopee 将从这项服务中获得一定的收入。2023 年 Shopee 财报中重点提到了"物流"。物流是电商运营的底层基础，同时，这也是让电商业务"长期稳定"发展的重要因素，是确保 Shopee 平台其他盈利模式实现的根基。

2. 盈利成效

2023 年 3 月 7 日，新加坡电商平台 Shopee 母公司 Sea 发布 2022 年第四季度及 2022 年全年财报。财报显示，电商业务 Shopee 提前实现了公司管理层对其盈利的预期。Shopee 的 GAAP 收入达到了 21 亿美元，同比增长 31.8%；GAAP 收入包括 18 亿美元的 GAAP 市场收入（包括核心市场收入和增值服务收入），同比增长 43.5%；核心市场收入（主要包括基于交易的费用和广告收入）同比增长 53.9%，达到 11 亿美元；增值服务收入（主要包括与物流服务相关收入）同比增长 29.2%，达到 7 亿美元。Shopee 调整后的 EBITDA 转正，达到 1.961 亿美元，季度首次实现盈利，而去年同期为-8.777 亿美元；亚洲市场调整后的 EBITDA 为 3.2 亿美元，而去年同期为-5.258 亿美元；其他市场调整后的 EBITDA 为-1.239 亿美元，而去年同期为-3.52 亿美元。在巴西，分摊总部支出前每笔订单调整后的 EBITDA 亏损降至 0.47 美元，较上季度改善 53.9%，具体如图 2-4 所示。在此次财报发布会中，关于 Shopee 的盈利，李小冬提到的关键因素为核心市场收入和运营成本的改善。

图 2-4　2022 年第四季度 Shopee 盈利状况示意图

（Shopee 调整后 EBITDA 首次转正，实现盈利）

注释：
- EBITDA 是 Earnings Before Interest、Taxes、Depreciation and Amortization 的缩写，即未计利息、税项、折旧及摊销前的利润。EBITDA 被私人资本公司广泛使用，用以计算公司的经营业绩。
- Adjusted EBITDA 指的是调整后税息折旧及摊销前利润。
- GAAP 的全称为 Generally Accepted Accounting Principles，是美国的会计准则，其目的是为会计人员提供一套准则，以便其在处理财务报表时遵循。

继 2022 年第四季度之后，Sea 在 2023 年第一季度再次实现了盈利。电商业务 Shopee 的收入持续稳定增长，当季度 Shopee 的收入为 21 亿美元，同比增长 36.3%。其中，电商平台收入贡献为 18 亿美元。在电商平台收入中，以交易佣金和广告收入构成的核心电商平台收入同比增长 54.3%，达到 12 亿美元；增值服务收入同比增长 32.6%，达到 7 亿美元。同时，Shopee 在销售和营销费用方面依然保持克制，同比下降 51.7%。收入的稳健增长和成本自律支撑 Shopee 再次实现季度盈利，2023 年第一季度调整后的 EBITDA 达 2.1 亿美元。Shopee 也是首个实现盈利的东南亚大型电商平台。

五、尾声

目前国内各行各业的"出海"热情持续高涨，不少企业看到了出海的新机遇，频繁出海，也让越来越多的中国品牌为海外消费者所熟知。然而企业想要获得持续增长，一方面要紧跟潮流以寻找新机遇，另一方面要增强自身生存能力。在 eMarketer 的预测中，有一个值得注意的亮点，2024 年，拉丁美洲地区和东南亚地区的电商销售额增长速度将处于全球领先地位。如图 2-5 所示，2023 年全球电商零售增速排名前十的国家有 4 个来自东南亚地区，但排名第一的是阿根廷。现在的 Shopee 在东南亚及拉丁美洲的电商领域遥遥领先，受到了众多国家消费者的一致认可。2024 年，Shopee 全新启航，为助力中国跨境电商卖家在东南亚和南美两个蓝海市场寻找到更多的机会而努力。

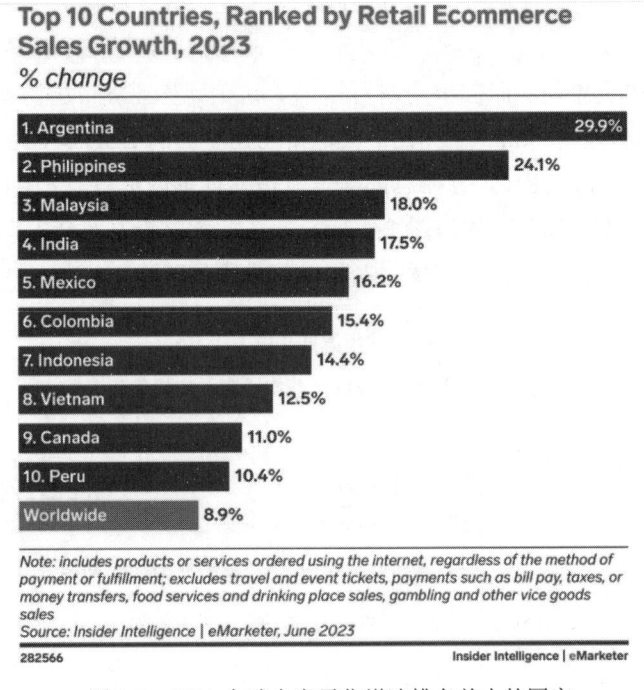

图 2-5　2023 全球电商零售增速排名前十的国家

【案例思考题】

1．Shopee 的商业模式是什么？
2．Shopee 的盈利模式是什么？
3．Shopee 为什么要自己构建 SLS 体系？成效如何？
4．Shopee 是如何超越 Lazada 的？
5．你觉得 Shopee 的发展会碰到哪些困境？
6．Lazada 是 Shopee 在东南亚地区唯一的竞争对手吗？

第四节　TikTok：构建社交媒体电商和货架电商双链路跨境版图

【教学目的与用途】

1. 本案例的教学目的包括：

（1）了解社交媒体电商和货架电商的异同。

（2）了解 TikTok 的发展历程。

（3）理解 TikTok 是如何构建社交媒体电商的。

（4）理解 TikTok 是如何构建社交媒体电商和货架电商双链路跨境版图的。

2. 本案例主要适用于跨境电子商务、国际贸易、电子商务、创业管理和财务管理等专业的课程。

【引言】

TikTok 于 2017 年 5 月上线，愿景是"激发创造，带来愉悦"（Inspire Creativity and Bring Joy）。很少有产品像 TikTok 一样，能如此快地在全球范围攻城略地——上线 5 年后每月就有超过 15 亿人用它消磨时光。同样是大平台扶持的新产品，Instagram 被 Meta（原 Facebook）收购 6 年后，月活跃用户（简称月活）才达到 10 亿人。TikTok 覆盖全球 150 多个国家和地区，覆盖面极广，在方方面面影响着世界各个角落的用户。在这些用户中，将近 2/3 为女性用户，20 岁以下的用户占比为 1/4，35 岁以下的用户占比超过 1/2。众所周知，年轻人、女性这两个标签都是高消费人群的重点属性，消费潜力巨大，而 TikTok 兼而有之。因此，自 2019 年起，TikTok 电商业务逐渐走进人们的视线，并引起了市场的广泛关注。截至目前，TikTok 电商业务已经初步形成完整的闭环，通过自身优势不断向外扩张。那么 TikTok 是如何在短时间内完成社交媒体电商和货架电商双链路跨境版图的构建的呢？

一、社交平台出海积累海量活跃用户

1. 通过上线 TikTok 解决字节跳动在国内面临的增长压力

2015—2016 年，张一鸣在国内的根基尚未扎稳，但他已经将目光投向海外了。当时公司内部估算出一组数据：中国资讯信息流市场，日活跃用户数（简称日活）总规模可达 2.4 亿人，假设赢者通吃，会瓜分一半市场，日活上限约为 1.2 亿人。极具数字敏感性的张一鸣立刻品出了数字背后的忧患，"有增长压力就想到在国际市场找机会，这是其中的一条路"。因此字节跳动孵化了今日头条海外版 News Master，其在某段时间曾改名为 Top Buzz；之后又推出西瓜视频海外版 Buzz Video。2016 年年底，字节跳动制定 2017 年战略，P0（最高优先级）战略只有两个：互娱和国际化，并为此成立了国际化事业部，这也是字节跳动成立的第一个事业部（Business Unit，BU），简称 i18n。虽然这些项目最后都以失败告终，字节跳动也在 2018 年 8 月下决心砍掉资讯国际化，但国际化的步伐并没有就此停止，2017 年 5 月上线的 TikTok 还在继续运营中，并经过战略性布局最终火遍全球。

2. Musical.ly 和 TikTok 双剑合璧

对于内容型应用，字节跳动的决胜武器是推荐算法。它往往会找一个产品躯壳，把自己久经训练的算法灌进去,辅以用户增长和商业化的体系作战能力。Musical.ly 来得太及时了。它为字节跳动献上第二个产品躯壳和海量内容燃料,与字节跳动的算法融合后,爆发了顽强生命力。音乐短视频产品 Musical.ly 诞生于上海。2014 年上线的 Musical.ly 受到美国青少年的追捧。短短两年,该产品做到美国市场月活 2000 万人、日活 500 万人。然而,2016 年,同样面临增长焦虑的 Musical.ly 萌生了出售的想法。而此时,基于战略考虑,张一鸣对 Musical.ly 萌发了极大的兴趣。一位 TikTok 初创人士说,不管是对字节跳动的短视频战略,还是全球化战略,Musical.ly 都太重要了,"是必须买的"。毕竟对于内容产品,美国是"高地"。2017 年 11 月,经历了半年的反复磋商,Musical.ly 和 TikTok 双剑合璧。这时连局中人都没想到,这将是中国互联网史上最成功的收购案例之一。二者联合爆发的力量超乎所有人想象。

3. 借势 Facebook,促全球日活破亿

整合完毕的 TikTok 沿用中国互联网江湖常见的打法——大量砸钱以换取市场份额。其最重要的投放渠道当然是"老冤家"Facebook。"从 2018 年第三季度到 2019 年第一季度,TikTok 的推广预算每个季度增长 100%以上。"一位了解 Facebook 的人士指出,"Facebook 大中华地区一年的营业收入约为 50 亿美元,TikTok 当时计划 3 年贡献 10 亿美元左右。"2019 年年初,字节跳动当时负责国际化职能部门的高级副总裁柳甄,专程带团队到 Facebook,和其大中华区高层签署了年度战略合作协议。此时此刻,Facebook 没有提起警惕,还将 TikTok 作为最尊贵的客人。让 Facebook 放松戒备的原因很简单:TikTok 的留存率实在太差了。等 Facebook 在 2019 年反应过来时,TikTok 的全球日活已经破亿了。2019 年 12 月,TikTok 的月活达到 5.07 亿人,成为数字世界中最具魅力和影响力的"巨星"。新冠疫情期间,TikTok 的日活仍在直线上升。2020 年 3—4 月,TikTok 的日活上涨了 1.1 亿人,形势向好,但是 TikTok 高层仍然充满了戒备。经过严密论证,TikTok 果断把 Facebook 登录接口全部拔掉了。

二、全球化战略为拓展跨境电商业务扫清障碍

"TikTok 是全球化的优秀案例,"一位知名券商的首席分析师说,"很多海外用户也未必了解 TikTok 是哪国公司"。本地化工作从表面上看源自 2019 年年底,美国以字节跳动收购 Musical.ly 未向美国外国投资委员会申报为由,进行发难。其实,张一鸣提前认清了形势。2019 年年初,字节跳动在内部着手评估隔离风险,并做出预案。2019 年第三季度,字节跳动的本地化工作正式启动,主要包括以下 4 方面的举措。

1. 在海外本土设置核心部门并招聘本地员工

TikTok 在海外本土设置核心部门并招聘本地员工,这是一个重要的策略,旨在更好地适应当地市场、融入当地文化、提高用户体验,并为当地商家提供更好的支持。迁移审核、运营和技术产品开发等部门均实现本地化,有些部门如依赖总部的用户增长中台也要本地化。比如,针对掌握了增长钥匙的用户增长中台在海外很难招聘到合适的员工的情况,字节跳动就在国内和当地两边设置团队并进行比赛,以竞赛替代训练,让中国员工帮本地员工成长。

2. 任命西方友好型高层管理人员

2019 年 5 月,凯文·梅耶尔(Kevin Mayer)出任字节跳动 COO 及 TikTok CEO。字节跳动希望他的美国人身份及本土影响力能助字节跳动在美国错综复杂的市场上获得发展。2021 年 5 月以后,张一鸣钦点拥有华人血统、新加坡国籍、英美留学背景,以及一张英俊而

亲和的东方面孔的周受资出任 TikTok 总经理，希望他在中外市场之间找到一个平衡点。

3. 字节跳动设置了异常严格的隔离机制

"这是一个庞大工程，"一位了解字节跳动高层的人士说。公司花费大笔资金来完善这件事，从各个层面隔离数据，进行数据加密，设计高复杂度验证机制，使不同权限的人"既能支持工作，又能不看数据"。据对此有所了解的法律方面的人士说，针对个人账号、住址、社保卡、消费记录这类敏感数据，大原则是"中国的数据在中国，海外的数据在海外"。在美国、欧洲、新加坡等地，TikTok 设有数据中心。全球各地的数据流入哪个数据中心，会先依据法律，再根据就近原则。例如，在事态特殊的美国，即使其他数据中心在地理上更占优，数据也不会流出美国边境。

4. 丰富企业文化内涵

TikTok 在出海征途上，一面要"降妖除魔"，一面要顺应各国独特的文化、价值观做"心灵按摩"——后者对大部分中国企业而言都属于全新课题。海外员工提问时常会涉及企业责任、人权、男女平等、种族平等话题，沟通人员要根据本土特色协调、润色答案。为了应对全球化管理挑战，2020 年，张一鸣在字节跳动的文化守则中新增了一条：多元兼容。

三、社交媒体电商掀起全球购物狂潮

早在 2019 年，TikTok 已经开始测试新的社交商务功能，允许一些用户添加个人资料和视频链接。零售巨头李维斯是首批使用 TikTok 新推出的"Shop Now"功能，并引导用户购买商品的零售品牌之一。起初，TikTok 主要通过与重要平台进行生态合作开展半闭环的跨境电商业务（当然半闭环是过渡型产品，全闭环才是最终的目标），随后在平台内部开启 TikTok Shop 的小店功能实现了全闭环的跨境电商业务。

1. 生态合作打开跨境电商半闭环业务

2020 年 10 月 28 日，TikTok 宣布与加拿大著名电商平台 Shopify 达成新的全球合作关系，未来 TikTok 将进一步发展电商业务。TikTok 全球业务解决方案副总裁布雷克·钱德勒（Blake Chandlee）在一封电子邮件声明中表示："Shopify 是帮助我们在全球范围内发展和扩展商务能力的理想合作伙伴。"初次合作的内容为 Shopify 的商家可通过从 Shopify 应用商店安装新的 TikTok 渠道应用，直接从 Shopify 仪表板创建、运行和优化他们的 TikTok 营销活动。比如，允许商家应用 TikTok for Business Adds Manager 广告工具创建原生的、可共享的内容，将他们的产品转化为 Feed 视频广告，从而引起 TikTok 社区的共鸣。Shopify 的商家还可以安装一种名为"TikTok Pixel"的工具，从而更轻松地跟踪由 TikTok 广告推动的转化，这样的合作后来在北美、欧洲、东南亚等地区进一步拓展。这次 TikTok 与 Shopify 的合作不仅是两家企业之间合作的第一步，也是 TikTok 在电商领域发展的一小步。2021 年 8 月，Shopify 宣布将进一步扩大与短视频平台 TikTok 的合作，Shopify 的商家可以在 TikTok Shopping 上创建优质原生内容、引导消费者访问线上商店等，从而触达更多潜在消费者，并能直接产生销售转化。该功能也是率先在英美两国展开，再陆续向其他业务地区铺开的。Shopify 与 TikTok 的此次合作似乎再次印证了以下观点：社交媒体电商化已经成为趋势。

全球最大的零售商沃尔玛与 TikTok 联手，开启了 TikTok 在美国的第一场直播带货，向全球用户推荐沃尔玛的时尚商品，其中包括 Champion、Jordache、Kendall + Kylie 等品牌商

品，以及 Free Assembly、Scoop 和 Sofia Jeans 等自有品牌的商品。"TikTok 一直在探索新的方法来激发创意、带来欢乐，并为用户提升价值。" TikTok 全球业务解决方案副总裁布雷克·钱德勒表示。"创作者和品牌已经找到了一种新的方式，通过直播——TikTok LIVE 与观众建立联系。我们很高兴对这一互动模式进行持续创新，帮助用户更好地发现品牌并与之互动。""这将为我们提供一种新的方式来与用户互动，并接触到潜在的新客户。"此次与沃尔玛的合作是 TikTok 在电商领域的最新尝试。

2. TikTok Shop 打开跨境电商全闭环业务

2021 年，TikTok Shop 印度尼西亚本土店被推出，这也意味着 TikTok 正式入局电商。TikTok 小店名为 TikTok Shop，是官方推出的线上小店，商家可以通过 TikTok Shop 将产品直接卖给用户。与跳转独立站等购物方式相比，TikTok Shop 的购物链路更短，交易全流程都在 TikTok 平台内完成，真正实现了跨境电商全闭环业务。TikTok Shop 的推出，可以为商家带来流量优势，特别是对早期入驻的卖家来说，进入一个日活达 10 亿人的平台意味着更多的流量红利；可以为商家带来算法优势，通过将产品和消费者进行精准匹配，真正实现"货找人"；可以为商家提供政策优势，包括但不限于以免佣金、邮费补贴、开播激励等政策鼓励商家展示优质产品以有效降低商家的运营成本；可以为商家提供操作优势，特别是其设置了中文操作，让中国卖家出海无操作压力。

目前，英国、印度尼西亚、泰国、越南、马来西亚、菲律宾及新加坡，均已开放 TikTok Shop，该模式包含跨境店和本土店，除印度尼西亚只能开通本土店外，其他国家均可开通本土店和跨境店。印度尼西亚市场是 TikTok 电商部门的第一个也是最大的市场，2022 年印度尼西亚 TikTok 电商 GMV 占 TikTok 电商 GMV 的 52%，印度尼西亚市场对 TikTok 的重要性不言而喻。2023 年，TikTok Shop 印度尼西亚孵化负责人的发言更加直白地透露了 TikTok Shop 将对印度尼西亚市场发起猛攻的信号。该负责人明确表示："TikTok Shop 现阶段的目标就是击败 Tokopedia、Shopee 等竞争对手，成为印度尼西亚电商平台第一。"不仅是印度尼西亚，2022 年 TikTok 在整个东南亚的表现都可谓一鸣惊人。Data.ai 的报告显示，在 2022 年亚太地区购物类 App 下载量方面，TikTok Shop 的卖家管理平台 TikTok Seller 位居印度尼西亚和泰国榜首，在越南、马来西亚和菲律宾也都排在前五，分别为第二、第二和第四。在月活方面，TikTok Seller 在越南的表现最好（排名第六），之后是印度尼西亚（排名第七）、马来西亚（排名第八）和泰国（排名第十）。卖家管理平台下载量和月活的提升，不仅直接意味着卖家数量的增加，还间接体现了订单量和 GMV 的扩大。据知情人士的消息，2022 年，TikTok Shop 在东南亚地区的 GMV 已经达到 44 亿美元，同比增长了 300%。

3. "全球年末大促季"助力卖家生意增长

2022 年 12 月底，TikTok Shop 跨境电商宣布 2022 年"全球年末大促季"正式收官，这是 TikTok 第一次推出"全球年末大促季"活动，与英国、马来西亚、越南等 6 国站点联动。其中，"双 11" GMV 增长 137%，"双 12" GMV 增长 135%，黑五 GMV 增长 126%。这表明 TikTok Shop 跨境电商通过直播、短视频、橱窗等形式带货的"直链消费者"模式已经逐渐被海外消费者所接受和喜爱；全球经营的内容电商新模式为跨境商家带来了前所未有的生意增长新机会，成为跨境商家和品牌最有力的"生意助推器"之一。

TikTok 跨境电商在全球爆火绝不是因为简单的运气好，而是因为其对于本地市场的理解深、对重大节点的全球性整合营销能力强。面对英语系国家，因其受英语文化的影响较大，在年末节点有很多相似的文化习俗，如感恩节、黑五、圣诞节等，语言和文化的趋同，使得"一店打通多国"成为可能。因此 TikTok Shop 推出了"全球商品、全球卖"功能，商家通过这一功能，可以实现一店开播辐射多国，主播仅需要在沟通话术上注意与多国用户的互动即可。而对于非英语系国家，如越南、泰国等，诸国间差异较大，都有各自的通用语，文化习俗也有较大差别，TikTok Shop 因此提供了与英语系不同的打法，尝试多和本地达人建联、合作的本地化运营方式。除了精细化运营，TikTok 也发挥了它在内容营销方面的优势，在大促季活动期间，TikTok Shop 抓住了包括欧洲取暖需求、世界杯、感恩节和圣诞节等热点内容流量，助推不同类目的商家定制大促营销内容，带动品效爆发。比如，针对欧洲取暖需求，TikTok Shop 顺势推出#TikTokgetyouwarm 等高热话题，话题播放量超过了 89 万次，不仅带动了热水袋、取暖炉、电热毯这类"过冬神器"出海，羽绒服、雪地靴、光腿神器这类御寒用品也成为跨境爆款，品类跨境商家 GMV 增长了 387%。

四、货架电商实现 TikTok 双链路闭环电商版图

内容电商通过直播和短视频，以"货找人"方式激发用户的购物需求，然后在小店进行转化；商城则主要围绕"搜索"，满足"人找货"的需求，为商家提供了一个中心化的商品展示、成交场景。抖音电商的总裁魏雯雯曾指出，内容场景更注重营销爆发，货架场景更适合日销平铺；内容场景适合展示丰富的非标品，货架场景则对有价格竞争力的标品很友好。

1. TikTok Shop 打开货架电商之门

2022 年 10 月，TikTok Shop 功能于"双 10""双 11"大促到来之前，在印度尼西亚测试上线。以印度尼西亚 TikTok Shop 为例，其与国内抖音商城逻辑类似，设置有搜索、推荐商品、闪购、新人频道、包邮专区、店铺和购物车等场域，还有商品卡、直播卡、短视频卡等载体，具备了传统货架电商的核心要素，如图 2-6 所示。据官方透露，商城功能上线后，在大促期间帮助商家明显提升了业绩。比如，在 2022 年"双 10"大促期间（10 月 3—7 日），商家 Dunia Fashion88 在 TikTok Shop 累计获得超 500 万次浏览量，商城对其店铺销量的贡献率高达 34.4%。同时，TikTok Shop 的上线对许多不擅长做内容的传统跨境电商卖家而言无疑降低了进入 TikTok Shop 的门槛，包括 Shopee、Lazada、Tokopedia、Bukalapak、Tiki、亚马逊（新加坡站）等东南亚电商平台的卖家均可快速入局，开辟更多元的经营渠道。因此商城功能不仅能帮助卖家拓客、提升复购率和整体业绩，还能为 TikTok Shop 带来新的卖家，提升整体的 GMV 和订单量。

伴随着消费者购物热度的飙升，TikTok Shop 继续在东南亚"狂奔"。自 2023 年 2 月起，TikTok Shop 已经在泰国、菲律宾正式上线，而后在东南亚其他市场也逐渐全面上线商城功能，跨境商家也有资格入驻。就连泼了 TikTok Shop 一盆冷水的欧美市场，也有了 TikTok Shop 的足迹。据悉，2023 年 6 月，TikTok Shop 英国店也开始了营业，预计之后 TikTok Shop 还会登陆美国市场。

不难看出，TikTok 布局商城业务透露出其要发力货架电商的重大信号，毕竟这是一项多方共赢的扩张策略，无论是 TikTok 本身、入驻的卖家还是消费者都能够从中获益。尤其是对于 TikTok 自身而言，商城功能的上线大大完善了其电商生态系统链条，形成了"内容＋货架"的双链路闭环电商生态，为用户提供了一种新的购物场景，支持用户主动搜索想要的

商品，即"人找货"，在促进销售增长方面发挥了积极作用。再者，对不少 TikTok 卖家而言，商城不仅是一个新的流量入口，还意味着更健康的经营模式。相对于原本单一的内容电商，货架电商的玩法更简单、品类限制更少，可以与短视频、直播的脉冲式流量相配合，提升销售的稳定性。

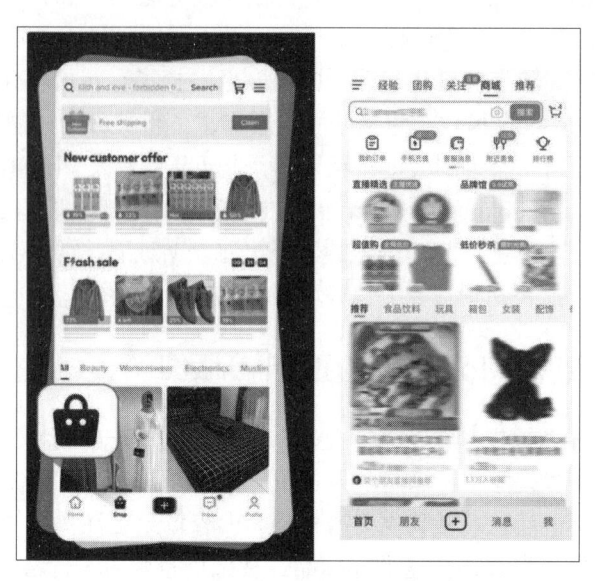

图 2-6　TikTok Shop 和抖音的货架电商界面

据了解，TikTok Shop 自上线以来几乎一直处于增长状态，业绩表现持续向好。

2. 全托管模式助力 TikTok 进一步招揽跨境电商卖家

从产品出海到产业带出海，在出海模式升级的大趋势下，全托管模式似乎成为了跨境电商平台的标配模式。2022 年 9 月，拼多多宣布上线 Temu 跨境电商平台，采用买手制全托管模式。2022 年 12 月，全球速卖通确立了全面推广全托管店铺模式的目标，之后开始大量招商。2023 年上半年，Shopee 和 Lazada 相继推出全托管模式。TikTok 不甘落后，顺势抓住了这一契机，于 2023 年 5 月成功挤进全托管赛道。在 TikTok 的全托管自营模式中，平台将全权负责商品的运营与流量，跨境电商卖家不再需要懂得或研究 TikTok 的短视频和直播运营，极大降低了跨境电商卖家在 TikTok 的运营门槛。跨境电商卖家仅负责供货，承担货款成本及资金回笼、汇率等风险。根据 TikTok 官方发布的数据，在开放全托管模式的英国和沙特市场，卖家借势返校和夏季高温这两个消费节点，实现了销量新高。具体来看，在全托管返校季大促活动期间，沙特市场的 GMV 增长 198%，订单量增长 226%；英国市场的 GMV 增长 145%，订单量增长 175%。众所周知，物流是发展跨境电商的关键一环，为了不断完善自身的电商生态系统，TikTok 也开始深耕物流领域。2023 年 8 月 8 日，TikTok 宣布在英国正式推出 Fulfilled By TikTok（FBT）物流服务，为 TikTok Shop 的英国卖家提供仓储、分拣及配送服务。

五、尾声

TikTok 正在电商赛道上一路狂奔。从 2019 年试水跨境电商，到 2020 年正式入局，目前 TikTok 已经走通了半闭环跨境电商、闭环跨境电商和"内容+货架"的双链路跨境电商全路径，由内容带来的冲动消费，支撑起了 TikTok 在激烈行业竞争中的优势。根据最新消息，TikTok 电商业务覆盖的区域市场包括东南亚的印度尼西亚、马来西亚、越南、泰国和菲律宾等 6 国，中东地区的沙特，以及欧美地区的英国和美国，预计未来 3 年内的交易体量将会实现规模化扩张。但是随着拼多多入局、阿里拆分、SHEIN 准备上市，以及亚马逊等国际电商巨头开始谋求更多增长可能，电商竞争已经变得前所未有的激烈。TikTok 如要在未来几年内一直保持高速增长，则需要付出更多的努力。

【案例思考题】

1．TikTok 发展电商的核心竞争优势在哪里？
2．TikTok 发展跨境电商的困境在哪里？
3．TikTok 为什么要发展货架电商？
4．TikTok 的发展历程包含哪些阶段？每个阶段的转变背景是什么？

第三章 跨境电商卖家企业案例

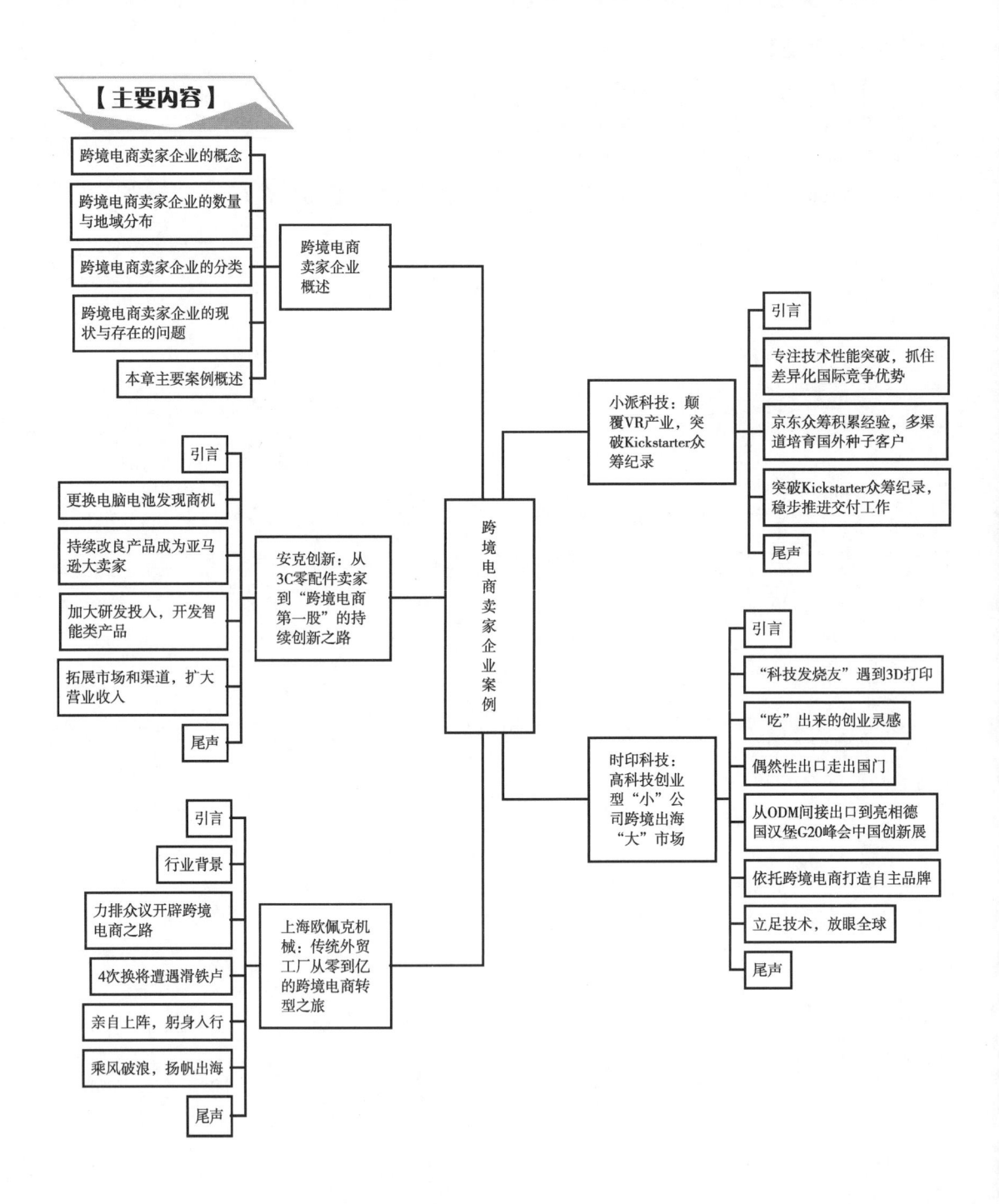

【主要内容】

- 跨境电商卖家企业概述
  - 跨境电商卖家企业的概念
  - 跨境电商卖家企业的数量与地域分布
  - 跨境电商卖家企业的分类
  - 跨境电商卖家企业的现状与存在的问题
  - 本章主要案例概述

- 安克创新：从3C零配件卖家到"跨境电商第一股"的持续创新之路
  - 引言
  - 更换电脑电池发现商机
  - 持续改良产品成为亚马逊大卖家
  - 加大研发投入，开发智能类产品
  - 拓展市场和渠道，扩大营业收入
  - 尾声

- 上海欧佩克机械：传统外贸工厂从零到亿的跨境电商转型之旅
  - 引言
  - 行业背景
  - 力排众议开辟跨境电商之路
  - 4次换将遭遇滑铁卢
  - 亲自上阵，躬身入行
  - 乘风破浪，扬帆出海
  - 尾声

- 小派科技：颠覆VR产业，突破Kickstarter众筹纪录
  - 引言
  - 专注技术性能突破，抓住差异化国际竞争优势
  - 京东众筹积累经验，多渠道培育国外种子客户
  - 突破Kickstarter众筹纪录，稳步推进交付工作
  - 尾声

- 时印科技：高科技创业型"小"公司跨境出海"大"市场
  - 引言
  - "科技发烧友"遇到3D打印
  - "吃"出来的创业灵感
  - 偶然性出口走出国门
  - 从ODM间接出口到亮相德国汉堡G20峰会中国创新展
  - 依托跨境电商打造自主品牌
  - 立足技术，放眼全球
  - 尾声

【学习目标】

1. 知识目标

(1) 掌握跨境电商卖家企业的概念。

(2) 了解跨境电商卖家企业的类型。

(3) 了解 B2B 跨境电商与 B2C 跨境电商。

(4) 了解传统外贸企业向跨境电商企业转型的动机、难点和关键点。

2. 能力目标

(1) 掌握分析和解决传统外贸企业转型跨境电商实践问题的能力。

(2) 掌握帮助跨境电商卖家企业转型升级的能力。

(3) 掌握帮助跨境电商卖家企业打造国际品牌和创新的能力。

(4) 掌握帮助初创企业开展跨境电商实践的能力。

【导 入】

"互联网+外贸"催生了跨境电商,跨境电商缩短了外贸的交易链条,以小额交易、低成本、低风险、敏捷灵活的特点迎合了全球经济发展的趋势,促使我国外贸导向型企业转型升级,成为国内外贸导向型企业通向全球市场的一条"高速公路"。相比传统贸易,跨境电商能够有效打破渠道垄断、减少中间环节、节约交易成本、缩短交易时间,为我国企业创建品牌、提升品牌知名度提供了有效途径,尤其是给一些中小型企业创造了新的发展空间,从而催生出更多的具有国际竞争力的"隐形冠军"。在面对机遇的同时,跨境电商卖家企业也面临着供应链、跨境物流、品牌建设、平台渠道及跨境电商人才缺乏等问题和瓶颈。对于不同类型的跨境电商卖家企业而言,应如何转型跨境电商、降低经营风险、避免产品同质化、进行品牌建设呢?

第一节 跨境电商卖家企业概述

一、跨境电商卖家企业的概念

跨境电商产业链条的供给端是数量众多的跨境电商卖家企业。其主要来源有两个:一是传统外贸企业;二是国内电商卖家企业,其主要分布在我国东南沿海地区,如广东、浙江和福建等。跨境电商企业是指自境外向境内消费者销售跨境电商零售进口商品的境外注册企业(不包括在海关特殊监管区域或保税物流中心内注册的企业),或者境内向境外消费者销售跨境电商零售出口商品的企业,为商品的货权所有人。

跨境电商卖家企业的主要责任如下。

(1) 承担商品质量安全的主体责任,并按规定履行相关义务。跨境电商卖家企业应委托一家在境内已办理工商登记的企业,由其在海关办理注册登记,承担如实申报责任,依法接受相关部门监管,并承担民事连带责任。

(2)承担消费者权益保障责任,包括但不限于商品信息披露、提供商品退换货服务、建立不合格或缺陷商品召回制度、对商品质量侵害消费者权益的赔付责任等。当发现相关商品存在质量安全风险或出现质量安全问题时,跨境电商卖家企业应立即停止销售,召回已销售商品并妥善处理,防止其再次流入市场,并及时将召回和处理情况向海关等监管部门报告。

(3)履行对消费者的提醒告知义务,会同跨境电商平台在商品订购网页或其他醒目位置向消费者提供风险告知书,消费者确认同意后方可下单购买。告知书至少应包含以下内容。

① 相关商品符合原产地有关质量、安全、卫生、环保、标识等标准或技术规范要求,但可能与我国标准存在差异。消费者自行承担相关风险。

② 相关商品直接购自境外,可能无中文标签,消费者可通过网站查看商品中文电子标签。

③ 消费者购买的商品仅限个人自用,不得再次销售。

(4)建立商品质量安全风险防控机制,包括收发货质量管理、库内质量管控、供应商管理等。

(5)建立健全网购保税进口商品质量追溯体系,追溯信息至少应涵盖国外起运地至国内消费者的完整物流轨迹,鼓励向海外发货人、商品生产商等上游溯源。

(6)向海关实时传输施加了电子签名的跨境电商零售进口交易电子数据,可自行或委托代理人向海关申报"申报清单",并承担相应责任。

二、跨境电商卖家企业的数量与地域分布

根据工商数据,以企查查为例,截至 2024 年 3 月 30 日,我国现存跨境电商相关企业为 8.09 万家。自 2016 年以来,我国跨境电商相关企业的注册数量逐年上升,2023 年新增 1.68 万家,同比约增长 22%,如图 3-1 所示。由于大量企业和个体在跨境电商平台开展业务,实际经营跨境电商的卖家数量远超第三方平台的统计数量。

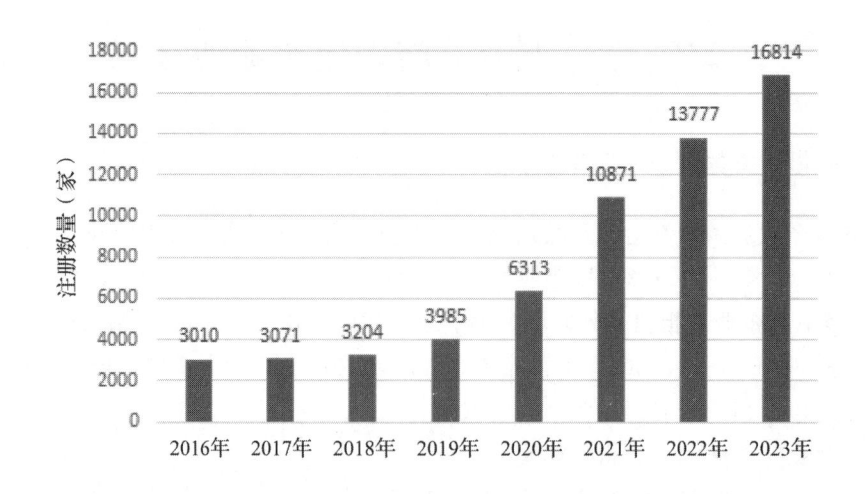

图 3-1 2016—2023 年我国跨境电商相关企业的注册数量

从区域分布来看,我国跨境电商卖家企业主要分布在东南沿海地区,如图 3-2 所示。其

中，广东省以 11 620 家跨境电商卖家企业排名第一，安徽省、浙江省分别有 5622 家、5159 家，排名第二、第三，此后依次为山东、福建、河南等省份。

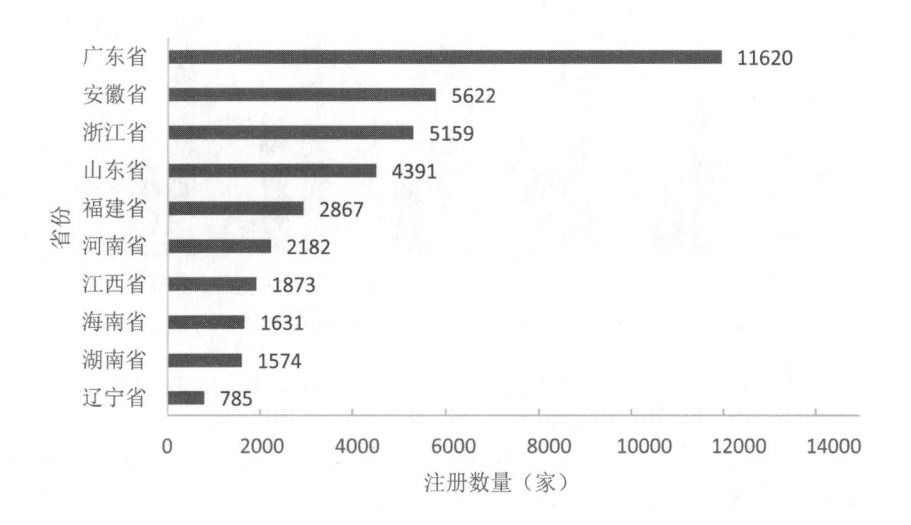

省份	注册数量（家）
广东省	11620
安徽省	5622
浙江省	5159
山东省	4391
福建省	2867
河南省	2182
江西省	1873
海南省	1631
湖南省	1574
辽宁省	785

图 3-2　我国跨境电商卖家企业的区域分布情况

（注：截至 2022 年 7 月 31 日）

浙江省电子商务促进会发布的《浙江省跨境电商 2021 年度报告》指出，从卖家数量情况来看，据不完全统计，2021 年全省在主要第三方平台上的出口活跃网店达 14.9 万家，较 2020 年年底新增 3 万多家。从卖家的城市分布情况来看，金华、杭州、宁波、温州出口活跃网店数量居全省前四位。2022 年 5 月，广东省人民政府新闻办公室举行广东经济社会发展成就系列新闻发布会，指出从事跨境电商业务的企业超过 10 万家，市场采购贸易备案主体超过 5.7 万家。其中，龙头企业表现卓越，年交易额达 200 亿元以上的跨境电商企业 4 家、100 亿元以上的 7 家、50 亿元以上的 17 家。

以亚马逊平台为例，据 Marketplace Pulse 报道，截至 2021 年 8 月 19 日，亚马逊第三方卖家数量共有 630 万名（同一账户在多站点营业的卖家不重复进行计算），其中有 150 万名活跃卖家，约 48.7% 的大卖家来自中国大陆。以各站点排名前 1000 的卖家所在地来看，西班牙站点的中国大陆卖家数量占比最大，达 62%；其次是法国站的中国大陆卖家（59%）、意大利站的中国大陆卖家（56%）。2021 年 9 月，中国国际电子商务中心、阿里研究院、阿里巴巴国际站跨境供应链联合发布的《全球供应链趋势发展报告》指出，阿里巴巴国际站帮助了国内 15 万名以上的卖家，其市场覆盖全球 200 多个国家和地区。

三、跨境电商卖家企业的分类

根据商品流动方向的不同，跨境电商卖家企业可以分为跨境出口电商卖家企业和跨境进口电商卖家企业。从贸易方向来看，出口规模的占比较大，在跨境电商市场中进出口规模结构的占比总体较为稳定，如图 3-3 所示。

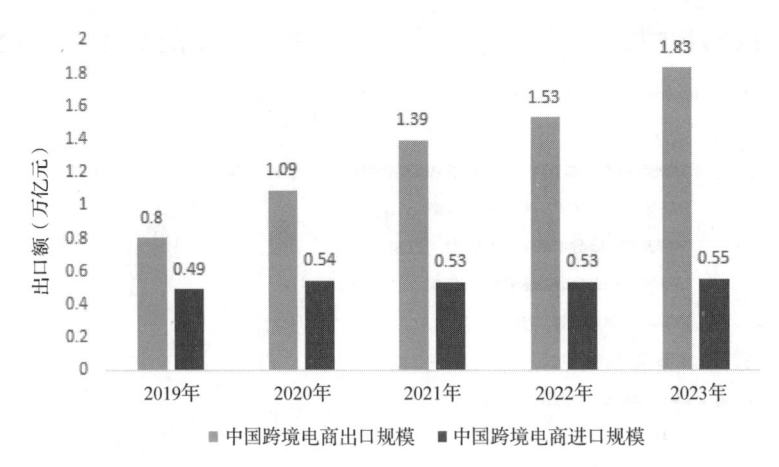

图 3-3　2019—2023 年中国跨境电商进出口规模结构的占比变化情况

根据交易主体类型的不同，跨境电商卖家企业可以分为 B2B 模式、B2C 模式和 C2C 模式等。其中，B2B 跨境电商又称在线批发，是外贸企业通过互联网进行的产品、服务及信息交换活动；B2C 跨境电商是跨境电商卖家企业针对个人消费者开展的网上零售活动；C2C 跨境电商是从事外贸活动的个人对境外个人消费者进行的网络零售商业活动。由于语言门槛、社交软件和物流时效的局限性，目前跨境电商主要以 B2B 和 B2C 模式为主。根据相关资料，2017—2023 年中国跨境电商 B2B 及 B2C 交易规模占比如图 3-4 所示。

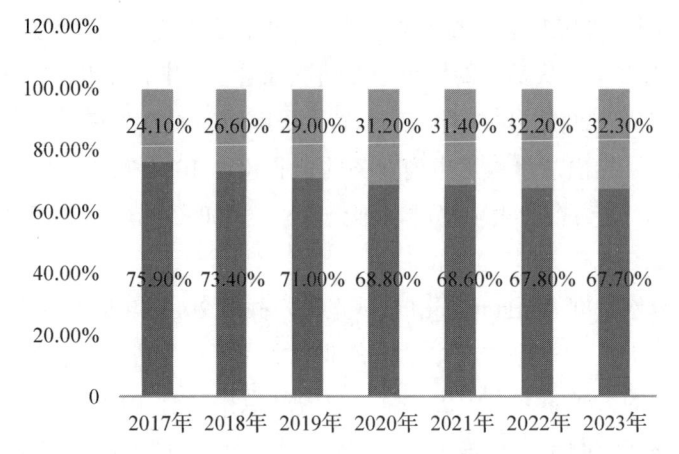

图 3-4　2017—2023 年中国跨境电商 B2B 及 B2C 交易规模占比

从规模上看，跨境电商卖家企业中既有市值千亿元的大型卖家企业，也有数量众多的中小型卖家企业。网经社电子商务研究中心发布的《2021 年度中国电子商务"百强榜"》显示，100 家上榜公司总值（市值+估值）达 8.12 万亿元。其中，8 家跨境电商（数字贸易）公司登上"百强榜"，公司总值达 4509.6 亿元。该榜单显示，数字贸易上榜公司中排名前三的分别是 SHEIN（估值 3000 亿元）、安克创新（市值 416.6 亿元）、空中云汇（估值 350 亿元），接下来分别是 PatPat（估值 200 亿元）、行云集团（估值 190 亿元）、连连数字科技股份有限公司（简称连连数字，估值 150 亿元）、联络互动（市值 103 亿元）、乒乓智能（估值 100 亿元）等。从企业所在地看，深圳、杭州最多，各为 3 家；公司类型方面，6 家为"独角兽"公司、2 家为上市公司。2022 年中国跨境电商公司市值／估值排行榜如表 3-1 所示。

表 3-1　2022 年中国跨境电商公司市值／估值排行榜

排名	公司	行业	市值/估值（亿元）	所在地	类型
1	SHEIN	服装	6000.00	南京	独角兽
2	空中云汇	金融科技	368.50	深圳	独角兽
3	安克创新	3C	304.82	长沙	上市
4	乒乓智能	金融科技	300.00	杭州	独角兽
5	PatPat	服装	200.00	深圳	独角兽
6	连连数字	金融科技	200.00	杭州	独角兽
7	行云集团	SaaS	134.00	深圳	独角兽
8	联络互动	电商平台、传媒和智能家居	74.46	杭州	上市

备注：1. 确定上市公司市值的截止时间为北京时间 2022 年 7 月 21 日 15:00；
　　　2. 汇率按照 2022 年 7 月 21 日计算：1 美元=人民币 6.7661 元。

四、跨境电商卖家企业的现状与存在的问题

（一）供应链

跨境电商卖家企业销售的产品类型主要包括服装服饰、3C 数码、家居用品、美妆、玩具、家电、运动器材、办公用品和宠物用品等。企业货源主要包括自有货源、合作工厂货源、平台采购货源、批发市场货源等。跨境电商卖家企业产品供应链问题主要包括货源不稳定、产品竞争力较弱、产品线不够丰富、原材料价格波动导致产品价格上涨、产品品控不到位和交货周期不稳定等。

（二）跨境物流

跨境电商卖家企业常用的物流方式包括国际快递、国际海运、海外仓、邮政包裹等。跨境电商卖家企业在物流环节面临的主要问题包括物流成本高、物流价格波动较大和货代公司价格混乱等。

（三）跨境支付

跨境电商卖家企业的支付方式多样，其中常用的支付工具包括 PayPal、电汇（T/T）、国际支付宝、香港离岸账户、快汇公司等。跨境支付工具日趋成熟和多样化，为跨境电商卖家企业的发展提供了便利。跨境电商卖家企业在跨境支付环节存在的主要问题是对汇率波动的承受能力较弱。

（四）跨境营销

越来越多的跨境电商卖家企业意识到品牌的重要性，许多跨境电商卖家企业拥有自主品牌。跨境电商卖家企业的跨境营销方式主要包括广告、社交营销、搜索引擎、邮件营销、网络红人营销及博客论坛等。

五、本章主要案例概述

围绕跨境电商卖家企业这个主题,本章选取了安克创新、上海欧佩克机械设备有限公司(简称上海欧佩克机械)、小派科技(上海)有限责任公司(简称小派科技)和杭州时印科技有限公司(简称时印科技)这 4 家典型的跨境电商卖家企业,分别代表知名跨境电商企业、传统外贸工厂和创业型公司,既有 B2B 跨境电商,也有 B2C 跨境电商。本章包括 4 个跨境电商卖家企业案例,有助于读者了解不同类型的跨境电商卖家企业的发展历程。

1. 安克创新:从 3C 零配件卖家到"跨境电商第一股"的持续创新之路

跨境电商卖家企业面临产品同质化和品牌力较弱等难题,本案例通过描述安克创新的发展历程,阐释了基于跨境电商平台的全球化企业战略与创新等问题,旨在使读者掌握跨境电商的基本概念和特点,培养读者分析和解决跨境电商卖家企业转型升级实践问题的能力。安克创新是我国的一家消费电子公司,成立于 2011 年,拥有智能充电品牌 Anker,并在 AIoT、智能家居、智能声学、智能安防等领域相继推出 Soundcore、Eufy、Nebula 等自主品牌。安克创新经历了从改良产品,成为亚马逊大卖家,到加大研发投入打造行业品牌,成为中国制造业依靠跨境电商出海的典范。2020 年,安克创新在 A 股创业板上市,市值最高突破 800 亿元,同年获得"胡润中国 500 强民营企业"称号。

2. 上海欧佩克机械:传统外贸工厂从零到亿的跨境电商转型之旅

我国有大量外贸企业(工厂),在数字化时代面临转型困境。本案例通过上海欧佩克机械外贸业务发展遇到的挑战,引出外向型企业从传统国际贸易向跨境电商转型的问题,涵盖转型的动因、难点及如何转型等问题,旨在使读者掌握跨境电商的基本概念和特点,培养读者分析和解决传统外贸企业转型跨境电商实践问题的能力。上海欧佩克机械是我国一家典型的制造业工厂,成立于 2005 年,从事空气压缩机的研发、制造和销售工作。此前,上海欧佩克机械主要采用线下展会渠道的传统外贸模式,2017 年开始尝试跨境电商,初期经历了失败,公司的"60 后"总经理徐镜钱从零基础学习跨境电商运营。2020 年年初,在新冠疫情背景下,上海欧佩克机械外贸业务全面转向线上,其在跨境电商平台上每个月的询盘数量多达数百条,8 个月获得了价值 6000 万元左右的订单。经过 2 年的精细化运营,其店铺在阿里巴巴国际站机械大类中排名第四,成为从传统工贸一体企业成功转型跨境电商的典型代表。

3. 小派科技:颠覆 VR 产业,突破 Kickstarter 众筹纪录

众筹为许多公司特别是创业公司开发新产品提供了不错的资金筹措渠道,同时使公司获得了一些早期忠实用户的支持,因此它成为不少创业公司的首选。小派科技专注于技术性能突破,抓住 8K 头显技术领先的竞争优势,通过线上、线下两个渠道,以多种方式精心运营 Kickstarter 众筹的前、中、后期,2017 年年底最终获得来自全球近 6000 名用户超过 423 万美元的众筹资金,打破了 Oculus 稳居 5 年之久的众筹纪录,并入选"2019 年吉尼斯世界纪录",成为全球 VR 众筹额度最高的项目。

4. 时印科技:高科技创业型"小"公司跨境出海"大"市场

跨境电商以小额交易、低成本、低风险、敏捷灵活的特点,成为中小型企业通向全球市场的一条"高速公路"。时印科技成立于 2015 年,是国内第一批专业自主研发、生产食品级 3D 打印机的高科技企业,总部位于杭州。时印科技致力于通过数字化转型赋能制造的方

式，满足消费者对食品个性化的需求。从通过展会偶然性出口，到依靠外贸经销商 ODM（Original Design Manufacturer，原始设计制造商）间接出口，再到凭借跨境电商平台自有品牌出海，在 3 年时间里，时印科技的食品 3D 打印设备出口到了美国、欧洲、日本、韩国、澳洲、中东、印度、东南亚等 30 多个国家和地区。时印科技为中小型创业企业的国际化提供了经验借鉴。

【思考题】

1. 什么是跨境电商？
2. 什么是跨境 B2C 电商？
3. 跨境 B2C 电商快速发展的原因是什么？

第二节　安克创新：从 3C 零配件卖家到"跨境电商第一股"的持续创新之路

【教学目的与用途】

1. 本案例的教学目的包括：
（1）理解跨境 B2C 电商的概念。
（2）了解跨境电商诞生的背景。
（3）掌握企业创新的驱动力、类型和方法。
（4）了解跨境电商卖家转型升级的路径与策略。

2. 本案例主要适用于跨境电子商务、国际商务、电子商务、国际贸易、工商管理、商务英语等专业的课程。

【引言】

可乐罐大小的投影仪、口红形状的迷你移动电源、拉动 1.5 吨重的汽车后还能正常使用的数据线……在亚马逊跨境电商平台上，这些有创意的消费电子产品一经推出就成为"爆款"，深受国外消费者的青睐。这些新颖的产品来自安克创新。中国消费者对于安克创新旗下的品牌 Anker 可能较为陌生，但其在海外的经营已覆盖 146 个国家和地区，拥有上亿名用户。

安克创新成立于 2011 年，致力于在全球市场塑造中国消费电子品牌，通过不断创新，将富有科技魅力的领先产品带给全球消费者，以弘扬中国"智造之美"为己任。安克创新成功打造了智能充电品牌 Anker，并相继推出 Soundcore、Eufy、Nebula 等自主品牌，进一步拓宽了业务领域，在 AIoT、智能家居、智能声学、智能安防等领域均有出色表现。安克创新的业务范围包括全球 100 多个国家与地区，拥有 1 亿多名用户，其 98.48%的收入来自海外，2019—2022 年连续 4 年位列"BandZ 中国全球化品牌榜单"TOP11，成为中国制造业依靠跨境电商出海的典范。自成立以来，安克创新以远超行业平均水平的速度发展：2019 年的营业收入为 66.55 亿元；2020 年的营业收入为 93.53 亿元；2021 年的营业收入为 125.74 亿元；2022 年，安克创新继续保持稳健的增长，全年销售额达 142.51 亿元，净利润达 11.43 亿元，同比增长 16.42%。2020 年 8 月 24 日，安克创新在深交所创业板挂牌上市，成为创业板注册制首批上市企业之一,被誉为"跨境电商第一股",市值最高突破 800 亿元,同年获得"胡润中国 500 强民营企业"称号。

一、更换电脑电池发现商机

根据相关报道,安克创新的前身是湖南海翼电子商务股份有限公司,由其创始人阳萌于 2011 年创立。阳萌有着优秀的教育背景和卓越的职业履历:少年时期对计算机产生了浓厚的兴趣,1999 年以优异的成绩进入北京大学学习;2003 年从北京大学毕业后,前往美国得克萨斯大学攻读计算机硕士学位;2006 年被 Google 录取,成为一名搜索引擎高级工程师,并荣获 Google 最高员工荣誉奖"Founder's Award"(Google 创始人奖)。这些经历使得其对安克创新的经营具备天然优势,同时为公司定下了重研发、重产品的基调。

2011 年,阳萌想给电脑更换新电池,在亚马逊上搜索笔记本电池这个品类时发现搜索结果有两类:一类是原装电池,售价高达 70~80 美元,商品评价一般为五星或四星;另一类是无品牌电池,售价低至十几美元,商品评价一般为三星半。"为什么质量类似的产品却有如此大的价差?"这一现象引起了阳萌的深思。他凭借多年的职场经验敏锐地察觉:智能设备时代的来临将带动巨大的电子零配件市场。以智能手机为例,根据 IDC 统计的数据,2009 年、2010 年和 2011 年全球智能手机销量的增长率分别为 15%、74%和 55%。与此同时,以亚马逊、全球速卖通为代表的跨境电商方兴未艾,跨境电商 2.0 阶段线下交易、支付和物流等流程将实现电子化,逐步实现在线交易。这一阶段 B2C 跨境电商的快速发展为境外消费者提供了直接触达国内产品的机会,使安克创新面向海外用户销售 3C 零配件产品的模式成为可能。成立于 1995 年的亚马逊发展迅速,其 2010 年的销售额达到 342 亿美元。2010 年阿里巴巴上线全球速卖通,这是一个面向国际市场的跨境零售电商平台。阳萌认为将中国坚实的制造业资源与广阔的全球市场相结合,将能弥补这个市场的空缺。他的想法很快得到了同在 Google 工作的另外几名同事的认可,包括时任 Google 中国在线销售与运营总经理的赵东平等,就这样,阳萌搭建起了 Google 系跨境创业公司的创始团队。阳萌从一开始就注重品牌打造,首先在美国加利福尼亚州注册了第一个品牌 Anker,在亚马逊上开店,在线销售电脑配件产品,让国外消费者可以直接购买。2011 年 7 月,阳萌正式离开供职 5 年的 Google,选择回到家乡创业,成立了安克创新的前身——湖南海翼电子商务股份有限公司。阳萌及其团队注意到笔记本电脑通常两三年就需要更换新电池。在对亚马逊进行竞品分析之后,阳萌及其团队在国内选择优质工厂定制产品,贴上 Anker 品牌,推出了质量接近原厂,定价却仅为 30~40 美元的通用电池,公司很快收获了第一批用户。"第一年我们的销售额是 1900 万元,并很快成为亚马逊充电宝品类销量排名第一的品牌。第二年我们陆续推出蓝牙外设、耳机等其他配件产品,并拓展到其他智能硬件和设备领域。"阳萌介绍道。

二、持续改良产品成为亚马逊大卖家

在起步阶段,安克创新主要依托跨境电商平台数据对市面上的现有产品进行差异化改良。2012 年,在移动互联网浪潮下,智能手机呈现爆发式增长,阳萌决定将产品重心从笔记本电脑电池转移到智能手机配件上。安克创新的新产品研发定位主要参考亚马逊的评分系统和竞品数据,将相对低价但也能获得高评分的数据线、充电宝和充电插头等 3C 产品配件作为突破口。具体做法是把每个竞品的评价收集起来做数据统计和分析,搜集用户对产品的体验情况和潜在需求。2012 年，安克创新的业务从笔记本电脑的电池配件转向了智能手机配件。安克创新发现很多消费者都被手机的数据线使用久了易折断的问题困扰，于是尝试了上百种材料，最终在防弹衣上找到一种纤维，其耐用性和功能性都远高于市场上的其他数据线产品。该款充电线通过了高达 30 000 次左右的折弯测试，以及 1.5 吨的汽车拉力测试和 80 千克的吊重测试，一经上市就火爆网络。2013 年，安克创新的销售额超过 1 亿美元，成为亚马逊大卖家，完成了从 0 到 1 的品牌打造。安克创新在获得了第一批种子用户和利润之后，将创新的重点放在找寻用户痛点进行产品设计、测试、体验，并优化每一个环节上。"安克创新产品创新和迭代的重要来源，就是亚马逊上的 Review 和用户反馈，这几乎是一个免费却十分真实有效的途径。"安克创新的负责人在一次分享会上如是说。

安克创新启用了一整套流程来确保产品经理能够从 VOC（Voice of Customer，用户的声音）的分析和总结中提取出产品需要改进与提高的地方。2014 年，安克创新的团队发现很多女性用户在出门时只带一个很小的包，没有空间存放体积较大的移动电源，为了满足女性消费者"小巧"和"好看"的需求，安克创新开发了一款口红形状的迷你移动电源，如图 3-5 所示。这款迷你移动电源一上市便大获成功，成为亚马逊同品类中最畅销的商品，总销售量超过 100 万件，同年，安克创新的团队发现苹果系统和安卓系统的电子设备有各自的充电规范，因此安克创新另一个改良而来的爆款是兼容苹果系统和安卓系统的充电器，实现了多款电子设备的兼容充电。在这一阶段，安克创新主要依靠设计创新和市场拉动式创新，授权专利数量迅速增加，专利类型包括实用新型专利和设计专利。

图 3-5　安克创新的迷你移动电源

三、加大研发投入，开发智能类产品

在通过产品改良打造出一系列爆款后，安克创新希望消费者在需要某款产品的时候能够想到安克创新，从而树立品牌形象，而这单靠对现有产品改良是不够的，需要创造新的产品。在这一阶段，安克创新增加了研发投入，决定开发一些可以引领行业的全新产品。自 2016 年起，安克创新陆续开发出智能家居、安防摄像机、车载语音助手等智能类创新产品。例如，了解到养宠物家庭希望吸尘器能够将宠物毛发吸得更干净、机器声音尽量小一点的需求，安克创新开发了 Eufy 品牌宠物版扫地机器人。通过在 AI 与机器学习、语音识别等领域的合作，安克创新加快了扫地机器人等智能产品的功能开发和迭代。"传统意义上的品牌都是以年为单位来迭代的，互联网时代以天为单位。听到用户反馈时，我们的迭代为什么不能更快呢？"安克创新的负责人这样介绍公司的创新。

安克创新重视研发直接体现在研发投入和研发人员数量上。2019年、2020年和2021年，安克创新的研发投入分别达3.94亿元、5.67亿元和7.78亿元，在总营业收入中的占比分别为5.92%、6.07%和6.19%，连续3年处于上升趋势。2021年，安克创新的研发投入为7.78亿元，在总营业收入中的占比高达6.19%，而跨境电商其他大卖家的研发投入在总营业收入中的占比基本不超过2%，行业平均的研发投入在总营业收入中的占比甚至不到1%。截至2021年年底，安克创新共有员工3532名，其中研发人员1605名，占总人数的45.44%。如图3-6所示，2013—2021年安克创新获得的专利数量和发明专利的比重持续上升。此外，安克创新还获得了国内外众多奖项，包括德国红点设计（Red dot）奖4项、汉诺威工业（iF）设计奖7项、G-MARK设计奖5项、IEDA设计奖3项等。

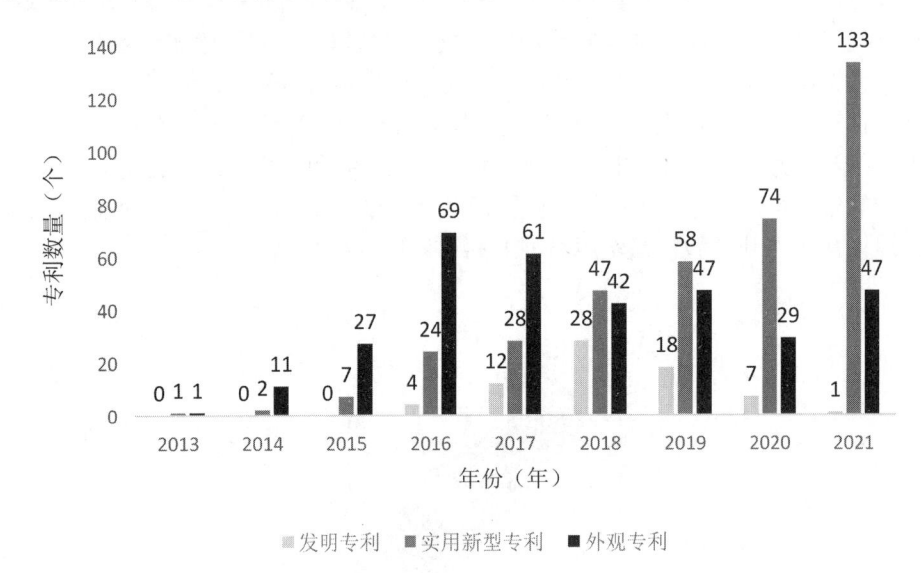

图3-6 2013—2021年安克创新获得的专利数量

四、拓展市场和渠道，扩大营业收入

产品线拓展、线下渠道开发和新市场的拓展成为安克创新的增长点。2021年，安克创新实现营业收入125.74亿元，同比上升34.45%。截至2021年年底，安克创新的业务已覆盖超过146个国家和地区，全球用户数已超1亿人。

在产品线方面，安克创新并不局限于3C品类产品，一直在开辟利基市场，拓展产品线。除了围绕充电推出的系列产品，安克创新旗下还有家居产品品牌Eufy音箱和智能穿戴品牌Soundcore、家用投影仪品牌Nebula，以及办公品牌Anker Work。2022年，安克创新发布消费级3D打印机，上线KickStarter，引发业内关注。2021年，安克创新主营的充电类、无线音频类和智能创新类三大品类都实现了明显增长，且增长速度非常均衡，分别为34.00%、34.13%、34.44%。2021年，充电类、创新类、无线音频类产品的营业收入分别为55.52亿元、41.04亿元、28.52亿元，在总营业收入中的占比分别为44%、33%、23%，如图3-7所示。

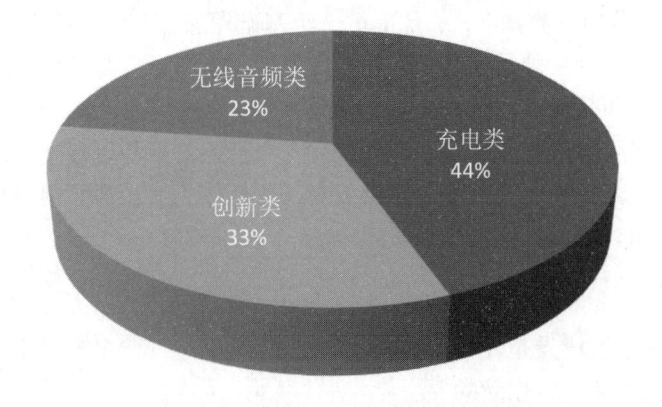

图 3-7　2021 年安克创新三大品类的营业收入占比

在市场方面，境外市场是安克创新的主要市场。2020 年安克创新的境外收入在总营业收入中的占比高达 98%以上，2021 年为 96.66%。2021 年，北美市场以 63.41 亿元的营业收入成为贡献最大的市场，同比增长 26.33%；欧洲市场实现营业收入 25.42 亿元，同比增长 38.76%；日本市场实现营业收入 17.32 亿元，同比增长 26.15%；中东市场实现营业收入 5.61 亿元，同比增长 28.38%。安克创新持续发力国内市场，中国大陆地区实现营业收入 4.20 亿元，同比增长 193.71%。2019—2021 年安克创新主要市场的营业收入如图 3-8 所示。

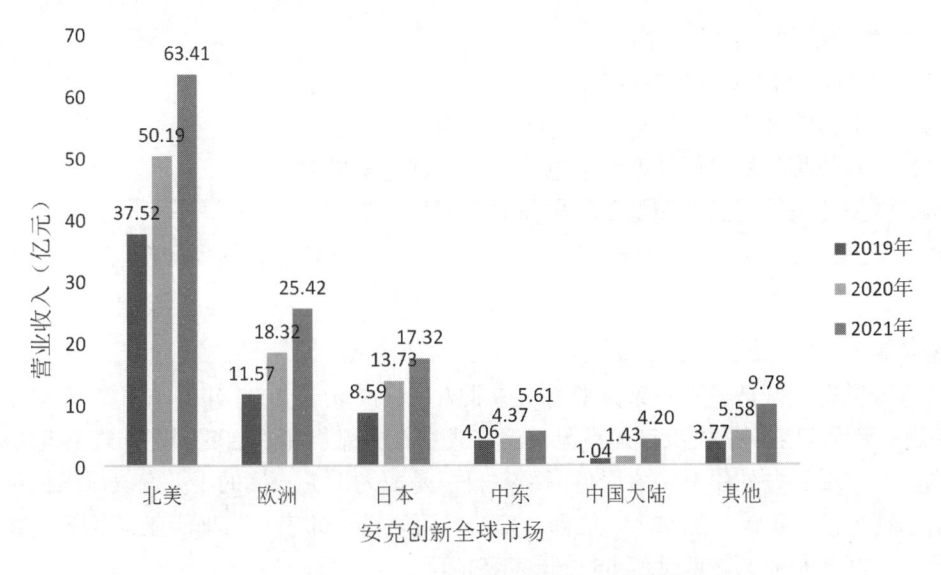

图 3-8　2019—2021 年安克创新主要市场的营业收入

在渠道方面，除了巩固线上渠道优势，安克创新还大力布局线下渠道。2021 年，安克创新线上渠道实现营业收入 80 亿元，同比增长 25.6%，亚马逊平台依然是其主要的线上渠道，但来自该平台的营业收入比例已降至 56.44%；安克创新线下渠道的增长更为迅猛，营业收入同比增长 53.33%。

五、尾声

关于未来规划，早在 2016 年，安克创新讨论愿景时就提到了两句话：一是塑造一组标杆品牌，将这些品牌做到世界知名；二是提供一组基础服务，即在运行的过程中产生的能力，能够被开放地提供给一些品牌。在第一个目标实现后，2018年年底安克创新决定，从最有自信的电商运营开始对外赋能。在过去十几年的发展中，安克创新已经培养了大量运营人才，现在这批人才准备将经验进行复制，并提供一组技术服务来帮助更多中国品牌发展海外电商业务。无论是作为"出海解决方案服务提供商"，还是作为"出海智能硬件孵化平台"，这都是当下安克创新找到新增长点的机遇。

【案例思考题】
1. 安克创新诞生的背景是什么？
2. 安克创新是如何进行创新的？
3. 安克创新的发展历程给了我们哪些启示？

第三节　上海欧佩克机械：传统外贸工厂从零到亿的跨境电商转型之旅

【教学目的与用途】
1. 本案例的教学目的包括：
（1）理解跨境B2B电商的概念。
（2）了解传统外贸工厂转型跨境电商的动因。
（3）了解传统外贸工厂转型跨境电商面临的机遇与挑战。
（4）掌握传统外贸工厂转型跨境电商的关键与策略。
2. 本案例主要适用于跨境电子商务、电子商务、国际贸易、国际商务、商务英语等专业的课程。

【引言】
上海欧佩克机械是我国一家典型的制造业工厂，成立于2005年，从事空气压缩机的研发、制造和销售等业务，主要产品有无油涡旋式空气压缩机和永磁变频螺杆式空气压缩机两个系列，在全国和海外建有销售服务网络，目标是成为世界一流的小型空气压缩机制造商。其产品销往德国、英国、加拿大、巴西、南非、阿联酋、印度、马来西亚、泰国、越南、韩国、日本、澳大利亚、新西兰等65个国家和地区。

"我是'60后'外贸人，2005年开始办厂，2018年跨境电商零基础起步，2021年通过跨境电商收获了价值1亿元的海外订单。"2022年1月，在阿里巴巴集团滨江园区举办的分享会上，上海欧佩克机械的总经理徐镜钱一开场就这么介绍自己。现场的嘉宾纷纷投去难以置信的目光，"60后""外贸工厂""跨境电商"这几个看似不相关的词放在一起，让大家对眼前这位企业家的经历充满好奇。

徐镜钱看出了大家的疑惑，顿了顿，说："我们原本是一家传统外贸工厂，4年前抱着尝试的态度试水跨境电商，在2020年年初疫情之下全面转型线上，经历了质疑、尝试、失败和调整，2020年我们接到价值6000万元的订单，这就是跨境电商给我们带来的一个巨大飞跃。"看着台下的嘉宾，徐镜钱的思绪回到了2017年……

一、行业背景

徐镜钱于2005年在浙江省义乌市创办的上海欧佩克机械，专注于空气压缩机行业。空气压缩机是一种通过压缩的方式使低压气体转变为高压气体，从而将原动机（通常是电动机）的机械能转化为气体压力能的气压发生装置，广泛应用于装备制造、汽车、冶金、电力、电子、医疗、纺织等工业领域。根据国家发展改革委等部门发布的《战略性新兴产业分类（2018）》《绿色产业指导目录（2019年版）》，以及工业和信息化部发布的《国家工业节能技术装备推荐目录（2019）》等文件，空气压缩机隶属"7.1.1 高效节能通用设备制造"等战略性新兴产业。徐镜钱深耕空气压缩机行业十余年，对行业情况了如指掌，他首先对行业的国内外现状做了介绍。

1. 国内市场呈增长态势但增速放缓

"我们这个行业相对传统，虽然中国空气压缩机行业的销售规模呈逐年上升态势，但增长速度相对缓慢。"徐镜钱说道。根据华经产业研究院的数据，2016年中国空气压缩机行业的销售额为491.65亿元；2016—2018年行业呈现上升态势，复合增速达3%左右；2020年中国空气压缩机行业的销售额达到583.36亿元。2016—2020年中国空气压缩机行业的销售额及增速如图3-9所示。

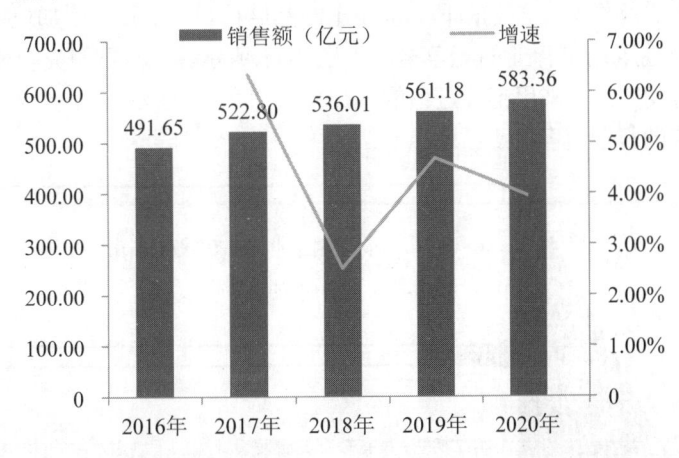

图3-9 2016—2020年中国空气压缩机行业的销售额及增速

2. 出口规模大但附加值偏低

和国内其他厂家一样，徐镜钱也早就将目光瞄向更为广阔的海外市场。中国是空气压缩机进出口大国，但目前出口产品的附加值偏低。根据华经产业研究院的数据，2015—2020年中国空气压缩机进出口金额均实现增长，其中2020年空气压缩机进口额达到7.19亿美元、出口额为14.71亿美元，虽然国内空气压缩机贸易顺差呈现增长的趋势，但是我国出口的产品主要以低端产品为主。2019年，我国进口空气压缩机的平均单价为1112.61美元，是出口单价的近10倍，出口平均单价远低于进口平均单价。2015—2020年中国空气压缩机进出口金额情况如图3-10所示。

单位：亿美元

年份	进口额	出口额
2015年	3.30	4.63
2016年	4.75	8.89
2017年	3.08	9.57
2018年	5.85	12.67
2019年	6.74	12.53
2020年	7.19	14.71

图 3-10　2015—2020 年中国空气压缩机进出口金额情况

3. 全球行业竞争格局呈现 3 个梯队

目前，高端空气压缩机市场主要被瑞典的阿特拉斯、爱尔兰的英格索兰、美国的加顿丹佛、日本的寿力等海外企业占据，中低端市场竞争激烈。发达国家由于行业发展时间较长，技术水平较为领先，在高端领域占有较大优势。在中低端市场，我国多数企业不具备设计生产能力，仍停留在购置主机进行组装生产的阶段，呈现出产品结构单一、技术附加值低、产品同质化严重等现象。全球空气压缩机行业的竞争格局如图 3-11 所示。上海欧佩克机械处于行业的第二梯队，能够自主研发产品，采用部分进口的零部件，拥有 25 项专利、1 个省级研究院、1 个省级名牌，具有一定的行业竞争力。

第一梯队：国际著名企业，代表企业包括瑞典的阿特拉斯、爱尔兰的英格索兰、美国的加顿丹佛、日本的寿力等

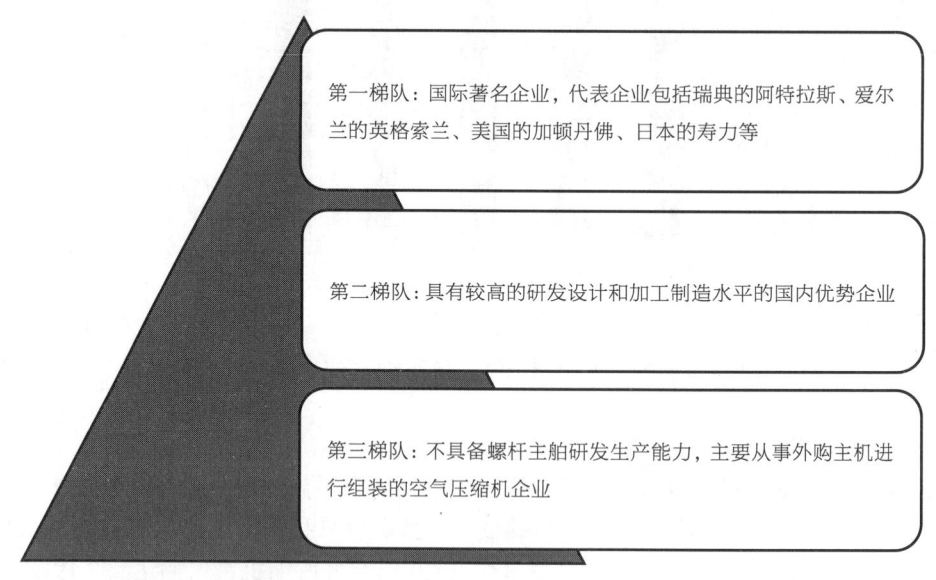

第二梯队：具有较高的研发设计和加工制造水平的国内优势企业

第三梯队：不具备螺杆主舶研发生产能力，主要从事外购主机进行组装的空气压缩机企业

图 3-11　全球空气压缩机行业的竞争格局

随着国家政策的利好和国内企业实力的增强，国内空气压缩机在国际市场也有机遇，因此徐镜钱对海外市场颇为看重。

一是国内空气压缩机行业日益壮大，国内与国际先进水平间的差距越来越小。随着我国

工业整体水平的不断提高、综合实力的增强,我国空气压缩机行业将持续快速发展,不断接近甚至超越国际先进水平。

二是"一带一路"带来发展机遇,为我国工业品的出口扩大了市场,有助于我国工业领域的进一步发展,进而增加对空气压缩机的需求,给空气压缩机行业带来了向东南亚、中亚、东北亚及非洲市场发展的机遇。

二、力排众议开辟跨境电商之路

2017 年之前,上海欧佩克机械的销售重心一直在线下渠道,徐镜钱每年都要亲自带领团队远赴德国汉诺威参展,凭着过硬的品质、较高的性价比和完善的售后服务,每次都颇有斩获。2016 年,在公司全体员工的努力下,上海欧佩克机械的营业收入突破了两亿元的大关。

2017 年伊始发生的两件事引起了徐镜钱的警觉。一是当年的展会虽然人流量和往年相差无几,但订单数量有所减少,这让徐镜钱有点摸不着头脑。二是有一个客户虽然初步谈好了订单但迟迟没有下单,客户经理深入了解过后发现这个客户通过跨境 B2B 平台找到了其他供应商。该客户表示,通过跨境电商平台可以看到更多的厂家和产品,从货比三家到货比百家,选择余地更大,而且有平台的担保,使他对大额交易更放心。虽然经过公司的努力最终达成了这笔交易,但尝试跨境电商的想法在徐镜钱脑海生根发芽。

2017 年的一天,徐镜钱召集外贸部人员开会。徐镜钱说道:"大家都知道,我们不少同行已经开始使用阿里巴巴国际站来开拓客户,我们现在还主要靠老客户复购和展会,获客渠道单一,而且展会之余大家也有闲暇时间,要不我们也试试水,大家怎么看?"

话音刚落,急性子的老高就按捺不住了:"徐总,我们目前在行业已经属于中上游,主营的 APCOM 螺杆空气压缩机的竞争压力相对较小,老客户的订单稳定,何必赶电商这个时髦呢?"老高是早年跟着徐镜钱的老员工,手里积攒了不少客户资源,对于开拓新渠道缺乏动力。

"对啊徐总,这可不像我们在淘宝上买一件衣服花几百元这么简单,我们的空气压缩机的单价可是几万元到十几万元,一个大点的订单的价值就超过百万元,国外的客户对我们的产品看不见、摸不着,就靠网上沟通,凭什么相信我们啊!"人过中年的大刘也附和道,质疑网购是否适合贵重的货物。

"这几年电商确实发展得很快,依我看这是一个明显的趋势。我爱人也经常从国外网购一些化妆品、奶粉,可是我们并没有电商经验,也不知道怎么开展啊!"小李是一个刚毕业两年的大学生,愿意尝试新事物,但缺乏跨境电商经验,信心不足,打起了退堂鼓。

最后,外贸部负责人吴经理说:"跨境电商确实是一个新思路,现在线下渠道有下滑的趋势,我们可以把跨境电商作为现有渠道的补充。我建议招聘有跨境电商经验的人来做,但在义乌这样的人恐怕不好招啊。"

徐镜钱听完大家的意见,虽然感觉到困难重重,但凭直觉判断跨境电商会像国内电商一样普及,想要抢占先机就必须提前布局,主动拥抱新事物。最终,徐镜钱力排众议,在 2017 年入驻了阿里巴巴国际站。

三、4 次换将遭遇滑铁卢

虽然上海欧佩克机械在阿里巴巴国际站的店铺开了起来,但并未像想象中一台电脑、一根网线就能做全球生意那么美好。徐镜钱很快就遇到了第一个棘手的问题:人力资源部反映很难招到成熟、专业的电商运营人员。

2017年跨境电商还是一个新事物，对运营人员的综合能力要求很高，不仅需要具备熟练的外语能力和跨文化的沟通能力、对公司产品了如指掌的专业知识，还需要具备电商运营的技能和经验。当时浙江省只有极少数高等院校开设了跨境电商专业，公司很难招聘到专业对口的毕业生，更别说能搭建整个公司线上业务的中高级运营人才。

更令徐镜钱没有想到的是，好不容易招到了电商运营人员，在不到一年的时间内，这个岗位就换了4位员工。徐镜钱找到离职员工了解其中缘由。"公司的重心都放在线下渠道，资源也向线下倾斜，线上不受重视，感觉公司把跨境电商当成了可有可无的黄页。""其他的业务人员还是按照以前的做法，没有电商意识，我很难和他们沟通、配合。""我们装修店铺和发布产品需要文案、美工、设计、拍摄、剪辑等相关人员的配合，公司提供不了这些配套工作，我独木难支。"……听到这些离职人员的抱怨，徐镜钱觉得都有一定的道理，深感运营好跨境电商没有想象中那么容易。

当2017年的财报被送到徐镜钱面前时，其上显示的公司全年在跨境电商上的投入与产出让他颇为震惊。"投了57万元，全军覆没，颗粒无收，一点水花都没有"，在分享会上徐镜钱这样评价第一年做跨境电商的境遇。

四、亲自上阵，躬身入行

这样的结果对徐镜钱的打击很大，难道自己做跨境电商的决策是错的？夜深人静，徐镜钱在办公室扪心自问："如果说跨境电商不适合我们空气压缩机行业，但也有做得不错的同行；如果说公司在跨境电商上投入不足，57万元也不是一个小数目；如果说失败是因为没有物色到合适的运营人才，那么谁又能担起这个重任，是就此放弃还是继续坚持？"

徐镜钱想过亲自尝试，但他毕竟已经年过五旬，对自己是否能够掌握跨境电商新知识心里也没底。徐镜钱回忆着十几年来创业的点点滴滴，他就是靠着不断学习一步步走到今天的。徐镜钱本是技术出身，带领技术团队开发出产品之后，为了解决产品销路难题，凭着一股不服输的劲儿恶补外语、外贸知识和销售技巧，带领公司从一家手工作坊走到行业中上游的位置。午夜12点的钟声响起，徐镜钱也下定了决心，他要亲自来做跨境电商运营工作。

2018年开始，徐镜钱在繁忙的工作之余铆足了劲儿学习。不懂电脑，不会做Excel表格，就连打字也是问题，他就从最基础的办公软件开始学；不懂电商运营，他就钻研平台规则、后台报表和软件工具。为了更好地推广自己的产品，徐镜钱甚至考取了直播上岗证书，玩转自媒体营销，成为行业的"网红"。

"从学习打字开始学习电商运营，这真是一个痛苦的过程。把握趋势，该学得学，学习的过程让我这个'老外贸'的格局再次打开。"徐镜钱在分享会上这样说道。在徐镜钱的带领下，上海欧佩克机械在阿里巴巴国际站的店铺逐渐有了起色，开始陆续接到一些询盘和订单，店铺也从一个开到3个。

五、乘风破浪，扬帆出海

2020年年初，来势汹汹的新冠疫情让很多中国企业停工停产。3月，上海欧佩克机械受到的冲击巨大，销售人员出不去，国外客户也进不来，订单骤减，工厂停工，全盘计划被打乱。这是徐镜钱自创业以来最焦虑的一段时间，他常常看着空无一人的工厂里的"铁疙瘩"

静静发呆。

　　这时，之前学习的跨境电商运营经验派上了用场，徐镜钱决定破釜沉舟，全面转型加码线上。徐镜钱一边让从浙江某上市公司挖来当高管的大学同学担任公司副总裁，接手公司的日常运营管理，稳住国内基本盘，一边亲自带领电销团队放手一搏。到了4月底，国内的新冠疫情基本得到控制，复工复产，而国外的新冠疫情暴发，大量的国外订单通过线上涌入中国。徐镜钱用心经营跨境B2B平台，投入十几万元把3个普通店铺升级为"金品诚企"。店铺除了展示产品的性能参数，也利用视频、VR展厅等全方位展示工厂的整体实力和制造细节，让国外客户在万里之外也能身临其境。一个埃塞俄比亚的买家因为新冠疫情无法前来验厂，通过线上比较最终选择了上海欧佩克机械的产品，成交额为10万美元。该客户后来告诉徐镜钱："之所以选择你们，是因为你们的店铺看起来像源头工厂，而不是'二道贩子'。"从4月到年底，上海欧佩克机械在阿里巴巴国际站的店铺每个月的询盘数量多达数百条，带来了6000万元左右的订单。2021年，徐镜钱带领团队再接再厉，线上订单一举突破亿元大关，公司整体营业收入达到3.5亿元。

　　徐镜钱最后分享了他做阿里巴巴国际站的三大"法宝"，分别是产品、流量和团队。

　　一是将产品打造成实力优品和爆品。上海欧佩克机械在行业领域深耕多年，拥有诸多商标和专利，对自己的产品信心十足。"酒香也怕巷子深，你要花心思让客户看到自己心仪的产品。"首先，上海欧佩克机械充分利用站内外工具进行数字化选品，精准地选出适合在网上销售的商品；其次，对选出的商品进行包装，优化标题、筛选关键词并配以优质的视频和文案。目前，在公司平台的713款商品中，实力优品数占比为46%。徐镜钱总结道："实力优品数越多，越能提高我们的商家力，因此能获得平台更多的曝光量和提升转化率。"

　　二是做电商平台要以"流量为王"。徐镜钱将流量分为场景流量、付费流量和私域流量，他认为商家需要重视和开发每一种流量，为店铺和产品引流。"今年兴起的B端直播、短视频、3D展厅等场景，都是很好的高转化利器。"徐镜钱如是说。此外，他还表示只要积极参与平台活动和采购节，就能获得大量低成本的流量。

　　三是重视电商团队的培养。公司想走得更远，关键还是要靠团队。半年的时间，徐镜钱的电商团队从2个人增加到12个人，且还在源源不断地吸收更多优秀的人才。徐镜钱一方面将自己的电商运营经验毫无保留地分享给团队成员，另一方面请外聘的高管制定详细的岗位说明、系统化的工作流程和明确的奖惩制度，以及编写产品知识手册和培训资料，构建了"招人、育人、留人、晋升"体系。

　　徐镜钱真挚朴实、富有激情和干货满满的分享让现场响起了多次掌声，现场听众纷纷表示受益良多。

六、尾声

　　边干边学，徐镜钱在数字化外贸新征程中愈发自信。2020年，他报名参加了2020阿里巴巴数字浙商达人赛，以50多岁的高龄和年轻人同台竞技，从海选赛、义乌赛区、金丽衢战区，一路挺进大区总决赛6强，荣获"数字化运营达人"称号，成为阿里巴巴国际站的签约讲师。他谦虚地表示，参赛是为了跟年轻人并肩努力，向年轻人学习，努力从一名老外贸成长为一名数字贸易潮人。分享结束后，徐镜钱步履匆匆地赶往公司。路灯照亮了前行的路，在跨境电商转型之旅中，他的步伐从未停止。

【案例思考题】
1. 上海欧佩克机械为什么要转型跨境电商？
2. 上海欧佩克机械在转型跨境电商过程中面临哪些困难和挑战？
3. 上海欧佩克机械是如何成功从传统工厂转型跨境电商的？
4. 上海欧佩克机械转型跨境电商给我们哪些启示？

第四节　小派科技：颠覆 VR 产业，突破 Kickstarter 众筹纪录

【教学目的与用途】
1. 本案例的教学目的包括：
（1）理解众筹的概念。
（2）了解国内众筹与跨境众筹之间的联系和区别。
（3）通过小派科技的案例理解跨境众筹的流程。
（4）掌握跨境网络营销的渠道与方式。
2. 本案例主要适用于跨境电子商务、国际贸易、电子商务、国际商务、市场营销和创业管理等专业的课程。

【引言】
2017 年年底，小派科技在 Kickstarter 上推出一款 8K 头显，这款拥有双目 8K 分辨率、200°视场角的头显众筹过程历时 45 天，最终获得来自近 6000 名全球用户超过 423 万美元的众筹资金，打破了 Oculus 稳居 5 年之久的 Kickstarter 众筹纪录，并入选"2019 年吉尼斯世界纪录"，成为全球 VR 众筹额度最高的项目。同时，该项目也是 Kickstarter 上所有硬件类目排名第四、全部类目排名第二十四的众筹项目。

众所周知，众筹为许多企业特别是创业公司开发新产品提供了不错的资金筹措渠道，同时使企业获得了一些早期忠实用户的支持，因此它成为不少创业公司的首选。那么小派科技又是如何在 Kickstarter 平台上大展拳脚，获得超出其预期众筹目标 20 倍的巨大成功的呢？

一、专注技术性能突破，抓住差异化国际竞争优势

1. 终结扑朔迷离的 VR 发展史

元宇宙（Metaverse）似乎已成为近期的风尚，前有 Roblox 融资上市，后有 Facebook 更名为 Mate（All in 元宇宙）。伴随相关概念股票的疯涨，元宇宙被定义为"下一代互联网"，通常被描述为一个既平行于现实世界，又独立于现实世界的虚拟空间。能带来沉浸式 3D 体验的 VR 头戴眼镜，作为元宇宙的入口，将迎来新一轮的发展。VR（Virtual Reality）即虚拟现实，早在 20 世纪 30 年代，作家 Stanley G.Weinbaum 在其小说《皮格马利翁的眼镜》中第一次提到这样一种虚拟现实的眼镜。至今，VR 行业已经经历了跌宕起伏、扑朔迷离的 3 个发展阶段。第一阶段是 20 世纪 30 年代~50 年代，从概念走向现实，20 世纪 50 年代中期，爱折腾的美国摄影师 Morton Heilig 发明了第一台 VR 设备：Sensorama（1962 年提交专利）。这

台设备被一些人认为是 VR 设备的鼻祖。第二阶段是 20 世纪 90 年代到 2012 年，VR 产业迎来第一次热潮，虽然当时的 VR 设备的外观跟我们今天看到的 VR 设备并无区别，但是当时的显示器技术、3D 渲染技术和动作检测技术并不成熟，观看体验远远达不到"可用"的标准。第三阶段是 2012 年至今，VR 产业迎来技术持续突破的阶段。2012 年 Oculus Rift 问世，这是一款在 Kickstarter 上众筹了 250 万美元的 VR 眼镜设备，它将人们的视野重新拉回 VR 领域；2015 年，HTC Vive 在 MWC2015 上正式发布；2016 年，索尼公司公布 PSVR，随后大量的厂家开始研发自己的 VR 设备，VR 新元年正式开始。此后不到两年的时间内，VR 产业似乎并没有朝着更加清晰的方向发展，反而变得有点"扑朔迷离"。然而，2017 年年底由小派科技在 Kickstarter 上推出的一款 8K 头显让许多对 VR 感到失望的用户瞬间激情复燃。

2. 打造专注技术性能突破的小派科技

小派科技的创始人翁志彬在德信、比亚迪等公司经历了从手机发明到盛行，从砖头机到触控屏的全过程，也就是我们所说的第二代计算机系统（第一代是 PC 的计算机系统），后来在歌尔声学（一个为 Oculus 和 PSVR 的第一代 VR 产品进行代工的公司）接触到了 Oculus 的代工项目，该项目带给他非常大的震撼，他觉得 VR 就是这个第三代计算机系统的萌芽，在未来某一天很可能会替代手机。硬件水平扎实且一直想自主创业的他认为这是一个非常好的契机，因此当机立断在 2014 年组建了一支由国内第一批对虚拟现实技术有狂热爱好的技术工程师组成的研发团队，团队成员大多来自虚拟现实、智能手机、可穿戴设备、互联网、游戏、医疗等专业领域。这为 2015 年小派科技在上海成立、专注于 VR 技术性能突破奠定了坚实的基础。

与小派科技同时期进入 VR 市场的有 200~300 家做硬件的公司，但这时大部分 VR 产品的性能不够成熟，用户的体验感非常不好。这让正处于研发阶段的小派科技聚焦于现有 VR 产品的两个痛点——分辨率和广角。经过研发团队长达两年的攻坚克难，小派科技于 2016 年 4 月成功发布全球第一款 4K VR 头显，两个月后开始量产发货。

3. 以差异化竞争优势奠定行业地位

Oculus 的首席科学家 Michael Abrash 在 2016 年 10 月初的大会上，预测 5 年内将出现 8K、新交互和 AVR。然而在 2017 年 1 月，小派科技就已经完成了 8K 的 Demo（产品原型），至少领先行业水平 2 年。"差异化竞争优势更加坚定了我们小派科技技术导向的发展思路。"小派科技的创始人翁志彬说。小派科技在 2018 年 10 月开始量产发货。8K 头显成为全球最受 VR 发烧友欢迎的 VR 产品，用户称赞这是目前世界上唯一一款能看清楚飞机仪表盘的 VR 设备。目前全球 VR 产品的分辨率普遍是 4K，而小派科技 VR 产品的分辨率达到了 8K；全球 VR 头显的视场角普遍为 120°，小派科技则延伸到了 200°，拥有多项全球 PCT[①]发明专利。小派科技的 8K 头显目前完全兼容主流内容平台，如 Steam、OculusHome。小派科技现拥有 8K、5K、Artisan 等系列高性能 PCVR[②]头显主打产品，还研发了手势识别、眼球追踪、气味模组、嗅觉模组等黑科技模组。小派科技在几大关键参数上的单点突破，为其在全球赢得了一大批忠实的用户，从而实现了在 VR 领域的"弯道超车"。

[①] PCT 发明专利指的是通过《专利合作条约》（Patent Cooperation Treaty）提交的国际专利申请。
[②] PCVR，即 PC 模式的 VR，使用功能强大的计算机使 VR 体验成为可能。一般情况下，VR 头显就是一个戴在头上的显示器，它不进行任何游戏渲染。

二、京东众筹积累经验，多渠道培育国外种子客户

1. 京东众筹积累经验

京东众筹第一批数千台的设备订单是小派科技打开市场的第一步，不仅为小派科技赚下了第一桶金，也为小派科技展开海外众筹积累了一定的经验。小派科技发布全球首款分辨率达到 4K 的 VR 设备——小派 4K，并于 2016 年 4 月 14 日登录京东众筹平台，售价为 1699 元。图 3-12 所示为京东众筹截图，总共筹得 300 多万元，远远超出小派科技定下的 50 万元的预期目标，取得了不错的成绩。之后，小派科技于 6 月 25 日发货，7 月 1 日发货结束。然而，小派科技在 7—8 月"遇到了来自巨头的意外"，因为"没有对可预见的行业变化提前做足准备，全公司做客服做了一个多月"。小派科技遇到"意外"的主要原因在于产品的适配，一方面英伟达推出 GTX 1080 显卡更新了驱动，当时小派科技的 4K 头显的驱动设计没有考虑这一点；另一方面微软 Windows 10 开启更新，从而导致使用 GTX 1080 显卡的用户无法运行头显，同时电脑操作软件也无法正常支持。不过，多数用户没有立即要求退货，反而逼着小派科技不断改进。在一个半月的时间内，小派科技将驱动从刚开始的 30 多兆改成了 300 多兆，这才重新兼容了英伟达的新驱动和 Windows 10 的更新。京东众筹 4K 产品的经历，让小派科技收获了不少经验来安排 8K 产品的众筹发布。

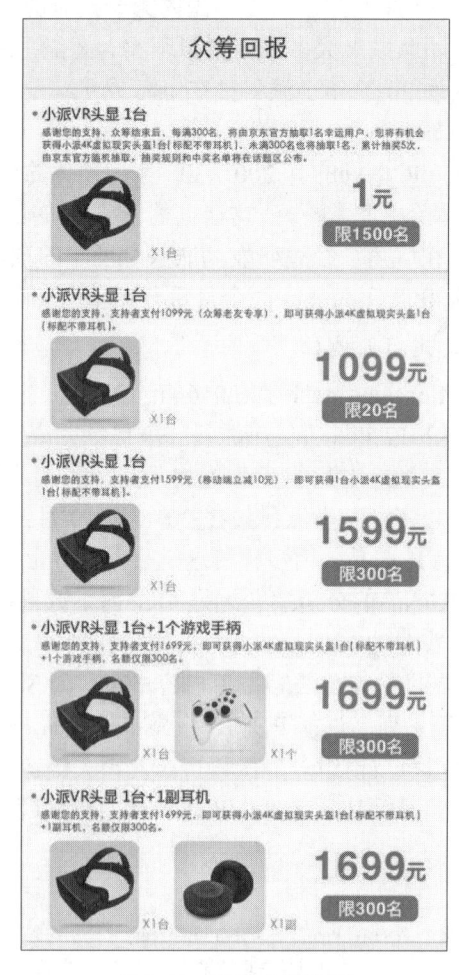

图 3-12 京东众筹截图

2. 多渠道培育国外种子客户

2017 年年初，小派科技就已将 8K 产品亮相美国，但是直到 2017 年 9 月 14 日才真正开始进行众筹。在这段时间内，小派科技在吸取京东众筹经验的基础上，为海外众筹做了许多准备，主要包括众筹平台的选择和多渠道培育国外种子客户。对于众筹平台的选择，小派科技主要是对 Kickstarter 和 Indiegogo 两大众筹平台进行权衡。"相比之下，前者的规模更大，但是门槛也比较高，第一个平台要求注册境外公司，第二个平台在收款方面需要 VISA，因此我们就制定了先出海再转内销的战略，先瞄准美国、欧洲、日本、韩国这些国家和地区的目标群体。"小派科技的副总裁翁建波说。选择平台后，小派科技就开始通过海外论坛、第三方电商平台和社交媒体、独立站和专业广告代理公司等线上、线下多渠道布局及培育国外目标市场的种子客户。

1) 注册与运营海外论坛

2016 年 9 月，小派科技使用 Discourse 技术，依托云服务器，搭建名为 OpenMR 的海外论坛。对于小派科技来说，忠实用户不仅是销量的保证，也是提供反馈、精进技术的前进伙伴。小派科技搭建海外论坛的主要目的是沉淀各渠道积累的客户，建立小派科技自己的私域流量，加强与客户的沟通，增强客户的黏性。OpenMR 主要由公告、指南储存库、小派硬件、小派软件、其他的头显、游戏和软件、配件、反馈、VR 内容等板块组成，每个板块由不同的版主进行管理。这些版主自愿为论坛服务，他们组成版主委员会，定期与小派科技沟通一些问题和近期的动态。小派科技对论坛有监督和规范的权利及义务，同时会为版主委员会提供资金、产品、赠品等支持。如果有论坛无法解决的问题，则可将问题提交至小派支持论坛（Pimax Support Rorum）。图 3-13 所示为小派科技海外论坛的运行机制示意图，除了日常沟通，OpenMR 在小派科技处理公关危机时也发挥了极大的作用。

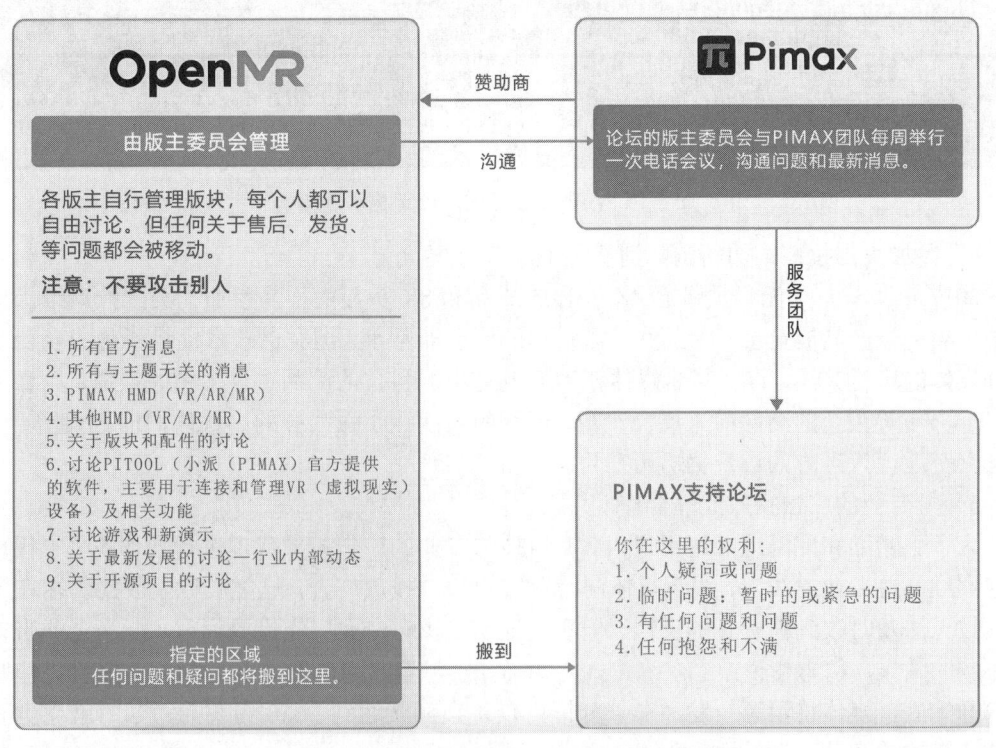

图 3-13 小派科技海外论坛的运行机制示意图

2）依托第三方电商平台与社交媒体

在国内销售的同期，2016年9月，小派科技进行了产品出海布局，在亚马逊（开设了美国站和欧洲站）和新蛋两个第三方电商平台开启4K头显全球首次销售。同时，小派科技联系了YouTube上的VR关键意见领袖（Key Opinion Leader，KOL），将产品寄给他们，请他们拍摄产品测试的真实视频并发布在自己的频道上，随后Twitter、Instagram上越来越多的网红对小派科技的产品进行宣传，从而在粉丝中产生了很大的影响。

3）依托Shopify构建独立站

与论坛一样，构建独立站也是小派科技打造私域流量池的一种方式。对众筹而言，在对产品开始众筹以前，设定明确的众筹目标、打造一个完整的产品介绍与直观的品牌电商网站显得尤为重要，因为只有这样才能使产品更具吸引力和说服力。而独立站不仅有助于产品展示，还能够推动邮件营销。对于Shopify的体验，翁志彬认为它不仅具有建立电商网站效率高的特点，而且具备用户体验好、操作便捷和数据直观等明显优势。"从2018年年底，我们开始使用Shopify品牌电商网站，以最快、最友好的方式开始了2C销售，截至2020年第一季度我们已有数万名用户的产品需要交付。"翁志彬说道。小派科技的独立站分为"产品""政策""探索""支持""跟随我们"5个模块，每个模块下又有一系列子功能模块。图3-14所示为小派独立站的功能架构示意图。

PRODUCTS	POLICIES	EXPLORE	SUPPORTS	FOLLOW US
Vision 8K X	Affiliate	About Us	Pitool Download	Facebook
Vision 5K Super	Cookie	Newsroom	Pitool Manual	Twitter
Vision 8K Plus	Coupons	Review	Pimax Setup	Instagram
Pimax Artisan	Privacy	Trade In Program	Knowledge Base	Youtube
Hand Tracking	Return & Refund	Pimax Frontier	Support Center	Reddit
Eye Tracking	Shipping & Payment	Pimax Installment	Developer	Discord
Accessories	Terms Of Service	Pimax日本のレンタル	Contact Us	OpenMR

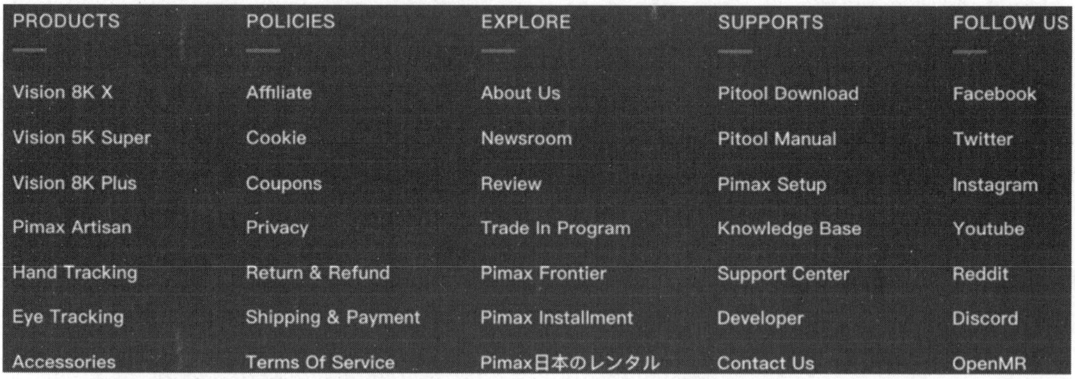

图3-14 小派独立站的功能架构示意图

4）参加美国拉斯维加斯国际消费类电子产品展览会

2017年1月，小派科技带着4K头显的成品和8K头显的样品参加了美国拉斯维加斯国际消费类电子产品展览会。"虽然小派科技的展台非常小，但凭借技术优势还是成功引起了海外媒体的广泛关注，许多知名媒体在当天就对小派科技的产品进行了相关报道，第二天高通、Google等大厂的高层前来展台参观，现场的氛围让小派科技的小伙伴们信心大增。"翁志彬兴奋地说，当时的场景仍历历在目。

5）与专业的广告投放代理合作

为了更精准和广泛地触达用户，小派科技与专业的广告投放代理进行合作。广告代理商主要通过一些专业的线上、线下媒体向潜在客户精准投放广告，这类广告投放的弊端在于小派科技无法及时收到消费者的反馈。但事实证明，找对专业广告投放代理，能为企业带来意想不到的效果。翁志彬说："众筹正式开始前，小派科技只收到了一万封客户邮件，但是在众筹开始后，媒体将消息一发，在一分钟内众筹金额就达到了50万美元，当时就感觉我们低估了媒体的力量。"

三、突破 Kickstarter 众筹纪录，稳步推进交付工作

1. 线上线下助力众筹

2017 年 9 月 14 日是小派科技众筹上线的第一天，一分钟之内就筹到了 50 万美元；一小时就筹到了 100 万美元，基本完成了既定目标。一小时之后增速逐渐放缓，小派科技从线上、线下两种渠道采取数字营销和病毒性营销方式助推众筹总额的提升。

1）线下全球路演

基于 2017 年年初参加美国拉斯维加斯国际消费类电子产品展览会的良好效果，在众筹开启前，小派科技已经排出了 8—11 月的所有展会。当众筹速度放缓时，小派科技立马启动了全球包括中国、日本、韩国、荷兰、美国等 12 个国家和地区的路演。每到一个城市小派科技都会参加当地正在举办的展会并组织用户体验活动，全球约有 30 000 多名玩家参与了小派科技 8K 产品测试。在用户体验产品的同时，小派科技也会借机开展数字营销。翁志彬介绍说："当时库存只有 7000 块屏幕，这只能支持 3500 套设备的交付，当时我们团队限定了产品预订数量，也将此信息对外同步。"事实证明，"路演+数字营销"的方式取得了很好的效果，几乎每个城市的路演都为众筹带来价值近 50 万美元的订单。同时，参加展会还会吸引一大波小派科技的粉丝，其中一名叫 Martin Lammi 的网红粉丝后来还成了小派科技欧洲片区的营销负责人。

2）全面开展线上营销

线上营销一方面通过延展目标的方式（病毒性营销）进行，主要通过既有客户发动身边的亲戚朋友，如果预定金额达到一定额度，小派科技就承诺赠送一定的重磅礼品，如涉及手持识别和眼球追踪等 VR 领域前沿科技的产品，这对用户产生了极大的吸引力。"当我们告诉用户产品有数量限制时，所有产品型号当天售罄。之后在 10 月 25 日到 11 月 1 日期间，用户要求我们想办法再增加一些预定名额，当时我们就向合作伙伴又挪借了一部分屏幕。"翁志彬笑着说。之后小派科技又追加了一部分名额，这些名额也立刻在 10 月 31 日和 11 月 1 日两天内全部被抢空。为了保质保量地交付产品，小派科技没有进行再一次扩容，因此其最终的众筹金额停留在 11 月 1 日。

线上营销的另一方面是 7×24 小时不间断在众筹页面上保持与用户的互动。现在回想起来，翁志彬还有些激动。他说："其实我们那个时候是很疯狂的，基本上 45 天都是两班倒，7×24 小时，保证一小时内必须完成对用户疑问的回答。互联网上很容易碰到一些突发情况，如遇到一个煽动性很强的用户，我们必须用诚恳的态度把事情解释清楚，这样才能把控好舆论的导向。"小派科技通过文字、画图、拍视频等各种方式解释问题，45 天内回答了 7000 个问题，多次专业且诚恳地化解了一些可能导致危机的问题，这为小派科技突破 Kickstarter 众筹纪录打下了牢固的基础。

2. 持续推进线上营销

1）保质保量地完成产品研发和生产

众筹时，小派科技与客户约定于 2018 年 3 月完成交付，但实际的交付时间却一直拖延到了 2019 年 6 月。这主要是因为出现了许多没有预见到的技术难点。比如，缺乏内容生态的支撑，8K 头显就显得没有意义；诸如原材料质量有问题、包装有异味等干扰因素也对产品交付产生了一定的影响。吸取京东众筹后期返修的经验教训，小派科技选择宁可延期交付，也要保质保量地完成产品的研发和生产。

2）保持交付过程的信息透明化

延期交付不仅直接影响了用户的满意度，也在一定程度上引起了媒体的关注，国外的媒体对此进行了相关报道。小派科技先从 2018 年 3 月延期到 2018 年 5 月，又延期到 10 月，最终延期到 2019 年 6 月。图 3-15 所示为新闻媒体对小派科技延期交付问题的报道截图。面对这样的危机事件，小派科技一如既往地采用实事求是的态度，对媒体的质疑进行逐条回复，将每个时间点遇到的技术问题、生产问题、产品一致性问题如实表述，并附上了详细的解决过程和相应花费的时间。每一次延期，小派科技都全程征求了用户的建议。也正是这一次次与用户的碰撞、交流，使小派科技获得了第一批忠实的用户，最终也取得了媒体与大众的谅解。图 3-16 所示为小派科技对新闻媒体质疑的回复截图。

图 3-15　新闻媒体对小派科技延期交付问题的报道截图

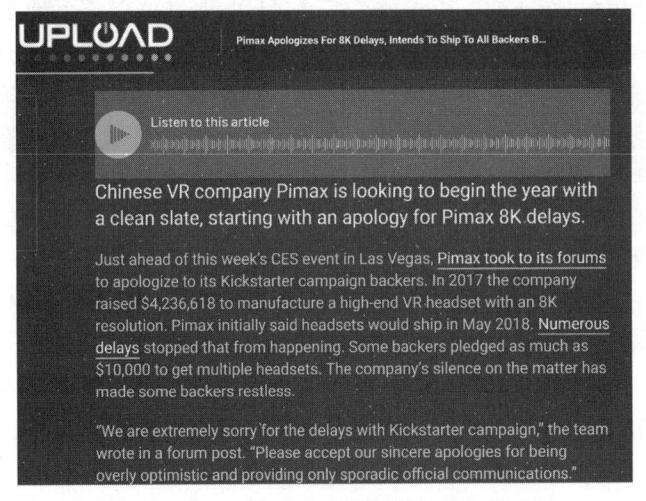

图 3-16　小派科技对新闻媒体质疑的回复截图

同时，小派科技通过海外论坛 OpenMR 与预定客户保持实时沟通，全程展示小派科技产品研发、生产、包装、发货及物流路径等所有信息。用户在了解到相关信息后，不仅减少了对延迟发货的不安，还在与小派科技进行互动的过程中增加了对小派科技的信任，危机就这样在有效互动中被化解了。

3）通过海外仓提升交付质量

海外仓是跨境电商提升交付质量的重要手段，小派科技从 2018 年开始陆续设立美国、英国、德国、加拿大、日本、韩国、澳大利亚海外仓，为提升产品交付质量奠定了扎实的基础，同时海外仓还提供退换货和维修等功能。

四、尾声

通过众筹前后的精心运营,小派科技已经在海外树立了高端品牌的形象,每一年的媒体曝光量有上亿条,仅 YouTube 评测视频就有 5000 多条。图 3-17 所示为对小派科技进行过宣传报道的部分知名媒体。

图 3-17　对小派科技进行过宣传报道的部分知名媒体

2019 年之后,小派科技持续深耕产品研发,接连推出了 Pimax Vision 8K 的升级产品 Pimax Vision 8K Plus,以及定位于平价产品的 Pimax Vision 5K Super、Pimax Artisan 系列产品。2020 年,小派科技的旗舰产品 Pimax Vision 8K X 问世。2021 年 10 月,小派科技在美国发布了 Pimax 12K Reality QLED,在维持高分辨率、刷新率的前提下,将视场角提升至水平 220°,屏幕分辨率实现 12K,12K 头显的实现将使小派科技的技术水平领先行业 5 年。

未来小派科技将向强内容生态发展,结合小派科技领先的硬件产品,自上而下打通市场,逐级覆盖主流用户,为中国和海外用户带来极致的 VR 体验。

【案例思考题】
1. 小派科技为什么要采取互联网众筹的融资模式?
2. 促使小派科技众筹成功的因素有哪些?
3. 小派科技在众筹过程中是如何应对舆情危机的?
4. 整合营销传播是如何提升小派科技的众筹效果的?
5. 国内外知名的众筹平台有哪些?请对 Kickstarter 和 Indiegogo 进行对比。

第五节　时印科技:高科技创业型"小"公司跨境出海"大"市场

【教学目的与用途】
1. 本案例的教学目的包括:
(1) 了解企业的 3 种基本竞争战略。

(2) 了解企业国际化的方式。

(3) 理解传统外贸与跨境电商的联系与区别。

(4) 掌握初创企业转型跨境电商的关键与策略。

2. 本案例主要适用于跨境电子商务、电子商务、国际贸易、国际商务、商务英语、工商管理等专业的课程。

【引言】

"可以吃的巧克力人像，这真是太神奇了！先通过三维扫描仪采集人像，然后将三维数据输入食品 3D 打印机中，装上巧克力原材料，启动之后机器开始运转，几分钟之后主持人的巧克力头像就开始一层一层堆积……"这是比利时国家电视台对一家中国创业公司的新闻报道。看着公司的产品进入被誉为"世界巧克力之都"的比利时，时印科技的 CEO 李景元颇为自豪。他说："我们是'国内开花国外香'，跨境电商让中国的创新产品走向世界。"

时印科技成立于 2015 年，总部位于杭州，是国内第一批专业自主研发、生产食品级 3D 打印机的高科技企业，致力于通过数字化智能制造的方式，满足消费者对个性化食品的需求。目前，时印科技的食品 3D 打印机出口到了美国、比利时、英国、俄罗斯、日本、韩国、澳大利亚、中东、印度和东南亚等 30 多个国家和地区，成为食品级 3D 打印细分领域的龙头。

一、"科技发烧友"遇到 3D 打印

李景元毕业于浙江大学工业设计系，学习之余，他一直对黑科技和新事物有着浓厚的兴趣。在课堂上了解到 3D 打印机之后，他就对这个能制造千变万化的产品的机器产生了浓厚的兴趣。李景元说："它就像哆啦 A 梦的神奇口袋，可以变出任意我想要的东西。"为了在学校更好地学习和普及 3D 打印，李景元组建了浙江大学 3D 打印协会，并出任第一届社长。2013 年，他从当地的 3D 打印企业引入了两台 FDM（Fused Deposition Modeling，熔融沉积成型）3D 打印机，较早接触到了 3D 打印设备，在校期间还参与了一家三维扫描仪公司的组建。

从 1986 年美国科学家研发出第一台商业 3D 印刷机，3D 打印技术已有 30 多年的历史。3D 打印技术在高端制造、航空航天、医疗、科研、珠宝首饰等方面应用广泛，但由于其技术门槛较高，所以消费级市场相对有限，普通消费者很少在生活中使用到该技术。李景元敏锐地感觉到随着消费水平的提高，消费者对于个性化、定制化产品的追求将成为一种趋势，而 3D 打印技术使个性化制造成为可能，从此创业的想法在李景元的脑海中挥之不去。热爱但并不盲目，他先了解了全球 3D 打印行业的发展情况。*Wohlers Report* 2015 显示，3D 打印在 2014 年覆盖了 41 亿美元的市场。该行业的市场份额仅在 2014 年就增长了逾 10 亿美元，在过去 3 年（2012—2014 年）里的复合年增长率为 33.8%，增长强劲。因此，李景元更加坚定了将 3D 打印作为创业赛道的决心。

二、"吃"出来的创业灵感

虽然看好 3D 打印技术，但对于具体将其应用到哪个领域，李景元却犯了难。在一次聚

餐中，一位朋友说："我奶奶食欲不好，现在适合老年人和儿童的食物太少，很多食物难以咀嚼和吞咽，如果有一款设备能根据他们的需要定制食物那就太棒了。"说者无心，听者有意。"这不就是我们要解决的痛点吗？食品是刚需，市场规模足够大，这或许是一个方向！"李景元暗自思忖。事实证明了他的远见，全球市场研究机构 MarketsandMarkets 发布的一份研究报告预测食品 3D 打印市场在 2022 年将达到 2.01 亿美元左右，预计到 2027 年将达到 19.41 亿美元左右，复合年增长率为 57.3%。

此后，李景元废寝忘食地查找相关资料，了解到食品 3D 打印机是一款可以把食物"打印"出来的设备。先将食物的材料和配料预先放入该设备的相应容器内，再输入模型，余下的烹制程序由它完成，输出来的不是文件，而是真正可以吃下肚的食物。早期的食品 3D 打印机由政府支持的研究机构开发。据荷兰媒体 2012 年的报道，食品 3D 打印机在埃因霍温举办的一个展会上首次亮相，引起诸多食品厂商和普通民众的兴趣。2013 年，美国国家航空航天局（NASA）决定研发可以打印比萨的 3D 打印机，以改善宇航员的膳食水平。此后部分企业开始在食品 3D 打印领域进行商业化探索。当时市面上的几款食品 3D 打印机受材料的限制，可打印的食品较为单一，通常为巧克力和面糊类产品。

受大众创新、万众创业大潮鼓舞，李景元的想法打动了老师和同学，众人合力于 2015 年成立了时印科技。李景元对市面上的竞争对手了如指掌，在开发产品时就瞄准这些行业难题。经过一年多的开发和迭代，2016 年时印科技推出首款可打印多种食品的 FoodBot-S 系列食品 3D 打印机，可打印巧克力、饼干、糕点、糖果和酱类等五大类共十多种口味的食品，利用食品 3D 打印机能够达到传统工艺难以达到的造型效果。传统食品工艺造型依靠模具，而模具限制了食品的造型，如镂空和不规则形状等。3D 打印的分层制造、一体成型则极大地提高了食品的造型丰富程度。此外，食品 3D 打印机在小批量定制上更具经济和效率优势。食品工厂的流水线生产通过标准化大批量生产降低成本，无法满足中小批量的定制需求，而食品 3D 打印机不会浪费物料，速度也更快，甚至可以根据每个人的需求进行私人定制。该产品一经推出就被媒体纷纷报道，餐饮、烘焙、酒店和教育等行业纷纷主动寻求合作。该产品凭借创新的性能和较高的性价比受到许多人的追捧，使时印科技在国内市场站稳脚跟，获得先发优势。

三、偶然性出口走出国门

2016 年，时印科技携新款产品参加上海烘焙展，展位前人头攒动，大家纷纷驻足围观。其中一位着装正式的商务人士在展位前端详了许久，用不太流利的中文问道："我们是马来西亚的一家餐饮设备公司，对你们的产品很感兴趣，想将其引入马来西亚，你们在马来西亚有经销商吗？"当时，时印科技虽然在国内具有一定的知名度，但还从未将产品出口到国外，没有专门的外贸人员，甚至还没有英文的产品资料。李景元凭借较好的外语，耐心地向客户介绍产品的使用方法和参数细节，该客户回到马来西亚后立即下了一台样品订单。

然而，对于一家没有出口经验的创业公司而言，开展对外贸易面临的困难才刚刚开始。首先，需要解决跨境支付的问题。时印科技没有开设海外账户或支付工具，由于该笔订单的货款总额较小，只有 3000 美元左右，客户按照约定以电汇（T/T）形式向时印科技的公司账户支付货款。很快，时印科技就收到了这笔货款，但被银行告知因未进行杭州进出口备案而无法将这笔钱取出及将其兑换成人民币。在相关部门填写了"对外贸易经营者登记表"、办理了"海关登记证",以及到杭州外汇管理局备案获得开立外汇账户之后,时印科技才顺利结汇。其次,需要解决跨境物流的问题。在对比了多家物流公司的报价和时效后,因为产品是单价相对较高的电子产品,时印科技最终选择价格高、时效快的国际快递来完成产品交付。该客户测试完产品后对产品的品质表示满意,不久之后又下了一批订单,时印科技就此走出国门,打开了马来西亚市场。

四、从 ODM 间接出口到亮相德国汉堡 G20 峰会中国创新展

完成出口第一单后,公司对于开发海外市场有了分歧。负责市场业务的陈总认为,该产品目前还没有获得广泛的认知,如果尽早开发海外市场,就能够占领海外消费者心智,树立品牌效应。掌管销售业务的高总却有不同的看法:"我们在国内市场刚站稳脚跟,现在要精耕细作,扩大竞争优势。而且,我们没有外贸经验,如果贸然去海外设点,则可能得不偿失,甚至将公司拖入亏损的境地。"

作为公司的掌舵者,李景元也陷入了沉思。他意识到广阔的国际市场将是公司未来收入增长的来源,但盲目扩张对于一家初创企业确实有着不小的风险。最终团队达成一致意见,决定寻求外贸经销商合作,以降低风险并积累经验。时印科技先联系了几家从事 3D 打印机销售的外贸公司,这几家公司均表示愿意尝试销售新产品,但要求以贴牌的形式合作,并且对采购价格提出了苛刻的要求。为了快速进入国际市场、扩大营业收入和积累外贸经验,时印科技决定以贴牌的形式与外贸公司合作,此后该产品迅速进入美国和欧洲市场,2017 年的出口额达到数百万元。

2017 年,时印科技接到相关部门的电话,邀请其作为中国科技创新公司代表携产品参加德国汉堡 G20 峰会中国创新展,展示中国科技创新力量。时印科技的产品与高铁、无人机等产品共同展出,吸引了德国民众的热情围观和积极体验。这件事更坚定了李景元要走向国际市场的决心。

五、依托跨境电商打造自主品牌

ODM 方式虽为公司快速增加了营业收入,但弊端非常明显,时印科技只做前端的研发和生产,并不了解海外用户的需求,既无法直接获得产品改进和迭代的信息,也无法建立消费者对品牌的认知。经过两年的市场拓展,时印科技在国内已成为该领域的领导者,品牌在行业内已有较高的知名度。从德国回来后,李景元意识到一个成功的品牌不仅要面向国内市场,也要瞄准广阔的国际市场,率先占领海外消费者心智。2018 年,时印科技决心组建团队,打造直面海外的品牌 FoodBot。时印科技注册了美国和欧盟的商标,并搭建了自己的渠道网络。

李景元先了解传统外贸公司的做法,即通过国内外行业展会集中开拓客户,一场展会的展位费、展台搭建费、差旅费等需要数十万元,风险较大,这种方式可能适合规模较大的企业,却不适合一家初创企业。随后,李景元了解到跨境电商,在对现有客户进行分析之后,将目标客户定位为海外中小型批发商,再对比各大平台之后,选择开通阿里巴巴国际站和亚马逊店铺,并迅速组建了外贸团队。"跨境电商平台的起步费用低,而且可以全天候运营,给我们这样的创业企业提供了较低的试错成本和与外国潜在客户直接接触的机会,可以打造自己的品牌。"李景元这样解释其选择跨境电商的原因。

时印科技对标题、图片、详情页、产品视频等每一个细节都精益求精，借助搜索引擎和平台后台数据不断分析及优化关键词，使用 P4P（Pay for Performance）、顶级展位等站内营销工具进行站内营销，并利用社交媒体等进行站外营销。通过精细化运营，时印科技的店铺很快就有了起色，每天都能收获海外的询盘。比利时、中东、韩国等国家和地区的不少客户来公司实地验厂及寻求合作，时印科技陆续签约欧洲、韩国和新加坡等国家和地区的代理商，进一步拓展了海外销售渠道。2020 年，新冠疫情使时印科技线下渠道受阻，跨境电商为保障时印科技的平稳发展发挥了重要作用。

六、立足技术，放眼全球

李景元深知跨境电商运营的基础是产品本身，需要不断加大研发投入，深挖技术"护城河"。时印科技与江南大学、华南理工大学等高等院校有着紧密的产学研合作，获得该领域 40 多项核心专利，并承担"十四五"国家重点研发计划课题，成为食品 3D 打印行业的技术引领者。时印科技于 2017 年被认定为浙江省科技型企业，2021 年自建徐州工厂扩大产能，获得 ISO9001 全面质量管理体系认证；其旗下产品获得 CE（Conformite European，欧洲统一）、FCC、KC 和 RoHs 等国际权威认证，顺利获得进入欧美市场的入场券。凭借创新和品质，时印科技的食品 3D 打印设备出口美国、欧洲、日本、韩国、澳洲、中东、印度、东南亚等 30 多个国家和地区。随着公司的壮大，李景元和公司一同成长，获得 2018 年杭州市西湖区创新创业百佳人才奖，入选 2019 年福布斯中国 30 位 30 岁以下精英榜，成为 2020 年胡润中国 U30 创业领袖等。2023 年，时印科技受邀为杭州第十九届亚运会搭建 3D 打印元宇宙体验舱，为上千名来自亚洲各国的运动员、媒体人展示杭州的领先科技，该体验舱成为亚运村的热门打卡点。

七、尾声

结束一天的工作，瞥一眼办公室墙上挂着的世界地图，李景元更自信地计划着下一年度的公司规划……

【案例思考题】
1. 时印科技在创立之初采用了哪种竞争战略？
2. 时印科技的出口业务最初遇到了哪些问题？
3. 时印科技为什么在初期选择了 ODM 间接出口方式？
4. 时印科技选择跨境电商出口的原因是什么？
5. 时印科技成功凭借跨境电商平台打造自有品牌给我们带来了哪些启示？

第四章　跨境电商物流服务案例

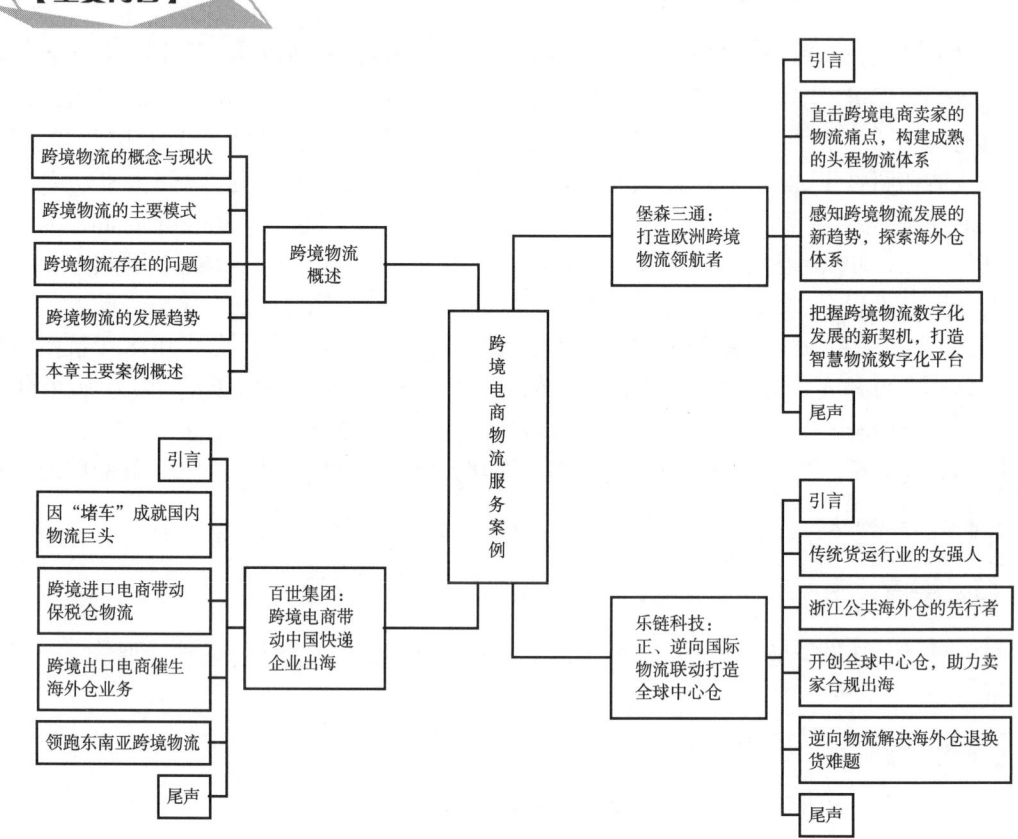

【主要内容】

```
                                                         ┌─ 引言
                                                         │
                                                         ├─ 直击跨境电商卖家的
                                                         │  物流痛点，构建成熟
                          ┌─ 跨境物流的概念与现状          │  的头程物流体系
                          │                               │
                          ├─ 跨境物流的主要模式    堡森三通：├─ 感知跨境物流发展的
                          │                     打造欧洲跨境│  新趋势，探索海外仓
                  跨境物流 ├─ 跨境物流存在的问题   物流领航者 │  体系
                  概述    │                               │
                          ├─ 跨境物流的发展趋势             ├─ 把握跨境物流数字化
                          │                               │  发展的新契机，打造
                          └─ 本章主要案例概述               │  智慧物流数字化平台
                                                         │
            跨境                                          └─ 尾声
            电商
            物流
            服务
            案例
                          ┌─ 引言                         ┌─ 引言
                          │                               │
                          ├─ 因"堵车"成就国内              ├─ 传统货运行业的女强人
                          │  物流巨头                     │
                          │                               ├─ 浙江公共海外仓的先行者
                          ├─ 跨境进口电商带动    乐链科技：│
                  百世集团：│  保税仓物流        正、逆向国际├─ 开创全球中心仓，助力卖
                  跨境电商带│                   物流联动打造│  家合规出海
                  动中国快递├─ 跨境出口电商催生   全球中心仓 │
                  企业出海  │  海外仓业务                   ├─ 逆向物流解决海外仓退换
                          │                               │  货难题
                          ├─ 领跑东南亚跨境物流             │
                          │                               └─ 尾声
                          └─ 尾声
```

【学习目标】

1. 知识目标

（1）掌握跨境物流的概念。

（2）了解跨境物流的业务流程。

（3）了解邮政包裹和国际快递。

（4）了解海外仓的优劣势。

（5）了解正向物流和逆向物流。

2. 能力目标

（1）学会根据货物性质、重量、尺寸、时效性和成本等因素选择合适的跨境物流方式。
（2）提高跨境电商物流的实操能力。
（3）学会分析和解决跨境物流实务问题。
（4）了解各国海关的规定，确保货物的合法性和合规性。

【导入】

在跨境电商中，物流起到连接卖家和买家的桥梁作用，直接关系到最终消费者的购物体验和信任度，对于跨境电商的成功运营至关重要。跨境电商物流常用的模式包括邮政包裹模式、国际快递模式、物流专线模式和海外仓模式等。由于距离较远和跨越关境，跨境物流面临时效性、成本、通关等问题。对于跨境物流经营者，跨境物流与国内物流有哪些差异？跨境物流的流程是怎样的？如何根据自身的情况选择合适的跨境物流模式？

第一节　跨境物流概述

一、跨境物流的概念与现状

（一）跨境物流的概念

跨境物流可以理解为国际物流，是指把商品从一个国家或地区通过海运、陆运或空运等方式运送至另外一个国家或地区，并通过当地配送来完成国际商品交易的过程。商品从卖家手中发出，经过多个环节，最终配送至买家手中。以亚马逊的跨境物流为例，我们可以了解从卖家发货到商品配送至买家手中跨境物流的基本业务流程，如图4-1所示。

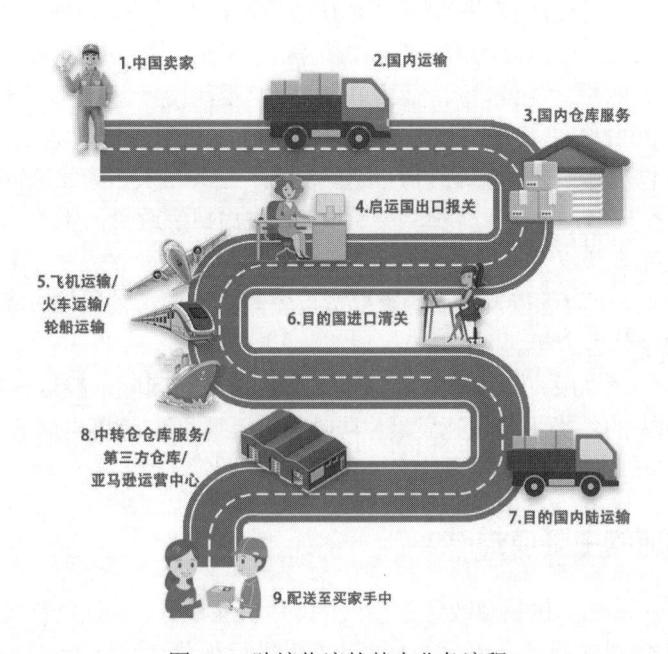

图4-1　跨境物流的基本业务流程

与国内物流相比较，跨境物流距离远、成本高，中间还涉及启运国出口报关、目的国进口清关等环节。对于跨境电商卖家来说，相较于国内物流，跨境物流的风险较大，并且会在一定程度上直接影响买家的购物体验。跨境物流的难点如图 4-2 所示。

图 4-2 跨境物流的难点

（二）跨境物流的现状

近年来，在跨境电商的带动下，我国跨境物流行业持续增长。资产信息网的数据显示，2021 年中国跨境物流行业市场规模达到 16 840 亿元，同比增长 27.57%。随着国内对外贸易规模的不断扩大，我国跨境电商物流行业的市场规模不断扩大。2017—2022 年，我国跨境电商物流企业累计注册数量达 1293 家，业内竞争资本不断增加，行业竞争持续加剧。IT 桔子的统计数据显示，2022 年，我国跨境电商物流行业相关投/融资事件达 17 起。

中国跨境电商物流环节包括前端揽收、运输分拣、国外报关、干线运输、海外清关、海外仓储、尾程派送 7 个环节，直接受各国海关、税务、进出口等政策的影响。然而，国内大部分跨境物流企业无法完全从事全环节业务，而是需要协同各方共同完成全环节业务。跨境物流行业是重要的中游产业，上游承接发货商等重要节点资源与主要运输线等国际干线运力资源，下游衔接各类平台与个体客户等。

由于生产优势、运输成本等因素，上游重要节点资源与国际干线运力资源高度集中；下游以电商平台为代表的各类平台快速发展，同时随着互联网与跨境电商的发展，个体客户数量快速增长，下游行业的整体需求量大且持续增长。

二、跨境物流的主要模式

跨境物流的主要模式，包括邮政包裹模式、国际快递模式、专线物流模式和海外仓模式，下文对这 4 种模式分别进行了介绍，并在表 4-1 中进行了总结。

（一）邮政包裹模式

邮政包裹（Postal Parcel）是指邮政部门所传递的经过妥善包装、适于邮寄的物品，是邮件的一种。邮政包裹包括中国邮政小包、中国邮政大包、香港邮政小包、EMS、国际 e 邮宝、新加坡小包、瑞士邮政小包等。其中，邮政小包、国际 e 邮宝及 EMS 最为常用。国际邮政小包是指通过万国邮政体系实现商品的进出口，运用个人邮包形式进行发货。在国际邮政小包中，目前中国跨境物流行业中约 50%的包裹是通过邮政包裹发送的，其中中国邮政的占比最高。邮政包裹网络覆盖率高、物流渠道广，价格也较为便宜，但缺点在于投递速度较慢且丢件率高。

（二）国际快递模式

国际快递是指在两个或两个以上国家（或地区）之间所进行的快递、物流业务。国际快递公司以 DHL、TNT、UPS 和 FedEx 为代表。这些国际快递公司通过自建的全球网络，利用强大的 IT 系统和遍布世界各地的本地化服务，为网购中国产品的海外客户带来良好的物流体验。例如，通过 UPS 寄送到美国的包裹，最快可在 48 小时内到达。然而，优质的服务往往伴随着昂贵的价格。一般跨境电商卖家只有在客户对时效性要求很强的情况下，才使用国际快递来派送商品。

提供国际快递服务的国内快递公司主要包括中国邮政速递物流、顺丰和"四通一达"（申通快递、圆通速递、中通快递、百世快运（曾用名百世汇通、百世快递）、韵达快递 5 家快递公司的合称）。在国内快递公司中，中国邮政速递物流的国际化业务是最完善的。依托邮政渠道，中国邮政速递物流可以直达全球 60 多个国家，其费用相对四大快递巨头而言要低一些，在中国境内的出关能力很强，到达亚洲国家需要 2~3 天，到达欧美地区则需要 5~7 天。顺丰的国际化业务则要成熟一些，目前已经开通到达美国、澳大利亚、韩国、日本、新加坡、马来西亚、泰国、越南等国家的快递业务，发往亚洲国家的快件一般 2~3 天就可以送达。

（三）专线物流模式

专线物流模式一般是指先通过航空包舱方式将包裹运输到国外，再通过合作公司进行目的国派送的模式。专线物流的优势在于其能够集中运输至某一特定国家或地区的大批量货物，通过规模效应降低成本。因此，其价格一般比国际快递低。在时效上，专线物流稍慢于国际快递，但比邮政包裹快很多。市面上最普遍的专线物流产品是美国专线、欧美专线、澳洲专线、俄罗斯专线等，目前也有不少物流公司推出了中东专线、南美专线、南非专线等。

（四）海外仓模式

海外仓模式是跨境电商卖家先将商品提前备货到目的国的物流仓库中，待客户在跨境电商卖家的电商网站或第三方店铺下单后，直接从海外仓将商品发货给客户的模式。这样可以提高物流时效，给客户带来优质的物流体验。不过跨境电商卖家通常只会选择热销商品进行海外仓备货。海外仓的优势包括降低物流成本、缩短订单周期、完善客户体验、提升重复购买率。根据智研咨询的数据，2022 年中国海外仓模式在跨境电商物流模式中的应用占比为

40%，且海外仓模式的市场应用率正处于持续提升阶段。

表 4-1 跨境物流的主要模式

物流模式		基本简介
直邮	邮政包裹模式	
	中国邮政小包	通过国际邮件互换局的特殊渠道实现快速通关，主要依托于万国邮政体系实现对目的国市场的全方位配送覆盖
	中国邮政大包	
	国际e邮宝	
	EMS	
	国际快递模式	一般包括 DHL、TNT、UPS、FedEx 等国际快递公司和顺丰、"四通一达"等国内快递公司提供的服务，依赖于商业快递公司自建的全球网络
	专线物流模式	将航空干线与商业清关或邮政清关、目的国尾程物流整合，并根据实际需要为客户提供个性化服务
海外仓模式		跨境电商卖家提前将商品运往海外仓库，待订单下达后直接从海外仓运送至客户手中

三、跨境物流存在的问题

（一）难以满足跨境电商的发展需求

虽然我国跨境电商物流呈现增长态势，但其服务力度相比跨境电商的发展速度还远远不够。当前我国从事跨境电商物流的企业还不多，大部分跨境电商企业仍依靠国际快递公司来提供跨境电商物流配送服务，国内物流企业中仅有少数企业可以提供跨境电商物流服务。我国日益增长的电商流通量，与跨境电商物流发展规模不成正比，尤其在跨境电商交易旺季，快件积压及爆仓等现象十分普遍，给我国跨境电商的发展带来了较大障碍。

（二）缺乏专业化第三方服务

我国第三方物流企业数量虽然日益增多，但规模较大且专业化程度较高的第三方物流企业依然较少。很多物流企业所提供的物流服务均局限于国内，其所提供的服务也仅限于国内电商，少数快递公司虽然开展了跨境物流业务，但配送范围较小。从我国国际快递服务领域来看，较为主流的形式依然为普通快递，缺乏面向跨境电商企业、具有针对性与专业性的跨境物流服务。

（三）存在通关手续及法律监管问题

当前我国海关还未创建与时俱进的监管模式，在监管查验职责方面履行得还不到位，如在报关、收汇和退税等跨境电商业务方面还存在诸多问题。从法律方面来看，我国还未出台跨境电商主体身份创建、核实及管理和保护用户隐私等方面的法律法规，这给我国跨境电商物流的监管带来了难题。

（四）缺乏充足的政策支持

与发达国家相比，我国跨境电商物流起步较晚。虽然我国跨境电商物流表现出惊人的发展速度，但针对跨境电商物流的相关扶持政策还较少。虽然我国对跨境电商物流基础信息标准等正在快速构建，但已经实现标准化信息流通的地区仅占小部分，这在一定程度上制约了我国跨境电商物流的发展。

四、跨境物流的发展趋势

（一）跨境物流行业快速发展

根据《中华人民共和国国民经济和社会发展第十四个五年规划和 2035 年远景目标纲要》《"十四五"现代物流发展规划》《"十四五"现代流通体系建设规划》《交通运输智慧物流标准体系建设指南》，我国正在打造现代物流产业，有效整合全产业链上下游资源，在制度上形成结构合理、层次清晰、系统全面、先进适用、国际兼容的交通运输智慧物流标准体系，在基础设施方面积极推进构建国内国际紧密衔接、物流要素高效集聚、运作服务规模化的"四横五纵、两沿十廊"物流大通道，同时积极推动技术应用，提升跨境物流产业的数字化、智能化水平，打造一批具有较强竞争力的企业。

（二）海外仓模式的应用率不断提升

直邮、海外仓两种不同的跨境电商物流交付方式与跨境电商卖家的经营策略、商品特点，以及不同的平台定位、运作模式、客户群体等因素相关。在我国作为"世界工厂"充分发挥制造业优势并持续向境外消费者输送各类消费品的过程中，这两种跨境电商物流交付方式将同时存在，并形成差异化的竞争局面。值得注意的是，目前，基于成本、时间等因素的考虑，以及相关政策的支持，我国跨境物流企业正加速各国家及地区海外仓的建设、布局，对海外仓投建项目的投资不断增加。比如，跨境电商企业小商品城早在 2020 年便宣布将在近 3 年内在全球建立 200 个海外仓项目，以加速企业海外仓扩展。截至 2023 年年末，该企业已累计布局海外仓 160 个，涉及 48 个国家和地区。未来直邮跨境物流模式优势或将被持续削减，海外仓跨境电商物流模式应用率将进一步提升。

（三）信息技术加速融入，我国物流行业朝数字智能化方向发展

目前，条形码、电子标签、电子单证等物流信息技术在我国物流行业已得到普遍应用，商品跟踪定位、RFID、电子数据交换等先进信息技术在我国物流行业的应用成效也十分显著，我国物流行业信息化、自动化、智能化的趋势明显。对于跨境电商物流企业而言，支持跨境电商物流相关各方信息交互的系统至关重要。随着互联网、物联网等技术在跨境电商物流行业的进一步应用与普及，智能化的信息技术解决方案正逐步融入跨境电商物流信息系统，未来跨境电商物流行业的信息化系统的集成度将进一步提高、行业运作效率将有效提高。

五、本章主要案例概述

围绕跨境物流这个主题，本章选取了百世集团、堡森三通和乐链科技 3 家企业作为跨境物流领域的典型代表。其中，既有从境内物流转向跨境物流的企业，也有专注于跨境物流的企业；既有正向物流①，也有逆向物流。本章的 3 个跨境物流服务案例，可以帮助读者了解不同类型、不同功能的跨境物流企业的发展历程，以及跨境物流服务生态。

1. 百世集团：跨境电商带动中国快递企业出海

随着跨境电商的兴起，跨境包裹数量迅猛增长，国内快递企业开始拓展跨境物流业务。本案例描述了百世集团旗下百世国际物流业务的发展历程，分析了跨境电商带动中国快递企业出海的问题。百世集团成立于 2007 年，是中国及东南亚地区领先的智慧供应链解决方案

---

① 正向物流是指物品和信息从供应端（厂家）到消费端（用户）的流通过程。

和物流服务提供商。百世集团已建立了覆盖全国的物流配送网络，并在美国、泰国、越南、马来西亚等 7 个海外国家和地区开展业务，连续多年荣登中国民营企业 500 强榜单。本案例分析了百世集团从发展保税仓库物流，到运营海外仓，再到成功在东南亚开展快递业务，为中国快递企业出海提供借鉴经验。

2. 堡森三通：打造欧洲跨境物流领航者

跨境电商发展催生了一批专注于区域市场的跨境物流服务商。本案例将从堡森三通的头程物流体系、海外仓体系及数字化平台 3 方面分析跨境电商物流服务商如何为卖家提供有价值的跨境电商物流服务，从而推动跨境电商的高质量发展。堡森三通成立于 2003 年，以全球贸易进出口国际物流业务起家。堡森三通在 2013 年前后敏锐地发现传统贸易客户开始依托亚马逊转型做跨境电商，随即开始拓展亚马逊平台的物流服务业务，于 2017 年荣获亚马逊"银牌服务商"称号，并在 2019 年成为亚马逊 SPN 服务商。在过去的几年中，堡森三通不断实现自我突破与创新，现已在欧洲构建起成熟的物流及仓储体系，独立研发堡森云物流系统，实现了从订单管理、订单跟踪、库存管理、运输配送到订单结算的全程覆盖。另外，堡森三通还荣获第四届（2021 年）和第五届（2022 年）全球跨境电商节"优秀跨境电商优秀物流服务商"称号，以及第十三届和第十四届物博会"十大优质海外仓、跨境电商物流服务明星企业"称号。

3. 乐链科技：正、逆向国际物流联动打造全球中心仓

随着 B2C 跨境电商的兴起，跨境退换货问题困扰着跨境电商卖家。本案例通过乐链科技将国内保税区实体仓打造为全球中心仓，联动海外仓打通正、逆向的国际物流，形成跨境通关全模式的跨境电商全球订单履约中心的发展过程，引出跨境物流中海外仓、逆向物流、流通加工、物流配送和通关等相关内容。乐链科技成立于 2016 年，多年来一直致力于深耕全球跨境电商智慧物流供应链。乐链科技全球中心仓独特的"一区多功能、一仓多形态"，可以保障跨境电商企业真正做到"一盘库存卖全球"，能够实现商品"进得来，出得去，退得回"。乐链全球中心仓以其创新的模式获得多项殊荣。

【思考题】

1. 什么是跨境物流？
2. 跨境物流的特点有哪些？
3. 跨境物流有哪些痛点？

第二节　百世集团：跨境电商带动中国快递企业出海

【教学目的与用途】

1. 本案例的教学目的包括：
（1）了解中国跨境物流的发展背景与历程。
（2）理解跨境物流的概念。
（3）掌握跨境物流的主要模式。
（4）掌握海外仓的优劣势。

2. 本案例主要适用于跨境电子商务、国际商务、物流管理、国际贸易、贸易经济、商务英语等专业的课程。

【引言】

"你好，百世国际！"听见熟悉的声音，专注于东南亚市场的跨境电商卖家小王将打包好的服装交给百世国际快递员。这些服装即将启程运往东南亚地区，在一周内被送至东南亚买家的手中，从而完成一笔笔跨境电商交易。从 2019 年以来，小王一直选用百世国际作为跨境物流的主要方式，"时效快、服务好、价格优惠"是他对百世国际服务的评价。

百世集团成立于 2007 年，是中国及东南亚地区领先的智慧供应链解决方案和物流服务提供商，集快运、供应链管理、国际物流等多项业务于一体，建立了"门到门"的 B2B2C 的一站式服务。自成立以来，百世集团始终致力于科技创新，以信息技术、AI 和大数据，打造综合的线上线下物流和供应链服务能力，不断创新商业模式，重视自动化、科技化、智能化和绿色化发展，并凭借强大的自主研发能力，有效提升服务水平和运营效率，助力企业降本增效，为客户提供高效、优质的供应链和物流服务。截至目前，百世集团已建立覆盖全国的物流配送网络，并在美国、泰国、越南、马来西亚等 7 个海外国家和地区开展业务，连续多年荣登中国民营企业 500 强榜单。

一、因"堵车"成就国内物流巨头

百世集团的成立源于其创始人周韶宁的一次堵车经历。周韶宁有着光鲜的履历和深厚的技术背景：本科就读于复旦大学，后赴美国普林斯顿大学攻读工程科学硕士学位，毕业后历任美国贝尔实验室无线系统和软件技术高级总监、UT 斯达康中国区总裁，以及 Google 全球副总裁、大中华区联合总裁。2005 年，周韶宁去杭州出差，在高速公路上被堵了将近一个小时，后来发现堵车的原因是一辆快递车严重超载，冒着浓浓的黑烟，不仅不安全、造成交通拥堵，还对环境产生了较大的污染。原本一场普通的高速拥堵，却在他的脑海里挥之不去。此后，周韶宁深入对比了中美物流产业现状，发现以美国、日本和欧盟国家为代表的国外现代物流业的规模已超过高技术产业，当年全球商会发布的全球物流企业 100 强排名中，美国邮政服务公司（USPS）、联合包裹服务（UPS）、联邦快递（FedEx）等公司位居前列，而中国物流行业普遍存在小而散、劳动密集、缺乏技术支撑的状况。这让他看到中国物流行业蕴藏的巨大机遇，技术出身的周韶宁坚信技术可以改变这个行业。2007 年，周韶宁毅然辞去待遇优厚的工作，在杭州成立百世物流，目标是运用信息化手段探索物流行业转型升级。同年 10 月，百世物流收到了第一份订单——将 LG 集团的货物从杭州运往吴江区，百世物流的第一单诞生了。

与其他物流公司从快递做起不同，百世物流发现，网络购物的普及给卖家的仓储带来巨大挑战。以服装行业为例，款式、颜色、尺码等不同造成服装 SKU 较多，再加上服装行业的退换率较高，容易造成服装仓储作业效率低、库存积压等问题。百世物流汇聚 900 多人的研发团队攻克难题，率先上线"云仓"仓库管理系统，服务于淘宝、天猫等平台上的卖家，从总仓到分仓实现管理线上化、数据可视化，并在此基础上增加大数据分析功能，帮助卖家分析哪些款式销量好、哪些款式滞销，辅助卖家做经营决策。百世"云仓"即使面对"双 11"的巨大流量考验，系统依然正常运行，获得了李宁、森马等服装行业巨头的青睐和信任，并逐渐将服务范围扩展至家电、家具等其他行业。凭借领先的技术和优质的服务，百世物流获得"李宁2008年度合作伙伴最佳质量奖""美特斯·邦威2009年度最佳新晋承运商奖"等多项荣誉。

此后，随着中国物流业的快速发展，百世物流也迅速成长为中国快递业巨头之一。2010年，百世物流收购汇通快运，成立百世汇通（后更名为百世快递）；2012年，其又收购了全际通，成立百世快运。2012年，中国快递业有了"四通一达"的说法，这5家公司的从业人员达21.6万人，年销售额约为300亿元，占据了中国快递市场总收入的半壁江山。

二、跨境进口电商带动保税仓物流

在国内电商发展得如火如荼之际，中国跨境进口电商市场也方兴未艾。早在2005年前后，以海外留学生和境外导游为主体的代购开始出现。初期他们会为身边的亲朋好友代购一些海外产品，随着需求的增加，一些海外买手和职业代购开始专门购买海外产品，并在网上店铺销售。2009年，洋码头等平台成立，跨境进口电商市场开始形成，消费群体也开始扩大，商品的品类丰富起来，逐渐开始有消费者选择通过跨境进口电商平台购买进口产品。当时，跨境进口物流主要有3种模式：一是一般进口，即传统进口模式，先从国外通过海关一次性进口到国内再进行销售；二是海外直邮模式，指国内消费者在境外购物网站下单后，卖家将商品以邮件、快递的形式运输入境的通关模式；三是保税模式，指国外商品先整批抵达国内海关监管场所，消费者下单后再从国内的保税仓发货的模式。

2012年，传统进出口贸易不容乐观，而利用邮政进出口货物的模式却发展得如火如荼。政府相关部门注意到跨境电商的趋势，国家发展改革委、商务部等部门开始出台试点和扶持政策。在这一阶段，征税方式是按照个人物品征税，即征收行邮税。在市场和政策利好的双重加持下，百世集团敏锐地察觉到中国跨境进口电商市场庞大的潜力，在2012年从保税区物流入手开发跨境物流业务，在杭州和宁波租赁并运营占地5000平方米的公共仓库，为海外跨境电商卖家提供仓储服务，并承接国内的快递配送业务。

2014年，随着跨境进口电商的合法化，天猫国际、京东全球购等大型平台上线，货源日益丰富，售后也日趋完善，满足了消费者的需求，跨境网购走向常态化。跨境进口电商呈现数量和规模上的爆发式增长态势，2016年整个跨境保税进口渠道实现300亿元的销售额，相较于2013年增长了30多倍。百世集团的跨境进口物流业务也得到了长足的发展，并对接海关系统，运营的仓库规模扩大至50 000多平方米。

三、跨境出口电商催生海外仓业务

随着国内电商零售行业的成熟和跨境电商行业的深入发展，国内外B2C跨境零售平台出现并向国内市场发力，中国诞生了一大批跨境零售卖家，直接面向海外消费者销售商品，通过跨境物流完成交易。2010年，阿里巴巴旗下面向国际市场打造的跨境零售平台全球速卖通成立，被广大卖家称为"国际版淘宝"。全球速卖通面向海外消费者，通过支付宝国际账户进行担保交易，并使用国际物流渠道运输发货，目前是全球第三大英文在线购物网站。2015年，亚马逊全球开店业务正式进入中国。截至2023年，包括亚马逊美国、加拿大、德国、英国、法国、意大利、西班牙、日本、墨西哥、澳大利亚、印度、阿联酋、沙特、新加坡、荷兰、瑞典及波兰在内的多个海外站点已向中国卖家全面开放。根据艾瑞咨询等的资料，2017—2025年中国跨境电商B2B及B2C交易规模占比及预测如图4-3所示。

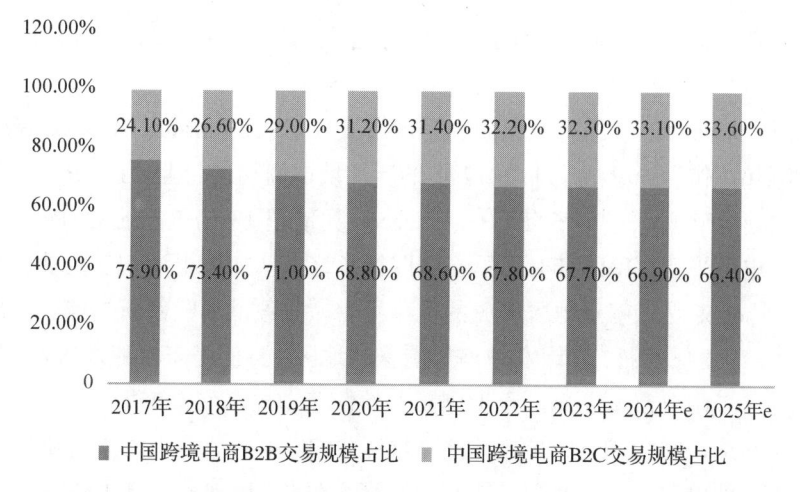

图 4-3　2017—2025 年中国跨境电商 B2B 及 B2C 交易规模占比及预测

年份	B2B交易规模占比	B2C交易规模占比
2017年	75.90%	24.10%
2018年	73.40%	26.60%
2019年	71.00%	29.00%
2020年	68.80%	31.20%
2021年	68.60%	31.40%
2022年	67.80%	32.20%
2023年	67.70%	32.30%
2024e	66.90%	33.10%
2025e	66.40%	33.60%

百世集团凭借敏锐的商业嗅觉和国内保税仓物流经验，于 2015 年成立百世国际，拓展服务至中国跨境电商的主要市场——美国和欧洲。为了快速进军美国市场，同年百世国际收购 360hitao，设立美国分公司。360hitao 创立于 2012 年 4 月 16 日，前身是美国 360hitao INC. 集团斥资 200 万美元打造的一站式海淘平台。加入百世国际后，依托百世国际强大的信息技术能力和物流网络，360hitao 为全球的买家和卖家提供专业、安全且人性化的跨境物流解决方案，全方位打造"全球购"与"全球卖"。2016 年，百世国际创立百世优货，拓展跨境物流服务至澳大利亚、日本等国家和地区。经几年的快速发展和口碑传播，360hitao 在全球的仓库已遍布德国的特罗斯多夫、澳大利亚的新威尔士、日本的成田，以及美国的洛杉矶、特拉华、俄勒冈等地区，拥有总面积达 11 000 平方米的自建仓库。以美国为例，百世国际利用百世"云仓"美国服务网络和横跨中美的专业运营团队为品牌企业提供一站式跨境电商供应链解决方案，帮助中国商品在美国实现本地化，提升中国品牌在美国的知名度。百世物流目前在美国的加利福尼亚州、新泽西州和得克萨斯州运营海外仓，仓库面积超 80 000 平方米。2017 年，百世国际获得中国跨境电子商务专业委员会颁发的"中国最具价值跨区域海外仓"，以及由中国（杭州）跨境电商综试区建设领导小组办公室颁发的"物流服务创新奖"。

百世国际原计划在美国打造完整的跨境物流服务，包括头程运输、仓储服务和尾程派送，但在顺利实施前两个部分后，在尾程派送环节遇到了障碍。2016 年，中美贸易摩擦给百世物流继续在美国加大投资带来政治风险。此外，美国法律法规对个人隐私保护得较为严格，因此百世国际放弃了在美国建设快递网络的计划，在美国海外仓选择使用本地的快递公司。由于在美国运营海外仓的租金和人工成本较高，百世国际仅提供仓储服务，而且因为服务同质化且面临低价竞争，所以收益较低。

四、领跑东南亚跨境物流

"西边不亮东边亮"，正当在美国的业务受挫时，百世国际很快发现跨境电商的"新大陆"——东南亚市场。东南亚是推进"一带一路"倡议，尤其是海上丝绸之路的核心区域，自"一带一路"倡议被提出以来，我国与东南亚国家的贸易规模呈不断上升趋势。据我国海关统计，2020年我国与东盟进出口额为4.74万亿元，同比增长7%，双方首次互为第一大贸易伙伴。

与此同时，东南亚地区的跨境电商也呈现爆发式增长，Lazada、Shopee等东南亚本土跨境电商平台崛起。作为一家成立于2012年的新加坡电商初创企业，Lazada以消费电子产品起家，并且自建仓储物流。2015年年底，Lazada凭借超13亿美元的GMV，一跃成为东南亚地区最大的电商平台。2016年，阿里巴巴取得了这家新加坡电商初创企业的控股权。成立于2015年的Shopee是东南亚地区领先的电商平台，业务范围覆盖新加坡、马来西亚、菲律宾、中国台湾、印度尼西亚、泰国及越南等国家和地区，目前是东南亚地区最大的电商平台。

将目光瞄准东南亚市场之后，百世国际开始快速布局东南亚市场。百世国际在2018年启动泰国快递网络，2019年启动越南快递网络，2020年启动马来西亚、新加坡和柬埔寨快递网络，2021年推出印度尼西亚和菲律宾快递网络服务，快递业务基本覆盖了东南亚的主要国家。因泰国与中国地理位置相近、部分文化相似，且政府对快递行业管制得较为宽松，百世国际深思熟虑后将首站定为泰国。作为一家外来的公司，为了降低风险、提高网络建设速度和保证服务质量，百世国际在当地以收购或合资的形式，利用当地公司现有的快递网络，输出品牌、信息化技术和管理。此外，百世国际从2019年开始与泰国当地的一线明星合作，让其作为百世国际在泰国的代言人，助力品牌在当地的渗透。

百世国际在泰国的经营也遇到过一些问题，如本地员工的效率不如国内员工效率高、人员流动性较大和服务意识较弱等。为了顺利地在当地开展业务，百世国际一方面打造由中国和本地人员组成的管理团队，高层管理者由总部派遣，主要负责整体战略制定和对外合作，中层管理者以当地人员为主，负责当地业务拓展和快递员管理；另一方面将国内成熟的人员培训制度带到当地，加强对基层快递员的培训与激励，提高其工作效率和服务意识。以泰国为例，根据美股研究社的数据，截至2022年7月，百世国际已在泰国建立了10个分拨中心、1100多个网点，对泰国实现业务全覆盖，雇用本地近3000名快递员，拥有80万单的处理能力，服务客户包括Shopee、Lazada等头部跨境电商平台，以及跨国公司和本土企业。百世国际在东南亚地区不仅赢得了市场的信赖，也为当地的发展做出了贡献。2022年，百世集团越南分公司获得了由越南外交部、《越南经济》杂志在胡志明市颁发的国家级大奖——金龙奖，并被授予"自动化技术应用领军企业"称号。

五、尾声

经过近几年的耕耘，百世国际在东南亚多个国家市场处于第一或第二的位置，成为中国快递出海的典范。未来，百世国际将继续稳步推进在更多国家的快递网络，为更多消费者提供优质的服务。

【案例思考题】

1. 跨境物流的主要模式有哪些？
2. 海外仓的运作流程是什么？海外仓有哪些优势和劣势？
3. 结合案例和所学知识，谈谈你对中国快递企业出海有哪些建议。

第三节　堡森三通：打造欧洲跨境物流领航者

【教学目的与用途】

1．本案例的教学目的包括：

（1）了解跨境物流的难点。

（2）掌握跨境物流的流程。

（3）了解海外仓的优势。

（4）了解堡森三通数字化智慧物流平台。

2．本案例主要适用于跨境电子商务、国际商务、物流管理、国际贸易、贸易经济、商务英语等专业的课程。

【引言】

堡森三通成立于 2003 年，以全球贸易进出口国际物流业务起家，时刻关注全球贸易的发展方向。堡森三通在 2013 年前后敏锐地发现传统贸易客户开始依托亚马逊转型做跨境电商，随即开始拓展亚马逊平台的物流服务业务，为亚马逊客户陆续开通欧洲站、美国站、日本站、澳大利亚站、加拿大站等亚马逊头程物流服务，于 2017 年荣获亚马逊"银牌服务商"称号，并在 2019 年成为亚马逊 SPN 服务商。在过去的几年中，堡森三通不断实现自我突破与创新，现已在欧洲构建起成熟的物流及仓储体系，自营海外仓总面积超 35 000 平方米，独立研发堡森云物流系统，实现了从订单管理、订单跟踪、库存管理、运输配送到订单结算的全程覆盖，为广大跨境电商平台及卖家提供全链条的综合物流解决方案，提高了运营效率和服务质量，赢得了广大客户的信赖。堡森三通荣获第四届（2021 年）和第五届（2022 年）全球跨境电商节"优秀跨境电商优秀物流服务商"称号，以及第十三届和第十四届物博会"十大优质海外仓、跨境电商物流服务明星企业"称号。本案例将从堡森三通的头程物流体系、海外仓体系及数字化平台 3 方面分析跨境电商物流服务商如何为跨境电商卖家提供有价值的跨境电商物流服务，从而推动跨境电商的高质量发展。

一、直击跨境电商卖家的物流痛点，构建成熟的头程物流体系

跨境电商头程物流是指货物从国内仓库运往海外仓库的全过程，为跨境电商提供高效、便捷的物流保障。跨境电商头程物流是跨境电商运输中非常关键的一环，因为它涉及货物的运输、出口报关、进口清关、目的国国内运输等环节，而这些环节往往会对最终的交货时间和货物质量产生直接影响。图 4-4 所示为堡森三通为跨境电商卖家提供头程物流服务的流程图。堡森三通先把全国各地卖家的货物集货到其在国内的仓库，为所有出口的货物进行出口报关，然后将货物通过国际海运、空运、铁路、卡航等多种类型的运输服务运输到目的国，并在目的国进行进口清关和堡森海外仓中转分拣，最终完成货物在目的国内的运输配送，配送范围包括亚马逊 FBA 仓、客户自建海外仓及客户的其他仓库等。

堡森三通作为欧洲跨境物流领航者主要得益于 3 个先发优势：其一是荷兰海运、铁运、空运的 VAT（Value Added Tax，增值税）递延，其二是英国海运和空运 PVA 递延/直清，其三是英欧递延往返专线。

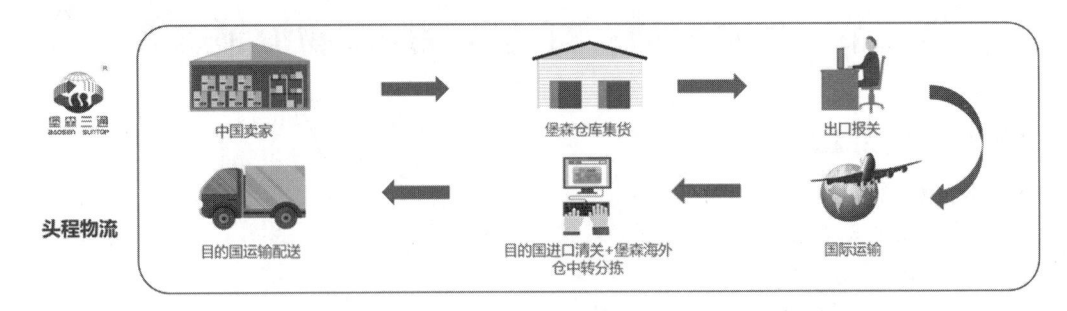

图 4-4 堡森三通为跨境电商卖家提供头程物流服务的流程图

1. 荷兰海运、铁运、空运的 VAT 递延，辐射全欧洲

VAT 递延又称财政清关，是指当货物进入欧盟申报国，而货物的目的国为其他欧盟成员国时，可选择 VAT 递延的方式，即卖家在进口货物时无须缴纳进口增值税，而是递延到最终配送国家。VAT 递延拥有许多优点，其中最明显的优点就是对资金周转的要求，因为一般情况下采用 VAT 递延，当时只需要缴纳关税，而且进口 VAT 还可以延后缴纳，这样大大减少了资金周转的需求。VAT 递延清关的方式适用于欧盟所有国家，VAT 递延清关需要在货物销售后缴纳销售 VAT，这笔税款通常由卖家承担。如果使用 VAT 递延清关方式，那么销售 VAT 通常是按产品税前销售价格的 20%计算的。

堡森三通是第一家在欧洲做跨境电商货物 VAT 递延清关的公司，曾为国内的摩拜单车公司和飞科电器公司量身定制了荷兰 VAT 递延方案，并获得了成功。

1）摩拜单车公司的头程物流方案

摩拜单车公司作为首家进入欧洲市场的互联网共享单车类企业，货物体积大、货值高，主要布局、投放于欧洲各国，如荷兰和德国。荷兰是自行车王国，且自行车在欧洲属于反倾销产品，堡森三通通过其在荷兰的专业关务团队做出谨慎评估后，为摩拜单车公司提供了"全链条供应链+物流"服务，申请减免 47.5%的反倾销税，通过专业、合规的申请节约反倾销税近 500 万欧元，采用荷兰 VAT 递延，每条货柜的进口 VAT 约为 10 000 欧元，在进口时延缓支付一个月，87 条货柜延缓支付 87 万欧元，为摩拜单车公司节约了巨大的资金成本。方案执行后，摩拜单车公司的满意度非常高，认为堡森三通的物流方案合规、安全、效率高，为互联网共享单车打开欧洲市场抓住了最佳时机。

2）飞科电器公司的头程物流方案

飞科电器公司是国内的知名品牌电器类企业，在转型跨境电商后，首站进入欧洲亚马逊市场。其主营商品是电器，货物体积大、货值高，主要布局的销售市场为德国。德国会严查电器类产品的 CE 认证情况及货值，且德国的税制为完税进口，每月销售申报。对于跨境电商客户而言，在进口时就需要付完 19%的进口 VAT 和关税（电动剃须刀 2.2%，吹风机 2.7%）。堡森三通经过专业、全方位的分析，为飞科电器公司提供了专业的物流方案，使其既能合规进口又能减少在进口时的税金成本。对于荷兰递延 VAT 专线，在一条货柜货值为 50 万元的情况下，每条货柜在进口时将少付 95 000 元的进口 VAT，仅需支付相应的税率为 2.2%~2.7%的关税，届时在每个月按实际销售数据再缴付销售 VAT，这使飞科电器公司大幅减轻了资金压力，而节省的资金流会带来新的利润和商机。该方案执行后，飞科电器公司的满意度非常高，长期在荷兰仓库备货，而且调拨到德国 FBA 的物流方案兼具时效性和安全可靠性。之后，堡森三通也为国内知名品牌海尔电器提供了同样的物流方案，确保长期发货，使其在欧洲市场获得了可喜的销量。

2. 英国海运和空运 PVA 递延/直清

在英国"脱欧"前，商家可以一直沿用 VAT 递延政策，但在其正式"脱欧"盟后，英国税务局进行了一次税务改革，衍生了一种新的清关政策，即延迟 VAT 清关，也称 PVA 递延（Postponed VAT Accounting，指增值税递延），堡森三通为此专门新增了英国海运和空运 PVA 递延/直清服务。英国税务海关总署官网上的资料显示，市场上可以进行 PVA 递延的税种有几类，但对中国卖家影响比较大的是进口 VAT 递延。进口 VAT 递延，简单来说就是商家无须在货物清关时缴纳进口 VAT，可以推迟到后期进行 VAT 申报的时候，仅需在申报时体现进口 VAT 金额，不需要实际缴纳。进口 VAT 的缴纳环节从清关节点转移到 VAT 申报节点，流程中将会呈现进口 VAT"不缴不退"的状态。在 PVA 递延清关方式下，销售 VAT 是按产品税后销售价格的 20%计算的。采用 PVA 递延清关方式时，商家每卖出一笔货物，电商平台就会从中抽取销售 VAT 代商家向相关部门缴纳，这部分金额实际上由买家承担。电商平台代扣、代缴主要针对的是 B2C 卖家，以及货值在 135 英镑以下的卖家。

3. 英欧递延往返专线

英国于 2021 年 1 月 1 日起正式"脱欧"，英国和欧盟之间的货物贸易需要额外办理进出口清关手续，缴纳 VAT 及关税，而很多卖家在此时还存在货物库存交叉。堡森三通又率先开通了欧洲独家特快新线路：其一是英国—欧盟 FBA 仓库/各海外仓的 VAT 递延特快专线，具有覆盖欧洲全境的海陆空运输线路；其二是欧盟—英国 FBA 仓库/各海外仓的 PVA 递延特快专线，具有覆盖应用全境（欧盟）的海陆空运输线路。随着英欧特快新线路的开通，堡森三通帮助客户实现了英国与欧洲多国货物调配，解决了库容不足、货物积压、缺货等问题，进一步提升了新老客户的满意度。

二、感知跨境物流发展的新趋势，探索海外仓体系

作为跨境电商的重要境外节点和新型外贸的基础设施，海外仓正成为我国出口企业开拓市场的新通道。海外仓是由物流企业、跨境电商平台或大型跨境电商卖家等专业化主体在境外通过自建或租用、运营的数字化智能化仓储设施。海外仓的建设可以让出口企业将货物批量发送至国外仓库，实现在该国的本地销售、本地配送，这不仅大大缩短了配送时间，还减少了清关障碍；货物批量运输，降低了运输成本；客户收到货物后能轻松实现退换货，改善了购物体验。"海外仓"首次被写入"十四五"规划纲要中，其是外贸新业态新模式的重要组成部分，未来海外仓将成为更加主流的跨境电商物流方式。堡森三通目前在英国、荷兰、德国设有海外仓，在欧洲通过一体化运作已打通英国与欧盟国之间的货物往返专线，并且可以进行递延申报，真正让欧洲各地区之间的仓储实现了联动。

1. 英国、荷兰、德国的海外仓简介

堡森三通英国仓位于英国第二大城市伯明翰，伯明翰作为英国的交通枢纽城市，地处英国中部地区。堡森三通英国仓距离英国最大的 FBA 集货仓 BHX4 仅半小时的车程，距离绝大多数 FBA 仓库平均 2 小时的车程；占地面积为 10 000 平方米，可容纳 8000 多个托盘和 150 多个货柜；配有 7 个卸货平台，可供 7 辆大货车同时卸货，每天可处理 30 个货柜。

堡森三通在荷兰的鹿特丹、祖特梅尔等地拥有多个自营海外仓，可根据用户的需求将货

物发往指定海外仓。借助地理位置、交通、当地政策等优势，堡森三通可实现其在欧洲的物流时效、服务、价格的整体突破。堡森三通荷兰仓的总占地面积为 8000 平方米，可容纳 6000 多个托盘和 100 多个货柜；配有 5 个卸货平台，可供 5 辆大货车同时卸货，每天可处理 18 个货柜。

作为欧洲地区的物流枢纽，堡森三通德国仓位于德国杜伊斯堡车站旁。从杜伊斯堡出发，搭载干线，堡森三通的物流可以实现 3 小时覆盖欧洲其他主要国家，大幅提升了欧洲专线的整体时效。堡森三通德国仓的占地面积为 15 000 平方米，可容纳 12000 多个托盘和 200 多个货柜；配有 9 个卸货平台，可供 9 辆货车同时卸货，每天可处理 50 个货柜，操作能力强。

2. 海外仓一条龙服务

堡森三通在英国、荷兰和德国三地的海外仓为客户提供一件代发、定制化服务、仓储换标转运、仓中仓分租、特殊产品（储能电源和太阳能板等）储存，以及直播等一条龙服务。

三、把握跨境物流数字化发展的新契机，打造智慧物流数字化平台

跨境电商卖家对物流服务的需求不再局限于运输本身，而是增加了物流信息跟踪、退货、换标、货物数据管理和供应链金融等个性化服务需求，以及具有一定产品针对性的专业服务需求，如针对小家电产品的维修等。物流需求的多样化体现为不同类型的跨境电商卖家有不同的物流解决方案需求。云计算、大数据和 AI 等数字技术为满足个性化、定制化需求提供了可能性。数字化能力和系统搭建能力成为跨境物流企业长足发展的核心要点。

堡森三通把握了跨境物流数字化发展的新契机，组建了经验丰富的自主研发团队，打造了智慧物流数字化平台，进一步推动企业成为欧洲跨境物流的领航者。想实现全球跨境电商物流端到端服务很难，卖方的货物要经过始发地的揽收和集货，涉及空运、海运、陆运或者铁路等多类型的国际干线运输，以及目的地的清关、转运和派送等多个环节，不可控因素较多，难以形成标准化服务。堡森三通通过智慧物流数字化平台把多环节数据打通，实现数据流端到端的畅通（见图 4-5），从而推动物流服务产品化、产品标准化和流程专业化建设，实现了对跨境物流包括订单提交预报、入仓、装柜、开船、到港、清关、提柜、拆柜、派送和签收[POD（Proof of Delivery，签收单）回传]等全程轨迹的追踪（见图 4-6）。

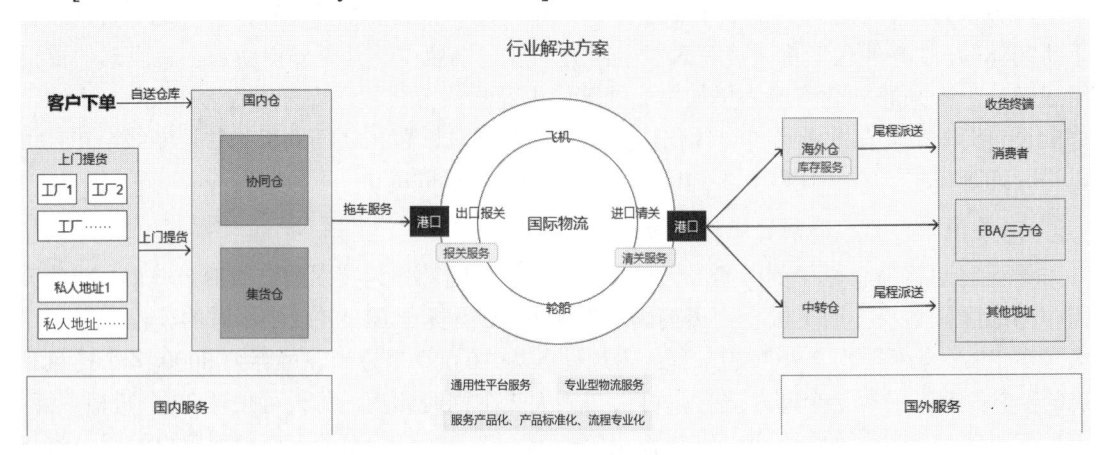

图 4-5　堡森三通智慧物流行业解决方案

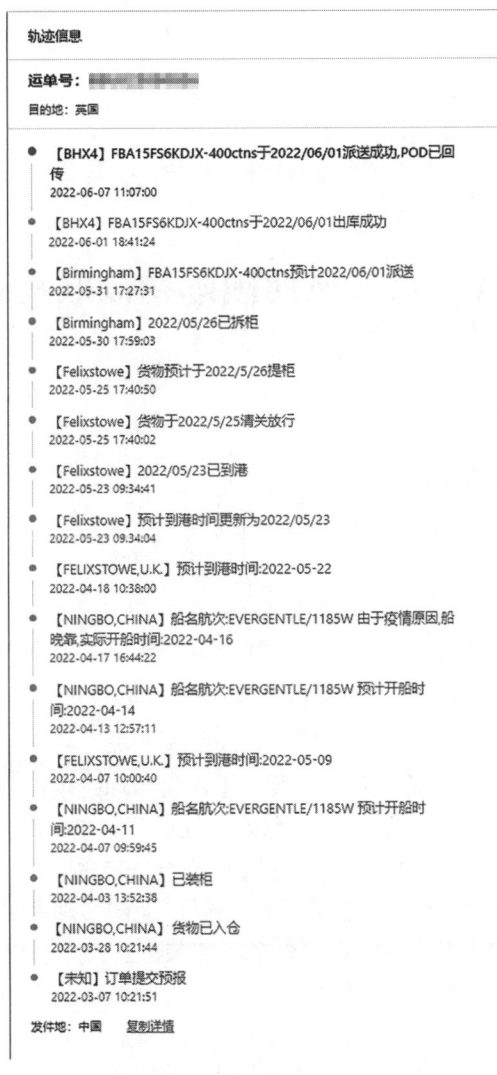

图 4-6　堡森三通智慧物流轨迹图

四、尾声

2023 年 11 月 23 日至 27 日，杭州举办了一场全球性贸易盛会——全球数字贸易博览会（简称数贸会），堡森三通荣获"全球数字贸易博览会先锋奖"。堡森三通自成立以来，已在全球 9 个国家进行了布局。跨境物流既是跨境电商发展的重要支撑，也是提升消费体验的关键环节。相关报告显示，接近 1/4 的全球网购消费者认为配送速度是影响他们选择电商平台的关键考量。此外，跨境电商企业会对物流费用、出仓速度、配送效率、异常情况处理能力等进行综合考量，选择满足自身需求的跨境电商物流服务商。而对跨境电商物流服务商来说，唯有综合解决跨境仓储、跨境运输、通关、核税等诸多难题，提供有价值的跨境电商物流服务，才能满足跨境电商企业及消费者的需求。堡森三通的总经理陈君云认为，实现只有跨境物流合规化、跨境物流的可视化和跨境物流增值服务 3 方面联动发展，才能提供真正有价值的跨境电商物流服务。未来 10 年是跨境电商发展的黄金 10 年，以堡森三通为代表的跨境电商物流服务商在促进跨境电商产业高质量发展方面将继续扮演关键角色。

【案例思考题】

1. 跨境物流的流程是什么？
2. 数字化时代对物流有哪些影响？
3. 结合案例和所学知识，谈谈你对跨境物流的建议。

第四节　乐链科技：正、逆向国际物流联动打造全球中心仓

【教学目的与用途】

1. 本案例的教学目的包括：
（1）理解保税仓、海外仓的概念。
（2）理解仓储在物流与供应链管理中的作用。
（3）掌握逆向物流的作用。
（4）了解跨境电商背景下跨境电商卖家在物流环节存在的问题及其原因。

2. 本案例主要适用于跨境电子商务、国际经济与贸易、贸易经济、物流管理、工商管理、管理科学与工程、电子商务和市场营销等专业的课程。

【引言】

乐链科技成立于 2016 年，多年来一直致力于深耕全球跨境电商智慧物流供应链，并将国内保税区实体仓打造为全球中心仓，联动海外仓打通正、逆向的国际物流，形成跨境通关全模式的跨境电商全球订单履约中心。乐链全球中心仓独特的"一区多功能、一仓多形态"，可以保障跨境电商企业真正做到"一盘库存卖全球"，能够实现商品"进得来，出得去，退得回"。乐链全球中心仓以其创新的模式获得多项殊荣。2022 年，乐链科技全球中心仓入选"浙江自贸试验区首批制度创新十佳案例"。同年，乐链科技凭借专业的创新能力和良好的业界口碑高票当选"2022 跨境电商行业创新服务之星"。同时，乐链科技的 CEO 王薇也在"2022 跨境电商年度红人评选活动"中喜获"2022 跨境电商年度红人"荣誉称号。此外，乐链科技参与的首个跨境电商海外仓国家标准制定项目正式启动。

一、传统货运行业的女强人

乐链科技的 CEO 王薇在国际物流行业有 30 余年的从业经验，见证和参与了我国国际物流业的蓬勃发展。王薇于 1989 年大学毕业后进入招商局集团物流业务平台——中国外运股份有限公司浙江空运部业务部工作，后到香港怡和运输（中国）有限公司浙江办事处担任销售经理。因其业务能力突出，王薇后又被杭州富华国际货运代理有限公司聘为空运部经理。1997 年，王薇开始创办自己的公司，即浙江兴力国际货运代理有限公司（简称兴力货运）的前身。2004 年，国家物流政策放开后，这家公司正式改名为浙江兴力国际货运代理有限公司，专门从事国际货运代理业务，致力于打造以涵盖国际货物运输所有业务门类的操作平台为核心的集仓储、分拨、配送、物流方案解决为一体的一站式集成物流供应商。因其丰富的行业资源和良好的服务口碑，兴力货运成为传统物流行业中的佼佼者。

二、浙江公共海外仓的先行者

2008 年，美国金融危机导致全球经济严重衰退，全球贸易额萎缩 10%，物流行业深受影响，王薇也在积极为公司寻找新的增长点。她注意到与传统外贸不景气的现状相反，跨境电商正在蓬勃发展。跨境电商是对外贸易的新业态，"互联网+外贸"催生跨境电商，跨境电商缩短了外贸的交易链条，以小批量、多频次、低风险、敏捷灵活的特点迎合了全球贸易发展的趋势。2010 年，阿里巴巴旗下面向国际市场打造的跨境零售平台全球速卖通成立，被广大卖家称为"国际版淘宝"。2011 年，成立于 2004 年的敦煌网宣布实现盈利，且 2012 年持续盈利。2013 年，B2C 跨境电商公司兰亭集势在美国纽交所挂牌上市。

王薇敏锐地察觉到跨境电商将是未来的发展趋势，蕴藏着巨大的潜力，她决定从跨境物流切入跨境电商。王薇走访了多家合作伙伴，发现物流是跨境电商卖家的一个痛点：海外直邮方式采用邮政小包虽然便宜但需要 16~30 天才能送达，时效性较差，海外消费者很可能因此放弃下单；国际快递 2~4 天即可送达但费用高，极高的快递费用可能远超货物价值，并可能吓退消费者。为解决跨境物流行业的难题，2013 年王薇创办了浙江点库电子商务有限公司（简称浙江点库），该公司主要提供海外仓仓储服务。海外仓分为头程运输、仓储服务和尾程派送，头程运输采用海运或铁路等传统货物运输方式，通过大规模运输降低物流成本，先将货物运往消费者所在国的海外仓库进行仓储、分拣和包装等，在消费者下单之后再用本地快递寄送到消费者手中。海外仓模式既降低了物流成本，也提高了配送效率。到 2015 年，浙江点库已建成 3 个海外仓，分别位于美国芝加哥、澳大利亚墨尔本、德国法兰克福，3 个海外仓的总面积约为 21 000 平方米。2015 年，浙江点库运营的海外仓入选浙江首批跨境电商公共海外仓。

王薇认为海外仓有 3 个优势。首先，海外仓作为仓库，可以为跨境电商企业提供海外仓储服务，不仅能降低物流成本，还能帮助海外消费者提高购物的体验度，同时能帮助中国卖家提高信誉度。毕竟，大多数消费者不会愿意为买一件小商品等好几个月。其次，虽然在出口跨境电商的包裹中 2 千克以下的小包裹依然是主流，但 8 千克以上的大包裹的数量正在迅速增加，如家具等大件商品。但这些商品很难用传统物流送到消费者手里，因为物流成本可能比商品本身的价格还要高。但有了海外仓，这些商品的物流成本就会降低很多。最后，以前对于不少中小型出口跨境电商企业来说，售后服务几乎是没有意义的，因为对于一件价值几十元的商品，要退换货，还要由买家承担几百元的邮费，非常不划算。但有了海外仓，出口跨境电商企业便有了"售后客服"。

但浙江点库在实际运营中也遇到一些问题：一是建设和运营海外仓的成本较高，包括海外人工成本较国内更高、仓库自动化设备的采购和运维等都需要投入大量资金；二是大量传统外贸企业将货物运往海外仓，但跨境店铺收到的订单较少，造成货物滞销、仓库爆仓，海外仓的运营模式需要货物高速流转。这让王薇意识到，仅靠仓储服务不足以支撑海外仓的运营，公司需要挖掘更多的服务。

三、开创全球中心仓，助力卖家合规出海

跨境电商高速增长，成为我国外贸重要的增长引擎，助推外贸高质量发展，各级政府对于跨境电商的支持力度不断加大。2015 年 3 月 7 日，国务院同意设立中国（杭州）跨境电商

综试区。跨境电商综试区着力在跨境电商交易、支付、物流、通关、退税、结汇等环节的技术标准、业务流程、监管模式和信息化建设等方面先行先试,为推动全国跨境电商健康发展提供可复制、可推广的经验。

王薇凭借敏锐的嗅觉,坚信跨境电商将迎来新的发展机遇。2016年,王薇成立乐链科技,结合多年的国际货运和海外仓业务经验,将国内保税区实体仓打造为全球中心仓,联动海外仓打通正、逆向的国际物流,形成跨境通关全模式的跨境电商全球订单履约中心。乐链科技全球中心仓的特点是"一区多功能、一仓多形态",海外仓储与国内保税仓储线上、线下打通融合,助力数字贸易交付和售后服务畅通。

与乐链科技全球中心仓合作的跨境电商企业可通过销售备货申请进入跨境电商综试区的保税区(简称综保区)。货物入区后进入乐链科技全球中心仓,完成收货清点和分类暂存;根据需求将货物转入相应账册,确定出口的货物可直接办理出口手续,申请出口退税。货物在特殊区域进行集货理货贴标,当产生备货订单或零售订单后,商家在乐链科技全球中心仓的 Glolinker 系统中下单,仓库按订单信息打包装箱,并以不同通关模式向海关申报。对于已经申报完成的备货商品,通过海、铁、空的物流方式出运或发往海外仓,零售包裹则通过专线快递完成全球订单履约。根据消费者所在区域,乐链科技全球中心仓可通过 AI 算法,由就近的海外仓完成商品调拨、配送,节约资源,实现"一盘库存卖全球"。乐链科技全球中心仓覆盖跨境通关全模式,"一区多功能、一仓多形态",充分助力跨境电商企业采销一体、商品合规出海。

全球中心仓这一创新模式有以下优势。第一,解决了跨境电商企业的退税问题。在传统出口模式下,跨境电商企业只有在货物要离境时才能申请出口退税,而使用全球中心仓的跨境电商企业在货物到达综保区的仓库中后就可以申请出口退税,从而缓解跨境电商企业的资金成本压力。第二,实现普通商品和保税商品统一管理,在跨境电商综试区的仓库可以提供保税和非保合并的业务,跨境电商企业可以将其非保税的一些业务放到保税区仓库里进行,保税的业务同样可以在这个仓库进行,这样可以提高货物集中管理的效率、降低仓库租金成本。由于切中了跨境电商企业的需求,全球中心仓大幅度提升了进出口贸易的便利性,实现了普通商品与其他商品的集中仓储、调运,大幅降低了管理和资金成本。多种贸易方式的分拨、集拼和混成,解决了原有因货物进出流向不同而导致的仓库分散问题,有效提升了物流和商品管理的集约化水平,提高了仓库管理的综合效率。

四、逆向物流解决海外仓退换货难题

在与客户的沟通中,王薇了解到跨境电商卖家在海外退换货及处理滞销商品时遇到了较多问题。以亚马逊 FBA 物流为例,对于退换货及滞销商品通常有 3 种处理办法:一是付费销毁,这种方式在境外非常普遍但并不经济,因为退回来的货物成本已经损失,还需要支付额外费用去销毁货物;二是低价处理,如在跳蚤市场低价打折(甚至低至一两折)销售,但这种方式会使品牌形象受损;三是请海外仓的工人进行维修和二次包装,但是海外仓的工人不仅人工成本高,而且只能做非常简单的工作,难以进行复杂作业,容易在二次销售中收到消费者的差评。

对此,王薇推出了乐链全球退换货中心的逆向物流服务。逆向物流是物品和信息从消费端（用户）到供应端（厂家）的流通过程。跨境电商卖家在平台上提交移除订单的申请后，会自动通过乐链 Glolink-SaaS 系统进行授权确认，其他海外仓会把卖家的退货统统发到乐链科技在海外的退货仓。对于退回的货物，无论是大批量的还是散件的，都会先在乐链科技的海外集货仓拼成一个柜再邮寄回乐链科技在国内的全球中心仓。这样不仅降低了退换货成本，而且通过合规通关方式回来的货物不需要交进口税。进入乐链科技全球中心仓以后，跨境电商卖家可以把工人带到仓库进行维修打包、质检，因为本企业的工人对其货物是熟悉的，也更容易分辨货物能否进行二次销售。该服务一经推出就获得大量跨境电商卖家的青睐，包括阿里巴巴菜鸟物流。这项服务不仅有经济价值，而且具备社会价值，企业通过逆向物流节约了社会资源。

五、尾声

作为一家以科技为导向的外贸综合服务企业，乐链科技独立研发的溯源追踪体系可以提供全球视角下基于区块链数据的阳光化通关物流解决方案，在全球中心仓的格局下，能真正帮助跨境电商企业阳光出海、无忧退货！

【案例思考题】

1. 仓储在物流与供应链管理中有哪些作用？
2. 什么是保税仓？保税仓对跨境进口电商有什么作用？
3. 什么是逆向物流？逆向物流有什么作用？
4. 结合案例和所学知识，谈谈你对优化跨境物流的建议。

第五章　跨境电商网络营销服务案例

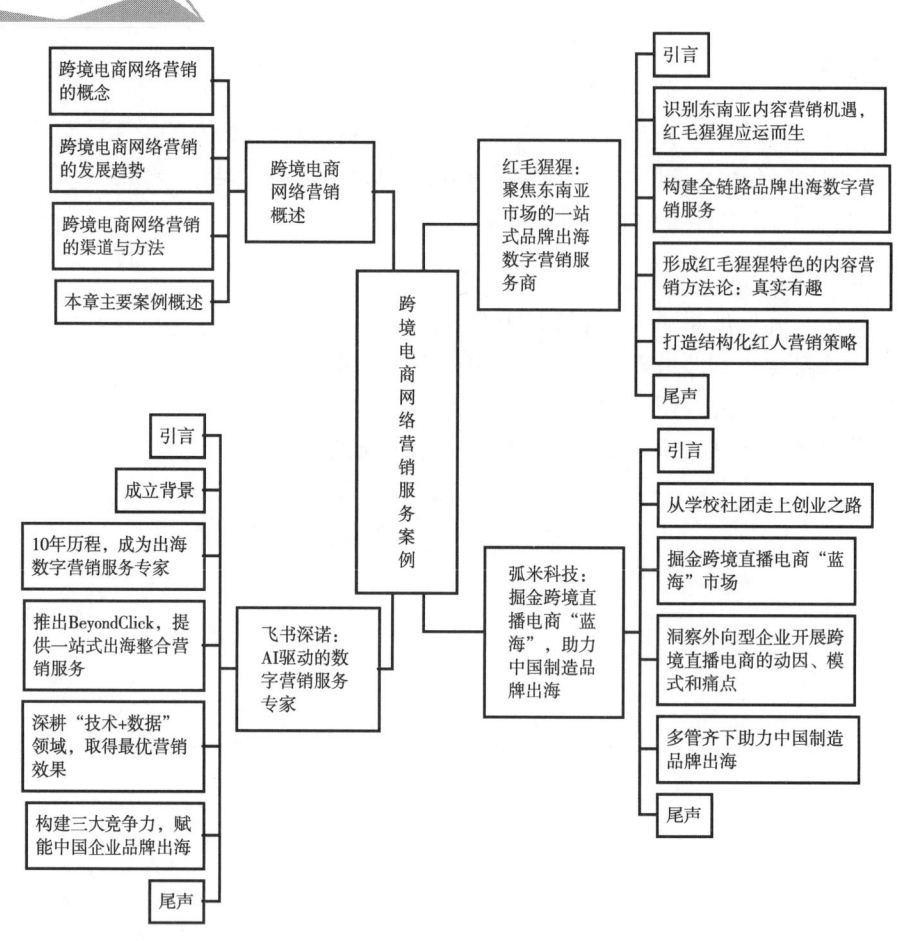

【主要内容】

```
                                            ┌─ 引言
                                            ├─ 识别东南亚内容营销机遇，红毛猩猩应运而生
                          ┌─ 跨境电商网络     ├─ 构建全链路品牌出海数字营销服务
                          │  营销概述        │
                          │  ┌─ 跨境电商网络   红毛猩猩：聚焦东南亚市场的一站式品牌
                          │  │  营销的概念     出海数字营销服务商
                          │  ├─ 跨境电商网络   ├─ 形成红毛猩猩特色的内容营销方法论：真实有趣
                          │  │  营销的发展趋势
                          │  ├─ 跨境电商网络   └─ 打造结构化红人营销策略
                          │  │  营销的渠道与方法
                          │  └─ 本章主要案例概述  尾声
  跨境电商网络营销服务案例 ─┤
                          │  飞书深诺：       ┌─ 引言
                          │  AI驱动的数字     ├─ 从学校社团走上创业之路
                          │  营销服务专家     │
                          │  ┌─ 引言         弧米科技：掘金跨境直播电商"蓝海"市场
                          │  ├─ 成立背景      ├─ 洞察外向型企业开展跨境直播电商的动因、模式和痛点
                          │  ├─ 10年历程，成为出海
                          │  │  数字营销服务专家 └─ 多管齐下助力中国制造品牌出海
                          │  ├─ 推出BeyondClick，提
                          │  │  供一站式出海整合营    尾声
                          │  │  销服务
                          │  ├─ 深耕"技术+数据"
                          │  │  领域，取得最优营销
                          │  │  效果
                          │  ├─ 构建三大竞争力，赋
                          │  │  能中国企业品牌出海
                          │  └─ 尾声
```

【学习目标】

1. 知识目标

（1）掌握跨境电商网络营销的概念。

（2）了解跨境电商网络营销的渠道和方法。

（3）了解跨境电商整合营销服务。

（4）了解跨境电商东南亚市场的内容营销热点，以及跨境直播电商的发展状况。

2. 能力目标

（1）学会分析飞书深诺是如何构建三大核心竞争力，以及如何用三大核心竞争力赋能企业品牌出海的。

（2）学会分析红毛猩猩（深圳）科技有限公司（简称红毛猩猩）的内容营销方法和服务体系及其在品牌出海中的应用。

（3）学会分析杭州弧米科技有限公司（简称弧米科技）是如何通过海外社群运营、跨境直播及培训等服务赋能企业品牌出海的。

【导 入】

在传统经济时代，中国品牌成功"走出去"的寥寥无几，成为国际知名品牌的更是凤毛麟角。华为、联想、海尔、TCL、海信、李宁等无不是经过了长期持续的产品创新和大量的渠道投入与宣传才逐渐在海外市场站稳脚跟，这些企业也都是国内市场各领域的佼佼者，具备雄厚的实力。相对而言，近年来，一批中国新锐品牌如安克创新、SHEIN、Zaful、致欧家居等，依托第三方平台或自建的独立站等营销渠道并结合专业的跨境营销服务从零起步，迅速在海外市场打出品牌知名度。很多品牌甚至在国内没有什么知名度，直到在海外市场建立起强大的品牌影响力后才逐渐为国人所知，并在跨境电商领域快速成长为各细分市场的头部品牌。相关数据显示，目前，在跨境电商领域，中国出海品牌已达5000余家。品牌是建立在用户心智中的。用户在哪儿，如何触达，触达后如何强化是品牌建设的核心问题。那么，对于进行跨境电商品牌出海的中国企业来说，如何借助跨境电商网络营销服务商的专业能力，为自己在目标市场实现"0-1"（从没有品牌到有品牌）及"1-100"（知名度逐渐提升）的品牌构建及知名度的提升呢？

第一节　跨境电商网络营销概述

一、跨境电商网络营销的概念

众所周知，在电商领域，流量是一切销量的基础，没有流量的跨境电商独立站、跨境电商App和第三方平台的店铺都将是一潭死水，销量和盈利根本无从谈起。随着跨境电商平台及跨境电商卖家的不断增加，跨境电商行业内的竞争日益加剧，跨境电商流量和国内电商流量一样，日益成为稀缺资源。如何吸引境外买家的注意，并将其注意力转化为购买力是跨境电商卖家持续关注的问题。跨境电商卖家只有不断积累跨境电商网络营销的经验，利用线上、线下等多种渠道，合理应用如搜索引擎、社交媒体、网络广告等各种网络营销工具引入更多流量，并将其转化为销量，同时达到塑造品牌形象和扩大品牌影响力的目的，才能在跨境电商竞争中处于有利的地位。

跨境电商网络营销是基于互联网与社会关系网络连接企业境外用户和公众，向境外用户和公众传递有价值的信息及服务,为实现境外顾客价值和企业的跨境营销目标所进行的规划、实施、运营管理活动。在消费升级的驱动下,整个跨境电商产业的供应链优化升级始终围绕着两个终极目标展开——降低产品成本和增加产品价值(简称降本增值)。跨境电商网络营销的目标当然也不例外,网络营销主要通过流量的精细化运营和塑造品牌两个抓手实现降本增值的目标。精细化运营有助于提高企业的营销效率并降低成本,即提高投资回报率(Return On Investment,ROI),塑造品牌则有助于企业实现创造溢价和增值的目标。

二、跨境电商网络营销的发展趋势

随着跨境电商发展的不断深入,以及互联网营销工具的不断涌现,跨境电商网络营销的发展呈现出如下趋势。

1. 跨境电商网络营销的品牌化趋势

跨境电商品牌化建设有助于满足消费者对优质产品和服务的需求,有助于培育消费者的信任感并促使其进行重复购买,也有助于企业获得较高的产品收益,帮助企业脱离低端的价格竞争,将有限的资源投入产品升级及提高客户体验与服务中去,从而实现企业发展的良性循环。总而言之,跨境电商品牌化建设才是跨境电商企业长远发展的基石。当然,在移动端和社交媒体崛起的时代,和消费者做个性化、深度的沟通变得更容易,使得品牌有可能在更短的时间内建立起来。

2. 跨境电商网络营销的社交化趋势

相关数据显示,截至2022年1月,全球社交媒体用户超过46.2亿人,相当于世界总人口的58.4%,全球社交媒体用户增长了10%以上(2021年,全球有4.24亿名用户开启了社交媒体之旅,平均每天有超过100万名新用户出现)。随着社交媒体的兴起,从中国到世界范围内,社交媒体渠道成为电商流量的重要来源,许多跨境电商平台在社交媒体渠道做广告,甚至将整个平台朝着社会化营销的方向转型。对于入驻平台的卖家而言,通过社交媒体从站外引流无疑是一种重要的营销推广方法。

3. 跨境电商网络营销的内容化趋势

跨境电商网络营销已经步入了以内容营销为主的时代,内容营销在搜索引擎、社交媒体等营销渠道中成为制胜的关键。内容营销的核心目标是获取用户。进行内容营销,不仅可以通过不同形式的内容获取不同类型的用户,还可以了解不同用户的需求。以"什么值得买"平台为例,该平台境外用户男多女少,18~34岁的用户占比为71%,近70%的用户更喜欢浏览具有深度的内容。

4. 跨境电商网络营销的智能化趋势

跨境电商的网络营销工具不仅种类越来越多,还呈现出智能化的趋势。无论是社交媒体还是搜索引擎,这些智能化营销工具的共同特征是操作越来越简单。卖家在了解了这些智能化营销工具背后的商业逻辑后,能让它们为自己的网络营销提供更有力的帮助。

三、跨境电商网络营销的渠道与方法

(一)跨境电商网络营销渠道——跨境电商第三方平台和独立站

1. 跨境电商第三方平台简介

跨境电商第三方平台独立于产品或服务的提供者和需求者,通过网络服务平台,按照特定的交易与服务规范,为买卖双方提供服务,服务内容可以包括但不限于"供求信息发布与搜索、交易的确立、支付、物流"。对于中国卖家来说,常用的出口跨境电商平台主要有全球速卖通、阿里巴巴国际站、亚马逊和 eBay 等。第三方平台用公域流量做背书,同时整合营销、物流、支付、运营等服务,方便卖家以低成本上架商品和运营店铺,以此吸引卖家入驻,盈利模式以收取商家佣金及其他增值服务费用为主,是跨境电商生态中发展得较为成熟的业态,也是早期跨境电商卖家的优先选择。但是第三方平台在自身发展过程逐渐暴露出以下问题:同质化竞争激烈,不利于品牌价值实现;平台货币化率高,站内的流量获取成本与运营费用越来越高;营销方式受限,政策监管和平台约束趋严,面临封号风险,不稳定性高;商家无数据支持,无法进行精准营销和用户深耕。

2. 跨境电商独立站简介

独立站指商家拥有的独属于自身的域名、空间、页面。跨境电商卖家可依据需求与定位,对独立站进行装修设计与推广,其所带来的流量与客户完全归独立站所有。随着平台流量红利的减少和同质化竞争的加剧,跨境出口电商进入品牌红利期,作为与第三方平台相辅相成的渠道和品牌化的展示出口,独立站成为移动化、社交化和内容营销三大趋势下跨境电商新的增长渠道。根据艾媒咨询发布的《2021—2022 年中国跨境出口电商行业及独立站模式发展现状及趋势研究报告》,中国企业在海外建立的独立站数量已经达到 20 万个。《人民日报》在《独立站助力中国品牌出海》中指出,独立站直面消费者,可获得一手数据,更有利于培养用户的品牌忠诚度。此外,独立站卖家通过与海外市场的消费者之间建立情感连接,可以让消费者产生对品牌的感知和价值认同,从而实现品牌溢价和复购。鉴于独立站是跨境电商卖家品牌出海的最佳渠道,国家政策也为跨境电商卖家通过独立站实现品牌出海提供了巨大的支持。2021 年 7 月,国务院办公厅印发的《关于加快发展外贸新业态新模式的意见》中提出,支持外贸细分服务平台发展壮大,其中包括"鼓励外贸企业自建独立站,支持专业建站平台优化提升服务能力"。独立站的优势明显,但运营难度也确实不小,首当其冲的便是流量问题。《人民日报》指出,独立站面临广阔的公域流量,来源更多、转化率更高,但获得难度不小。独立站的流量渠道包括搜索引擎和社交媒体平台等,但近几年流量成本迅速提升,给卖家带来不小的负担。不过也有一些新兴的引流方式,如红人营销、直播推广等,具有低成本高回报的特点,值得卖家探索。

3. 跨境电商第三方平台和独立站的优劣势对比

表 5-1 总结了跨境电商第三方平台的优劣势,以及跨境电商独立站的优劣势。

表 5-1 跨境电商第三方平台和独立站的优劣势对比

	跨境电商第三方平台	跨境电商独立站
优势	第三方平台具有丰富的后台功能和成熟的运营模式，对于新手卖家来说，易学习、入门快	卖家的经营自主权大，可以根据自身情况、自身想法去设计与策划营销
	跨境电商第三方平台凭借自身的知名度，具有庞大的客户群体，卖家在初期的流量转化速度较快	独特的品牌网站风格、巧妙的设计点、无处不在的 Logo 与宣传等，都会给买家留下深刻的品牌记忆
	第三方平台在交易规则、支付体系、物流体系等方面较为完备，卖家相对省心省力	卖家可以将一切资源与主动权掌握在自己手中
		消费者在购物期间更关注产品与品牌信息，卖家可以有效避免价格战。而且，由于品牌化，独立站商品的利润空间也较大
劣势	无法获取消费者数据	需要长期运营与推广
	平台规则限制多	
	竞争白热化	
	佣金较高	引流难度高
	流量红利越来越少	

（二）跨境电商网络营销方法

每一个新营销工具的出现和广泛应用都会带来一波流量红利，如何紧跟并熟悉各种已有的营销方法，或敏锐地捕捉新趋势和新方法，并整合所有方法进行营销对企业而言非常重要。跨境电商卖家在两种不同的网络营销渠道中发布商品信息后，需要合理利用各种跨境电商网络营销方法将商品信息展现给买家，以引起他们的注意并最终达成交易。

不同的网络营销渠道可以采用的跨境电商网络营销方法也有所不同，依托第三方平台的卖家首先会利用平台内的网络营销工具和方法，当卖家在跨境电商第三方平台内所占有的流量趋于饱和时，会尝试站外引流的方式来扩大自己的影响力，而独立站买家也主要是通过独立于跨境电商第三方平台的一些渠道进行引流的。因此，通常可以将跨境电商网络营销方法分为跨境第三方电商平台内的网络营销方法与跨境第三方电商平台外的网络营销方法（简称跨境电商站内网络营销方法和跨境电商站外网络营销方法）。前者主要包括站内促销、付费广告营销、站内搜索引擎优化等；后者主要包括早期的网络广告、搜索引擎营销、电子邮件营销、论坛营销、Deals 营销等，以及最近几年流行的社会化媒体营销和直播电商等。

就站内外广告投入而言，初创型跨境电商卖家在站内的广告投放比例要高于成熟品牌卖家，其站外的广告投放比例则要低于成熟品牌卖家。同时，跨境电商卖家主要采用以 Meta 为代表的 SNS 营销、Google 营销和以 TikTok 为代表的新兴媒体 3 种营销方法，而且跨境电商卖家在 Meta 上的广告投入占比远高于 Google 和其他媒体，跨境电商卖家比一般企业在 Meta 上的广告投入占比要高，如图 5-1 所示。从目前实践来看，大部分跨境电商卖家会借助跨境电商网络营销服务商之力来实施上述三类营销方法。图 5-2 展示了跨境电商网络营销服务商站外标准化投放渠道策略。一般而言，跨境电商卖家的站外投放策略中通常先以 Meta 投放入手，在 Meta 投放效益达到一定规模后，开始试水 Google，等 Meta 和 Google 的投放效益均达到一定规模后，再试水其他平台，如 TikTok 等。就现阶段而言，跨境直播和社交媒体为卖家提供的营销创收增长要低于品牌价值的提升。

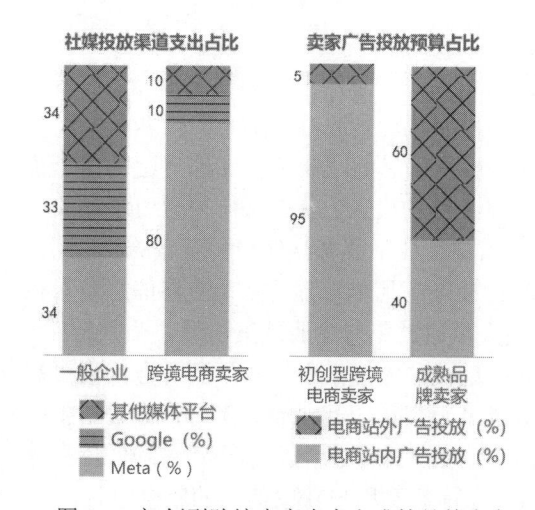

图 5-1　初创型跨境电商卖家和成熟品牌卖家站内外广告投放预算占比的对比图

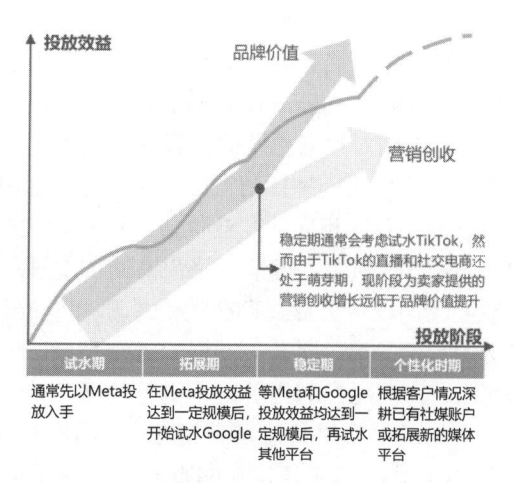

图 5-2　跨境电商网络营销服务商站外标准化投放渠道策略

这里主要对以 Meta 为代表的 SNS 营销、Google 营销，以及以 TikTok 为代表的短视频和跨境电商直播 3 种营销方法进行简单介绍。

1. SNS 营销

SNS（Social Networking Services，社会性网络服务）专指旨在帮助人们建立社会性网络的互联网应用服务。SNS 的另一种常用解释是"Social Network Site"，即"社交网站"或"社交网"。综合两种说法，SNS 营销指的是利用社交网络工具或服务建立商品和品牌的群组、举行活动，并利用 SNS 易于分享的特点进行基于病毒性营销等方法传播的一种营销方式，其核心是通过人的信息资源及网络资源进行社会关系的扩展。SNS 营销除能够帮助卖家有效积累用户外，还有助于卖家塑造品牌形象、方便卖家进行市场调研和提高卖家与用户的沟通效果。SNS 的营销过程可以分为市场调研、定位与方案确定、方案实施、营销效果的控制与管理。

一般来说，根据联系对象的不同可将社交工具分为以下 3 种类型：①联系周围认识的人，即根据真实身份交往的社交工具，如 WhatsApp、LinkedIn 等；②联系虚拟世界中兴趣相同的人，即根据兴趣交往的社交工具，如 Instagram、YouTube、Pinterest、Twitter 等，其特点是更具开放性；③联系互联网上的专业人士，即为了解答专业问题而建立社交关系，如解答户外设备相关问题的专业类论坛和博客等，这类社交工具偏专业和冷门，虽然在专业人士之间热度高，但是在全球受众中的绝对数量较小，所以说这类工具一般很难上榜单。

跨境电商 SNS 营销与境内电商 SNS 营销的相似之处在于以下两点：①两者都要判断该方法与卖家的商品及目标群体是否吻合；②两者都要准备好相应的人力、物力和财力，如运营人才、营销推广的内容，以及运营所需要的各种费用支出等。

当然，跨境电商 SNS 营销与境内电商 SNS 营销之间也存在一些不同，主要有如下 3 点：①跨境电商 SNS 营销所需要的人才是运营跨境电商网络营销工具的专业人才；②跨境电商 SNS 营销需要较特殊的技术支持，如 VPN 之类的工具；③跨境电商 SNS 营销需要高质量的符合境外客户需求的内容，内容是社交工具成功运营的关键因素。

2. 搜索引擎营销

一项调研报告显示，消费者认为最有可能找到有效商品信息的渠道是搜索引擎。搜索引擎营销（Search Engine Marketing，SEM）是基于搜索引擎平台，通过一整套的技术和策略系统，利用人们对搜索引擎的依赖和使用习惯，在人们检索信息的时候尽可能地将营销信息传递给目标客户的一种营销方法。搜索引擎营销要求以最小的投入，获得来自搜索引擎最大的访问量，并获取相应的商业价值。可见搜索引擎营销是企业不容忽视的一种营销方法。

如图 5-3 所示，搜索引擎营销的实现过程一般包括以下几个步骤：①企业将信息发布在网站上成为以网页形式存在的信息源；②企业营销人员通过免费注册搜索引擎、交换链接、付费的竞价排名，以及关键词广告等手段，使企业网址被各大搜索引擎收录到各自的索引数据库中；③当用户利用关键词进行检索（对于分类目录则是逐级目录查询）时，检索结果中罗列出相关的索引信息及其链接；④用户对检索结果做出判断；⑤用户选择感兴趣的信息并点击 URL 进入信息源所在网页，从而完成企业从发布信息到用户获取信息的整个过程。

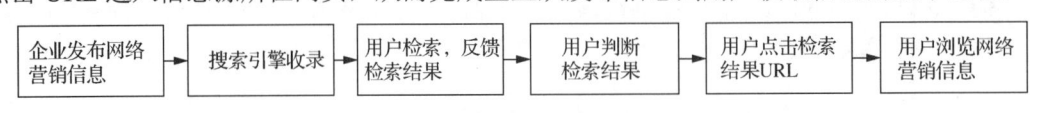

企业发布网络营销信息 → 搜索引擎收录 → 用户检索，反馈检索结果 → 用户判断检索结果 → 用户点击检索结果URL → 用户浏览网络营销信息

图 5-3 搜索引擎营销的实现过程

3. 跨境电商直播

在数字经济快速发展与 5G 技术在商务领域深入应用的背景下，直播经济已成为全球互联网经济的新兴业态。随着直播技术在国际贸易领域的深入应用和境内外各类平台企业纷纷介入直播领域，"跨境贸易+电商+直播"这种跨境电商直播模式正在兴起。跨境电商直播指的是一个国家或地区的企业在跨境电商平台或社交平台上以直播方式向境外用户销售产品的数字营销新模式，具有销售市场跨境化、销售方式数字化、销售过程互动化等主要特征，是实现区域经济创新、开放、绿色、共享发展的新兴手段。跨境直播平台分为 3 类：①社交媒体平台，如 TikTok、Instagram；②跨境 B2B 电商平台，如阿里巴巴国际站；③跨境 B2C 电商平台，如全球速卖通、亚马逊、Shopee、Lazada。

跨境电商直播逐渐成为我国企业开拓海外市场的新方式，业界也已经涌现了卧兔网络、吃鲸科技、弧米科技等跨境电商直播领域的 MCN 机构（Multi-Channel Network，指帮助签约达人进行内容持续输出和变现的公司）和服务企业。一些制造企业、外贸企业、跨境电商卖家等也通过与 MCN 机构签订直播合作协议的形式让后者提供跨境电商直播带货，或者自身聘用网红组建直播团队开展跨境电商直播。

四、本章主要案例概述

围绕跨境电商营销服务的主题，本章选取了飞书深诺、红毛猩猩和弧米科技 3 家公司在跨境电商营销服务领域为跨境电商卖家提供的广告投放、短视频、跨境直播等品牌出海数字营销整合服务为研究内容，撰写了 3 个跨境电商营销服务案例，以帮助读者进一步了解目前国内跨境电商的营销服务生态。

1. 飞书深诺：AI 驱动的数字营销服务专家

随着跨境电商的兴起，众多中国企业开始瞄准海外市场。然而，在陌生的市场环境和错综复杂的文化背景下，中小型企业均面临各类挑战。其中，非常重要的一项就是如何有效地进行跨境电商营销。成立于 2013 年的飞书深诺，专注海外数字营销，为阿里巴巴、腾讯、滴滴、携程、小米、OPPO、拼多多、SHEIN 等行业头部企业提供服务，成为数字化跨境营销领域的领航者。其旗下的 BeyondClick，提供一站式出海整合营销服务；公司深耕"技术+数据"，助力企业产出最优营销效果；通过构建三大竞争力，赋能中国企业品牌出海。那么，飞书深诺是如何领跑跨境电商营销领域，又是如何助力 10 万多家中国企业成功出海的呢？

2. 红毛猩猩：聚焦东南亚市场的一站式品牌出海数字营销服务商

越来越多的以"智造"为代表的中国制造企业加快布局东南亚市场，作为中国 DTC 品牌出海的新势力正逐步获得东南亚用户的青睐，但传统制造企业在这场转型升级的过程中持续面临如何加速获得东南亚消费者的认可与信任感、促进销售转化、形成有效的品牌沉淀等挑战。而跨境电商数字营销服务商的专业服务能推动品牌方品牌声誉的提高与销售业绩的增长。作为专注于品牌出海赛道的整合营销服务商，红毛猩猩基于内容营销方法论，依托 MCN 机构和 PongoShare 这个红人对接平台形成了涵盖红人营销、跨境直播、广告投放、内容创作、媒体 PR 及海外社交媒体账号代运营服务等一站式数字营销服务体系，帮助出海企业快速开拓目标市场。红毛猩猩服务过的品牌商家超过 200 名，其中包括家喻户晓的海尔、创维、TCL、小米、传音等品牌，以及 PatPat、添可、追觅、Y.O.U 等独角兽 DTC 品牌。那么，红毛猩猩是如何做到在短时间内获得业内企业的高度认可的呢？

3. 弧米科技：掘金跨境直播电商"蓝海"，助力中国制造品牌出海

随着国内直播电商的日益成熟，国内外知名社交、电商、短视频平台尝试复制国内直播电商的经验和模式，纷纷加入跨境直播电商行业，将跨境直播电商推到了一个新高度。随着产业的高速发展，跨境直播电商涌现出多种特色鲜明的模式。本案例通过描述弧米科技的发展历程，分析了跨境直播电商的现状，剖析外向型企业开展跨境直播的问题与痛点，旨在使读者了解跨境直播电商这一新业态，培养读者分析和解决企业开展跨境直播实践问题的能力。弧米科技成立于 2017 年，作为一家"互联网+跨境"企业服务商，主营海外社群、跨境直播及培训等业务，拥有国内领先的来华外国留学生社群 MyHomie。另外，弧米科技还获得过"共青团中央'一带一路'全国创业 20 佳""2020 杭州贡献力十佳创服机构""杭州 HINEW 国际众创大会优秀组织奖""Discovery Hangzhou 丝路天使直播季官方推荐服务商"等荣誉。

【思考题】
1. 请说明跨境电商网络营销的概念。
2. 请说明跨境电商网络营销的未来发展趋势。
3. 请阐述跨境电商网络营销方法。
4. 请阐述跨境电商第三方平台和独立站的优劣势。
5. 请阐述跨境电商 SNS 营销。

第二节　飞书深诺：AI 驱动的数字营销服务专家

【教学目的与用途】
1. 本案例的教学目的包括：
（1）了解跨境电商的背景和挑战，以及数字营销的重要性。

(2) 掌握数字营销的基本概念和策略。
(3) 了解飞书深诺的发展历程和服务内容。
(4) 理解飞书深诺的三大竞争力，以及它们如何为企业的品牌出海提供全面支持。

2．本案例主要适用于跨境电子商务、国际贸易、电子商务、创业管理和财务管理等专业的课程。

【引言】

2022 年 6 月，第十三届金鼠标数字营销大赛获奖名单揭晓，飞书深诺凭借 Lazada、安踏、vivo 等案例斩获出海营销赛道 1 银 2 铜共 3 座奖杯，飞书深诺的创始人兼 CEO 沈晨岗被评为"年度数字营销影响力人物"。同年 11 月，在第十五届金投赏商业创意大奖颁奖典礼上，飞书深诺再次凭借传音 Infinix、vivo、成都星合互娱科技有限公司等案例，揽获出海组别的 3 项大奖。

金鼠标素来被称作"数字营销风向标"，而金投赏则是全球最有影响力的中国本土的国际化奖项之一。沈晨岗表示，这些荣誉是对飞书深诺作为出海营销赛道领航者的高度认可。飞书深诺创立于 2013 年，不断深耕品牌发展与数字营销领域，推动行业变革和升级。目前飞书深诺服务出海企业客户 10 万多家，覆盖 80%以上的中国出海企业，包括阿里巴巴、腾讯、滴滴、携程、小米、OPPO、拼多多、SHEIN 等行业头部企业……

这份耀眼的成绩单是飞书深诺步步稳扎稳打"探"出来的。

一、成立背景

1．从本土到海外，扎根数字营销

沈晨岗是飞书深诺的创始人，"数字营销"这个词条也几乎代表了他十多年的创业经历，也被刻进他的"从业 DNA"。

2005 年，沈晨岗从 eBay 离职后，在国内流量市场中挖掘到商机，与合伙人一起创办了达闻营销，这是国内最早提供整合搜索和社会化媒体营销的机构，也是第一个接入百度 API 的服务伙伴，沈晨岗带领这家公司用 4 年的时间迅速成为中国搜索营销的领导者。

首次创业的显赫成绩并没有让沈晨岗停止对数字营销的探索。2013 年，中国移动互联网兴起，当时国内网络零售蓬勃发展，B2C 赛道的天猫、京东、苏宁，以及 C2C 市场的淘宝分割着国内电商市场的份额。由于国内营销行业相对饱和，沈晨岗希望寻求其他赛道，加上当时跨境出口电商带动海外营销市场持续火热，于是他决定再次创业，开始进军海外数字营销市场。

2．直击出海痛点，公司应运而生

沈晨岗和他的团队观察到，随着跨境电商的兴起，众多中国企业开始放眼海外市场，跨境电商从业商家数量不断攀升，除了服饰、3C 等传统出海品类，更多精细化的垂直品类如户外储能、移动办公、宠物用品等正在崛起。

海外市场虽然广阔，但面对海外陌生的市场环境和错综复杂的文化背景，"走出去"似乎并不容易，无论是大厂还是中小型企业均面临诸多挑战，如何有效地进行跨境电商数字营销成为非常重要的一环。沈晨岗表示，一方面，海外购买整体的链条要比国内更长，从生产到物流到最后交付，产品周期要比国内更长，不可控因素也会更多；其次，如何更贴近海外市场、更贴近海外用户的消费习惯对未曾有过经验的国内商家来说难度不小。

沈晨岗敏锐地发现跨境电商数字营销的巨大潜力和需求，他认为随着全球化的进一步发展，这必将成为下一个潮流。2013年年底，专注于出海数字营销服务的机构——飞书深诺应运而生。

二、10年历程，成为出海数字营销服务专家

成立于2013年的飞书深诺，是专注于出海数字营销服务的综合服务集团。其旗下三大跨行业服务子品牌MeetsocialMedia、BeyondClick、Meet Experience为出海企业提供媒介采买、整合式数字营销和数字技术服务，两大行业SaaS平台SinoClick和Meetgames为电商品牌、游戏行业出海客户提供一站式平台服务。凭借超宽幅全球媒体资源、海量数据沉淀、专业服务团队和AI技术赋能，飞书深诺为出海企业提供覆盖出海全链路的多元数字营销解决方案，助力中国企业进军海外市场，建立全球品牌。

飞书深诺在成立后的半年时间里，便成功拿下原Facebook中国顶级广告代理资质，沈晨岗把这次跟国际主流媒体的合作看成转型跨境电商数字营销的第一次飞跃。在这之后，公司业务突飞猛进。

随着客户的增多，需求也越来越多元化，飞书深诺乘胜追击，相继拿下Google、YouTube、Twitter、LinkedIn等中国顶级广告代理资质。至今，飞书深诺已成为同时拥有Meta、Instagram、Google、YouTube、Twitter、TikTok、Pinterest、Snapchat、LinkedIn等39家全球媒体平台官方代理权的跨境电商数字营销机构，并帮助10 000多家中国企业成功出海。这些企业覆盖电商、游戏、应用、品牌等多个领域，包括阿里巴巴、腾讯、字节跳动、滴滴、携程、小米、OPPO、中国国际电视台、大疆科技、中国南方航空、VIPKID、山东旅游局等行业头部企业。在"2023BrandZ中国全球化品牌50强"中，飞书深诺服务的客户占了"半壁江山"。

基于多年来的服务经验，飞书深诺的诸多案例成为最佳行业实践，通过行业化、场景化的精准服务，真正帮助出海企业迎接各类挑战。

三、推出BeyondClick，提供一站式出海整合营销服务

1. 整合和联通营销服务链

随着出海环境的不断变化，跨境电商企业现阶段如果只做流量采买，已经很难像以前一样实现快速增长，想要寻求"增长"与"盈利"，需要做的事情越来越多。例如，打造优质的产品、创造好的内容、做好服务体验、畅通支付环节等，这些是企业在打造品牌力的路上需要不断积累的能力。

"每个不同的环节，都需要找相应的供应商，沟通成本与预算成本很高，加上电商品牌面临着多账号、多市场、多策略等痛点，常常希望一家公司可以把所有事情全做了。"飞书深诺的销售副总裁兼BeyondClick负责人李纯妮分析道。

2022年7月，飞书深诺发布了专注海外营销的整合解决方案"飞书点跃BeyondClick"，旨在实现营销服务链路的整合和联通，帮助企业从品牌定位、网站建设、广告投放、社交媒体传播、私域运营等方面实现拉新（拉来新用户）、转化和复购。

2. AI技术驱动，提高海外推广引流服务能力

基于AI技术的不断发展，2023年5月飞书深诺再次升级了BeyondClick，通过底层的大数据和AI技术驱动。BeyondClick由四大营销服务板块构成，包括"市场洞察服务"板块、"运营优化服务"板块、"数字创意服务"板块及"社媒KOL营销服务"板块，助力中国出海企业和品牌更精准、有效地连接全球消费者。

（1）"市场洞察服务"板块：BeyondClick基于细分行业Benchmark和10年全球投放数据分析，帮助客户找对市场、精准定位，提供媒介组合策略最优解。

（2）"运营优化服务"板块：代投覆盖全球39家主流媒体和新兴媒体、4年以上的专业优化师提供策略和执行服务、平均每个优化师有200多家公司投放经验，更有iCenter Pro一站式智能分析投放数据，为客户提供效果最大化的优化服务。

（3）"数字创意服务"板块：50多万条优质数字创意内容素材，Creative Booster以AI技术赋能创意生产自动化，智能提效，实现月均8000多条创意上线和迭代。

（4）"社媒KOL营销服务"板块：BeyondClick拥有覆盖全球的2200多万个网红资源，能够触达超22亿名全球消费者，并有AI技术加持的Scrumball赋能KOL投放策略快速生成，可以有效提升全球粉丝触达率。

Rokid是一家寻求开拓国际市场的中国人工智能公司，为快速提升在海外的品牌认知度、实现北美和欧洲市场的销售目标，请BeyondClick为其提供出海数字营销服务。Rokid的海外事业部负责人Frank表示："BeyondClick通过'主流媒体+新媒体'的投放组合策略、全漏斗式的精准营销，在AI创意工具的智能提效辅助下，帮助我们在两个季度内快速实现广告支出回报率（Return On Advertising Spend，ROAS）提升100%，并为我们带来海外市场品牌知名度提升和销售增长。"

四、深耕"技术+数据"领域，取得最优营销效果

1. 技术赋能，完善营销技术产品矩阵

沈晨岗认为，"技术+数据"是飞书深诺保持核心竞争力的关键。

在技术投入层面，飞书深诺向来不计成本。即使在创业初期公司资金非常紧张的情况下，飞书深诺依然投入百万元的资金升级服务器和数据仓库系统，使其可以最大限度地确保大规模数据的安全存储与实时调取，实现海量请求访问时服务器和数据仓库的稳定运行。飞书深诺在研发费用方面的投入持续攀升，2020年，其研发开支占该年总收益的15.7%，用于培育稳定且专门的研发团队，以及独立研发公司的主要技术产品和营销工具。沈晨岗表示，公司希望通过技术更好地了解用户、更好地得到用户反馈、更好地与企业自身的数字水平连接。

飞书深诺把技术作为中心，以技术驱动发展方向和公司整体战略，陆续推出一系列技术产品和工具，还积极探索与利用以腾讯云为代表的云原生技术，赋予飞书深诺独立搭建技术中台、数据中台和算法中台的稳定能力，实现从业务服务到数据抓取再到数据服务的全面升级，为产品矩阵打下坚实的营销技术基础。

2. 数字化升级，解决跨境营销难问题

由于营销环节众多、营销服务分散，以及文化语言、政策法规等差异导致行业门槛高，数字营销已成为跨境电商的首要难点。亿邦智库的数据显示，68%的跨境电商卖家认为海外营销是行业面临的第一难题。对此，飞书深诺的首席技术官沈菁指出，利用数字营销技术赋

能企业数字化能力全面升级，是解决跨境电商营销难的根本之道。

"飞书深诺服务的核心正是助力跨境电商企业数字化升级。"沈菁介绍道。为了帮助出海企业加速数字化转型，飞书深诺充分利用其深耕出海领域多年积累下的全球媒体资源、海量数据沉淀、出海生态网络和行业领先技术，为出海企业提供并搭建全面、稳健的跨境电商营销数字化基础设施。

针对跨境营销链路中内容创意、数据策略、广告投放和客户运营的各类痛点，飞书深诺利用 AI、大数据等底层数字技术，自主研发了 Creative Booster、iCenter、Meetbot 及 SinoClick 四大产品矩阵，精准攻克营销难点。其中，创意 SaaS 平台 Creative Booster 打通创意灵感发现、制作管理、分发、数据分析等创意全链路，并且以数据驱动，提供海量创意模板，满足跨境电商卖家快速产生好创意的需求，助力出海广告投放效果"看得见"；广告投放数据平台 iCenter 能够全面覆盖、分析和沉淀数据，带来更精准的营销计划；私域增长自动化营销工具 Meetbot 解决"流量到留量"的难题，通过广告流量引入、互动营销工具触达、用户自动打标分层、智能语义客服聊天机器人回复、全链路用户数据分析归因等功能，实现私域精细化运营；飞书深诺全新升级的成长型跨境电商品牌 SaaS 平台 SinoClick，通过前沿的产品、专业的服务与强大的资源，为企业提供支付物流、平台开店、网站优化、广告营销、品牌升级、培训等全链路支持，系统化提升跨境电商客户的出海能力，解决其出海难题，实现货卖全球。

随着东南亚电商市场潜力的显现，众多电商平台瞄准这个正在上升的市场，电商平台之间的竞争也愈发激烈。比如，Lazada 不仅面临亚马逊这样的电商巨头对手，还面临着强劲的本地对手，如 Shopee、Tokopedia、Daraz 等。如何从竞争对手那里抢占更多市场份额，且持续拉新？针对这一诉求，2020 年 12 月，飞书深诺创意团队开始为 Lazada 服务，利用创意和数据的力量，帮助 Lazada 增加新安装用户数，并超额实现了获客目标，App 下载量超过百万次，超目标预期 7 倍；创意内容触达数亿人次，助力 Lazada 在东南亚的商业增长。

五、构建三大竞争力，赋能中国企业品牌出海

1. 品牌出海是行业革新的新方向

跨境电商野蛮生长的时代已经过去，对于企业来说，精细化发展、打出品牌力正是其在行业革新之后新的发展方向。

2022 年的相关数据显示，过去 4 年，在亚马逊上完成品牌注册的中国卖家数量增长了 40 倍；亚马逊上 14%的中国品牌已经在超过 5 个国家或地区拥有注册商标，建立品牌已逐渐成为行业共识。但沈晨岗认为，做品牌并不只是拥有一个品牌名称，还需要做到有知名度，有差异化。他说："真正做品牌的，我认为不到 10%。"

不过，品牌的塑造并不是一件简单的事情。沈晨岗也强调："品牌会是一家企业综合竞争力的最后浓缩，需要让别人一看到这个标识就知道你是一家拥有怎样竞争力的企业……很多企业现在都在塑造自己的全球品牌，而在这个过程中，除了销售，企业要针对特定的市场、特定的人群和产品，不断地去接近用户、理解用户，在品牌上表达出自己的竞争力，继而去强化产品和用户之间的关系，它是一个动态的过程。"

2. 品牌突围要构建三大竞争力

品牌要突围，就要建立销售竞争力、运营竞争力及品牌竞争力。

销售竞争力可以被理解为第一阶段。目前大多数出海电商品牌处于该阶段，品牌关心的是如何用更低的成本获取流量，以及如何提高转化效果。飞书深诺聚拢全球 30 多家媒体资源，其旗下的 BeyondClick 提供优化建站、媒介采买、媒介代投和综合创意等服务，帮助品牌完成初期发展规划，以及了解品牌在发展中如何更好地进行媒介采买和快速生产素材。

无论是销售转化还是品牌洞察，最终还是要立足于"降低成本，做持续增长"，因此"运营竞争力"十分关键，需要通过数字化布局实现精准决策、运营提效。飞书深诺能为处于不同出海阶段的企业提供全链路的服务产品，按照出海部署时间及媒介矩阵总体花费，将客户分为调研期、探索期、发展期和成长期。针对客户不同阶段的营销需求，飞书深诺提供咨询策略、创意设计、投放优化、技术数据等服务产品，其目标是帮助客户提升营销运营效率、总体投资回报率与运营竞争力。

品牌竞争最终将走向本地化竞争。基于覆盖全球的网络及人才，飞书深诺能够提供本地化营销服务和支持。沈晨岗认为，每个国家或市场各有特点，法律法规、用户心理和习惯都不尽相同。只有推行本地化策略，才能让品牌在新市场取得成功。本地化策略既包括产品和服务的本地化，也包括营销内容创意和营销策略的本地化，只有做到这些，才能真正赋能中国企业品牌出海。

飞书深诺在服务企业出海的过程中，每进入一个新市场，就会根据本地化客户的需求，通过将不同的品牌定位和战略营销工具进行搭积木式的模块整合，形成一套适合当地的独特打法。飞书深诺主要为电商、游戏、手机、汽车、制造、旅游六大行业深度赋能，帮助这些领域的头部企业成功确定了全球化扩张的品牌定位并制定了相应的营销解决方案。

雅迪作为"国内电动车行业领航者"，将德国作为品牌步入欧洲市场的重要入口，但其在出海过程中面临着品牌形象定位模糊、社交媒体认知度低及本地化难等挑战。飞书深诺凭借出色的本地化营销能力，通过借势科技活动和环境保护两大热点，利用"接地气"的社交媒体内容和多渠道的媒体曝光，帮助雅迪树立品牌形象。雅迪的负责人表示，在与飞书深诺合作的一年内，其德国市场的帖文曝光数达 6000 多万次，帖文互动人数达 570 多万人，粉丝增长 1.7 万多人，大幅度提高了品牌声量。

六、尾声

沈晨岗表示，中国在数字应用和数字营销方面积累了深厚的经验，同时，成熟的供应链体系为中国企业提供了非常好的生产技术和起始成本优势。在接下去的 10～20 年，中国依旧是全球最有竞争力的世界工厂和生产基地，在生产和供应链上的优势还会长期存在，关键在于如何利用好这些优势，并克服外界的影响。"大家还是要有一点'长期主义'的"，沈晨岗表示，"即使面临挑战，整个跨境电商和品牌的发展仍然充满韧性和增长机遇"。

飞书深诺从成立伊始到现在，已经走过了数字营销行业的萌芽期、野蛮成长期，以及平缓增长期。沈晨岗与飞书深诺团队将继续引领海外营销专业服务的标准，在成为出海企业全链路的多元数字营销服务商标杆的道路上继续阔步前进。

【案例思考题】

1. 随着跨境电商的兴起，众多中国企业开始拓展海外市场，中国企业"走出去"主要面临哪些挑战？
2. 什么是数字营销，为什么说数字营销已成为企业成功出海的重要因素之一？

3. 飞书深诺如何帮助中国企业成功进军海外市场，如何助力中国出海品牌构建三大竞争力？

4. 飞书深诺在出海数字营销领域的成功因素是什么？它是如何利用技术和数据提升营销效果的？

5. 列举飞书深诺助力品牌出海的成功案例，并分析飞书深诺的成功对于其他想要进军海外市场的中国企业有何启示和借鉴意义。

第三节　红毛猩猩：聚焦东南亚市场的一站式品牌出海数字营销服务商

【教学目的与用途】

1. 本案例的教学目的包括：
（1）了解跨境电商的背景和挑战，以及跨境营销的重要性。
（2）掌握跨境电商内容营销的基本概念和方法论。
（3）了解红毛猩猩的一站式品牌出海数字营销服务内容。
（4）理解红毛猩猩的结构化红人营销策略。

2. 本案例主要适用于跨境电子商务、国际贸易、电子商务、创业管理和财务管理等专业的课程。

【引言】

红毛猩猩成立于2020年，作为聚焦东南亚市场的品牌出海数字营销服务商，其正着力围绕东南亚地区的社交媒体平台、电商渠道为品牌企业提供"从策略规划、内容制作、红人营销投入到结案数据回收"全周期服务，帮助出海品牌在印度尼西亚、泰国、马来西亚等市场实现"0-1"的快速落地，推动品牌建设与销售业绩的双重增长，赋能出海东南亚的中国品牌。经过数年的努力，红毛猩猩在海外设有多个办事处和MCN机构，其"红人营销+跨境直播+社交媒体投放"等营销策略的强大赋能效果已被反复验证。针对不同领域的企业品牌，红毛猩猩提供定制化整合营销方案，以贴合不同阶段的出海策略与需求。目前，红毛猩猩已为三星、海尔、创维、TCL、海信、红米、传音、科沃斯、JDID、OPPO、vivo、realme、POCO、得力、安克创新、EraClean、Ulike、PatPat、Y.O.U等100多个品牌提供了专业的本土营销方案，创下单场直播GMV破百万元、单个品牌累计曝光量破1.2亿次等营销成果。2021年4月，红毛猩猩宣布获得5000万元的A轮融资。另外，红毛猩猩不仅是"TikTok优秀服务商""JDID金牌代理商""Lazlive直播服务商"，还具备TikTok广告一级代理资质，是国内为数不多的TikTok全牌照资质服务商。

一、识别东南亚内容营销机遇，红毛猩猩应运而生

从市场发展潜力来看，未来5～10年东南亚市场都将是高速增长的，同时东南亚地区是政治经济环境比较平稳、风险相对较小的一个区域。从做内容电商或者做营销的角度来看，东南亚市场是一个"种草"环境极度缺乏的市场，"只有土，没有草"。基于对东南亚市场及

内容电商的深度了解,那昕创办了红毛猩猩。

1. 创始人具备了东南亚市场开拓的丰富经验

从表面上看,红毛猩猩的成立年限不长,但是公司的创始人已经具备了多年的东南亚市场开拓和内容电商的相关经验。红毛猩猩的CEO那昕,拥有近20年的电商从业经验,曾主导京东集团的东南亚业务的规划与落地,京东在印度尼西亚已发展成当地主流电商平台之一。在什么值得买任职期间,那昕不断探索内容电商的多元化商业模式,带领公司实现每年业绩翻倍的目标,并成功孵化多个领域的IP人设和百万级营销账号,是国内首批探索短视频商业化的佼佼者。红毛猩猩的联合创始人靳雪曾以出色的招商能力和卓越的团队管理能力带领京东在印度尼西亚打开了很好的局面,是海外团队中唯一获得"2015年CPO体系优秀员工"称号的员工。回国后,靳雪对直播产生了兴趣,通过MCN机构入驻淘宝直播,开启了短暂的直播带货旅程,对MCN机构的运作方式和商业模式有了深刻的认知。

2. 创始人对东南亚市场内容营销有深刻的认知

2019年,在朋友的引荐下,靳雪与那昕针对东南亚市场进行深度交流,两人在几个观点上达成高度一致。首先,基于PC时代诞生的图文传播形式已经跟不上移动互联网用户的节奏,短视频和直播的"短、平、快"特点更符合当下主流消费者的生活节奏,内容传播形式的转变蕴含很多重塑行业的机会。其次,东南亚地区现阶段的电商土壤与中国电商早期的环境非常相似,同样主要以B2C、C2C电商平台进行布局和发展,O2O、物流等基础设施也在不断完善。再次,内容电商在东南亚地区基本处于空白阶段,已经通过中国市场验证的内容电商模式有机会在东南亚市场得到很好的落地。最后,以泰国、印度尼西亚、菲律宾、马来西亚为代表的东南亚国家的移动互联网用户的在线时长已经超过中国用户,商业变现潜力巨大。

那昕从什么值得买离任后,在深圳创立了红毛猩猩,并打造了一个汇聚全球内容创作者的SaaS平台PongoShare。那昕希望通过海量网红的本地化内容及社交媒体矩阵的合力,为中国品牌的出海带来全新的数字营销服务。靳雪因为和那昕的理念相同,且在东南亚市场尤其是印度尼西亚市场有丰富的实战经验和功绩,所以成为那昕的首邀创业合伙人。

二、构建全链路品牌出海数字营销服务

那昕认为DTC品牌现在通过TikTok入局东南亚市场正是时候,作为TikTok头部TSP[①]的红毛猩猩能够为企业提供从入驻建号及孵化(含代运营)、广告投放、海外直播、整合营销等全链路品牌出海方案,从而赋能企业品牌出海。

1. 账号注册及孵化

一方面,红毛猩猩拥有多品类账号运营的丰富经验和话题营销的成功案例,能够根据合作伙伴的特质打造合适的短视频内容,帮助品牌方依托优质内容快速起号(账号从没有粉丝到积累众多粉丝的过程)。另一方面,红毛猩猩能用其旗下的达人矩阵账号与品牌新账号进行互动,通过视频引流、品牌标签创建、评论互动等方式进行引导关注,为品牌账号带来精

[①] TSP的全称为TikTok Shop Partner,是指在TikTok Shop电商平台上为商家或达人提供多种电商服务,包括但不限于全案运营、直播服务、达人运营、内容制作、店铺运营等一站式服务,并协助商家或达人在TikTok Shop电商平台上健康成长的第三方公司。

准的粉丝用户。红毛猩猩于 2021 年 11 月初接手 jdid_mart 全新账号运营任务，实现一周起号、7 天积累真实粉丝 2.3 万人、"双 11"直播总体曝光量累计超过 30 万次、复购率超 50%、相关种草短视频的总播放量突破 117.4 万次、单个种草短视频最高播放量达到 49.2 万次，这在当地属于非常优秀的成绩。

2. 广告投放

红毛猩猩具备 TikTok 广告一级代理资质，其运营人员熟悉 TikTok 广告工具，能够为品牌商提供广告开户、广告充值与投放、TikTok 流量变现等服务，帮助品牌与 TikTok 用户、社区、创作者深度连接，为品牌账号获得高曝光量，引入精准的目标客户。同时，红毛猩猩还能为出海商家提供 TopView、开屏广告、品牌贴纸、信息流广告、品牌挑战赛等 TikTok 全方位的产品解决方案，帮助品牌找到核心用户，实现裂变式传播。

3. 直播运营

红毛猩猩是东南亚跨境直播市场上的领导者，与多个电商平台合作并取得"TikTok 优秀服务商""Lazlive 直播服务商""JDID 金牌服务商"等荣誉称号，能够为合作伙伴提供专业的海外直播服务。红毛猩猩拥有印度尼西亚、马来西亚、泰国等东南亚国家的主播资源，本地面孔的专业主播更容易与观众建立信任关系，通过有效的互动提高用户黏性。红毛猩猩作为 TSP 服务商拥有参与大促活动的资格并能对接电商的官方资源，还能获得官方的重点流量推送和平台补助。红毛猩猩可以帮助合作伙伴扩大品牌可触达的消费者群体，提升品牌的国际知名度，形成海外电商销售体系。例如，2021 年"双 12"，红毛猩猩旗下的 B&F 账号帮助多个知名品牌带货，全日订单量突破 8200 单，累计售出 67 869 件商品。

4. 全案营销

所谓全案营销就是赋能企业品牌出海"0-1"突破的全链路营销服务方案。那昕认为："我们最大的优势是愿意主动与品牌方一起把品牌打造和效果转化结合得更好，而不是割裂地去看待营销和销售。尤其是对于消费类的内容，我对我们的团队基因很自信，能给品牌方一个满意的 ROI。"

比如，红毛猩猩曾经合作过的一个小米生态链企业，做的是家居清洁类产品。这样的产品定价较高，在东南亚市场的推广难度较大。因此，红毛猩猩选择采用大量内容种草的方式去吸引大批高端客户群体，同时帮助品牌在东南亚各大电商平台建立旗舰店。那昕说："其实 Lazada 平台本来也有该企业的产品，但都是从不知名的渠道流入的，导致产品价格混乱，这对品牌来说是一个很大的损伤。"因此，红毛猩猩花了很长时间梳理了整个品牌的产业线和价格体系，使品牌形象更规范。目前，这个品牌现在东南亚国家的知名度很高，ROI 也达到预定的目标。

三、形成红毛猩猩特色的内容营销方法论：真实有趣

海外市场与中国市场有显著的文化差异，企业如果对目标市场理解得不到位，就很有可能营销翻车，得不偿失。而如果企业顺利越过文化门槛，和本地消费者建立起信任关系，凭借着国内供应链优势，则极有可能从竞争中脱颖而出，收获海外市场的流量红利。这也正是红毛猩猩的创始人那昕所说的："讲好中国故事，企业出海才会有好的发展。"

1. 真实有趣是好内容的评判标准

好内容是一个永恒的主题，如何讲好中国故事也是红毛猩猩一直在探讨的一个问题，所

以人们要明白什么样的内容是好内容。在那昕看来,好内容的评判标准只有一个:真实有趣。真实有趣是目前社交平台上面最适合去复制且最稳妥的一种衡量内容好坏的标准。从逻辑上来说,内容平台是通过内容去找人,所以用这样真实有趣的方法能够用比较低的成本去获得用户的信任,获取更多精准的流量。另外,有了这样的内容做铺垫之后,更容易去降低跟其他 KOL 或 KOC(Key Opinion Consumer,指能影响自己的朋友、粉丝、产生消费行为的消费者,即关键意见消费者)合作的门槛。这本身就是一个建立信任关系的过程,让更多的 KOL 看到真实情况之后,他们反而更愿意跟你合作。而且,优质的内容能够增强信任度,再配合一些细节的运营手段,能够帮助企业把从内容上获取的流量转化成为电商的流量。

那么什么是真实有趣呢?在那昕看来,"传统营销是刻意将产品包装得'高大上',做一些很贵的 3D 特效,或邀请一些比较有名的外国模特进行产品推广。但进入新的电商时代,我们应该回到最真实的地方——就是这个产品本身能解决什么问题,为什么要做这款产品,如何才能凸显出中国特色和品牌理念。这些地方体现得越真实,就越能赢得用户的信任。""有趣也是一样,不一定非得是段子,也许是一些业内人士习以为常的场景,但消费者没见过就会觉得新奇有趣。尤其是在东南亚这样的地方,人们的心态比较平和,不太喜欢炫富或制造焦虑类的视频,而是比较喜欢'真实+有趣'的内容。"

2. 本地化与高质量产品保障内容的输出效果

红毛猩猩的总部设在深圳,并在东南亚多地设立 MCN 机构和直播基地。红毛猩猩的深圳团队主要以资深的广告营销人为主,他们与 DTC 品牌的负责人沟通营销需求,为品牌制定营销策略、搭好整体框架,并将相关内容同步给海外内容团队。东南亚本地团队在满足品牌核心诉求的基础上,根据当地市场的实际情况对图文和短视频内容进行个性化包装,通过本地化营销策略消除文化隔阂,突出产品卖点,为品牌赢得当地消费者的信任。红毛猩猩的深圳团队就像中央厨房,将原材料加工成半成品,再送到印度尼西亚的门店进行制作和销售。由此可见,构建东南亚本地化团队对于红毛猩猩营销方案落地具有至关重要的作用。红毛猩猩因此更加注重海外本地化团队的建设,并有着非常大的投入。那昕说:"红毛猩猩第一时间就在印度尼西亚组建了我们的本土团队,现在已经发展到了三四十人的规模。因为在红毛猩猩看来,在尤其是以短视频直播为代表的内容营销领域,本地化的内容、本地化的运营,以及本地化的操盘会是必不可少的环节。"

除了本地化,那昕认为品效结合才能加倍放大优质内容的作用。对于产品、内容和投放的理解,那昕说道:"产品是'1',内容是'0';内容是'1',投放是'0'。'1'是首要且必要的,而'0'则是一个不断放大的扩音器。所有的内容营销都是服务于好产品。只有一个成功的产品,内容推广才会叠加增效。而等这些内容都沉淀之后,再通过广告投放进行破圈,才能吸纳更广泛的流量。"

四、打造结构化红人营销策略

那昕认为,原创短视频、红人、直播是品牌出海东南亚市场的重要因素和必经环节。产出好内容后,品牌商需要扩充内容的传播渠道,红人无疑是现阶段最佳的选择,能够帮助品牌快速触达消费用户。同时,进行跨境直播最好优先选择本土主播,因为他们对本土文化、生活场景的理解有着天然的优势,能够带动品牌与消费者之间的互动与转化,避免产生文化隔阂。品牌可以通过优质的短视频内容进行预热，结合 KOC 进行广撒网，从多个渠道吸引直播观众，进而实现 ROI 的提升。为此红毛猩猩打造了结构化红人营销策略，以期为品牌方的短视频推广和电商直播提供更优质的服务。

1. 创建 PongoShare 平台，汇集优秀内容创作者

红毛猩猩旗下自主研发的红人 SaaS 平台 PongoShare 已经汇聚全球上百万名优秀内容创作者，还包括红毛猩猩在海外所设 MCN 孵化机构签约的红人，以及自己培养的专业主播和红人。红毛猩猩旗下孵化的红人曾获得 TikTok Preminum Referrer、Encourage Award、Potential Referrer，以及 Lazada 跨境直播大赛印度尼西亚、马来西亚、泰国赛区冠军等荣誉，在当地有一定的影响力。PongoShare 能够根据客户需求和红人标签进行匹配，从而制定高效的结构化红人传播方案。

对于 PongoShare 的运营核心在哪，联合创始人靳雪表示："我们的 SaaS 平台一方面汇聚全球网红达人，为品牌厂商提供网红内容营销资源，另一方面不断邀请品牌厂家入驻，为网红达人带来更多商业变现机会。两边都必须同步增长，PongoShare 才有快速发展的可能。"为让 PongoShare 的入驻品牌和 SKU 与网红注册数同步增长，靳雪采取了打通电商平台的策略。她说："不管是亚马逊、全球速卖通还是 Lazada，大量卖家会通过联盟营销推广产品。我们跟这些电商平台打通后，海量分销产品便会自动引入 PongoShare，网红达人会有更多的推荐选择，从而赚取更多的佣金。"与此同时，PongoShare 也在不断与品牌商的独立站合作，在为他们的独立站带来流量的同时拓展自家平台的产品，甚至给网红达人带来更丰厚的佣金。经过一年多的努力，PongoShare 汇聚 30 多万名全球网红达人，遍布于东南亚、欧洲、北美及日本、韩国等国家和地区，成为国货品牌的头部出海营销平台。如今，PongoShare 已经迈入正向循环的阶段，越来越多的网红达人通过这个平台获得佣金，PongoShare 后台经常收到印度尼西亚网红的感谢留言（见图 5-4）。

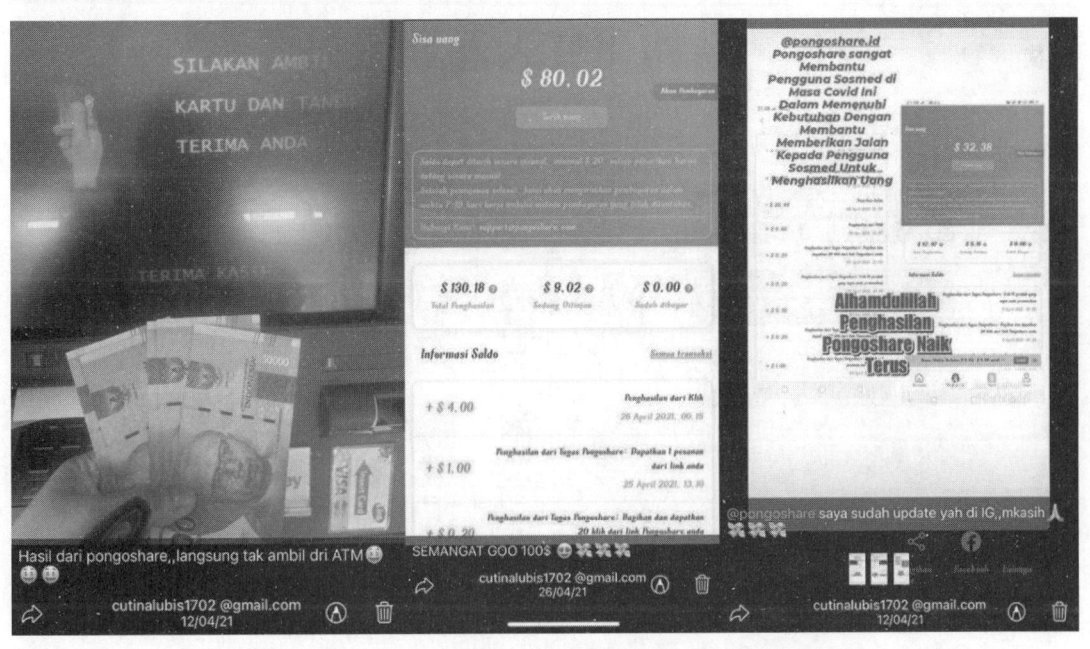

图 5-4　PongoShare 后台经常收到印度尼西亚网红的感谢留言

2. 发挥不同层级红人的作用

那昕认为，在红人投放的过程中，品牌方既要研究用户的消费心理和搜索路径，也要考虑成本。结构化红人营销策略能够很好地兼顾营销成本和营销效果，增加曝光延续性和长尾效应。不同层级的红人能够圈定不同圈层的粉丝。所谓结构化红人营销策略就是在不同阶段发挥不同层级红人的作用。比如，中腰部和尾部的红人比较适合扩大口碑，用他们最真实的晒单及最真实的体验去覆盖整个 TikTok 的关键词，从而建立用户信任。红毛猩猩会重点关注一些中长尾部的红人，尤其是粉丝数为 1 万～50 万中间阶段的红人。第一，他们的性价比非常高；第二，他们在某些专业领域的特点非常突出，所以他们的粉丝相对来说非常精准。从图 5-5 可以看出，东南亚地区 46%的用户相信尾部红人的推荐，尾部红人发挥了重要作用。当品牌方的口碑积累到一定程度或在推新品的时候，可能需要头部红人的参与，数量上不用特别多，但是需要一些头部红人对产品进行集中推荐。图 5-6 显示了不同层级红人的影响力。

图 5-5　尾部红人发挥了重要作用

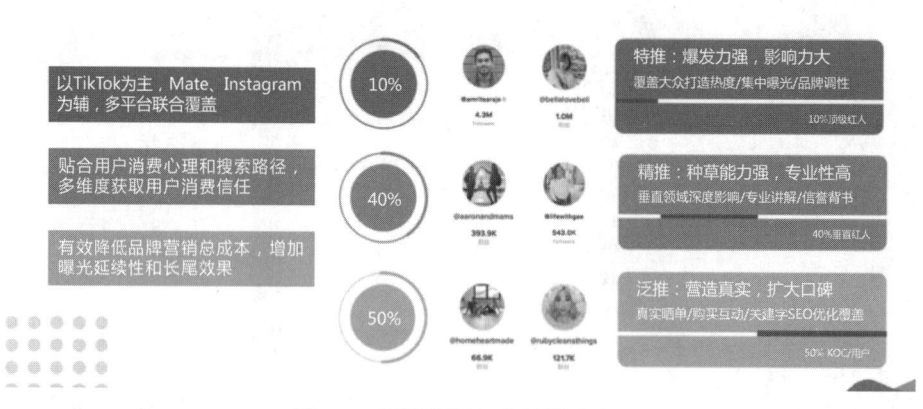

图 5-6　不同层级红人的影响力

五、尾声

那昕认为可能未来 5～10 年是我国生产制造和供应链产业的转型阶段，许多品牌也会因这些升级而迎来大的机遇。在这个过程中，中国品牌企业在讲好中国故事——认认真真地去做好自己的产品、在海外消费者心目中占据一席之地、能够与国际品牌展开竞争等方面存在无限可能。因此像红毛猩猩这样的营销服务商要能够起到一个好的中介桥梁作用，把品牌和消费者连接好，能够帮助品牌更方便地找到目标人群，让消费者以更低的成本享受到好的产品。那么在未来几年内，红毛猩猩需要把自身的核心业务做得更深，巩固其作为头部服务商的位置；把自身的经验快速复制出去，打造出更多的头部账号矩阵；继续加强在本地化团队上的建设，从而帮助更多的品牌落地海外。

【案例思考题】

1．东南亚电商市场的发展潜力如何？
2．东南亚地区内容电商的发展状况如何？
3．红毛猩猩的内容营销方法论是什么？
4．PongoShare 的双边市场是如何建立的？
5．红毛猩猩的营销服务体系是什么？

第四节　弧米科技：掘金跨境直播电商"蓝海"，助力中国制造品牌出海

【教学目的与用途】

1．本案例的教学目的包括：
（1）理解跨境网络营销的概念和基本理论。
（2）了解跨境直播诞生的背景和现状。
（3）掌握跨境直播的业务流程。
（4）了解外向型企业开展跨境直播的难点。

2．本案例主要适用于跨境电子商务、国际商务、商务英语、电子商务、国际贸易、工商管理等专业的课程。

【引言】

"Such beautiful shoes, you can take them home with just 19.9 dollars today! Are you ready to click the link?3,2,1, up the link." 这不是英语网课，而是弧米科技的主播在跨境直播间的直播现场。一个 20 平方米左右的房间，一套直播设备，2~3 位外语熟练的跨境直播人员相互配合着向全球消费者介绍琳琅满目的中国商品。很快，这场直播就吸引到了来自英国的客户约翰。他直接在直播间下单，一宗跨境电商交易就在弧米科技的直播间里促成了。

弧米科技成立于 2017 年，作为一家"互联网+跨境企业"服务商，主营海外社群、跨境直播及培训等业务，公司拥有国内领先的来华外国留学生社群 MyHomie。弧米科技获得了"共青团中央'一带一路'全国创业 20 佳""2020 杭州贡献力十佳创服机构""杭州 HINEW 国际众创大会优秀组织奖""Discovery Hangzhou 丝路天使直播季官方推荐服务商"等荣誉。看着正在直播的留学生，弧米科技的创始人兼总经理邓亚辉思绪回到了丰富多彩的大学时光……

一、从学校社团走上创业之路

2014年,进入浙江一所高等院校学习的邓亚辉,在学习之余热衷于参与学校社团活动。凭借着流利的外语和活泼开朗的性格,邓亚辉很快进入学校国际交流社团,并成为社团骨干,承办了学校一系列大型活动。在社团,邓亚辉和来自数十个国家的留学生建立了深厚的友谊,不仅丰富了他的校园生活、拓展了他的国际化视野和提高了他的跨文化沟通能力,也让他洞察了在华留学生的需求与痛点。邓亚辉发现,很多本土企业想招聘全职或兼职的外籍人才,但苦于没有招聘渠道,传统的招聘平台忽视了这一细分市场,而在华留学生群体想找工作或兼职也面临同样的问题,并且在生活中也缺少专门的信息平台。多年的社团经历和丰富的留学生人脉让邓亚辉发现了其中的机会。2017年,面临毕业选择的邓亚辉在"大众创业,万众创新"大潮的鼓舞下走上了创业之路,创办了弧米科技。弧米科技上线的 MyTalent 作为将在华外籍人才和企业需求对接的平台,旨在发挥外籍人才的独特技能或优势、为用户创造职业发展机会,从而赋能中国企业和品牌更好地出海。其服务内容主要涵盖跨境电商直播、小语种人工翻译、跨境人才培训、国际人才招聘、海外资源对接这 5 项业务。此外,针对在华留学生的生活与社交需求,弧米科技成立了 MyHomie,致力于为在华外国留学生提供分类资讯和本地化信息服务。通过建立圈子化社区,MyHomie 满足他们在生活、学习、社交、职业发展等多方面的需求,真正做到连接中国社会。MyHomie 的目标是成为在华外籍人士的生活宝典,并打造国内最大的国际人才智库,持续不断地为 MyTalent 输送人才。目前,MyHomie 已拥有 40 000 多名来自全球各个国家的外国留学生用户。

为响应"一带一路"倡议,持续激发广大外国留学生、海归人才的创新创业热情,搭建"人才+项目+产业"社会资源对接平台,弧米科技联合浙江省商务厅、中国(杭州)跨境电商综试区、杭州市出入境管理局、阿里巴巴等相关单位于 2019—2020 年举办"扬帆起杭"全球青年跨境电商培育计划及创业创新大赛。目前,该活动已培训来自全球 100 多个国家的 1500 余名学员,他们就读于全国 40 座城市中的近 130 所高等院校。

二、掘金跨境直播电商"蓝海"市场

2019年年底,突如其来的新冠疫情打乱了弧米科技快速发展的节奏。因疫情防控限制了境内外人员往来,一些线下商务活动也面临取消或推迟,这让弧米科技面临业务转型。一天,邓亚辉观看了某国内达人的带货直播,达人在线上卖力地介绍商品,不久粉丝就将商品一抢而空,这给邓亚辉留下了极为深刻的印象。"既然国内直播电商如此火热,那我们何不培养外籍主播做跨境直播将中国商品销售给全球的消费者呢?"邓亚辉暗自思忖。当他将想法告诉公司合伙人后,大家眼前一亮,但这毕竟是一个全新的市场,他们决定先进行调研。

公司先调研了国内直播电商市场,2016 年淘宝直播和蘑菇街直播正式启动,预示着我国直播电商的正式开始。2017—2018 年,快手、抖音、苏宁与京东陆续入局;2019 年是直播电商元年,小红书、拼多多、微信等各大平台也相继推出直播电商,涵盖阿里巴巴(淘宝直播/微博直播)、腾讯(直播小程序)、短视频(抖音、快手等)等各类参与者;由于新冠疫情的影响,越来越多的品牌开始加速布局直播电商,2020 年进入全民直播时代。图 5-7 展示了直播电商行业的发展历程。

```
┌────────┐   ┌────────┐   ┌────────┐   ┌────────┐   ┌────────┐   ┌────────┐
│ 萌芽   │   │ 兴起   │   │ 快速发展│   │精细化运营│  │市场爆发 │   │疫情加速 │
│ 阶段   │──▶│ 阶段   │──▶│ 阶段   │──▶│ 阶段   │──▶│ 阶段   │──▶│发展阶段 │
│(2015年)│   │(2016年)│   │(2017年)│   │(2018年)│   │(2019年)│   │(2020年)│
└────────┘   └────────┘   └────────┘   └────────┘   └────────┘   └────────┘
```

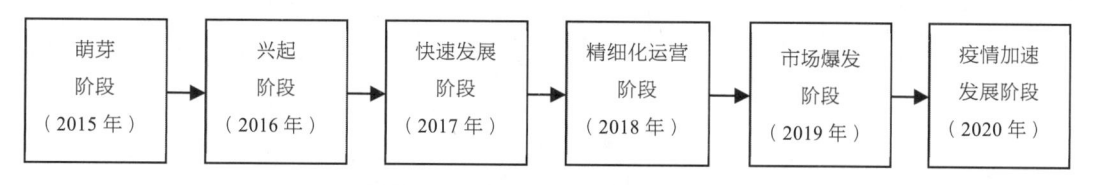

图 5-7　直播电商行业的发展历程

自 2019 年以来，直播电商行业发展进入爆发阶段。由于新冠疫情加速了行业的发展，直播电商的市场规模呈现高速增长趋势。根据艾瑞咨询的数据，2017—2023 年我国直播电商的市场规模从 190 亿元快速提升至 49 168.4 亿元，2026 年预计达到 81 593.2 亿元，如图 5-8 所示。

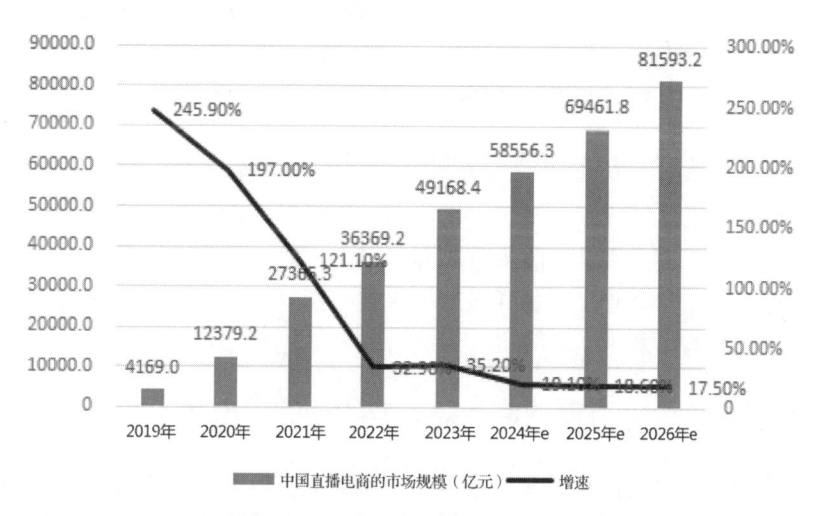

图 5-8　中国直播电商的市场规模及预测

国内直播电商市场的高速发展给了弧米科技极大的信心，随后，弧米科技开始对跨境直播电商产业进行尝试。随着国内直播电商的日益成熟，国内外知名社交、电商、短视频平台尝试复制国内直播电商的经验和模式，纷纷加入跨境直播电商行业，将跨境直播电商推到了一个新高度。2017 年 3 月，全球速卖通上线直播频道 AliExpress Live，在俄罗斯、西班牙、法国等国家启动直播。2018 年 11 月，Lazada 启动直播功能，覆盖泰国、越南、马来西亚等东南亚国家。2019 年 2 月，亚马逊推出直播购物服务 Amazon Live Creator；2020 年 3 月，亚马逊开始向中国卖家开放 Amazon Live 直播功能。2019 年 6 月，Shopee 面向商家开通 Shopee LIVE 直播功能，覆盖马来西亚、菲律宾和泰国等国家。2020 年 5 月，阿里巴巴国际站线上展会开启 B2B 直播。2020 年 5 月，Facebook 正式上线 Facebook Shops 功能和 Instagram Shops 功能。2021 年 12 月，TikTok 正式宣布允许中国卖家入驻，进入跨境电商领域，其超 10 亿人的月活流量红利吸引了众多外向型企业参与。

随着国内外平台的涌入和外向型企业的积极尝试，中国跨境直播电商市场的深度与广度得到有效扩展。根据艾媒咨询的数据，2020—2023 年中国跨境直播电商的市场规模呈上升趋势。2021 年被称为中国跨境直播电商的元年，2025 年预计将超过 8000 亿元，产业发展潜力巨大，如图 5-9 所示。此外，跨境直播电商在海外市场和产品类目上也扩展迅速。跨境直播电商的产品拓展至居家用品、服装、美容健康、饰品、宠物用品等多个类目。

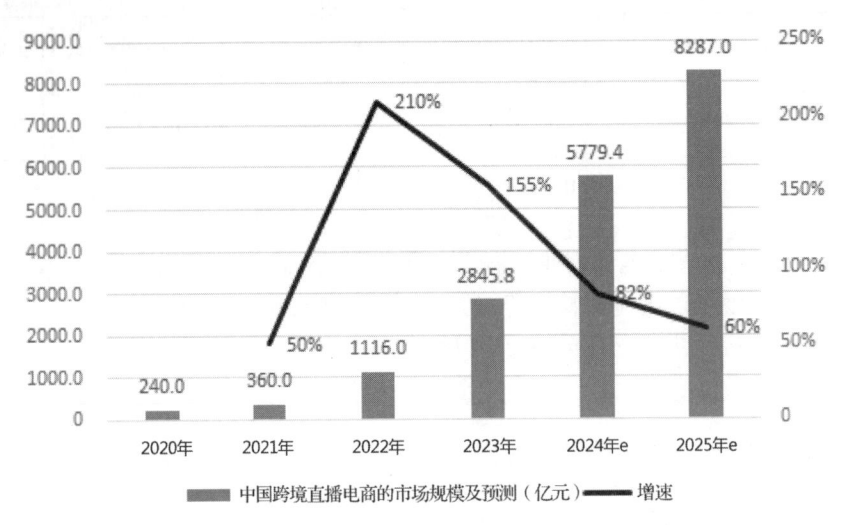

图 5-9　2020—2025 年中国跨境直播电商的市场规模及预测

通过行业分析，弧米科技发现虽然直播电商在国内发展得如火如荼，但跨境直播电商的发展空间还很大。近年来，跨境直播渗透率逐步提高，越来越多的外向型企业开始尝试通过跨境直播拓展业务。许多企业在具备开展跨境直播电商的资源基础和条件后，决定转型掘金跨境直播电商"蓝海"市场。

三、洞察外向型企业开展跨境直播电商的动因、模式和痛点

在了解了跨境直播电商的市场现状和发展趋势后，弧米科技并没有盲目行动，而是走访多家合作伙伴，对外向型企业开展跨境直播电商的动因、模式和痛点进行调研。根据调研结果，外向型企业开展跨境直播电商的主要原因包括：增加商品曝光和引流，抓住平台的流量优势；增加与潜在意向客户的互动，提升转化率；看好跨境直播与短视频的潜力，提前布局和打造海外品牌等。

随着产业的高速发展，跨境直播电商涌现出多种特色鲜明的模式。根据主播属性，跨境直播电商模式可以分为商家自播、达人直播、机构直播和平台直播。根据交易主体属性，跨境直播电商模式可以分为跨境 B2B 直播和跨境 B2C 直播。跨境 B2B 直播是针对境外 B 端卖家的直播模式，包括品牌直播和探厂直播。跨境 B2C 直播是主播针对境外 C 端用户介绍产品功能和特点，直播地点除了直播间，商家也开启了海外仓直播、档口直播等新颖的直播模式。根据直播平台类型，跨境直播电商模式可以分为电商平台跨境直播、社交平台跨境直播、兴趣平台跨境直播，表 5-2 总结了跨境直播电商的类型及其典型代表企业。

表 5-2　跨境直播电商的类型及其典型代表企业

类型	典型代表企业
电商平台+跨境直播	全球速卖通、亚马逊、Lazada、Shopee、阿里巴巴国际站
社交平台+跨境直播	Meta、Instagram
兴趣电商+跨境直播	TikTok、Kwai

关于直播平台的选择，外向型企业主要选择 TikTok、阿里巴巴国际站、亚马逊、全球速卖通和 Wish 等新型短视频平台和传统跨境电商平台。关于跨境直播的模式，大部分外向型

企业选择商家自播，也有部分企业选择寻找 MCN 机构代运营和海外达人直播。关于产品品类的选择，较多企业选择服装服饰、居家用品、美妆等开展跨境直播，大部分爆品有产品新颖、价格较低、体积小和质量轻等特征。

虽然跨境直播电商的发展势头迅猛，但弧米科技发现企业在实际开展直播业务时仍然面临一些障碍。企业开展跨境直播电商的主要问题与痛点包括对海外市场和文化不熟悉、缺少跨境直播电商专业人才、不同平台的直播规则差异、不同经济体的法律规章影响行业发展，以及缺乏国家层面的系统性政策措施来规范行业行为等。

四、多管齐下助力中国制造品牌出海

在深入了解外向型企业的需求与痛点后，邓亚辉的思路逐渐明晰，他要通过打造"人才+政策+产业"的生态闭环，帮助更多中国跨境企业货通全球。首先，弧米科技瞄准跨境电商平台，凭借多年的行业经验，顺利拿到平台官方的授权资质，在鱼龙混杂的市场中脱颖而出。弧米科技顺利获得阿里巴巴国际站、全球速卖通、TikTok、Shopee、Lazada 等平台的官方认证，并成为 Discovery Hangzhou 丝路天使直播季官方推荐服务商。以全球速卖通为例，弧米科技获得英语市场官方直播栏目"DDDDEAL"（中文名为"什么值得买"）独家运营方，开播 6 期收获数万名粉丝，单场最高 GMV 达数万美元，直播核心数据稳步提升。其次，弧米科技大力拓展外向型企业，服务了小米、绿联、凤凰、安克创新、瑞贝卡、泡泡玛特、云南白药、纳爱斯、伟业、奥康、攀升、361°、ILIFE、Baseus、Anlan 等 800 多家优质出海品牌，在行业内获得了良好的口碑。最后，通过主办或参与一系列大型活动，弧米科技奠定了其在跨境直播电商行业的龙头地位。例如，2021 年，弧米科技举办"2021 跨境电商直播发展高峰论坛"，邀请阿里巴巴国际站和全球速卖通解读跨境直播新机遇。

随着业务规模的扩大，邓亚辉越来越感觉到跨境直播电商行业发展最大的瓶颈是主播，跨境直播电商专业人才不仅需要熟练掌握英语或小语种，而且需要了解海外目标市场，如消费者所在国家和地区的文化、习俗、消费习惯、思维方式及法律法规等，还需要具备很强的沟通能力、过硬的专业知识且熟悉电商与直播规则。跨境直播电商作为跨境电商新业态，主播等相关专业人才匮乏的问题尤为严重。根据调研，截至 2022 年年底，TikTok 官方主播人才库已入驻 17 万人，与行业需求相比还有很大的缺口。为突破人才瓶颈，邓亚辉通过政、校、企、社联动，探索育人、引人、留人、用人的模式，加强跨境直播专业人才的培养，筑牢人才的蓄水池。2022 年，弧米科技承办全国大学生电子商务"创新、创意及创业"挑战赛跨境直播实战赛道，赛事有全国 10 000 支中外籍队伍共 50 000 余人报名，取得了良好的社会反响。同时，弧米科技加强了与高等院校的合作，开展跨境直播培训营，进行现场直播实战式教学。目前，弧米科技已与浙江工商大学杭州商学院、杭州师范大学钱江学院、广州华商学院等数十所高等院校达成合作。

五、尾声

深夜的杭州依然车水马龙，直播间最后一场直播结束，邓亚辉走出大楼，霓虹灯照亮了他前行的路……

【案例思考题】

1. 什么是跨境直播电商？结合跨境直播电商，阐释网络营销 4I 理论。
2. 与其他跨境网络营销方式相比，跨境直播电商有什么特点与优势？
3. 外向型企业发展跨境直播电商有哪些难点？
4. 结合案例和所学知识，谈谈你对推动跨境直播电商发展的建议。

第六章　跨境电商金融服务案例

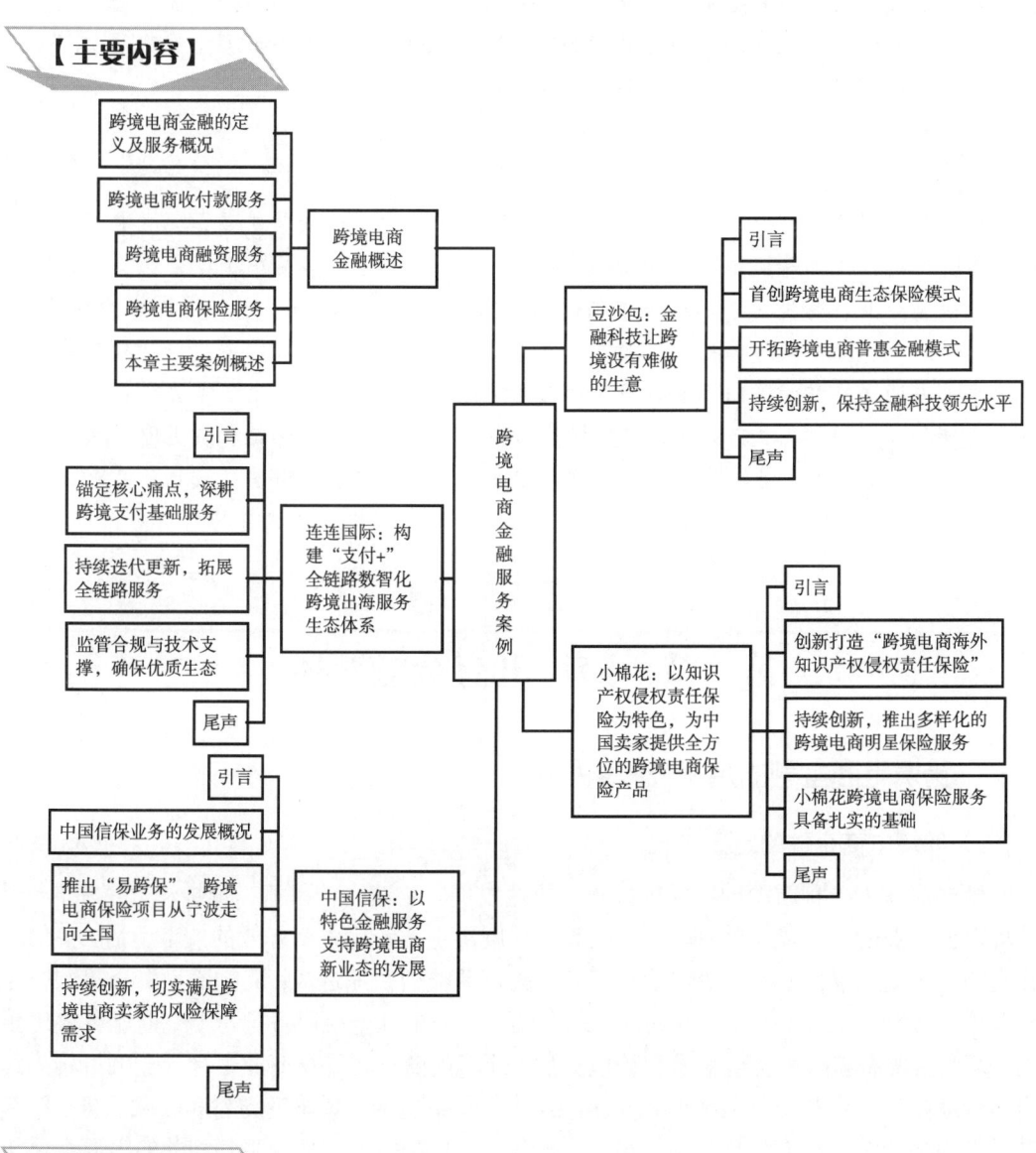

【主要内容】

- 跨境电商金融概述
  - 跨境电商金融的定义及服务概况
  - 跨境电商收付款服务
  - 跨境电商融资服务
  - 跨境电商保险服务
  - 本章主要案例概述
- 连连国际：构建"支付+"全链路数智化跨境出海服务生态体系
  - 引言
  - 锚定核心痛点，深耕跨境支付基础服务
  - 持续迭代更新，拓展全链路服务
  - 监管合规与技术支撑，确保优质生态
  - 尾声
- 中国信保：以特色金融服务支持跨境电商新业态的发展
  - 引言
  - 中国信保业务的发展概况
  - 推出"易跨保"，跨境电商保险项目从宁波走向全国
  - 持续创新，切实满足跨境电商卖家的风险保障需求
  - 尾声
- 豆沙包：金融科技让跨境没有难做的生意
  - 引言
  - 首创跨境电商生态保险模式
  - 开拓跨境电商普惠金融模式
  - 持续创新，保持金融科技领先水平
  - 尾声
- 小棉花：以知识产权侵权责任保险为特色，为中国卖家提供全方位的跨境电商保险产品
  - 引言
  - 创新打造"跨境电商海外知识产权侵权责任保险"
  - 持续创新，推出多样化的跨境电商明星保险服务
  - 小棉花跨境电商保险服务具备扎实的基础
  - 尾声

【学习目标】

1. 知识目标

(1) 掌握跨境电商金融的定义。

(2)了解跨境电商金融服务的类型和使用情况。
(3)了解跨境电商收付款服务。
(4)了解跨境电商融资服务。
(5)了解跨境电商保险服务。

2. 能力目标

(1)学会分析跨境电商收付款服务商的服务内容、技术支撑、合作伙伴、盈利模式等。
(2)学会分析跨境电商融资服务商的服务内容、技术支撑、合作伙伴、盈利模式等。
(3)学会分析跨境电商保险服务商的服务内容、技术支撑、合作伙伴、盈利模式等。
(4)学会判断金融服务商的服务能力的差异性。

【导 入】

在全球化趋势下,中小型企业应借势而为,抓住跨境电商的发展机遇,实现中国企业数字化出海。目前,中国跨境电商企业主体超过10万家,其中大多为中小型企业。值得注意的是,中小型企业在跨境贸易的过程中仍面临着四大典型金融堵点,包括境外账户难获得、跨境结算慢又贵、汇率风险难把控、跨境融资望洋叹。跨境电商资深人士、普特教育的创始人兼董事长冯迪洋在接受《国际金融报》的记者采访时表示,中小型企业需要得到很多的金融服务支持和专业培训,才能从传统国际贸易转型走向移动互联网和物联网迅速发展的数字化贸易时代。那么,对于进军跨境电商领域的中小型企业来说,有哪些金融服务需求?目前跨境电商相关金融服务已经发展到了什么程度?未来又可以进行什么样的创新?

第一节　跨境电商金融概述

一、跨境电商金融的定义及服务概况

(一)跨境电商金融的定义

跨境电商作为一种新型的贸易模式正在快速发展。物流、信息流、资金流"三流合一"是跨境电商行业的一个显著特征,三流的流畅程度决定了跨境电商行业的效率和活力。信息流作为跨境电商交易的起点,决定了买卖双方的订单能否快速达成;而物流和资金流则决定了订单能否顺利完成,以及双方交易的成功与否。跨境电商金融服务是跨境电商服务链中重要的一环,主要涵盖跨境资金融通和跨境支付。跨境电商金融是指商业银行等金融机构为跨境电商活动提供贯穿整个供应链的各类金融服务,其中包括跨境电商支付和收款服务、跨境电商融资服务和跨境电商信用保险服务等。在我国,与跨境电商金融服务相关的主要金融机构有中国人民银行、国家外汇管理局、第三方跨境支付机构、跨境汇款和收款公司、商业银行、中国进出口银行、外贸综合服务商、证券公司、风险投资机构、财产保险公司和中国出口信用保险公司等,如表6-1所示。

表 6-1　我国与跨境电商金融服务相关的主要金融机构

金融机构类别	金融机构名称	金融服务跨境电商发展的主要功能
政府监督管理类	中国人民银行	监督管理、政策制定等
	国家外汇管理局	监督管理、政策制定等
支付服务类	第三方跨境支付机构	支付结算、增值服务等
	跨境汇款和收款公司	支付结算、汇款服务、收款服务等
银行类	商业银行	债权融资、支付结算、贸易融资等
	中国进出口银行	债权融资、支付结算、贸易融资等
外贸综合服务类	外贸综合服务商	贸易融资
证券投资类	证券公司	股权融资
	风险投资机构	股权融资
保险类	财产保险公司	风险管理
	中国出口信用保险公司	

（二）跨境电商金融服务概况

2022 年，海外收款、融资和外汇结算依然是我国跨境电商企业主要的金融服务需求。与 2021 年跨境电商金融服务需求对比，海外收款和外汇结算服务需求占比大幅提高，尤其是外汇结算需求从第三名上升为第一名，占比为 45.81%。这主要原因是，在俄乌冲突、美元走强、能源危机等复杂的环境下，汇率波动频繁，外汇结算风险增大，外汇结算避险服务需求增多。2022 年我国跨境电商企业金融服务需求类型分布如图 6-1 所示。跨境金融需求的扩大，使跨境金融相关工具和产品使用频率逐渐提升，而支付产品和工具最常用，成为跨境电商企业体验跨境电商金融服务重要的"入口"，外汇产品和工具、融资产品和工具，以及保险产品和工具的使用频率分别位列第二位到第四位。2022 年我国跨境电商企业使用跨境金融工具和产品的频率如图 6-2 所示。下文主要对跨境电商收付款服务、融资服务和保险服务进行介绍。

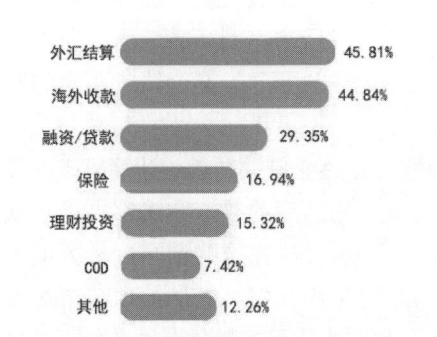

图 6-1　2022 年我国跨境电商企业金融服务需求类型分布

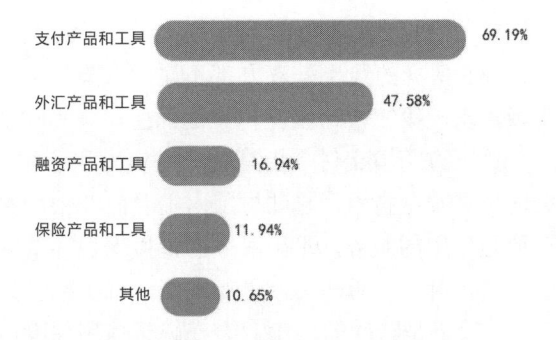

- 外汇结算　45.81%
- 海外收款　44.84%
- 融资/贷款　29.35%
- 保险　16.94%
- 理财投资　15.32%
- COD　7.42%
- 其他　12.26%

图 6-2　2022 年我国跨境电商企业使用跨境金融产品和工具的频率

- 支付产品和工具　69.19%
- 外汇产品和工具　47.58%
- 融资产品和工具　16.94%
- 保险产品和工具　11.94%
- 其他　10.65%

二、跨境电商收付款服务

跨境收付款最早是伴随着国际贸易结算而产生的。一个国家的消费者在跨境电商平台上购买境外卖家的产品时，由于境内外币种不同，因此需要通过一定的结算工具和支付系统实现跨境资金的转换，最终完成交易。跨境收付款是指对两个或两个以上国家（或地区）之间因国际贸易、国际投资及其他方面所发生的国际间的债权债务，借助一定的结算工具和支付系统实现资金跨国或跨地区转移的活动。目前，跨境收付款市场的服务商主要有3类：一是传统银行和信用卡组织，二是第三方支付机构，三是跨境收付款公司。以下简要介绍传统跨境收付款方式和第三方跨境支付服务。

（一）传统跨境收付款方式

在传统的国际贸易活动中，常见的支付方式有汇付、托收、信用证支付和国际信用卡支付。

汇付又称汇款，汇付是指付款人通过银行，主动把款项汇给收款人的一种支付方式。一笔汇款业务中涉及汇款人、汇出行、汇入行/解付行、收款人4个当事人。一般情况下，跨境电商中的汇款人即进口商，汇出行通常是进口地银行，汇入行通常是出口地银行，收款人即出口商。汇付方式一般可分为信汇、电汇、票汇3种。

托收是指在进出口贸易中，出口方开具以进口方为付款人的汇票，委托出口方银行通过其在进口方的分行或代理行向进口方收取货款的一种结算方式。根据托收时是否向银行提交货运单据，可分为光票托收和跟单托收两种方式。

信用证是指银行根据进口人（买家）的请求，开给出口人（卖家）的一种保证承担支付货款责任的书面凭证。银行授权出口人在符合信用证所规定的条件下，以该行或其指定的银行为付款人，开具不超过规定金额的汇票，并按规定随附装运单据，按期在指定地点收取货款。

国际信用卡支付相当于国际信用卡收款，一般用于国际贸易中1000美元以下的小额收款，比较适合网店零售。目前，国际信用卡收款是通过第三方信用卡支付公司提供的支付通道来完成收款的。

（二）第三方跨境支付服务

1. 第三方跨境支付服务的定义

在跨境电商交易中，由于交易双方互不认识，支付问题曾经成为交易的瓶颈：卖家不愿先发货，怕发货后不能收回货款；买家不愿先支付，担心支付后拿不到商品或商品质量得不到保证。博弈的结果是双方都不愿意冒险，跨境电商交易无法进行。为迎合钱货两清的同步交换需求，第三方跨境支付应运而生。

第三方跨境支付是指具备一定实力和信誉保障的第三方企业借助通信、计算机，以及相关的信息安全技术，通过与国内主要商业银行签约的方式，为跨境的买家和卖家提供一项旨在增强信用的服务，即在银行的直接支付环节中增加一个中介，买家选购商品后将款项先付给中介，由中介通知卖家进行发货，待买家收到商品后，再由中介将买家的款项转至卖家账户。第三方是跨境的买卖双方在缺乏信用保障或法律支持的情况下的资金支付"中间平台"，买家将货款付给买卖双方之外的第三方，第三方提供安全交易服务，其运作实质是在收、付款人之间设立中间过渡账户，使汇转款项实现可控性停顿，只有买卖双方意见达成一致才能决定资金去向。第三方担当中介保管及监督的职能，并不承担什么风险，确切地说，这是一种支付托管行为，通过支付托管实现支付保证。跨境电商行业中跨境支付业务的参与者及其业务联系如图6-3所示。

图 6-3　跨境电商行业中跨境支付业务的参与者及其业务联系

2. 第三方跨境支付的发展历程

国内企业要想开展跨境支付业务，首先必须持有中国人民银行颁发的"支付业务许可证"，其次需要有国家外汇管理局准许开展跨境电商外汇支付业务试点的批复文件。如果不涉及换汇，则支付机构持有央行各地分支机构颁发的人民币跨境支付牌照即可，跨境人民币支付业务不需要国家外汇管理局的批复。我国第三方跨境支付的主要发展历程如下。

2007 年银联成为国内首家开展跨境支付业务的第三方支付公司。为了更好地发展第三方支付市场，2013 年 9 月，国家外汇管理局发放了首批 17 张跨境支付牌照。2014 年，第二批共发放了 5 张跨境支付牌照。2015 年，国家外汇管理局正式发布了《关于开展支付机构跨境外汇支付业务试点的通知》和《支付机构跨境外汇支付业务试点指导意见》，允许部分具有中国人民银行颁发的"支付业务许可证"且许可业务范围包括互联网支付的支付机构开展跨境业务试点，自此跨境支付逐渐走向规范化。截至 2015 年年底，获得该资格的支付平台数量为 27 家。2017 年，国家外汇管理局又批准了 3 家公司的跨境支付业务，具有跨境支付资格的支付平台数量达到 30 个。这 30 个支付平台分别是上海的汇付天下、通联、银联电子支付、东方电子支付、快钱、盛付通、环迅支付、富友支付、支付宝、宝付，北京的易宝支付、钱袋宝、银盈通、爱农驿站、首信易支付、北京银联商务、网银在线、拉卡拉、资和信、联动优势，深圳的财付通、钱宝科技、智付电子支付，浙江的贝付科技、连连国际、网易宝，重庆的易极付，江苏的易付宝，海南的海南新生，四川的摩宝支付。这些第三方跨境支付机构的业务服务领域主要涉及货物贸易、留学教育、航空机票、酒店住宿、旅游服务等。随着经济全球化进程的加快和国际贸易合作程度的逐步深入，在消费者对境外商品的旺盛需求和"中国制造"在境外市场畅销的促进作用下，跨境支付业务呈现出蓬勃发展的态势。特别是在"一带一路"倡议及相关政策的支持下，境内支付机构通过与国际知名电商平台、航空公司、酒店、软件服务商等的合作，积极拓展跨境电商支付业务，业务规模稳步提升。根据中国支付清算协会的数据统计，2018 年境内第三方跨境支付机构跨境互联网交易金额超过4900 亿元，同比增长 55%，交易对象所在区域以亚洲、北美洲、欧洲为主。未来，随着我国跨境电商、旅游等行业的持续发展和出国留学市场的逐步扩大，我国第三方支付机构的跨境支付总额预计仍会保持良好的增长态势。

三、跨境电商融资服务

(一)跨境电商企业融资的定义与融资渠道的类型

企业融资是一家企业筹集资金的行为与过程,是企业根据自身的生产经营状况、资金拥有的状况,以及未来经营发展的需要,通过科学的预测和决策,采用一定的方式,借助一定的渠道向企业的投资者和债权人筹集资金,以保证企业正常生产需要和经营管理活动需要的资金融通活动。跨境电商行业只有和金融资本之间形成良性互动才能真正地做大做强,跨境电商企业的快速发展和资金的支持是密不可分的,因此企业需要对融资渠道的类型有所了解。目前对融资渠道有4种分类标准,包括资金是否来自企业内部、资金使用和归还期限的不同、融资过程是否需要借助金融中介机构进行,以及融资双方权利、义务性质的不同,具体如表6-2所示。

表6-2 融资渠道的类型及其内涵

分类标准	具体类型	内涵
资金是否来自企业内部	内源融资	指企业依靠其内部积累进行的融资,包括资金、折旧基金转化为重置投资、留存收益转化为新增投资
	外源融资	指企业通过一定方式从企业外部融入资金用于生产和经营
资金使用和归还期限的不同	短期融资	指融入资金的使用和归还期限在一年以内的融资,如商业信用、票据贴现、经营租赁等
	中长期融资	指融入资金的使用和归还期限在一年以上的融资,如发行股票、长期贷款、融资租赁等
融资过程是否需要借助金融中介机构进行	直接融资	指不经过金融中介机构的融资活动
	间接融资	指企业通过金融中介机构间接向资金供给者融通资金的方式
融资双方权利、义务性质的不同	股权融资	企业以出让股份的方式向股东筹集资金,体现的是一种所有权关系
	债权融资	指公司以发行债券或借贷方式向债权人筹集资金,体现的是一种债权债务关系

(二)常见的跨境电商融资渠道

金融业对跨境电商行业发展的资金支持主要体现在其为跨境电商企业提供的融资服务上。跨境电商企业一方面作为境内的企业法人可以获得金融机构为各类企业提供的一般性融资服务,另一方面作为跨境贸易的参与主体可以获得贸易融资服务。常见的融资服务主要有普通型融资服务和贸易融资服务。

普通型融资服务包括银行贷款、供应链融资、融资租赁、引入风险资本、发行股票融资和发行债权融资等。相比较而言,供应链融资和融资租赁是比较适合中小型跨境电商企业的融资方式。供应链金融因其突破了商业银行等金融机构传统的评级授信要求,也无须另行提供抵押或质押担保,切实解决了中小型跨境电商企业融资难的问题。融资租赁在办理融资时对企业资信和担保的要求不高,因此也适合中小型跨境电商企业融资。中小型跨境电商企业普遍难以获得商业银行的信用贷款;风险投资则重点追逐成长型跨境电商企业、跨境电商平台企业和跨境电商服务商;发行股票融资和债权融资则适用于规模较大实力很强的上市公司,不过一些中小型企业也可以发行中小型企业集合债券。

贸易融资服务包括进口贸易融资服务(含授信开证、买方押汇、提货担保、进口双保理、买入票据、汇出汇款融资)和出口贸易融资服务(含打包贷款、卖方押汇、福费廷、出口单保理、出口双保理、出口商业发票贴现和信保项下的贸易融资)两大类,具体总结如表 6-3 所示。

表 6-3　进口贸易和出口贸易融资服务汇总表

进口贸易融资	授信开证	指银行在未向客户收取全额保证金的情况下,为其开立进口信用证的业务
	买方押汇	银行应买方的申请,在进口/国内信用证或进口代收项下,凭有效凭证和商业单据代买方先行垫付货款的一种短期资金融通行为
	提货担保	指当进口货物先于货运单据到达时,进口商为办理提货向承运人或其代理人出具的,由银行加签并由银行承担连带责任的书面担保
	进口双保理	指在赊销或承兑交单项下,银行根据境外出口商的申请(经当地出口保理商提交),接受出口商转让的应收账款,为进口商提供信用担保及其他账务管理服务的综合业务
	买入票据	指在光票托收等不附带贸易单据的结算业务项下,银行通过以贴现方式购入由其他银行付款的银行即期票据,为客户提供的一项融资服务。该项业务用于满足客户在光票托收项下的短期资金融通需求
	汇出汇款融资	汇出汇款融资是指在进口货物到港后,进口商申请汇出汇款融资,银行为进口商垫付货款给境外出口商,待进口商将货物销售、货款回笼后再归还融资
出口贸易融资	打包贷款	是指银行凭借出口商与进口商签订的商务合同和境外银行开具的信用证正本,为出口商在装船前对出口商品的采购、生产和装运等经营活动发放的专项融资贷款
	卖方押汇	是指银行根据卖方的申请,在卖方发出货物并提交相关单据后,为卖方提供的短期融资
	福费廷	指在出口贸易融资中,银行作为包买商以无追索权的方式从出口商/债权人处买入由于出口商品或劳务等而产生的已承兑/承诺付款的应收账款(或称未到期债权)
	出口单保理	出口双保理是指在赊销或承兑交单项下,出口商将销售合同项下产生的应收账款转让给银行,再由银行转让给境外进口保理商,并由银行和进口保理商共同为出口商提供商业资信调查、应收账款管理与催收、买方坏账担保及出口贸易融资等的一项综合性金融服务
	出口双保理	出口商业发票贴现是指出口商发货后,在采用承兑交单或赊销方式收取货款的情况下,将销售合同项下产生的应收账款转让给银行,由银行保留追索权并以贴现方式买入出口商业发票项下的应收款项,为出口商提供短期资金融通
	出口商业发票贴现	出口商业发票贴现是指出口商发货后,在采用承兑交单或赊销方式收取货款的情况下,将销售合同项下产生的应收账款转让给银行,由银行保留追索权并以贴现方式买入出口商业发票项下的应收款项,为出口商提供短期资金融通
	信保项下的贸易融资	指出口商在银行认可的出口信用保险公司投保短期出口信用保险后,将保单项下的赔款权益转让给银行,在货物出运后,银行可根据出口商实际货物出口情况为其提供短期出口贸易融资

(三)常见的跨境电商融资模式

传统融资模式是指企业通过向银行或其他金融机构申请贷款,以满足其资金需求的方式。在传统融资模式下,企业通常需要提供一定的担保物,如房产、土地、机器设备等,作为贷款的抵押。同时,企业还需要向金融机构提交相关的财务报表和业务计划,以证明其还款能力和贷款用途的合理性。

互联网金融是传统金融机构与互联网企业利用互联网技术和信息通信技术实现资金融通、支付、投资、信息中介服务的新型金融业务模式。互联网金融的主要业态包括互联网支付、网络借贷、股权众筹融资、互联网基金销售、互联网保险、互联网信托和互联网消费金融等。互联网金融的发展对促进金融包容具有重要意义,为大众创业、万众创新打开了大门,在满足小微企业、中低收入阶层投融资需求,提升金融服务质量和效率,引导民间金融走向规范化,以及扩大金融业对内对外开放等方面可以发挥独特的功能和作用。目前,金融科技公司通过数字赋能助力金融机构和跨境电商卖家和服务商解决融资的困境,如全球领先的跨境电商数字 API 平台——豆沙包(Dowsure)。

四、跨境电商保险服务

各种商业风险、政治风险对全球经贸活动产生了重大的影响,也给中国跨境电商的发展带来了较大挑战。目前,跨境电商面临的痛点包括运营风险,如产品是否为正品的质疑、原产地的质疑、物流耗时过长、运输过程中产品丢失和受损、平台的强制性关店等问题,也包括如俄乌战争等政治性风险。此外,自 2021 年 3 月起,全球最大的跨境电商平台亚马逊为了加强平台的封控管理,要求连续 3 个月营业额超过 1 万美元的商家在 30 天内购买保额至少为 100 万美元的商业综合责任险,否则可能导致无法提现甚至封店。另外,沃尔玛、Wayfair 等平台也都要求卖家购买商业综合责任险或产品责任险。

(一)跨境电商保险的定义和作用

保险是指投保人和保险人签订合同,投保人支付保险费用,保险人承担合同约定事故发生时的赔偿或给付保险金的责任的方法。跨境电商保险是一种新型的保险产品,是当前新兴的电子商务保险的一个种类,它以跨境电商交易全产业链各环节中可能产生的风险为保险标的,以参与跨境电商的境内外买卖双方、服务商等为保险投保对象,目的是以投保人向保险公司缴纳一定保险费用参保某种跨境电商险种的形式,让保险公司保障投保人在跨境电商交易过程中可能面临的交易的风险,承担可能产生的风险损失,从而刺激买卖双方和服务商等参与跨境电商交易的积极性,促进我国跨境电商的进一步良性发展。

对跨境电商卖家和服务商来说,可以通过保险转移自身经营风险,包括可能面临的政治风险和商业风险,避免财务状况的波动;通过信用保险等增加商业机会,扩大经营规模;获得融资便利,缓解资金紧张;建立信用管理机制,减少呆坏账款;弥补收汇损失,确保可持续发展等。对买方来说,跨境电商卖家投保能够确保其有能力赔偿可能发生的损失,使自己能够更加快速地做出购买决策,提升交易效率,对交易本身更加满意,提升复购率,帮助扩大产品品牌的影响力等。对跨境电商第三方平台而言,要求跨境电商卖家购买平台保险可以避免被卷入层出不穷的诉讼事件中,转移可能面临的高额赔偿责任,同时提升买家对平台的满意度。

(二)跨境电商保险的提供渠道及相应内容

跨境电商保险不仅能增强买卖双方的确定性,而且可以将跨境电商卖家和服务商的损失控制到尽可能小的范围内,还可以加强跨境电商第三方平台的风控能力,因此成为许多跨境电商卖家和服务商的选择。近年来,市面上的跨境电商保险种类日渐增多,一般会按跨境电商行业提供货物运输及退货、卖家及平台责任、交易侧信用保证和产品延保这 4 类多维度全品类保险保障产品服务分类。跨境电商保险共有 3 种提供方式,下面对这 3 种提供方式及相应内容进行介绍。

(1)保险公司直接提供。以中国信保为例,在为宁波乐歌首创"出口信用保险+海外仓"模式后,推出"易跨保"金融服务方案贯穿跨境电商全产业链,覆盖跨境电商领域诸如跨境电商卖家、跨境供货商、跨境物流供应商、海外仓服务商、外贸综合服务平台和融资银行等主体类型，成功打造短期出口信用保险模式、国内贸易信用保险模式、短期出口信用保险外综服模式等。

（2）保险公司通过跨境电商平台提供。例如，亚马逊在考虑评级和服务网络等因素的基础上，推荐美国国际集团（AIG）、安达保险（Chubb）、史带（STARR）3家国际性保险服务商为合作卖家提供商业综合责任险。又如，人保财险为阿里巴巴国际站的卖家提供保险服务。

（3）保险公司通过保险互联网平台提供。例如，中国信保、人保产险、平安产险，以及阳光保险等公司通过互联网保险平台如小棉花数字科技（上海）有限公司（简称小棉花）、宁波跨境堡科技有限公司（简称跨境堡）等为客户提供保险相关服务。豆沙包开创了跨境电商生态保险体系，小棉花在与各类保险公司合作的基础上为客户提供亚马逊卖家责任险、跨境物流解决方案、跨境电商海外知识产权侵权责任保险、退货处置方案，以及关店服务方案等。跨境堡则为客户提供物流保和安跨保等两大类保险。

五、本章主要案例概述

围绕跨境电商金融服务的主题，本章选取了连连国际、中国信保、豆沙包和小棉花4家公司在跨境电商金融领域为跨境电商卖家和服务商提供的支付服务、融资服务及保险服务为研究内容，撰写了4个跨境电商金融服务案例，以帮助读者进一步了解目前国内跨境电商的金融服务生态。

1. 连连国际：构建"支付+"全链路数智化跨境出海服务生态体系

随着我国持续加大对外开放力度，出口电商、市场采购贸易等新业态兴起，对汇款的时效性、费率提出更高要求，至此，第三方跨境支付应运而生，成为跨境电商金融服务的一个重要细分赛道。因其到账速度快、费率低等特点更加适配市场需求，所以第三方跨境支付快速在行业中占有了一席之地。连连国际是连连数字（于2009年在杭州成立）旗下的核心品牌，是中国跨境贸易中支付金融与服务领域的综合创新型企业。连连国际拥有强大的合规安全实力与高效、灵活的全球支付网络，并通过持续创新拓展退税、一键开店、融资、索赔和知识产权等服务新领域，成功构建了"支付+"全链路数智化跨境出海服务生态体系。

2. 中国信保：以特色金融服务支持跨境电商新业态发展

作为世界贸易组织规则允许的贸易和投资促进手段，出口信用保险是各国外贸稳增长、防风险，保产业链、供应链安全稳定的重要政策性工具。中国信保凭借其多年经营出口信用保险业务的雄厚实力，通过政策创新、产品创新、服务创新，加大对跨境电商等新业态的金融支持。中国信保首次探索和创新通过一项金融服务——"易跨保"，贯穿全产业链，覆盖跨境电商领域众多参与主体。中国信保及跨境电商卖家、跨境供货商、跨境物流供应商、海外仓服务商、外贸综合服务平台和融资银行等，围绕中国信保为跨境电商卖家提供的信用限额资源开展信用交易和融资服务合作，并持续创新推出针对跨境电商出口政治风险、平台支付风险和海外仓销售风险等问题的3款保险产品，为传统出口企业"触网"出海保驾护航迈出重要一步。未来中国信保将持续跟进跨境电商领域的发展变化并提供高质量保险和金融服务。

3. 豆沙包：金融科技让跨境没有难做的生意

互联网金融是传统金融机构与互联网企业利用互联网技术和信息通信技术实现资金融

通、支付、投资和信息中介服务的新型金融业务模式。互联网金融的主要业态包括互联网支付、网络借贷、股权众筹融资、互联网基金销售、互联网保险、互联网信托和互联网消费金融等。豆沙包就是这样一家全球领先的跨境电商数字 API（Application Programming Interface，即应用程序编程接口）平台。其自 2016 年起聚焦、深耕跨境电商保险市场，深度挖掘行业痛点，逐步构建起跨境电商生态保险产品体系；自 2019 年起与银行合作开发、上线数字融资产品，从保险到融资，始终以保护卖家的切实利益和满足卖家的发展需求为己任，致力通过创新的金融科技为跨境电商行业打造良好的金融生态。目前，豆沙包已累计服务数万名卖家，覆盖跨境电商 GMV（Gross Merchandise Volume，即商品交易总额）数百亿元。

4. 小棉花：以知识产权侵权责任保险为特色，为中国卖家提供全方位的跨境电商保险产品

在重视专利、知识产权的欧美市场，中国制造在跨境出海过程时常会遭遇因侵权被控诉、勒令下架禁售等惩罚。为此，小棉花匠心打造针对亚马逊卖家的"跨境电商海外知识产权侵权责任保险"，通过保险进行专业资源整合，以"保险加服务"的形式打通商标和外观专利风险预警、申诉支持、法律援助及损失补偿业务，真正为卖家提供一揽子解决方案。在特色保险产品的基础上，小棉花持续创新，推出多样化的跨境电商明星保险服务，如电商平台退货险、卖家商业综合责任险、尾销宝、PayPal 拒付争议保险解决方案等。小棉花由"亚洲银行家全球金融科技前八强"的小雨伞保险经纪有限公司（简称小雨伞保险）孵化，其信用背书、多年保险经纪的从业经验，以及强大的数字科技实力全方位赋能小棉花跨境电商保险服务的创新和推广应用，助力其实现为中国企业的跨境电商业务提供物流、支付、流量、技术等全链条的服务，以及向全球数千万的跨境电商卖家及合作伙伴提供科技保险服务的目标。

【思考题】
1. 请说明跨境电商金融的定义，以及跨境电商金融服务的使用情况。
2. 请说明第三方跨境支付服务的定义及其发展历程。
3. 请阐述跨境电商融资的定义、类型与渠道。
4. 请阐述跨境电商保险服务的定义和作用。

第二节　连连国际：构建"支付+"全链路数智化跨境出海服务生态体系

【教学目的与用途】
1. 本案例的教学目的包括：
（1）理解跨境支付的定义、作用和方法。
（2）理解第三方跨境支付产生的背景。
（3）理解第三方跨境支付的主要功能。
（4）理解连连国际"支付+"全链路数智化跨境出海服务生态体系。
2. 本案例主要适用于跨境电子商务、国际贸易、电子商务、创业管理和财务管理等专业学生的课程。

【引言】

在第二届全球数字贸易博览会"人间天堂·数贸之夜"成果发布会上,"福布斯2023全球数字贸易行业企业TOP100评选榜"正式发布。连连国际与亚马逊、SHEIN、阿里巴巴、中国银联等共同入选"2023全球数字服务贸易创新力企业TOP25榜单"。数字贸易代表全球未来发展的主要方向之一,也是中国加快贸易强国建设的新引擎。《福布斯中国》长期关注中国数字贸易的创新与发展,从2022年开始,连续两年推出"数字贸易主题评选"研究,旨在发掘数字贸易领域中的杰出代表,为数字贸易行业发展及相关规则制定贡献中国实践和可信参考路径。

连连国际是连连数字旗下的核心品牌,是中国跨境贸易支付金融与服务领域的综合创新型企业。连连国际拥有强大的合规安全实力与高效、灵活的全球支付网络,并通过持续创新拓展退税、一键开店、融资、索赔和知识产权等服务新领域,成功构建了"支付+"全链路数智化跨境出海服务生态体系。连连国际的跨境业务已在中国香港、美国、英国等全球多个国家和地区获得了60余张支付牌照及相关资质,支持全球近80个跨境电商平台、约190个电商平台站点、28种货币的自由结算,覆盖全球100多个国家和地区。连连国际表示,能够入选"福布斯2023全球数字贸易企业百强榜",并跻身数字服务贸易创新力企业TOP25,既是对连连国际在数贸领域深耕细作和工作成果的肯定,也是激励连连国际强化责任担当,全力服务数字中国、贸易强国建设的积极动力。

那么,连连国际是如何在跨境支付领域探索过程中,逐步成功构建起"支付+"全链路数智化跨境出海服务生态体系的呢?本案例将带读者一起进行探索。

一、锚定核心痛点,深耕跨境支付基础服务

在2015年以前,只有少数国内跨境电商卖家能够开通可以接收电商平台结算的外币货款的银行账户,大部分跨境电商卖家都面临着海外银行账户开户难、开户贵、时效性低、安全性不稳定等问题,即便在中国香港,国内跨境电商出口企业也要获得一个资金自由出入的银行账户,也不得不承担较高的账户运作成本。此外,鉴于国际支付环节普遍存在手续繁杂等问题,国内跨境电商出口企业完成一条跨境收款链路的结算时间往往需要2~7天,导致企业经常遭遇资金到账时效差、汇兑效率不及时等问题。立足市场需求,连连国际从2016年开始全面布局跨境支付业务,与亚马逊等平台展开合作,为国内跨境电商卖家提供全球收款和结汇服务,开启了全面赋能跨境电商卖家出海的探索之旅。在出海企业的服务需求逐渐精细化和不断增长的背景之下,连连国际以全球化、灵活化、多元化、更具成本效益四大优势与出海企业互相成就,赋能企业高质量出海。

1. 跨境收款服务

2017年,连连国际正式上线跨境收款产品。这是连连国际针对中国跨境电商卖家量身打造的一款创新型支付解决方案,旨在解决跨境电商用户境外收款账户获取难、资金轨迹不清、多店铺资金管理复杂、独立站收款难,以及提现到账速度慢等问题,帮助卖家高效、灵活、便捷地管理平台销售回款。目前已有约170万家店铺绑定连连国际。连连国际已在跨境支付领域开创了多个行业第一:第一家将提现速度进化到"秒"级,提现最快2秒到境内;第一家创立多账户统一管理系统;第一家试行ERP收款模式;第一家上线移动端收款小程序。

从到账速度上来看,连连国际通过科技赋能将自己的全球网络与全球大型跨境电商平台

和独立站平台等实现技术系统对接，使跨境电商卖家只需一键登录就能实现开店绑定与销售回款直接打入其海外账户，从而进一步缩短国内跨境电商卖家的回款与资金到账周期。连连国际于 2022 年 11 月全新推出半天到账服务，其提供的"随时提现，快速到账"功能使跨境电商卖家获得了极致的收款体验。从资金轨迹透明度来看，连连国际凭借智能化技术，向跨境电商进口企业提供实时资金流向服务，使跨境电商收款的全链路资金轨迹更加透明化。通过资金轨迹追踪服务，国内跨境电商卖家能清楚地知道这笔货款的具体流向，初步计算出到账时间，可以更妥善地安排付款、采购与生产规划。从多店铺资金管理复杂的问题来看，连连国际通过一个账号连接亚马逊、eBay、Wish、Cdiscount、乐天法国、乐天德国等 21 个海外各大主流电商平台的多个账户，以及 Shopify、SHOPLINE 等 7 个独立站平台的多个账户，为跨境电商卖家提供低成本、便捷化的高效服务。从独立站收款难的问题来看，连连国际推出全球收单服务，为独立站商家连接全球主流支付方式，支持 VISA、MasterCard、AE、Discover、JCB、银联等六大国际信用卡和全球 100 多个国家和地区的数百种本地支付方式，让出海支付变得更简单。连连国际还与 Shopify、WooCommerce、OpenCart、Magento、店匠科技、Zen Cart、SHOPYY、有赞等主流建站平台建立合作，帮助跨境电商卖家开启跨境电商出海之旅。从境外账户获取难的问题来看，连连国际帮助跨境电商卖家申请账户，并支持美元、日元、英镑、欧元、加元、澳元、港币、印度尼西亚盾、新加坡币、迪拉姆、兹罗提 11 种货币收款，满足跨境电商卖家多样化的付款币种需求，从而助推跨境电商卖家将跨境电商业务拓展到更多国家地区。此外，连连国际还专门为亚马逊的跨境电商卖家量身定制了加速收款服务——连连闪收，赋能跨境电商卖家的资金高效流转。

2. 汇兑服务

海外收款、融资和外汇结算是我国跨境电商企业主要的金融服务需求。亿邦动力发布的《2022 跨境电商金融服务报告》显示，外汇结算避险从第三名跃升为第一大跨境电商金融服务需求，主要原因是，在俄乌冲突、美元走强、能源危机等复杂的环境下，汇率波动频繁，外汇结算风险增大，外汇结算避险服务需求增多。连连国际的跨境收款产品旨在为跨境电商卖家提供实时、多币种、多样化的汇兑结算服务，降低跨境电商卖家在汇兑过程中可能遭遇的各种风险。其一是通过连连星球提供一般的汇兑服务，主要包括提供 7×24 小时实时超优外汇报价、委托换汇及外汇风险管理 3 种服务，专注为全球跨境贸易商家解决货币兑换与外汇风险管理难题，助力全球商家汇兑全球。从超优外汇报价来看，连连星球为跨境电商卖家提供实时报价，免费汇兑服务，通过强大的金融数据能力，提供 7×24 小时实时外汇报价，供跨境电商卖家免费自由换汇，降低汇兑成本，护航全球跨境业务。从委托换汇来看，连连星球免费为跨境电商卖家提供市场汇率实时监测服务，支持设定卖家的理想汇率，自动换汇为指定汇率，无须任何手续费，节省盯市的人力成本。从外汇风险管理来看，通过专业的市场分析，强大的数据支持和全流程的智能管理工具，结合跨境电商卖家的实际业务场景，提供合适的风险管理方案，帮助跨境电商卖家有效规避汇率风险问题。其二是通过"兴业银行美国运通连连联名借记卡"推动跨境人民币结算服务。2022 年 6 月，央行对外发布《中国人民银行关于支持外贸新业态跨境人民币结算的通知》，驱动越来越多的跨境支付服务商搭建基于人民币结算的跨境支付服务体系，为跨境电商进出口企业拓展跨境贸易人民币结算提供便捷金融服务，协助后者扩大人民币结算规模并在更大范围内规避汇兑风险。"兴业银行美国运通连连联名借记卡"由连连国际携手兴业银行和美国运通公司于 2022 年 3 月创新推出，依托于连连国际的跨境贸易服务场景、兴业银行的金融服务体系（发卡渠道），以及美国运通公司的境内外清算网络，打通了跨境贸易环节的外汇收款、人民币结算、境内外付款等环节，为跨境贸易经营者提供安全、高效的全球资金转入、清算、结算及转出服务，满足多种场景使用需求，扩充了跨境电商等贸易新业态使用人民币结算的新场景。

3. 付款服务

付款服务是继收款和汇兑之后连连国际面对的一个新的基础服务课题，连连国际为跨境电商卖家量身定制了 3 款全球付款的解决方案。其一是通过 VISA 虚拟信用卡——越达卡搭建全球多场景支付网络，为跨境电商卖家提供高效的资金管理服务，实现节约跨境成本和全球畅付的目标。从搭建全球多场景支付网络来看，越达卡涵盖跨境电商付款、企业采购、广告营销、软件开发、OTA（Online Travel Agency，在线旅游机构）、出海产品付款等各场景的付款需求。从提供高效的资金管理服务来看，越达卡提供全线上管理平台，实现系统快速响应；支持共享企业额度，创新管理团队预算；高效掌控每一笔企业支出，实现轻松对账。从实现节约成本的角度来看，越达卡的付款服务费用透明，零附加费用，而且汇率无忧，支持多币种直接结算免换汇，还可长期享受美元返现权益。其二是为卖家打造专门的广告费付费服务，通过直接向境外代理支付境外服务费，高效低成本，合理降低自身的财务成本，助力企业出海。从合作的平台来看，连连国际支持亚马逊 Transparency 服务费及亚马逊广告费、Shopee 全站点关键字广告费，以及 Google、Meta 及 TikTok 等广告平台代理商费用等付费。从操作的便捷性来看，多家资深服务商为连连国际的客户打造专属服务通道，全流程化繁为简，不需要提交烦琐的资料，快捷直达。从付款方式的多样性来看，支持连连账户余额、银行卡、快捷和网银等多种付款方式，7×24 小时随时发起付款。其三是连连国际为卖家提供 VAT（Value Added Tax，是欧盟国家普遍采用的对纳税人生产经营活动的增值额征收的一种流转税，等同于中国地区的增值税）付款服务。

二、持续迭代更新，拓展全链路服务

跨境电商是一个复杂的系统，不仅会涉及更多的产业链及价值链参与主体，还会涉及更为复杂的国内外环境，对所有的跨境电商企业来说，都需要一个良性发展的跨境电商生态系统。连连国际的董事长朱晓松表示，针对跨境电商企业需求的多元化特点，跨境服务机构需要围绕跨境电商企业的日常运营，提供从开店、选品，到获客、运营、交易支付、资金管理、技术服务、履约和售后的一站式全链路跨境服务，实现跨境全场景覆盖，满足跨境电商企业多样化的需求，未来跨境服务仍会朝着全链路、一站式的方向发展，如图 6-4 所示。连连国际正是在跨境电商企业支付需求的基础上，凭借自身在支付领域的深厚积累，坚持以科技驱动业务创新，通过应用最新技术及利用对行业的深刻洞察，打造了涵盖产业支付数字化解决方案、互联网账户结算体系、产业数字化营销、产业金融及增值服务的"支付+科技+金融赋能产业"数字服务平台。该平台可结合不同行业、企业的痛点和业务特征，联合小棉花、上海新铮信知识产权服务股份有限公司（简称新铮信）、美国运通公司和兴业银行等服务机构，为跨境电商企业提供及定制综合 SaaS 解决方案，实现在支付与结算等核心功能基础上的系列增值服务，包括但不限于"退税管家、一键开店、融资服务平台、索赔大师、知识产权服务"等一系列企业经营过程中所涉及的链路闭环。图 6-5 所示为连连国际"支付+"全链路数智化服务生态体系，下面对连连国际的增值服务进行详细的介绍。

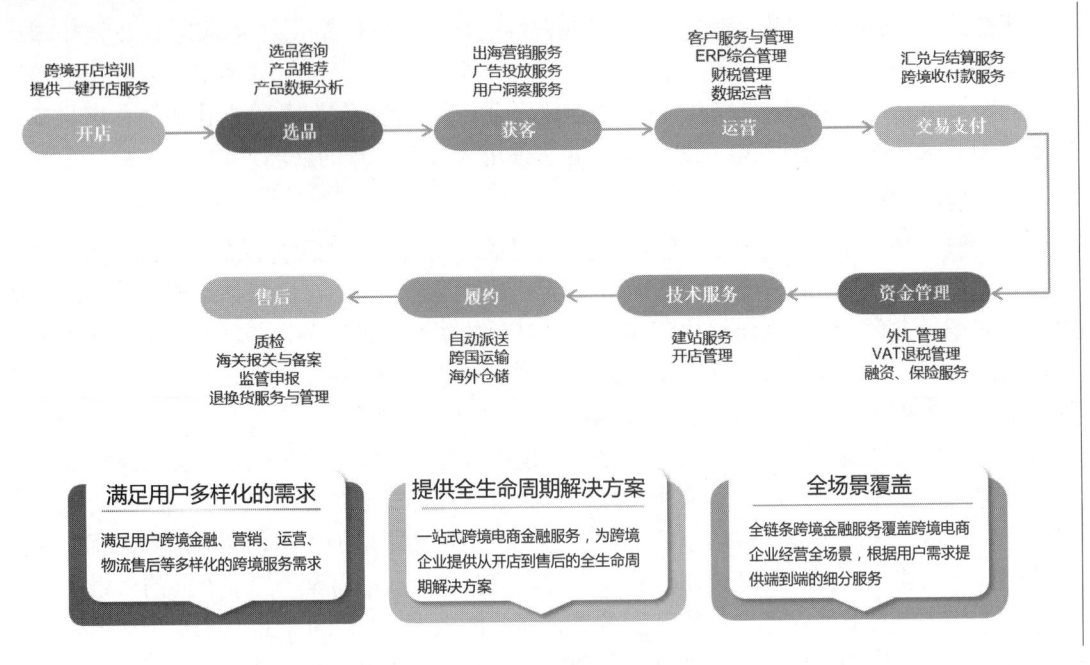

图 6-4 一站式全链路跨境服务

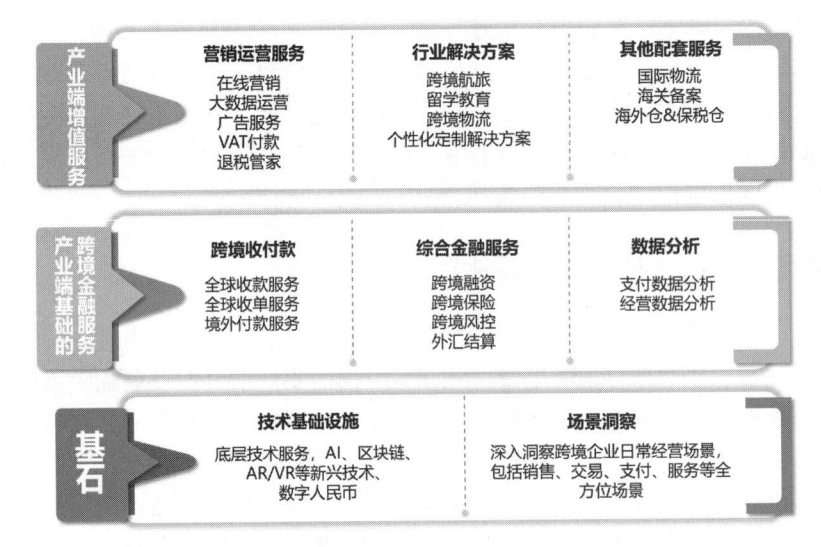

图 6-5 连连国际"支付+"全链路数智化服务生态体系

1. 退税管家

按照相关规定,自建跨境电商销售平台或利用第三方跨境电商平台(不包括为跨境电商出口企业提供交易服务的跨境电商第三方平台)开展跨境电商出口业务的单位和个体可以享受出口退税和免税的政策。出口退税不顺是跨境电商企业利润无法增长的重要原因,需要引起中小型跨境电商企业的重视。大部分中小型跨境电商企业在退税过程中会面临诸如退税流程复杂,耗时耗力;监管机构审核严格,办理周期长、时间成本高;企业需要招募、培养相关专业人员,人力成本高等难题。连连国际与外贸综合服务商合作提供的退税管家服务,简化了传统退税的烦琐流程,大幅缩短退税周期,相比自行退税节省 1~3 个月的时间。此外,根据产品退税率、工厂开票成本等，该服务还可以帮跨境电商卖家提升最高 10% 的净利润。

2. 一键开店

多平台、多店铺运营是跨境电商重要的运营方式。多平台、多店铺的运营意味着卖家需要投入大量的时间成本和人力成本去申请注册新的店铺。连连国际推出的一键开店服务正好满足了卖家高效开设多店铺的需求。一键开店功能对接全球主流平台，包括但不限于亚马逊、Shopee、Wish、Cdiscount、Allegro、JD.ID、Fnac、Qoo10、Darty、Mercado Libre、Shopify、eMag、Fruugo、Lazada、DHgate、Coupang 等，打通绿色开店通道，缩短审核时间，大幅提升开店成功率，助力卖家布局全球市场。

3. 索赔大师

通常，当卖家遇到货物丢失和损坏、入仓/退仓费用、买家退货等情况时，亚马逊会遵循自己的退款政策，可自动赔偿极小部分的损失。但如果想要回亚马逊缺赔、漏赔的部分，则需要卖家自己索赔。在向亚马逊索赔的过程中，能否顺利收到应有款项存在许多干扰因素。比如，大部分卖家并没有完全了解亚马逊的索赔政策、亚马逊的平台政策不断变更、亚马逊提供给卖家的索赔周期有限等因素，导致卖家无法及时且熟练地利用政策要回缺赔或漏赔的部分，从而遭受大量的资金损失。"连连索赔大师"能一站式解决索赔所有问题！首先，"连连索赔大师"全面识别亚马逊在过去 18 个月内产生的误算，深度挖掘索赔机会，提供自动/手动双模式功能，确保全流程记录存档，每一笔退款来源都清晰可见；其次，"连连索赔大师"覆盖 27 种索赔场景，无论卖家是出于什么缘由被亚马逊扣款的，它都有方案来轻松应对，卖家通过"连连索赔大师"，可以完美"避坑"；最后，卖家有机会收回 1%～3% 的年销售额。

4. 融资服务平台

长期以来，中小型跨境电商企业在日常运营中普遍面临融资渠道少、利率高、信用缺失、没有可抵质押资产等问题，进而被全社会高度关注。同时，传统金融机构在服务中小型跨境电商企业的过程中，也大多存在对企业信用状况不了解、信息不对称、无法准确评估借贷风险等"贷不出钱"的诸多掣肘。2022 年 4 月，中国银保监会办公厅发布关于 2022 年进一步强化金融支持小微企业发展工作的通知，指出需要强化对重点领域和薄弱环节企业的金融支持，在助力畅通国民经济循环的同时推动信用信息共享应用，促进小微企业融资。

在上述背景下，连连国际基于对跨境出海行业金融需求的深入研究与洞察，协同优质金融机构，创新地打造了纯线上化的全链路跨境电商金融服务体系。在运用数字技术保障出海企业的交易流水、订单数据、结汇数据、广告数据等数字资产安全性的同时，连连国际推进中小型跨境电商企业数据资产的信用化，通过大数据分析能力搭建数字风控模型，提升用户画像分析能力，有效盘活跨境电商企业的数据资产，进而大大缩短信息触达链路、降低流通成本和金融机构借贷风险，助力跨境电商企业提升融资效率。连连国际为用户量身定制的跨境融资服务，具备最快 1 分钟申请、最快 3 秒放款等先进服务能力，累计服务十几万名卖家店铺，累计支持放款服务规模近百亿元。

5. 知识产权服务

在国际化分工格局下，位于全球价值链低端位置的我国众多制造企业面临着产品的附加值低、利润微薄、缺少国际品牌等痛点，无法很好地实现做大做强做优。随着传统外贸和互联网的相互融合，跨境电商模式快速兴起，为制造企业拓展全球市场，并向全球价值链两端攀升提供了难得的有利条件。然而，在这种以数字化和国际化为特征的线上交易模式下，知识产权侵权等问题成为跨境电商企业面临的痛点。连连国际联合新诤信，发挥各自的资源优势，在为用户提供知识产权侵权检测及监控、知识产权布局、知识产权纠纷、诉讼处理等服务方面展开合作，希望通过提供多链路、多层面的知识产权专业服务，帮助跨境电商企业摆脱"知识产权"困境。

三、监管合规与技术支撑，确保优质生态

随着中国跨境电商企业走向全球，跨境支付企业在面临广阔的发展机遇的同时也会遇到各种风险挑战。例如，越来越多国家的金融监管部门对跨境电商支付领域的反洗钱风控提出更严格的要求。如果未能满足海外国家当地金融监管部门与全球大型银行制定的反洗钱风控要求，第三方支付公司为部分跨境电商企业开设的海外收款账户有时会遭遇关停，导致企业资金回笼难度加大。由此可见，安全合规永远是一家优秀跨境电商企业选择第三方支付公司的首要考虑因素。对每一家跨境支付企业来说，只有坚持安全合规与创新并重的原则才能走到最后。跨境支付企业的技术能力和合规体系是其根基所在，也是其强大实力的体现。

1. 监管合规

在跨境电商的资金收付流程中，相较于境内支付而言，涉及更多的是监管法规，具有国内和海外主流地区的牌照是所有跨境电商支付企业快速发展的关键。

2011年，连连数字旗下的连连银通电子支付有限公司（连连国际）获中国人民银行颁发的"支付业务许可证"，以"互联网支付、移动支付"为切入点，从充值缴费服务进军第三方支付领域。随后两年，其分别在义乌和杭州获得跨境人民币结算业务资质，成为国内最早开展跨境支付业务的试点企业之一。2015年，连连国际获得开展跨境外汇支付业务试点资质；2019年，连连国际又成功在国家外汇管理局办理了"贸易外汇收支企业名录登记"。这几项境内资质的获得，奠定了连连国际合规开展跨境支付业务的基石。2020年，连连数字与美国运通公司在我国境内发起设立的合资企业——连通公司正式获得中国人民银行核发的银行卡清算业务许可证，成为国内首家且目前唯一获得该项业务许可的合资银行卡清算机构。2021年，连连新加坡子公司正式被新加坡金融管理局授予大型支付机构牌照；同时，连连国际正式进入越南跨境收款服务市场，为越南跨境电商卖家提供简单、快捷的收款服务。2021年12月，连连国际成功取得美国全境支付相关牌照，稳步推进支付业务出海进程，打造中国数字服务出海"新名片"。截至目前，以"连通世界，服务全球"为使命的连连国际在中国香港、美国、英国等全球多个国家和地区获得了60余张支付牌照及相关资质。

2. 强大的技术支撑

支付产品和工具成为跨境电商企业体验跨境贸易服务的重要"入口"。亿邦智库的调研数据显示，跨境电商企业选择相关工具和产品主要考虑资金安全性、资金到账时效、结售汇效率等因素，其中"资金安全"成为关键要素。

连连国际自成立以来，始终坚持以创新与合规为驱动力，持续加大研发投入与产品开发，强化科技赋能和创新成果应用，以推动传统产业转型升级，服务实体经济。持续的研发投入、技术创新，给连连国际带来了显而易见的成果：成功研发了反欺诈、反洗钱系统，覆盖百余

场景，7×24 小时风险监测处理；取得了国内外安全资质权威认证，包括 PCI-DSS（支付卡行业数据安全标准认证）、ISO27001（国际信息安全管理体系认证）、UPDSS（银联卡支付信息安全管理标准认证）、个人金融信息保护能力认证、移动金融客户端软件检测认证等；聚焦大健康、出行、新零售等多个行业及场景，打造了"支付+SaaS"综合解决方案；设立了院士工作站，加强产学研合作，推动科技成果转化；淬炼了一支素质高、技术精、创新意识强的研发团队。

在浙江省科学技术厅公布的"2023 年度浙江省科技小巨人企业"名单中，连连国际凭借过硬的科技创新能力、极快的成长速度跻身其中。据介绍，"浙江省科技小巨人企业"是指科技创新能力强，具有与之相适应的研发投入、研发人员，主导高新技术产品市场占有率位居全省或全国前列，具有一定经济规模和高成长性的高新技术企业。

四、尾声

连连国际作为中国跨境贸易支付金融与服务领域的综合创新型企业，用实际行动深度融入"双循环"发展格局，坚持科技、服务创新，探索跨境贸易新业态，为"中国品牌、中国服务"连通世界贡献了自己的一份力量。连连国际的 CEO 朱晓松表示，连连国际的未来目标是通过开放的生态系统，携手更多合作伙伴，共建出海合规新生态，持续打造精通全球多个国家和地区合规法律条款的专业团队，深入理解用户开展业务的国家和地区的监管环境、消费环境、金融环境，以保障用户的资金安全地回流和业务安全、合规、长久地发展。连连国际正如其企业名称一样，希望自己是一个"连接者"，用"连接传递价值"。

【案例思考题】
1. 连连国际在跨境支付领域的核心业务及核心能力是什么？
2. 连连国际为什么要构建"支付+"全链路数智化的服务生态体系？
3. 连连国际是如何构建起"支付+"全链路数智化的服务生态体系的？
4. 跨境第三方支付要符合哪些合规要求？

第三节　中国信保：以特色金融服务支持跨境电商新业态的发展

【教学目的与用途】
1. 本案例的教学目的包括：
（1）理解出口信用保险的定义。
（2）理解政策性保险和商业性保险之间的联系及区别。
（3）通过"易跨保"理解中国信保在跨境电商领域的全链路融资保险服务。
（4）理解中国信保如何满足跨境电商卖家的风险保障需求。
2. 本案例主要适用于跨境电子商务、国际贸易、电子商务、国际商务、会计学、创业管理和财务管理等专业的课程。

【引言】

外贸开局平稳，离不开金融业的支持。作为世界贸易组织规则允许的贸易和投资促进手段，出口信用保险是各国外贸"稳增长、防风险，保产业链、供应链安全稳定"的重要政策性工具。如何通过强化出口信用保险风险保障作用、运用多种政策性保险产品助力企业"走出去"、持续扩大产品覆盖面、将更多的企业纳入服务支持体系中，成为开展出口信用保险工作的重要着力点。党的二十大报告提出，坚持高水平对外开放，加快构建以国内大循环为主体、国内国际双循环相互促进的新发展格局。

"将全面贯彻落实党的二十大精神，坚持服务国家战略导向，聚焦主责、坚守主业，扩大出口信用保险覆盖面，强化风险保障和融资增信支持，加大普惠金融支持力度，充分发挥跨周期和逆周期调节作用，坚定不移走中国特色金融发展之路，为建设更高水平开放型经济新体制做出贡献。"中国信保的董事长宋曙光说。从 2021 年开始，中国信保凭借其 20 多年出口信用保险的雄厚实力，通过政策创新、产品创新、服务创新，加大对跨境电商等新业态的金融支持。

一、中国信保业务的发展概况

中国信保以"履行政策性职能，服务高水平开放"为己任，有效服务国家战略，精准支持企业发展，确保财务可持续，积极扩大出口信用保险覆盖面，在服务共建"一带一路"、全力促进外贸稳中提质、培育国际经济合作和竞争新优势、推动经济结构优化等方面发挥了不可替代的作用。中国信保是由国家出资设立、支持中国对外经济贸易发展与合作、具有独立法人地位的国有政策性保险公司，于 2001 年 12 月 18 日正式挂牌运营，其服务网络覆盖全国。中国信保在信用风险管理领域深耕细作，成立了专门的国别风险研究中心和资信评估中心，其资信数据库覆盖全球 3.6 亿家企业银行数据，拥有海内外资信信息渠道超过 400 家，资信调查业务覆盖全球所有国别、地区及主要行业。截至 2022 年年末，中国信保累计支持的国内外贸易和投资规模超过 7.06 万亿美元，为超过 28 万家企业提供了信用保险及相关服务，累计向企业支付赔款 193.77 亿美元，累计带动近 300 家银行为出口企业提供保单融资支持超过 4 万亿元。据伯尔尼协会统计，自 2015 年以来，中国信保业务总规模连续多年在全球官方出口信用保险机构中排名第一。

中国信保通过为对外贸易和对外投资合作提供保险等服务，促进对外经济贸易发展，重点支持货物、技术和服务等出口，特别是高科技、附加值大的机电产品等资本性货物出口，促进经济增长、就业与国际收支平衡。中国信保的主要产品及服务包括中长期出口信用保险、海外投资保险、短期出口信用保险、国内贸易信用保险，以及与出口信用保险相关的信用担保和再保险、应收账款管理、商账追收、信息咨询等出口信用保险服务，具体总结如表 6-4 所示。

表 6-4 中国信保的主要产品及其服务汇总表

险种	内涵	承保风险
中长期出口信用保险	为金融机构、出口企业或融资租赁公司收回融资协议、商务合同或租赁协议项下应收款项提供风险保障，承保业务的保险期限一般为 2~15 年	商业风险、政治风险

续表

险种	内涵	承保风险
海外投资保险	为投资者及金融机构因投资所在国发生的征收、汇兑限制、战争及政治暴乱、违约等政治风险造成的经济损失提供风险保障,承保业务的保险期限不超过 20 年	征收、汇兑限制、战争及政治暴乱、违约
短期出口信用保险	以信用证、非信用证方式为从中国出口的货物或服务提供应收账款收汇风险保障,承保业务的信用期限一般为一年以内,最长不超过两年	商业风险、政治风险
特定合同保险 A/B/C 款	短期出口信用保险特定合同保险 A 款(成本与债权保障) 短期出口信用保险特定合同保险 B 款(债权保障) 短期出口信用保险特定合同保险 C 款(出运前成本保障)	商业风险、政治风险
国内贸易信用保险	为在中华人民共和国境内注册的企业、银行或具备资质的保理公司在国内贸易中,因买方发生商业风险造成应收货款或受让应收账款的直接损失,或因供应商发生商业风险造成的不能收回预付款的直接损失提供保障。承保业务的信用期限一般为一年以内	买方/供应商破产、无力偿付债务;买方/供应商破产、无力偿付债务
担保	为中国信保保险客户的大型资本性货物出口、海外工程承包、海外投资并购等"走出去"项目,以及大宗商品出口等业务提供以内保外贷为主的融资担保及履约、预付款等保函为主的非融资担保支持,配套中国信保的出口信用保险产品,为企业提供风险保障及信用增级的一站式服务	融资担保和非融资担保

二、推出"易跨保",跨境电商保险项目从宁波走向全国

2021 年 3 月,李克强总理在政府工作报告中指出要"稳定加工贸易,发展跨境电商等新业态新模式,支持企业开拓多元化市场";2021 年 7 月,国务院办公厅发布了《关于加快发展外贸新业态新模式的意见》,在金融支持方面,特地指出要"加大出口信用保险对海外仓等外贸新业态新模式的支持力度,积极发挥风险保障和融资促进作用"。

中国信保宁波分公司根据宁波跨境电商企业在发展过程中遇到的资金压力大、银行融资难、海外仓投资风险高等问题,积极创新实践,经过充分调研和深入研究,围绕跨境电商产业链、供应链全流程,于 2021 年 4 月正式推出了"易跨保"金融服务方案,全力支持宁波市跨境电商行业的发展。"易跨保"全链条破解跨境电商金融难题示意图如图 6-6 所示。

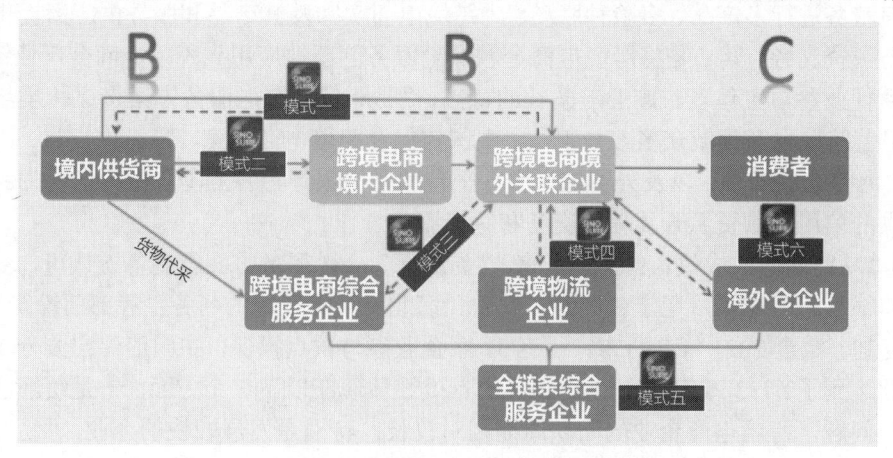

图 6-6 "易跨保"全链条破解跨境电商金融难题示意图

1. "易跨保"的六大模式

"易跨保"的操作性强，有短期出口信用保险模式、国内贸易信用保险模式、短期出口信用保险外综服模式、服务贸易信用保险模式、海外仓投资保险模式和"货物+服务"出口信用保险模式（中基模式）6种承保模式，可供企业根据自身需求灵活选择，且这6种模式均已在宁波成功落地，都有了非常典型的应用案例。

（1）短期出口信用保险模式。短期出口信用保险模式通过"短期出口信用保险"为国内工厂提供应收账款风险保障，增强工厂为跨境电商卖家赊账或延长账期的意愿和信心。

（2）国内贸易信用保险模式。国内贸易信用保险模式通过"国内信用保险"为国内工厂提供货物贸易应收款风险保障，或者为跨境综合物流企业提供服务贸易应收款风险保障，增强工厂和跨境综合物流企业为跨境电商卖家赊账或延长账期的意愿和信心。

（3）短期出口信用保险外综服模式。短期出口信用保险外综服模式针对宁波跨境电商综合服务企业为跨境电商代为向工厂采购、垫资及安排出口服务，通过"短期出口信用保险"为跨境电商综合服务企业提供跨境电商卖家到期不付采购款的风险保障，银行也可以基于信保保单为跨境电商综合服务企业提供融资服务。

（4）服务贸易信用保险模式。服务贸易信用保险模式，通过"短期出口信用保险"为跨境综合物流企业向跨境电商卖家提供的头程运输、海外仓仓储和尾程配送等服务产生的应收账款提供风险保障。

（5）海外仓投资保险模式。海外仓投资保险模式通过"海外投资保险"为我国企业在投资海外仓过程中可能发生的汇兑限制、征收、战乱等政治风险提供风险保障。

（6）"货物+服务"出口信用保险模式。"货物+服务"出口信用保险模式通过"短期出口信用保险"为跨境电商综合服务企业向跨境电商企业提供工厂采购、垫资、出口、仓储物流等服务产生的应收账款提供风险保障和融资支持等全链条、一站式服务。

2. "易跨保"的特色亮点与成效

（1）"易跨保"的特色亮点。"易跨保"金融服务方案有两大特色亮点，其一是为跨境电商风险和融资提供新型解决方案。"易跨保"以跨境电商卖家为中心，围绕跨境电商B2B2C全流程，在服务模式上从卖方思维转化为买方思维，从直接融资转化为间接融资，首次通过中国信保提供的短期出口信用保险、国内贸易信用保险和海外投资保险3类保险产品及保单融资增信服务进行多产品、多险种联动，为跨境电商卖家及其产品和服务供应商提供全套风险保障与融资支持。其二是将跨境电商金融保险服务创新地应用到跨境电商全产业链。针对跨境电商行业参与主体多、产业链条长的特点，"易跨保"金融服务方案贯穿跨境电商全产业链，覆盖跨境电商领域众多参与主体。中国信保及跨境电商卖家、跨境供货商、跨境物流供应商、海外仓服务商，以及外贸综合服务平台和融资银行等各方围绕中国信保为跨境电商卖家提供的信用限额资源开展信用交易和融资服务合作。

（2）"易跨保"的成效。自推出以来，"易跨保"金融服务方案得到各方认可，参与试点的企业和银行不断增多，辽宁、广西、安徽、河北、天津等地的商务主管部门纷纷来学习、借鉴、复制。截至2021年8月末，已有31家企业参与试点投保，中国信保宁波分公司累计承保金额达到了6733万美元。"易跨保"的有效性体现在以下3个方面。一是缓解企业回款周期较长问题。跨境电商企业的回款周期相对较长，特别是发展较快的企业，"易跨保"可以为跨境电商企业提供有力的资金支持。二是解决融资渠道较窄难题。在出口信用保险保单增信作用下，跨境电商企业可以从外贸综合服务平台以低成本直接获得融资，外贸综合服务平台也可利用保单增信从银行处获取融资配套，间接给跨境电商卖家以资金支持。三是提高跨境电商企业的风险抵御能力，为跨境电商企业开展跨境电商业务时发生的国内外应收账款提供风险保障，包括企业在境外购买或自建海外仓可能会遇到的汇兑限制、征收、战乱等政治风险。

三、持续创新，切实满足跨境电商卖家的风险保障需求

2022年年初，国务院办公厅印发《关于做好跨周期调节进一步稳外贸的意见》，其中提出"积极利用服务贸易创新发展引导基金等，按照政策引导、市场运作的方式，促进海外仓高质量发展""鼓励具备跨境金融服务能力的金融机构在依法合规、风险可控前提下，加大对传统外贸企业、跨境电商和物流企业等建设和使用海外仓的金融支持"，并由中国信保等单位按职责分工负责。在此背景下，中国信保在已有打造和推广"易跨保"的丰富经验的基础上，进一步挖掘跨境电商卖家的风险保障需求。

在多地调研过程中，中国信保发现了跨境电商卖家在运营过程中所面临着许多商业风险和政治风险，比如，在如今纷繁复杂的国际形势下，这个拥有潜力的新型外贸业态也会遭遇信用风险。除了亚马逊和eBay等大型跨境电商平台，还存在许多其他不太为人所知的中小型跨境电商平台。如果这些平台由于经营不善而破产，那么跨境电商卖家就有可能无法收回平台账户中的款项。此外，如果出现地缘政治冲突，则企业投资的海外仓储存也可能会遭受巨大的损失，这样的损失影响是无法估量的。针对跨境电商卖家的风险保障需求，中国信保创新地推出了3款保险产品，包括跨境电商出口海外仓销售风险保险、跨境电商出口政治风险保险和跨境电商出口平台支付风险保险，为传统出口企业"触网"出海保驾护航。如果说"易跨保"是综合性金融服务方案，既有融资的作用又有风险防范的作用，那么这3款保险产品更注重帮助跨境电商卖家进行风险防范。

1. 3款创新跨境电商保险产品的首单落地

（1）跨境电商出口海外仓销售风险保险首单在宁波落地。传统的出口信用保险，是基于中国卖家和海外买家的债权债务关系，为买家拖欠货款、拒收货物等风险系上"保险带"。在跨境电商环境下，绝大多数跨境电商平台都要求卖家在平台内开设账户，在买家付款15天左右后，才允许卖家提现。中国跨境电商卖家会因为平台及海外仓破产倒闭而面临一定的风险。中国信保推出的跨境电商出口海外仓销售风险保险则可以根据卖家和平台间的销售协议承保平台破产、倒闭等风险，让广大中小型跨境电商卖家放心、大胆地借助平台开拓市场。2023年4月，宁波普罗米进出口有限公司、乐歌人体工学科技股份有限公司（简称乐歌股份）分别向中国信保宁波分公司投保跨境电商出口海外仓销售风险保险，成为全国首批享受中国信保跨境电商创新产品服务的企业。"中国信保的支持有望吸引更多中小型企业在宁波试水跨境出海"，乐歌股份跨境电商事业部的相关负责人陈旭莲称赞道。

（2）跨境电商出口政治风险保险首单落地杭州。传统的出口信用保险，主要承保出口企业的海外买方信用风险，承保买方拒收、拖欠、破产风险。在跨境电商背景下，中国跨境电商卖家则会面临货物报关出口后无法清关等政治风险，中国信保推出的跨境电商出口政治风险保险则能帮助广大跨境电商卖家防范货物无法清关等潜在问题，让跨境电商企业更好地拓展海外市场。2023年5月，中国信保出具全国首张跨境电商出口政治风险保险保单，泰瑞机

器股份有限公司(简称泰瑞机器)成为全国首批享受中国信保跨境电商创新产品服务的企业。泰瑞机器是一家拥有全球领先技术的智能注塑机制造商,作为行业领先的传统出口企业,其产品销往全球130多个国家和地区,并上线跨境电商业务。

(3)跨境电商出口平台支付保险单首单在河南落地。在跨境电商环境下,中国跨境电商卖家还会面临跨境电商支付平台倒闭、破产及汇率方面的风险,中国信保推出的跨境电商出口平台支付保险则可以承保平台支付可能产生的相关风险,让广大跨境电商卖家安心地进行跨境电商的业务运营。2023年7月,首张跨境电商出口平台支付保险保单在河南落地,投保人为省内重点发制品跨境电商企业许昌某发制品有限公司,该企业为许昌地区发制品领先企业、跨境电商龙头企业,销售网络遍布美国、欧洲、日本、韩国、非洲、东南亚、中东、南美洲等众多区域。业内人士认为,该保单的成功承保,为河南传统产业的转型升级提供了创新动力,进一步丰富了河南特色跨境电商产业带的服务生态,也将为跨境电商企业安全"出海"提供坚实的保险保障。

2. 跨境电商创新产品的推广应用

为贯彻落实党中央、国务院关于推进贸易强国建设、鼓励和支持外贸新业态发展的决策部署,进一步扩大出口信用保险覆盖面,加大对跨境电商等新业态新模式的支持力度,中国信保确立了首批10家试点机构,积极落实政策要求,大力推广跨境电商保单3款产品。例如,中国信保上海分公司于2023年5月30日、31日分别与某家居公司和某网络科技公司成功签署跨境电商出口海外仓销售风险保险保单,总投保规模达2100万美元。中国信保广州分公司于2023年6月28日签发了研拓(广东)科技有限公司(简称研拓广东)投保的跨境电商出口海外仓销售保险保单,实现了广东省跨境电商出口海外仓销售风险保险保单的首单落地。研拓广东是星图集团旗下专门成立的跨境电商销售平台之一,星图集团在北美、西欧激光打印机通用耗材市场占有率位居市场前列,在发达国家建设了密集的销售中心和海外仓物流中心。2023年6月30日,中国信保广东分公司签发了广州市亿科贸易发展有限公司(简称亿科)投保的跨境电商出口海外仓销售风险保险保单,这是广州市跨境电商新产品的首单保单。据悉,亿科是国内智能垃圾桶行业的龙头企业,在北美、西欧智能垃圾桶市场的占有率位居前列。

四、尾声

2023年是全面贯彻落实党的二十大精神的开局之年。中国信保的党委书记、董事长宋曙光表示,作为政策性保险公司,中国信保始终把"履行政策性职能,服务高水平开放"作为职责使命,积极支持我国对外经济贸易发展与合作,助力外贸高质量发展。

【案例思考题】

1. 什么是出口信用保险?
2. 政策性保险和商业性保险之间的联系及区别有哪些?
3. 中国信保提供的传统信保服务有哪些?
4. "易跨保"的六大模式及创新性体现在哪里?
5. 中国信保是如何满足跨境电商卖家的风险保障需求的?

第四节　豆沙包：金融科技让跨境没有难做的生意

【教学目的与用途】

1．本案例的教学目的包括：
（1）理解互联网金融的定义。
（2）理解跨境电商生态保险的定义与构成。
（3）理解金融科技赋能跨境电商融资服务的原理。
（4）理解金融科技的技术基础。
2．本案例主要适用于跨境电子商务、国际贸易、电子商务、国际商务、会计学、创业管理和财务管理等专业的课程。

【引言】

2023年1月16日，2022毕马威中国金融科技企业"双50"榜单发布暨颁奖典礼在北京、上海、深圳三地同步举办。豆沙包凭借其在金融科技细分领域——跨境电商保险和融资的领先优势，以及对金融行业数字化转型的突出贡献从众多参评企业中脱颖而出，荣登2022毕马威中国金融科技企业"双50"榜单。豆沙包自2016年起聚焦、深耕跨境电商保险市场，深度挖掘行业痛点，逐步构建起跨境电商生态保险产品体系；自2019年起与银行合作开发、上线数字融资产品，从保险到融资，始终以保护卖家的切实利益和满足卖家的发展需求为己任，致力通过创新的金融科技为跨境电商行业打造良好的金融生态。目前，豆沙包累计服务数万名卖家，覆盖跨境电商GMV数百亿元。

一、首创跨境电商生态保险模式

1．从开创海淘一站式互联网保险平台切入跨境电商市场

随着电商的发展，跨境网购的消费者数量持续攀升。2016年跨境购物市场交易总额达到6.5万亿元，然而海淘市场也存在诸多痛点，如购物环节多、时间慢，以及因无法清关、延误、丢包、破损、发错货等情况导致消费者的购物体验不愉快。跨境电商卖家和消费者所碰到的痛点如图6-7所示。据统计，2015年海淘投诉次数占网购所有投诉次数的16.55%。豆沙包的联合创始人罗莹也是一个海淘的资深用户，她在海淘的过程中实实在在地感受到了售前、售中和售后的系列问题，曾经在安永保险行业部门任职的经历让她想到在海淘的强需求下解决市场痛点、提供优质服务或许将成为企业创业的一个方向。

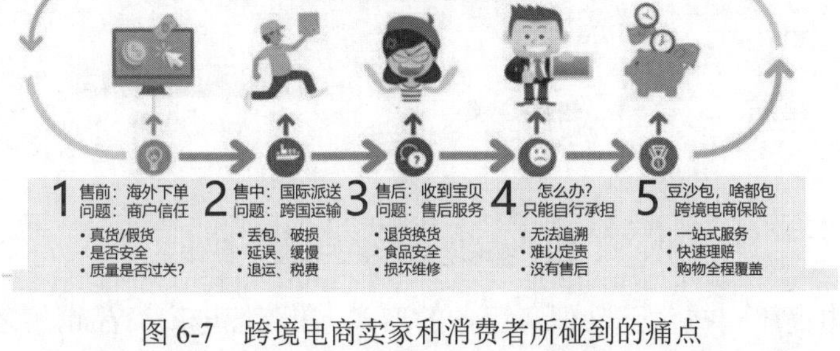

图6-7　跨境电商卖家和消费者所碰到的痛点

同样有保险（中国平安集团）从业经历的裴忠方与罗莹一拍即合。裴忠方有着丰富的互联网金融技术服务经验，参与过中国平安集团、太平洋公司、支付宝等互联网平台的搭建，为豆沙包的创办提供了很大的技术支撑。二人同心协力汇集了一批同样具有保险经验的同事，于 2016 年 5 月正式推出互联网保险平台——豆沙包，主推海淘无忧组合包、海淘延时包、被税包、丢件包、货损包、退货包，并由中华联合财产保险股份有限公司（简称中华保险）承保。在豆沙包平台上，B 端用户主要在消费场景中进行勾选下单，C 端用户可以通过官网和公众号进行扫码支付。2017 年 4 月，洋葱海外仓、豆沙包及中华保险共同举行签约仪式，推出了针对跨境电商行业的保险服务。此后，豆沙包与武汉综合保税区等地签署合作协议，深入探索与海淘相关的保险业务。

2. 全方位构建跨境电商生态保险产品体系

"从进口 B2C 领域进入了跨境电商产业，后来才发现这是一个高速增长的巨大产业，2017 年包括 B2B、B2C、C2C 在内的总交易额达到了 8 万亿元。而从大方向来讲，无论是因为消费升级带动的跨境电商进口，还是带动制造业全球卖货的跨境电商出口，都是国家政策鼓励的重要方向。"裴忠方介绍道。由此，豆沙包从跨境进口的海淘切入市场，延伸到跨境出口的全链条，成为全国首家采用生态保险模式的生态保险公司。豆沙包推出的跨境电商生态保险是全球领先的保险科技产品，通过豆沙包所拥有的基于 AI 算法、机器学习的动态风险定价模型和以大数据驱动的风险管理系统，以及基于区块链技术打造的溯源保险服务、AI 理赔技术，研发创新型保险产品，由保险公司向相关部门备案，通过纯互联网模式进行线上投保、理赔，实现对跨境电商进出口海量交易的全流程保障。豆沙包跨境电商生态保险产品体系涵盖信用保证类、物流配送类、通关保障类、售后服务类等多条产品线，如图 6-8 所示。

图 6-8　豆沙包跨境电商生态保险产品体系

通过为跨境电商平台提供正品保障服务的形式，在跨境电商商品销售之前就为其提供正品保障，可以提高商品销售转化率。当消费者下单之后，在跨境商品的运输过程中，豆沙包为消费者及跨境电商平台提供跨境物流保障服务。一旦在跨境商品的运输过程中发生跨境商品丢失、损坏、延误等情况，消费者就可以凭借相关购买信息及物流信息进行理赔。如果消费者申请退换货，则豆沙包会对退换货的物流费用进行补贴，这减少了物流环节的不可控因素为跨境企业及海淘消费者带来的损失。跨境商品到达消费者手中之后，一旦产生假货纠纷，消费者可以通过豆沙包进行极速理赔，而不需要先向跨境电商平台进行反馈再申请赔偿，简化了理赔程序，减少了理赔时间，提升了消费体验。对于跨境电商平台而言，这有助于提升平台形象，增加用户黏性。此外，豆沙包提供的跨境关税保障服务不仅有助于提高通关效率、减少物流时间、缩短跨境购物过程，还有助于跨境电商平台盘活现金流、降低经营成本。

基于豆沙包提供的信用保证保险、物流保障保险、订单保障保险、售后服务保险等一系列创新保险服务，人们探索建设了跨境电商一体化的风险管理方案、二维码溯源体系、商品正品保障体系、食品质量安全体系、跨境电商企业信用评级体系等，通过互联网技术对接商家平台和保险公司系统，为跨境电商企业降低经营风险，为监管方降低监管风险，为终端消费者提供更可靠的商品保障，推动跨境电商产业进一步发展。豆沙包进出口保险产品体系如图 6-9 所示。

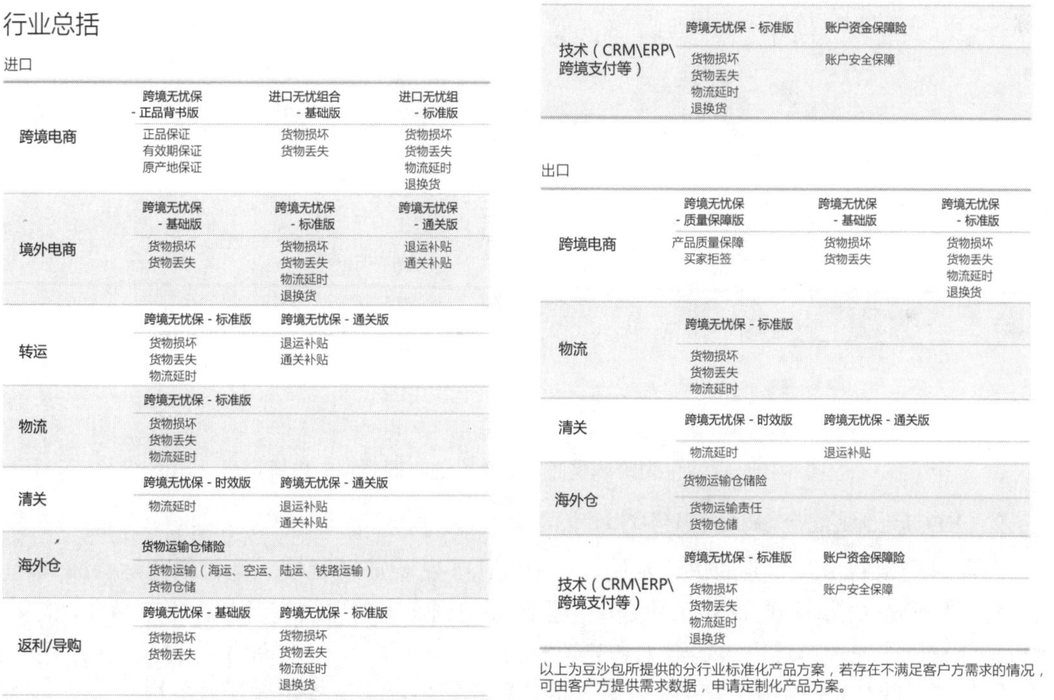

图 6-9 豆沙包进出口保险产品体系

二、开拓跨境电商普惠金融模式

1. 在政府指导下首创"跨境货物运输贷保险产品"，切入跨境电商融资领域

在持续创新跨境电商保险产品的过程中，豆沙包一方面提升了金融科技水平，另一方面逐步构建起金融保险生态，为其切入跨境电商融资领域奠定了基础。跨境电商属于轻资产行业，难以提供抵押物，且从银行等金融机构申请融资的程序烦琐、准入条件高、审核放款用时长等

问题导致小微企业的融资阻力大，往往需要以个人资产做抵押贷款或从民间借贷，资金成本高、风险大。福田区金融局作为全国供应链行业标杆，率先制定了《福田区创建供应链金融集聚示范区方案》。为解决辖区供应链企业融资难、融资贵等问题，2019年豆沙包作为福田区重点引进企业，在区政府的指导下，率先践行"金融+科技"战略，联合保险公司、银行等金融机构打造金融科技服务跨境贸易的创新样板——跨境货物运输贷保险产品（简称跨运保），正式开始深耕科技服务跨境电商融资业务领域，坚决将金融科技服务实体经济落到实处。

豆沙包的金融产品负责人表示，跨运保具有低利率、纯信用、无抵押的特点，其核心功能是基于跨境电商卖家与物流商的业务关系，对用户进行首次风控筛选，充分发挥豆沙包科技平台的数据优势，通过数据识别风险，出具风险评估报告，为保险公司和银行提供风控决策依据。该负责人还表示，在进行外部数据的获取与对接时，豆沙包均会通过区块链加密技术对数据的真实性进行有效防控，满足跨境电商卖家更安全、更便捷、更顺畅的、年化成本低至9%的资金需求，免除商家在跨境旺季"一金"难求、四处拆借且需支付高额成本的困扰。

此后，豆沙包又联合不同的银行推出跨商贷、豆方贷、广商贷、网商贷和全球贷等不同类型的融资产品，以满足不同平台的跨境电商卖家的融资需求，如图6-10所示。

图6-10 豆沙包为跨境电商卖家提供的不同类型的融资产品

2. XFCloud赋能金融机构服务跨境电商卖家

随着跨境电商出海业务的快速发展，行业经历了从粗放铺货模式向精细化运营模式转变的过程，不论是大型跨境电商卖家还是中小型跨境电商卖家的融资需求都在不断攀升，很多金融机构注意到了跨境市场巨大的潜力和高速成长性，一方面早早布局跨境收付款、结汇换汇领域，另一方面针对如何快速、高效、合规地为这些跨境电商卖家提供融资服务树立了一个阶段性的里程碑目标。豆沙包作为连接跨境电商卖家与金融机构的桥梁，深耕跨境行业多年，在金融领域也一直推动数字科技持续发展迭代，持续进行研发投入，努力开拓进取，从而不断引领科技创新。其通过金融云XFCloud向金融机构提供一站式跨境电商供应链数字科技赋能，从创新金融产品设计、店铺经营模型评估、账户双锁到流量全面赋能，帮助金融机构高效、合规地满足跨境电商行业与日俱增的融资需求。

豆沙包的另一位联合创始人黄柯表示："过去，各类金融机构在支持企业的过程中，更多地以企业自身信用为中心，更多地强调抵质押物，更多地强调还款来源，更多地利用静态历史数据去分析和研判风险情况，而数字科技赋能供应链金融恰恰不同于过去传统金融的打法。XFCloud 基于整个产业链供应链，围绕真实的产业基础、真实的交易和贸易背景去做，让金融和实体二者形成良性循环。"据豆沙包调研统计，通过持续不断的科技研发，豆沙包实现了行业中较高的资产评估价值，快达秒级响应的计算速度、良好优异的流程体验，使跨境电商卖家的融资成本节约 30%以上。豆沙包能够在行业内快速实现盈利 25 亿元，离不开 XFCloud 的产品优势和生态建设。截至目前，豆沙包的 XFCloud 已经与多家大型金融机构取得合作，包括中国银行、建设银行、浦发银行、广发银行等。

3. "Dow+"（豆芙云）赋能服务商打造供应链金融

豆沙包紧跟跨境电商卖家的需求，通过搭建更完善的场景金融能力，将授信场景从拥有跨境店铺扩充至物流、广告、采购等跨境电商卖家的必经链路，助力跨境电商卖家、服务商等全方位发展，提供充足的资金支持，让跨境电商链路中的每一个数据都可以"变现"，使企业经营资金无忧。为此，豆沙包推出了针对服务商端的"Dow+"供应链金融平台，通过"跨易赊"、账期评估及 DAL（账期锁定）等产品助力服务商为客户解决与账期相关的问题，解锁服务商的供应链金融能力，助其提升拓客及客户留存能力。目前，"Dow+"已服务了多家行业内知名服务商，如天木物流、鲁班跨境、乐递物流、货兜国际物流平台等。其中，豆沙包通过直付服务商产品"跨易赊"渗透到跨境电商卖家与服务商的交易场景中，分别从卖家端、服务商端、平台端、电商机构端针对其所对应的痛点打造此款产品，"跨易赊"有效地解决了跨境电商卖家在与广告商、物流商、采购商进行服务付款时的资金难题。账期评估功能是基于卖家数据授权，T+0（当天）生成卖家店铺评估报告，帮助服务商管理账期，给出建议账期额度。DAL（账户锁定）功能是针对有大资金量账期需求的亚马逊卖家客户，为服务商提供账户锁定的服务，实现资金闭环，规避账期风险。

三、持续创新，保持金融科技领先水平

1. "区块链+保险"解决跨境电商生态圈痛点

保险服务对于跨境电商产业链而言还只是创新的一部分，如何运用科技手段提高效率、防范风险，从而让各方受益，这些是裴忠方一直思考的问题。随着区块链的热潮来袭，困扰裴忠方的难题得以解决。"保险+溯源+区块链"模式是由裴忠方所在的团队提出的，基于 eChain Crossborder Ecommerce Protocol 协议开发。"eChain 是一个面向跨境电商场景的中间层协议，基于区块链技术，通过分布式存储及统一封装的数据适配器来交换各种商品流转、交易信息，构建真实、可信、不可篡改的信息体制，安全、高效地存储商品的产品信息、交易信息及流通信息，贯穿商品制造、来源、销售直至售后整个生命周期，为跨境电商的发展提供更加透明、稳定的 BaaS－Blockchain as a Service 技术平台。"裴忠方介绍，"基于 eChain BaaS 区块链平台打造的跨境电商产品溯源体系及全流程覆盖的保险体系，使保险人和被保险人之间省掉中间环节消耗，直接通过区块链进行信息传递，信息真实、透明、可信。基于智能合约可以实现自动投保及理赔，投保信息与理赔信息在链上不可篡改，避免了虚假投保、骗保的现象出现。"具体来说，"区块链+保险"有四大支撑技术，它们在跨境电商保险中发挥的作用如下所述。

（1）通过分布式记账技术，降低保险欺诈与理赔渗漏风险。通过分布式记账技术可以避免信息可篡改和伪造风险，确保相关方承保的商品、物流、通关、支付等交易信息真实、可

靠，从而防范任何环节的信息造假，防止因信息流不透明所导致的保险欺诈行为，以及人为骗保导致的理赔渗漏。

（2）通过智能合约，根据预先设定的规则，实现保险的自动理赔。相关方可将所有的保险产品通过智能合约形式写入区块链平台，当购买了此保险产品的商家在链上发起理赔时，通过 AI 定损技术判定赔付结果后，直接触发智能合约中预先设定的理赔规则，自动支付理赔款，从而实现自动理赔。

（3）通过区块链数据不可篡改并加盖时间戳的特性，为跨境电商增加信用保证保险，促进订单转化率。在跨境电商领域，商品真伪保障无疑是圈内一直存在的痛点。虚假发货、篡改商品和物流信息、伪造商品身份等皆为市场投机分子的惯用手段。通过区块链上有关商品的所有环节数据无法篡改并加盖时间戳的特性，为跨境电商的所有商品都打上身份标签，以及将信用保证保险产品作为智能合约，双重保障可大幅提升跨境电商的商品真伪保障和品质保证。

（4）豆沙包以去中心化的存储、交换跨境电商生态中各种商品流转及交易信息的区块链技术与保险协议，构建高度信任、高度自治的经济体制，安全、透明、高效地存储商品的产品信息、交易信息及流通信息，贯穿商品制造、来源、销售直至售后整个生命周期，构建面向未来的跨境电商基础设施生态。

2. 豆沙包的账户双锁技术成为跨境金融的风控标准之一

跨境电商企业在经营过程中需要大量资金进行周转，却很难从金融机构获得满足需求的贷款，因为出口类跨境电商企业在经营过程中的商流、物流、信息流、资金流大部分都在境外，所以国内金融机构往往缺乏对跨境电商企业融资风险的控制措施。涉及跨境电商领域的传统融资方案，就不可避免地联想到其审批慢、通过率低、额度高、利率小等特性，以及无法匹配跨境电商企业资金需求的主打"短、平、急"的特点，因此供需两端有诸多痛点亟待解决。跨境电商企业的融资需求都是基于真实的贸易背景，因此如果金融机构可以掌握其物流、资金流的控制权，那么就可以实现自偿性贸易融资。因此豆沙包的账户双锁技术应需而生，该专利能够有效聚焦两端长久存在的痛点。

豆沙包的账户双锁技术同时打通了跨境电商平台和跨境收款公司的账户锁定能力，从而跟踪电商企业的资金路由。目前，由豆沙包提出的账户双锁技术已经获得了两项专利认证，且同时被从事跨境电商金融业务的金融机构普遍接受和认可，成为跨境金融的风控标准之一。其中，基于账户双锁技术的跨境电商金融风险控制方法及系统专利可以帮助银行跟踪跨境电商企业的资金链，有效降低风险，为跨境电商企业提供额度更高、审核速度更快、年化费率更低的资金产品，实现金融机构对于跨境电商资金的闭环控制，赋能金融机构与广大跨境服务商。因此，账户双锁技术不仅助力银行控制风险、解锁跨境电商业务新场景，也成功让服务商为跨境电商企业提供账期，缓解了跨境电商企业的资金压力，在跨境电商金融领域具有较为广泛的应用前景。此外，豆沙包的账户双锁技术的补充专利，即一种跨境电商双锁数据加密方法、系统、设备及存储介质，可以用于解决账号信息确认过程中的数据传输安全问题。

四、尾声

据介绍，目前豆沙包已与亚马逊、eBay、Meta、Shopee、店匠 Shoplazza、SHOPLINE、汇丰集团、浦发银行、中国建设银行、中国银行、网商银行、广发银行、蚂蚁银行、连连国际、乒乓智能、万里汇、Skyee、Payoneer、网易支付、中国平安集团、大地财险等各行业的生态伙伴达成战略合作，不断建设跨境电商供应链金融基础设施，不断丰富跨境电商金融生态服务内容，携手共建跨境电商金融生态服务网络，如图 6-11 所示。

图 6-11　豆沙包跨境电商金融生态服务网络

豆沙包的相关负责人表示，豆沙包未来将继续发挥自身的优势，通过底层技术突破与产品化创新，推动新技术、新模式的率先应用，在深耕普惠金融服务的同时，助力实体经济高质量发展；在数字科技金融领域不断开拓创新，为跨境电商行业谋求金融便利，为跨境电商卖家提供更高效、更安全的资金解决方案。

【案例思考题】

1. 简述互联网金融的定义、产生背景及其与传统金融的联系和区别。
2. 豆沙包是如何构建跨境电商生态保险及生态保险产品体系的？
3. 豆沙包是如何构建跨境电商普惠金融的？
4. 豆沙包在跨境电商保险和融资领域中的核心科技有哪些？
5. 豆沙包构建金融服务体系时的合作伙伴有哪些？这些合作伙伴发挥了什么作用？

第五节　小棉花：以知识产权侵权责任保险为特色，为中国卖家提供全方位的跨境电商保险产品

【教学目的与用途】

1. 本案例的教学目的包括：
（1）理解知识产权在跨境电商中的重要作用。
（2）理解小棉花提供的跨境电商海外知识产权侵权责任保险的类型与作用。
（3）理解小棉花提供的电商平台退货险、卖家商业综合责任险、PayPal 拒付争议保险解决方案和尾销宝的作用。
2. 本案例主要适用于跨境电子商务、国际贸易、电子商务、国际商务、会计学、创业管理和财务管理等专业的课程。

【引言】

先后在多家外资保险经纪公司就职的小棉花总经理陈轩峰已有 20 多年保险从业经验。与

国内头部电商平台在既往保险业务合作中结缘，陈轩峰打开了国内电商的保险服务视野。2021年，在协助国内头部跨境电商平台搭建跨境退货保险服务流程的过程中，多年国内外电商保险服务经验的沉淀让陈轩峰意识到，基于中国跨境电商市场的壁垒和痛点，传统保险和跨境服务往往容易出现脱节，保险服务商不具备成熟的海外履约能力，进而导致传统保险供给无法满足跨境电商市场蓬勃发展的需求。陈轩峰敏锐地发现了跨境电商保险业务中的巨大机会，并萌生了"致力于做最懂跨境电商的保险服务机构"的初心。由此，小棉花于2022年正式成立。小棉花是由小雨伞保险孵化的专注于跨境电商行业的保险科技服务平台，致力于携手保险机构为跨境电商行业量身定制符合平台、服务商及卖家需求的保险保障产品和服务。

一、创新打造"跨境电商海外知识产权侵权责任保险"

1. 跨境电商卖家在知识产权领域碰到的痛点

小棉花捕捉到了跨境电商行业在知识产权方面的如下3个痛点：一是随着跨境电商的蓬勃发展，越来越多的商标被注册，卖家店铺的产品及Listing描述很可能无意中就涉及商标侵权；二是部分卖家知识产权意识薄弱，在产品上架前未进行合规审查，导致后续被诉知识产权侵权，尤以商标或外观专利侵权为甚；三是如果卖家被提起知识产权侵权诉讼，原告方一般会向当地法院申请TRO①，卖家所在平台收到通知后会下架产品链接，甚至冻结店铺金额。

2. 推出跨境电商海外知识产权侵权责任保险（亚马逊链接版）

小棉花迎头直面上述痛点，想弥补卖家因上述问题而导致的直接经济损失。小棉花认为需要在满足跨境电商卖家商标侵权和外观专利侵权风险防控的基础之上，增加侵权保障等后续一系列解决方案，因此依托小雨伞保险、携手中国人民保险深圳分公司，匠心打造"跨境电商海外知识产权侵权责任保险"，并于2023年4月4日成功为上海一个跨境电商卖家提供跨境电商海外知识产权责任保险，具体协议如图6-12所示。

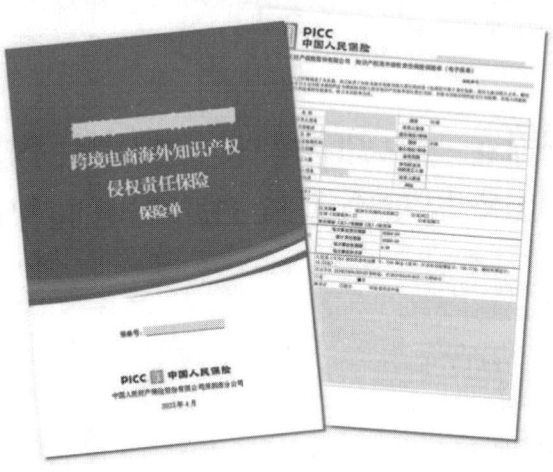

图6-12 小棉花为上海一个跨境电商卖家提供的跨境电商海外知识产权侵权责任保险

---

① TRO 的全称是"Temporary Restraining Order"，中文翻译为"临时限制令"，是权利人通过美国法院发出的救济性临时禁令。TRO 赋予了原告能够通过各种及时、便捷的方式来维护自己的知识产权，快速制止涉嫌侵权人的侵权行为且冻结其资产的权利。如果卖家的亚马逊美国店铺收到了 TRO，那么该店铺则有可能出现如下情况：涉嫌侵权产品链接被平台下架，店铺资金被冻结，将向被侵权方支付一笔不菲的和解费用或法律赔偿费用，并产生相应的美国律师费用支出。

跨境电商海外知识产权侵权责任保险的保险责任在于保障卖家于亚马逊平台销售的产品及其 Listing 描述，因非故意侵犯第三方外观专利和商标权而引起的被保险店铺首次受到承保区域内法院签发的知识产权侵权 TRO，由此引发的委托指定专业法律服务机构和律师，为解除 TRO 所承担的经济赔偿金（包含和解金）及律师费用。跨境电商海外知识产权侵权责任保险方案（亚马逊链接版）明细示意图如图 6-13 所示。

	锦鲤版	尊享版（热销版）
适用场景	保期内，单店铺单产品和Listing描述的外观专利和商标侵权导致的首次TRO	
适用平台	亚马逊平台	
适用销售区域	美国	
适用授权类型	外观专利及商标侵权	
律师费用	RMB 7000	RMB 17500
和解金或法院判决赔偿金	RMB 10500	RMB 38500
保费	RMB 799	RMB 1999
产品特色	赠送风控排查报告 出险后美国专业律师提供法律服务	

图 6-13　跨境电商海外知识产权侵权责任保险方案（亚马逊链接版）明细示意图

3. 迭代更新推出跨境电商海外知识产权侵权责任保险（亚马逊店铺版）

小棉花携手国内头部保险机构，在前期亚马逊链接版产品的基础上，正式升级推出保障全店铺产品链接的亚马逊店铺版跨境电商海外知识产权侵权责任保险。亚马逊店铺版保障卖家在其投保的亚马逊平台店铺从事产品销售的过程中，非因故意侵犯第三方知识产权（外观专利、商标和版权）而直接引起的，在保险期间内收到美国法院签发的知识产权侵权 TRO，被保险人委托保险人指定或经保险人同意的法律服务机构为解除 TRO 所承担的经济赔偿金（包含和解金）及律师费。跨境电商海外知识产权侵权责任保险方案（亚马逊店铺版）明细示意图如图 6-14 所示。

	店铺基础版	店铺全能版
适用平台	亚马逊平台	
承保区域	美国	
适用场景	中国卖家在亚马逊平台销售产品导致知识产权侵权 TRO	
适用侵权类型	• 外观专利 • 商标 • 版权	
赔偿限额（单次及累计）		
律师费	RMB 10,000	RMB 20,000
经济赔偿金（包含和解金）	RMB 60,000	RMB 125,000
保期	一年	一年
免赔额	零免赔	零免赔
保费	RMB 1,999	RMB 3,999

图 6-14　跨境电商海外知识产权侵权责任保险方案（亚马逊店铺版）明细示意图

4. 跨境电商海外知识产权侵权责任保险的服务特色

相比传统保险产品只赔偿损失金额、传统知识产权服务机构只提供申请及申诉法律服务，跨境电商海外知识产权侵权责任保险的核心要点在于通过保险进行专业资源整合，以"保险+服务"的形式打通商标和外观专利风险预警、申诉支持、法律援助及损失补偿全流程，真正为卖家提供一揽子解决方案。服务方案一般分两步走。在保险承保前，指定的知识产权专业机构对卖家店铺的产品链接进行商标及外观专利的保前知识产权风险 FTO（Freedom to Operate，即专利的自由实施，是指技术实施人在遵守法律规定的前提下，可以自由地使用、开发某项技术，并将由此技术制造的产品或提供的服务投放市场）排查核定。在风险核定通过后，知识产权专利机构为卖家出具专业的商标及外观专利风险调查报告。同时，保险公司正式为卖家承保出单，卖家店铺的产品链接保障生效。一旦出险，将由提供该保险产品的保险公司邀请专业、资深律师提供法律服务，包括 TRO 和解及应诉服务。和解或判决生效后，保险公司将在保险限额范围内补偿卖家包含和解金在内的经济赔偿金。

5. 积极推广"跨境电商海外知识产权侵权责任保险"

2023 年 7 月，小棉花跨境保险联合连连国际向其用户重磅推出跨境电商海外知识产权侵权责任保险服务，助力连连国际的用户有效排查侵权风险，减少知识产权侵权纠纷带来的困扰，降低为解除 TRO 而产生的经济损失，协助用户提升抗风险能力。连连国际为了推广跨境电商海外知识产权侵权责任保险，提供了限时最高 399 元的保险补贴，如图 6-15 所示。为了方便用户购买该保险，连连国际平台开通了申请入口（搜索连连国际→进入连连国际官网→选择更多服务→融资服务平台），如图 6-16 所示。

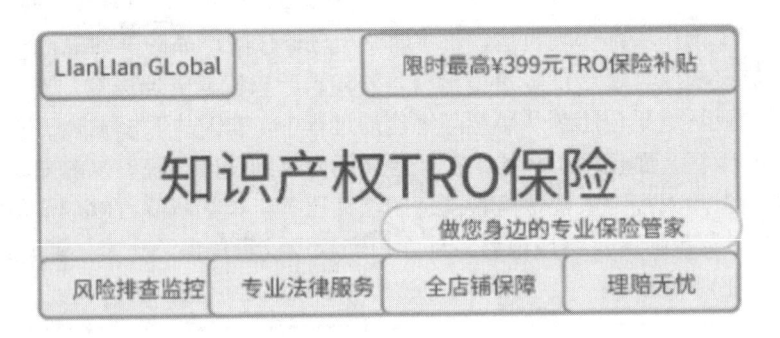

图 6-15 连连国际助力跨境电商海外知识产权侵权责任保险推广示意图

图 6-16 在连连国际平台购买跨境电商海外知识产权侵权责任保险的入口示意图

二、持续创新,推出多样化的跨境电商明星保险服务

1. 电商平台退货险

1)电商平台退货险推出的背景和内容

虽然跨境电商利好政策相继出台,但卖家依然面临逆向物流成本高、清关流程复杂等导致退货链路不畅的问题,由此跨境电商退货难成为跨境电商行业自身进化加速和加深过程中的一大障碍。在此背景下,小棉花推出电商平台退货险,该保险既是为国际买家体验方便、快捷退货服务保驾护航的服务,也是为跨境电商卖家提供更多退运和相关保障的服务。电商平台退货险主要由"保险保障"(买家购买商品后,在保单约定范围及时间内,保险公司按照保单约定将对卖家因退货产生的收入损失进行赔偿)和"退货服务"(买家提出退货申请后,在保险承保范围内的商品,系统自动推送面单给买家,买家免费寄送,买卖双方均无须承担退货产生的运费,退货更简便)两部分组成,目前,电商平台退货险逆向退货网络已覆盖全球 24 个国家和地区,最高可支持 100%的理赔申请。

2)电商平台退货险的优点与成效

电商平台退货险能为卖家带来诸多便利。比如,投保交易的退货退款最高给予 100%销售金额的理赔;提供免费的退货物流及退货仓服务,从退货物流到退货质检全部搞定,无须卖家处理退货物流等事宜;系统自动派发退货面单给买家,系统自动推送;卖家提供免费退货服务,并能获得一定的平台政策保护;提前用固定费率锁定退货成本,减少售后纠纷,降低客服成本等。作为成熟的核心产品,电商平台退货险自上线以来,成功服务了亚马逊、eBay 等跨境电商平台的大量卖家。

2. 卖家商业综合责任险

1)卖家商业综合责任险的推出背景及内容

根据亚马逊的通知,连续 3 个月销售总额达到 10 000 美元后,卖家需要购买至少 100 万美元的卖家商业综合责任险,否则可能导致店铺无法提现甚至被禁售。卖家商业综合责任险是承保被保险人在企业经营行为中因疏忽导致第三方人身伤害或财务损失,对第三方承担各项赔偿责任的保险产品。针对亚马逊的保险要求,通过亚马逊平台销售产品的卖家需要购买卖家商业综合责任险,而卖家商业综合责任险最核心的保障部分就是产品及完工操作责任(Product & Completed Operation Liability)。

2)卖家商业综合责任险的理赔内容

卖家商业综合责任险的理赔内容,如表 6-5 所示。

表 6-5 卖家商业综合责任险的理赔内容

客户对象	中国境内(不包括香港、澳门和台湾地区)注册的法人卖家和个人卖家
保险期限	365 天
司法管辖地域	世界司法管辖(包含美国和加拿大地区)
赔偿限额	产品责任—操作风险累计赔偿限额 1 000 000 美元起 每次事故赔偿限额 1 000 000 美元起

续表

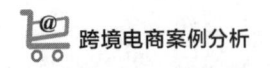

被保险产品	由被保险人生产及/或经销给亚马逊平台的任何产品
承保范围	（1）对第三方造成的身体伤害。 （2）对第三方造成的财产损失；在保单条款范围内，以上各项由被保险人的产品及完工操作所引起的财产损失。 （3）被保险人还将获得相关法律及诉讼费用赔偿

3. 尾销宝

1）尾销宝推出的背景及模式

选品失败、销售误判、季节性产品过季、产品链接被投诉、违规操作被下架，以及竞争对手螺旋降价冲排名等原因都可能造成跨境电商卖家的产品滞销，给卖家造成资金占用、尾货管理费用增加、尾货减值及促销费用增加等方面的不利影响。为了解决上述痛点，小棉花为跨境电商卖家的滞销尾货特别设计了"尾销宝"处置方案，将风险和成本进行有效转嫁，为跨境电商卖家提供更专业的保障服务。"尾销宝"主要包括指定退仓和上门提货两种模式。指定退仓的运作模式是合作客户将尾货运送至小棉花仓库，小棉花提供 15 天免费仓储服务；小棉花的收货渠道提供尾货报价，若客户接受，则进行尾货交易；客户也可以选择自己寻找合适的买家到小棉花的仓库提货；若上述渠道无法达成交易，则小棉花提供尾货回收服务，按托盘支付保底价格（托盘支付模式下不收仓储费和库内费用）。上门提货模式的目标货源以大宗电商尾货（家具、家居、电器、户外、健身、运动器材类等）为主，对货物的要求是单一 SKU 商品数量越大越好，且必须是海外仓原箱货或亚马逊移除/退回的、已分拣好的、有亚马逊外箱统一规格的货物，未分拣的货物无法处理。

2）尾销宝的优势

尾销宝可以帮助跨境电商卖家根据不同国家或地区的实际情况，设计最符合本地业务特点的尾货处置方案，拥有强大的物流及仓储能力，以及专业的尾货管理处置团队，在保险、电商、物流等方面有着丰富的经验。目前尾销宝的全球网络覆盖 24 个国家，包括美国、英国、德国、法国、西班牙、俄罗斯、韩国、巴西、加拿大、墨西哥、智利、澳大利亚、日本、以色列、沙特、阿联酋、荷兰、意大利、瑞士、捷克、葡萄牙、乌克兰、波兰、比利时。其中，尾销宝在美国、英国、德国、法国、西班牙 5 个国家能够提供高性价比服务。

4. PayPal 拒付争议保险解决方案

PayPal 拒付是指买家在向卖家付款之后，又通过 Paypal 或信用卡中心退回了这笔钱。买家会以商品未收到或延迟收到、与商品描述不符，以及未经授权的交易等理由向平台方申诉。虽然大家都不愿意遇到 PayPal 拒付这样的情况，但这是目前平台存在的现实情况。而且，即便卖家提出申诉，由于卖家面临复杂多样的处理及举证流程、PayPal 对于买家的保护机制较多、卖家弱势、卖家提交申诉后缺少必要沟通机制及跟踪途径，以及 PayPal 判责标准可能和其他电商平台不完全一致等问题，最终结果往往不尽如人意。小棉花提供的 PayPal 拒付争议保险解决方案是为跨境电商卖家量身定制的保障计划，可以帮助跨境电商卖家完成申诉及跟进、降低跨境电商卖家的沟通成本、提升交易体验，并为跨境电商卖家提供全面保障服务。小棉花提供的 PayPal 拒付争议保险解决方案如表 6-6 所示。

表 6-6　小棉花提供的 PayPal 拒付争议保险解决方案

"货不对板"的解决方案	"描述不符"的解决方案	"货品破损及延误"的解决方案
（1）货品描述清晰，以免买家产生歧义。 （2）留存物流等相关信息单据，记录清晰。 （3）留存报关单据。 （4）留存复杂商品使用视频记录	（1）确保该物品本质上与卖家的描述类似。 （2）在物品描述中，准确描述该物品的缺陷： ① 物品的描述正确，但收到物品后不想要了。 ② 物品的描述正确，但未达到您的期望。 ③ 物品有轻微划痕，描述为"二手物品"	规范包装 → 货运险投保 → 投递机构 → 延迟公告 → 地址更新存证 → 中东、东欧、南美重点核实

三、小棉花跨境电商保险服务具备扎实的基础

1. 小棉花由知名保险公司小雨伞孵化和打造

小雨伞保险是一家成立于 2015 年 6 月，专注于保险科技研究和保险产品定制的保险公司。其针对保险产品从售前咨询到售后理赔全链条研发了人工智能投保、智能核保、智能产品推荐 AICS 闪赔系统、啄木鸟智能风控系统等一系列产品，在极大程度上优化了保险购买流程。它是首个在各环节运用技术提升效率并完成闭环的互联网保险公司。小雨伞保险曾获得"亚洲银行家全球金融科技前八强""2018—2020 年毕马威中国领先金融科技 50 强""Xtecher2017 中国 FinTech 创业公司 TOP 50""CB Insights 全球最具价值金融科技 250 强"等国际重要奖项。小雨伞保险的信用背书、多年保险经纪的从业经验，以及强大的数字科技实力全方位赋能小棉花跨境电商保险服务的创新和推广应用。

2. 小棉花形成了特色的核心优势

小棉花特色的核心优势主要包括 4 个方面：一是"保险+服务"，小棉花将保险产品作为整合工具搭建跨境电商服务网络，将跨境电商行业的痛点通过保险保障方式进行风险转移安排，实现以服务方案替代简单赔付模式；二是全球化市场，在跨境电商全球发展、本地服务迭代的大趋势下，铺设全球保险牌照及服务网络，培养全球保险全栈式服务保障能力，为跨境电商平台与全球卖家提供国际保险服务；三是"创新+专业"，小棉花追踪跨境电商市场的发展趋势与策略演进，结合团队多年的保险从业专业能力与服务资源，形成符合跨境生态需求的创新服务解决方案；四是数据驱动，小棉花依托跨境电商流量保险业务积累的客户与订单底层数据，深度分析跨境电商卖家的保险需求及业务分层，有针对性地开发保险产品。

四、尾声

小棉花的总部设于上海，目前在全球 24 个国家与合作伙伴搭建了服务网络，向行业提供创新数字及技术产品，联合多家金融公司与多家跨境电商平台形成紧密合作，有针对性地提供知识产权服务、CGL、退货、尾货、关店等多款保险产品，为中国企业的跨境电商业务提供物流、支付、流量、技术等全链条的服务，同时为全球数千万名卖家及合作伙伴提供科技服务。在未来几年，小棉花将持续推出与完善一系列解决卖家实际痛点的"保险+服务"

产品；完成中国香港、新加坡、北美及欧洲等国家和地区的保险牌照及服务网络建设，成为真正全球化的公司；实现对中国地区全量卖家的数据触达和业务画像，最终在跨境电商服务行业内树立品牌创新、专业的形象。

【案例思考题】

1. 跨境电商卖家在出海过程中会碰到哪些与知识产权侵权相关的痛点？
2. 跨境电商海外知识产权侵权责任保险的两种类型分别是什么？
3. 跨境电商海外知识产权侵权责任保险的特色是什么？
4. 小棉花为什么会提供电商平台退货险？
5. 什么是卖家商业综合责任险？亚马逊为什么会要求卖家购买这类保险？
6. 小棉花为什么会推出 PayPal 拒付争议保险解决方案和尾销宝等产品？

第七章 跨境电商衍生服务案例

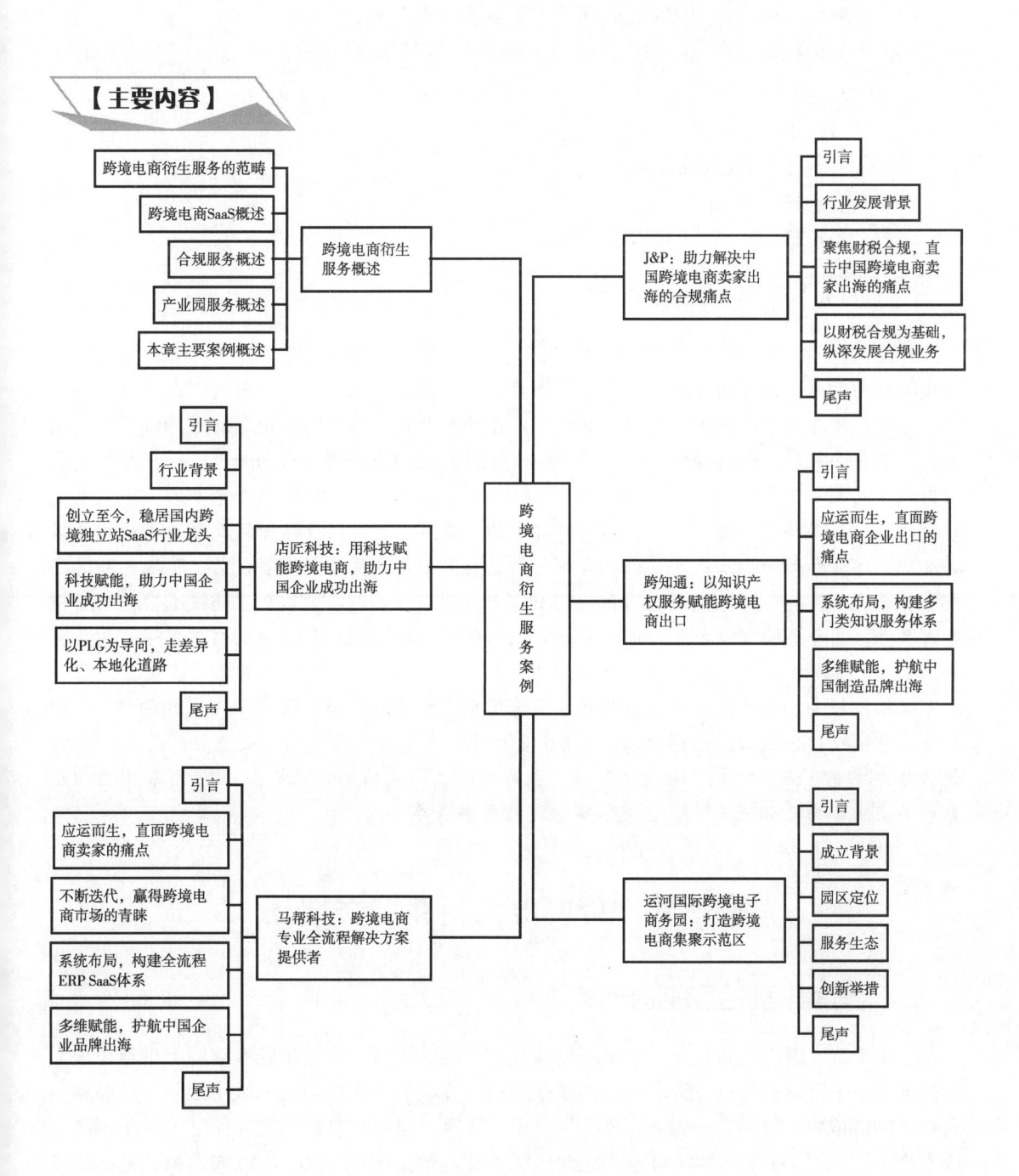

【主要内容】

- 跨境电商衍生服务概述
  - 跨境电商衍生服务的范畴
  - 跨境电商SaaS概述
  - 合规服务概述
  - 产业园服务概述
  - 本章主要案例概述

- 跨境电商衍生服务案例
  - 店匠科技：用科技赋能跨境电商，助力中国企业成功出海
    - 引言
    - 行业背景
    - 创立至今，稳居国内跨境独立站SaaS行业龙头
    - 科技赋能，助力中国企业成功出海
    - 以PLG为导向，走差异化、本地化道路
    - 尾声
  - 马帮科技：跨境电商专业全流程解决方案提供者
    - 引言
    - 应运而生，直面跨境电商卖家的痛点
    - 不断迭代，赢得跨境电商市场的青睐
    - 系统布局，构建全流程ERP SaaS体系
    - 多维赋能，护航中国企业品牌出海
    - 尾声
  - J&P：助力解决中国跨境电商卖家出海的合规痛点
    - 引言
    - 行业发展背景
    - 聚焦财税合规，直击中国跨境电商卖家出海的痛点
    - 以财税合规为基础，纵深发展合规业务
    - 尾声
  - 跨知通：以知识产权服务赋能跨境电商出口
    - 引言
    - 应运而生，直面跨境电商企业出口的痛点
    - 系统布局，构建多门类知识服务体系
    - 多维赋能，护航中国制造品牌出海
    - 尾声
  - 运河国际跨境电子商务园：打造跨境电商集聚示范区
    - 引言
    - 成立背景
    - 园区定位
    - 服务生态
    - 创新举措
    - 尾声

【学习目标】

1. 知识目标：

（1）掌握跨境电商衍生服务的定义和范畴。

（2）了解跨境电商 SaaS 的内容和典型的服务商。

（3）了解跨境电商合规服务的服务内容和典型的服务商。

（4）了解跨境电商产业园的服务范畴和典型的跨境电商产业园。

2. 能力目标：

（1）具备分析跨境电商行业发展痛点的能力。

（2）具备选择优质合规服务的能力。

（3）具备选择优质 SaaS 的能力。

（4）具备选择优质产业园服务的能力。

【导入】

2023 年 6 月 11 日，在杭州举办的第七届全球跨境电商峰会现场，近 40 位嘉宾基于"何为跨境电商高质量和全球化"展开了一场深度讨论。从宏观上讲，跨境电商"高质量和全球化"意味着经济全产业链生产要素的重组、产业结构的优化和全价值链各环节的高效益，同时包含着整个环境（Environmental）、社会（Social）、企业治理（Governance）等可持续发展的内容。从微观上讲，"高质量和全球化"意味着较强的品牌全球化综合竞争力：一是直观的商品价值与品牌营销额的增长，二是产品打造、品牌运营、供应链管控及服务等能力高度满足用户体验和预期，三是企业绿色合规可持续发展。亿邦智库的郑敏认为，跨境电商的高质量将表现在：高附加值/高信任度的全球化品牌、高效率的跨境供应链、高技术含量的跨境电商服务、高合规的出海企业。新一轮全球化则是跨境电商高质量发展的自然结果。由此可见，跨境电商技术服务、合规服务、翻译服务、供应链服务、产业园服务等各类型衍生服务，虽不像物流服务、支付服务和信息服务等在跨境电商运营过程中发挥着不可或缺的作用，但对跨境电商全价值链效益的提升、跨境电商全行业的高质量发展有着至关重要的作用。那么，什么是跨境电商衍生服务？跨境电商衍生服务是怎么产生的？合规服务、SaaS 和产业园服务等衍生服务商是如何为跨境电商高质量发展提供服务的？

第一节　跨境电商衍生服务概述

一、跨境电商衍生服务的范畴

跨境电商、国内电商和线下零售不仅在流程上存在差异，而且在成本结构上也存在很大的差异。由于跨境的缘故，跨境电商物流成本占比先天大于国内电商和线下零售，然而即便剔除了物流成本，跨境平台佣金、跨境营销和人员等方面的支出也在很大程度上挤压着产品成本的占比。图 7-1 所示为跨境电商企业的成本解构示意图，对比了物流成本和其他核心成本在整体成本中的占比。成本结构的差异在当下企业降本增效的大环境下揭示了跨境电商行业面临的诸多客观难题。就物流而言，跨境电商物流运输链条的复杂度高且参与主体多，物流费用远高于国内电商；国际格局对跨境运输影响的不确定性，容易对企业资金流造成影响。同时，相较于国内电商平台，海外头部平台的佣金及站内推广费用更高。就营销和运营经验而言，虽然跨境电商进入爆发期和增长期，企业业务及人员规模均在扩大，但企业的内部管理经验及跨境营销的经验仍在沉淀中，需要更多的投入。

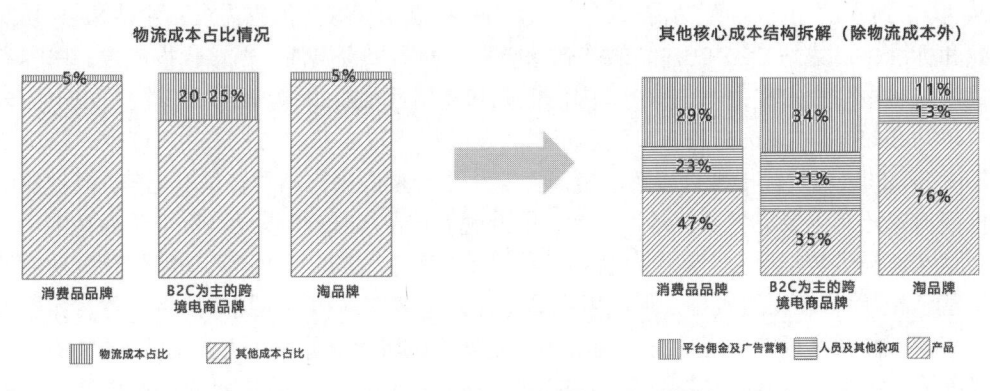

图 7-1　跨境电商企业的成本解构示意图

跨境企业正在积极探索解决方案，在关键节点借助专业服务商的能力快速补全自身商业链条，实现降本增效。商务部将中国电商服务业分为交易型服务业、支撑型服务业和衍生型服务业 3 类，分别对应本书第一章中提到的跨境电商生态圈的 3 类"物种"：领导种群、关键种群和寄生种群。(1) 交易型服务，由领导种群提供，即以促进网上交易为目的的电商交易平台服务，主要指垂直型和综合型的第三方跨境电商平台服务。(2) 支撑型服务，由关键种群提供，即围绕电商的物流、资金流及信息流等方面而开展的服务，主要包括物流服务、金融服务和营销信息服务等。(3) 衍生型服务，由寄生种群提供，即伴随着电子商务应用的深入发展而衍生的各类专业服务，这些服务并不是不可或缺的，但能够提升跨境电商生态圈的运作效率，包括但不限于跨境电商 SaaS、合规服务、产业园服务、代运营服务、翻译服务、数据分析服务、保险服务、融资服务、咨询服务和培训服务等。

鉴于衍生型跨境电商服务类型多样及教材篇幅的限制，本节主要聚焦于 SaaS、合规服务、产业园服务这 3 种衍生服务典型案例的分析，揭示在市场快速迭代的环境下，衍生型服务商如何维持并深化自身专业性以铸就"护城河"，通过有效的产品及服务提升自身品牌影响力。

二、跨境电商 SaaS 概述

跨境电商 SaaS 指的是为跨境电商卖家及相关服务商提供经营及管理的各类 SaaS。跨境电商 SaaS 的发展历程与跨境电商行业的发展态势相呼应。从 2014 年第一轮跨境浪潮至今，跨境电商 SaaS 经历了摸索成长的萌芽期、市场教化的起步期、黑天鹅事件下的发展期及理性调整期。最早出现的跨境电商 SaaS 是在商品物流等基础条件合理的前提下，通过建站 SaaS 和选品 SaaS 帮助卖家解决"活下去"的问题。2018 年，卖家体量初具规模后，相关跨境电商服务商开始发展 ERP 和运营 SaaS，帮助卖家"活得好"。2020 年，跨境电商 SaaS 与跨境电商共同迎来新一轮增长，SaaS 产品开始赋能卖家抓流量、降成本和提效率，依托社交媒体和供应链开始进行新一轮需求挖掘。目前，中国跨境电商 SaaS 行业仍处于发展期，在资本的助力下,各 SaaS 服务商也在不断探索和努力提高自身的竞争力,为迎接下一轮增长蓄力。根据跨境电商卖家的经营管理链路,可将跨境电商 SaaS 划分为营销、ERP 两大场景,其中跨境电商 ERP SaaS 朝着供应链的方向发展。

(一)跨境电商营销 SaaS

根据产品功能可将跨境电商营销 SaaS 分为建站、选品、运营、获客 4 类,覆盖跨境电商卖家从"0"到"1"的各种营销需求。(1)建站是独立站卖家的基础需求,建站 SaaS 功能相对成熟和标准化。建站 SaaS 在建站的基础功能上延伸出平台属性,衔接代投广告、内容审核等功能为跨境电商卖家提供增值服务。因门槛低和易用性强等优势,相较于其他跨境电商营销 SaaS,建站 SaaS 早早渗透进跨境电商卖家群,发展得比较成熟。(2)选品功能也是跨境电商卖家的刚需,虽然现阶段出现许多跨境电商卖家从平台型向独立站型转型的趋势,但目前中国跨境电商卖家还是主要集中在亚马逊平台,因此现有选品 SaaS 多以亚马逊平台为基础,主要为平台型卖家提供数据服务,其作为刚需工具的渗透率也较高。(3)运营功能是获客功能的基础,运营 SaaS 整合多渠道数据,形成用户画像辅助潜客挖掘和二次销售,将服务贯穿于整个客户旅程并赋能获客环节。当前海外尚未形成完整的私域运营体系,因此运营 SaaS 的应用较少,但在品牌卖家不断增加的趋势下,该应用的增长空间较大。(4)获客是跨境电商卖家的终极目标。在 TikTok 等社交类平台热度提升、海外社交媒体趋于多元化的背景下,获客 SaaS 辅助跨境电商卖家通过社交媒体渠道触达客户,并汇总多渠道活动数据,帮助跨境电商卖家优化获客形式,与运营形成业务闭环,是目前最受重视且渗透率最高的跨境电商营销 SaaS,一般采用基于效果或流量收费的模式。图 7-2 所示为跨境电商营销 SaaS 的产业图谱。

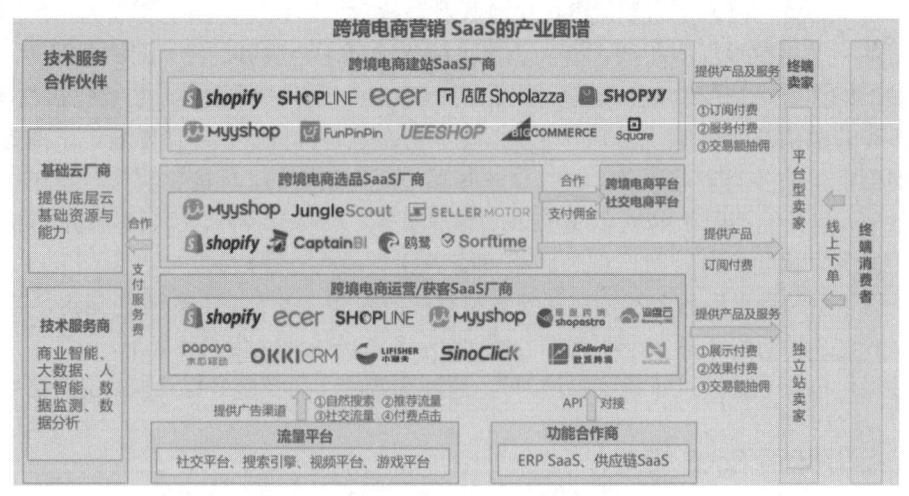

图 7-2 跨境电商营销 SaaS 的产业图谱

(二)跨境电商 ERP SaaS

跨境电商卖家对内的核心管理工作围绕"物""人""财"展开,此类核心管理又被称为企业资源管理,而跨境电商卖家在企业资源管理上的痛点差异来源于其自身规模的差异。小型跨境电商卖家的人员规模较小、GMV 较低、产品数量较少,其核心需求在于内部资源效益最大化;中型跨境电商卖家基于优势产品形成一定规模,期望将优势产品的选品、运营、团队管理经验复制到其他产品上,并分析复制的有效性;在大型跨境电商卖家庞大的产品体系下,出现了多渠道订单管理混乱、团队协作效率较低等问题。其核心需求在于规范企业运营流程、提高整体运营效率,以节约综合管理成本。

跨境电商 ERP SaaS 作为企业内部资源协调中台,针对大、中、小型 3 类跨境电商卖家不同的场景需求,提供了财务管理、订单管理、仓储管理、发货管理和其他功能五大功能,其细分功能如表 7-1 所示。按照产品功能的延展方向可将跨境电商 ERP SaaS 分为运营型 ERP SaaS 和供应链型 ERP SaaS:运营型 ERP SaaS 以 ERP 的基础功能为基点,向营销端延伸数据分析、广告投放等功能,如领星、斑马、芒果店长等;供应链型 ERP SaaS 则以 ERP 的基础功能为基点,向供应链端延伸寻源采购、仓储物流管理等功能,如店小秘、马帮等。按产品标准化程度可将跨境电商 ERP SaaS 分为轻型 ERP SaaS 和重型 ERP SaaS:轻型 ERP SaaS 是工具型产品,侧重内部订单管理、财务管理、流程管理等基本功能,标准化程度高,如赛盒科技和通途等;重型 ERP SaaS 是功能横向延展型产品,产品线广,以向大型跨境电商卖家提供服务为主,可提供少量定制化及深度解决方案,如积加 ERP 等。

表 7-1 跨境电商 ERP SaaS 的细分功能

财务管理		订单管理		仓储管理		发货管理		其他功能
费用转结	报表管理	智能客服	评价管理	库存预警	商品质检	物流对接	延期提醒	流程管理
应收应付	费用控制	订单查询	纠纷管理	补货提醒	库存盘点	仓储对接	缺货提醒	人力管理
利润估计	业财一体	议价管理	售后服务	物料需求	货架管理	物流标记	滞销提醒	生产计划

目前,跨境电商 ERP SaaS 的整体渗透率约为 47%。其中,中型跨境电商卖家是跨境电商 ERP SaaS 厂商的主要客群,主要原因在于,中型跨境电商卖家多处于规模快速扩张阶段,需要及时对企业内的资源周转进行优化和调整,而电商平台内置的简易订单管理系统和传统表单管理形式难以承载资源动态变化及体量扩张带来的需求变动,因此对跨境电商 ERP SaaS 有刚性需求,渗透率约为 75%。即使中型跨境电商卖家的规模继续扩张至大型跨境电商卖家,其对跨境电商 ERP SaaS 仍有刚性需求,但本地部署和定制的比例会越来越高。整体上看,跨境电商卖家对跨境电商 ERP SaaS 的需求近似向左倾斜的抛物线。

三、合规服务概述

作为国际贸易新业态,跨境电商产业可能对产品输入国的市场交易秩序等造成冲击,并给当地数据安全、知识产权保护、生态环境等多个方面造成影响。图 7-3 展示了 WTO 电商谈判的主要议题与博弈焦点,跨境电商也因此受到全球各国政府的密切关注。整体来看,各(产品输入)国政府一方面支持跨境电商贸易发展以提升经济活力,另一方面不断加大对跨境电商产业的监管力度,以保障当地政府和市场主体的利益不受损害。

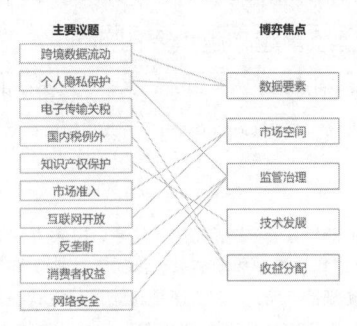

图 7-3 WTO 电商谈判的主要议题与博弈焦点

现阶段我国的出口商品主要销往市场成熟度高的欧美国家和地区，这些国家和地区的市场在产品安全、税收合规、知识产权保护、公平市场竞争等方面具备更加严格的市场规范。为了与国际接轨、实现更高水平的全球化，保障业务持续开展，跨境电商卖家必须遵循海外的市场监管政策，做好税务合规、品牌合规、产品合规和运营合规 4 项合规工作。相应地，跨境电商行业内也存在 4 类合规服务，包括以 VAT 服务为代表的税务合规服务、以商标为代表的品牌合规服务、以 EPR①为代表的产品合规服务和各类运营合规服务，如图 7-4 所示。

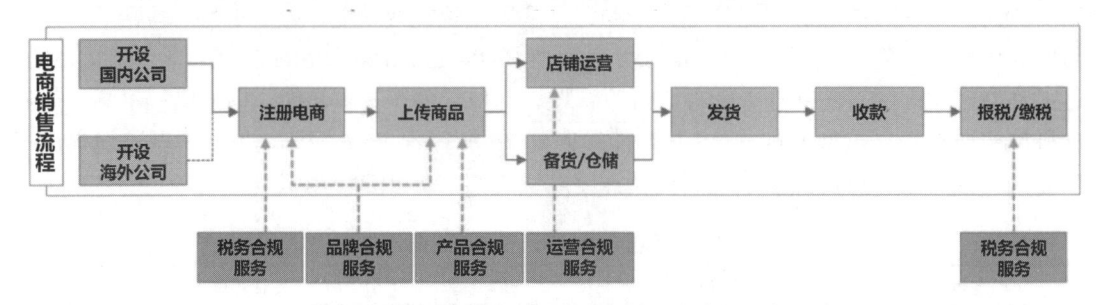

图 7-4 基于跨境电商销售流程的 4 类合规服务

（一）以 VAT 服务为代表的税务合规服务

与我国征收 VTA 的方式有所不同，海外发达国家市场普遍需要跨境电商卖家根据收入自行申报和缴纳 VAT。2012—2016 年，大量中国跨境电商卖家涌入海外市场，但并未严格执行当地的税务政策。随着交易量的扩大，跨境电商带来的税收损失引起了当地监管部门的关注。2020 年 7 月，欧洲理事会做出税改决议，严格要求亚马逊等电商平台配合税务机关进行 VAT 注册、征收等工作，进一步加强对跨境电商卖家的监管。

为应对来自当地税务机关和海外电商平台的监管，除税号申请和报税外，跨境电商卖家需要和当地税务机关、跨境电商平台进行频繁沟通；在某些税务电子化水平相对较低的国家，跨境电商卖家还需要和当地代理税务工作的律师、会计师进行频繁对接。上述解决 VAT 合规的方式存在沟通效率和质量偏低，且无形中增加了跨境电商卖家的经营成本和风险等问题。在跨境电商税务合规工作日趋复杂的环境下，跨境电商卖家对第三方的专业税务合规服务产生了显著需求。第三方专业合规服务商介于跨境电商卖家和当地税务机关之间，可以先帮助跨境电商卖家梳理政策要求、整理所需资料，并向当地税务机关或事务所进行转递申报工作，再向跨境电商卖家反馈申报结果并进行后续对接。税务服务由第三方专业合规服务商代理，这符合社会分工趋势，可实现流程高效、算税精确、规避风险和优化成本等。

（二）以商标为代表的品牌合规服务

品牌建设正在成为跨境电商经营越来越重要的部分。一方面，商业模式从铺货向精品的转变极大地推动了跨境电商卖家对品牌认证的需求；另一方面，欧美等国家和地区历来重视知识产权，这些国家和地区及其电商平台对品牌合规的监管要求也推动了跨境电商卖家对品

---

① EPR 全称为 Extended Producers Responsiblity，即生产者责任延伸。EPR 是一项环境政策，要求生产者对其在市场上所推出商品的整个生命周期[从商品设计到商品生命周期结束（包括废弃物收集和处理）]负责。EPR 其实是一项管理制度框架，有很多立法实践，并不是一项法规的名称。CE 认证是欧盟强制性认证制度，要求进入欧洲市场的产品必须符合欧盟的相关法规和标准，相当于 EPR 制度在欧盟的立法实践。此外，法国的 WEEE、包装法、电池法，以及德国的 WEEE、包装法、电池法等法规都属于 EPR 的范畴，都是 EPR 在该国的体现。

牌认证的需求。如果跨境电商卖家未能及时完成相关合规工作，往往会面临罚款甚至被强制关店的风险。各类品牌合规服务中需求最显著的是商标注册及专利认证两类。除此之外，版权保护也受到了较多的关注。商标、专利注册，以及版权保护的流程相对固定，收集材料易于实现线上化，但实际申报难以脱离线下，并且认证时间较长（以美国为例，商标注册的时间是7~10个月，外观专利的申报时间约为1年，版权保护认证的时间约为4~8个月）、专业性较高，大部分跨境电商卖家会采取第三方机构代办的形式。此类服务一方面可以确保中国跨境电商卖家的品牌资质得到海外市场的认可，另一方面可以防止中国跨境电商卖家在使用品牌的过程中发生侵权行为而被提起诉讼。

（三）以EPR为代表的产品合规服务

跨境电商产品合规标准类目繁多，大多围绕"安全"和"环保"两大主题，但不同国家和地区制定的具体标准细则有所差异。欧盟国家常用的合规标准包括CE、RoHS和EPR等，英国自"脱欧"后单独推行UKCA等标准，美国常用的合规标准有CPC、FDA等，各国标准下又涵盖面向多个商品类别的多项指令，申请流程比较复杂。总之，各国对产品合规管控的范围不断扩大，监管显著趋严。2021年前后，亚马逊、全球速卖通、eBay等平台都开始更加直接地参与市场监管，商家因不合规经营被处罚的可能性加大。因此，跨境电商卖家对于产品认证合规服务的需求更加旺盛。当前跨境电商合规服务机构的核心产品为EPR类、授权代表类和检测认证类。因产品认证领域存在专业性壁垒，大多跨境电商合规服务机构与专业的第三方检测机构形成深度合作，高质量、高效率地一站式满足客户的产品认证需求。

（四）各类运营合规服务

亚马逊、全球速卖通等跨境电商平台都出台了规范跨境电商卖家运营行为的准则，以亚马逊和全球速卖通为例，信息准确、公平竞争和不得绕过平台销售流程等是这类准则的核心内容。当跨境电商卖家违反准则时，会面临账号冻结、罚款等风险。在主流跨境电商平台中，亚马逊的运营合规监管相对严格，账号封禁、销售暂停、产品下架等处罚动作更加频繁。各类运营合规服务主要帮助跨境电商卖家规范营销、经营行为，防止其因运营不合规受到平台处罚，遭受损失。

四、产业园服务概述

产业集聚是指在一定区域范围内，生产某种产品或提供某种服务的若干家不同类型的企业，以及与这些企业配套的上下游企业、提供相关服务的企业高度密集地聚集在一起。产业园是企业空间集聚的重要形式，担负着集聚创新要素、培育新兴产业、推动城镇化建设等一系列重要使命，是一个地区稳增长、促改革、调结构、惠民生的重要载体。跨境电商产业园是跨境电商企业及其服务商在区域内集聚发展的重要载体，是跨境电商产业发展的助推器。跨境电商产业园建设是实现跨境电商产业集聚的重要路径，对跨境电商产业的发展具有重要的推动作用。跨境电商产业园建设也有利于跨境电商企业的业务运营，进而促进跨境电商企业的成长。

（一）跨境电商产业园的属性

跨境电商产业园属于产业园区的一种，兼有"园区""行业""跨境"3个属性。（1）跨境电商产业园具有园区属性，一般可以分为地理位置属性和园区功能属性两大类。园区作为企业经营活动的线下承载体，具有实体性而非虚拟性的特征，因此它表现为地理位置属性。园区功能属性的本质在于服务功能，而功能属性事关园区的盈利模式。园区通过为企业提供各类核心服务和非核心服务，形成对潜在入驻企业的吸引力，使已入驻企业产生黏性，推动企业在园区内集聚，实现自身的盈利及未来的可持续发展。（2）跨境电商产业园具有行业属性：跨境电商产业园是有利于跨境电商企业及其各类服务商共同成长和发展的生态集聚区，具备促进区域跨境电商行业发展、外贸转型升级和经济结构优化的能力。（3）跨境电商产业园具有跨境属性：跨境电商产业园具备跨境信息流、跨境商品流、跨境服务流、跨境资金流等方面的跨境供应链服务能力，从而能将其与一般的电商产业园区分开来。

高质量的跨境电商产业园不仅战略发展方向明确、目标定位清晰、园区地理位置选择恰当、服务功能布局合理、盈利模式可行、跨境电商行业属性明显、跨境供应链服务能力强，而且拥有强大的招商、运营和管理能力，并具备可持续健康发展的潜力，是一个能够有效促进跨境电商企业及其服务商在园区内共同成长、发展和壮大，进而能够有力推动本地区的特色产业发展、跨境电商产业壮大、外贸转型升级和经济结构优化的跨境电商生态集聚区。

（二）跨境电商产业园的发展与类型

2013年7月，中国（杭州）跨境电商产业园在杭州市下城区正式开园。它既是国家跨境电商产业试点园区，也是当时杭州市唯一开办进出口双向业务的跨境电商产业园，还是全国首个解决通关难、结汇难、退税难的园区，并且是全国首个进入实单运作的跨境电商园区、全国首个探索成功跨境小包出口模式的园区、全国首个获得海关总署及商务部认可并作为范本推广的园区。作为于2015年3月设立的全国首个跨境电商综试区，杭州通过先行先试，探索出了"六体系两平台"的跨境电商发展经验，为全国其他跨境电商综试区的建设，特别是跨境电商产业园的打造提供了有益借鉴。之后，全国各地也纷纷建立起跨境电商产业园，如厦门跨境电商产业园、成都跨境电商产业园、南京空港跨境电商产业园等园区。

跨境电商产业园在不同的标准下有不同的分类，按照园区的进出口功能定位划分，可以分为跨境电商出口产业园、跨境电商进口产业园和跨境电商进出口综合产业园；按照园区的所有制类型划分，可以分为国有跨境电商产业园、民营跨境电商产业园、混合所有制跨境电商产业园。

五、本章主要案例概述

围绕跨境电商衍生服务的主题，本章选取了深圳店匠科技有限公司（简称店匠科技）、上海马帮科技有限公司（简称马帮科技）、J&P、杭州跨知通知识产权服务有限公司（简称跨知通）和运河国际跨境电子商务园5家企业在跨境电商衍生服务领域向跨境电商卖家提供的SaaS、合规服务和产业园服务为研究内容，撰写了5个跨境电商衍生服务案例，以帮助读者进一步了解目前国内跨境电商的衍生服务生态。

1. 店匠科技：用科技赋能跨境电商，助力中国企业成功出海

随着跨境电商竞争的日趋激烈，第三方平台的流量红利逐渐消退，不确定性风险增加，越来越多的跨境电商卖家寻求布局海外新方向，独立站成为众多出海企业的选择。店匠科技自2017年成立以来，依托于核心产品"店匠Shoplazza"独立站建站SaaS平台，为全球B2C电商提供技术解决方案；通过"全球伙伴计划"，引入众多优秀合作伙伴，为独立站卖家构建商业生态；通过多维度专业服务，助力中国品牌全球化。截至 2022 年，店匠科技已为全球 36 万多名商家提供独立站建站、数字营销和客户忠诚管理等解决方案，商家数量、交易规模稳居国内跨境独立站 SaaS 行业龙头。那么，店匠科技是如何获得资本青睐？又是如何为跨境电商卖家创造价值，实现多方共赢的呢？

2. 马帮科技：跨境电商专业全流程解决方案提供者

跨境电商的迅猛发展，致使跨境电商卖家后端管理的复杂程度不断上升，传统的管理模式已无法满足其需求，人们对能够管理全流程的 ERP 系统越来越期盼，马帮 ERP 应运而生。自 2010 年诞生以来，马帮 ERP 已服务 20 多万名跨境电商卖家，对接近 100 个主流电商平台、1000 多家物流公司、多个跨境主流收款工具。马帮 ERP 从最初版更新迭代至 SaaS 版本，不仅能为跨境电商企业构建专业全流程的 ERP SaaS，还开发了马帮 WMS（Warehouse Management System，仓库管理系统）、马帮 SCM（Supply Chain Management，供应链管理）系统、马帮 TMS（Transportation Management System，物流运输管理系统）与跨境分销系统，定制了亚马逊与东南亚专用版，以助力跨境电商卖家实现精细化、高效运营，护航中国企业出海。

3. J&P：助力解决中国跨境电商卖家出海的合规痛点

遵循海外市场的监管政策，既是为了保障中国跨境电商企业能够持续开展业务，也是我国出口经济进一步与国际接轨、实现更高水平全球化的必经之路。以"助力跨境电商企业实现合规化经营"为企业宗旨的 J&P 立足于市场需求构建了税收合规、产品安全、知识产权保护和运营合规等多门类合规服务体系，并通过整合各类专业化的服务主体、实施涉外在线合规服务模式等手段推动跨境电商出口企业成长。

4. 跨知通：以知识产权服务赋能跨境电商出口

知识产权对激励创新、打造品牌、规范市场秩序、扩大对外开放正发挥着越来越重要的作用。直面跨境出口企业在业务开展过程中面临的产品附加值过低、知识产权纠纷、自主品牌少等痛点，作为国内首家跨境知识产权服务平台，跨知通于 2016 年应运而生。跨知通立足于市场需求，构建了商标服务、专利服务、版权服务、品牌设计服务、涉外法律服务、科技咨询服务等多门类知识服务体系，打造"互联网+知识产权"电商系统，并通过整合各类专业化的服务主体、实施涉外在线商务法律服务模式等手段推动跨境电商出口企业成长。

5. 运河国际跨境电子商务园：打造跨境电商集聚示范区

为助力跨境电商从业者利用好政府的资源和政策，广泛集聚企业、人才、资本等要素谋发展，运河国际跨境电子商务园应运而生。运河国际跨境电子商务园以服务为核心，围绕"一个平台、两个大厅、三个中心、四个单元"的运营理念，为企业提供一站式跨境电商孵化服务、人才培养与对接服务、投融资服务，以及数字营销服务，并推出了诸多创新举措，如共建全球跨境电商品牌与设计创新中心、创新人才培育模式等。目前，运河国际跨境电子商务园已被认定为杭州跨境电商标杆产业园、浙江省省级科技企业孵化器、浙江省跨境电商产业园，累计服务 1000 多家企业，并拥有 200 多个合作伙伴。未来，运河国际跨境电子商务园将不断促进园区内跨境电商企业优质资源的有机整合，打通跨境电商从销售、物流、报关到品控等全链条，形成集聚发展优势，持续构建跨境服务新生态。

【思考题】

1. 跨境电商的服务类型有哪些？

2. 跨境电商衍生服务的重要性是什么？
3. 跨境电商合规服务的主要范畴和产生背景是什么？
4. 跨境电商 SaaS 的主要类型和产生背景是什么？
5. 跨境电商产业园的定义和主要类型是什么？

第二节　店匠科技：用科技赋能跨境电商，助力中国企业成功出海

【教学目的与用途】

1. 本案例的教学目的包括：
（1）理解第三方平台和独立站的模式及各自的优劣势。
（2）理解跨境电商独立站的发展与演变。
（3）了解店匠科技的全球伙伴计划如何为独立站卖家构建商业生态。
（4）了解店匠科技等跨境电商 SaaS 平台如何助力中国品牌全球化。

2. 本案例主要适用于跨境电子商务、国际贸易、电子商务、创业管理和财务管理等专业的课程。

【引言】

2022 年 6 月 22 日，全球最具影响力的商业杂志之一《财富》（中文版）发布了 2022 年"中国 40 位 40 岁以下的商界精英"榜单。店匠科技的创始人兼 CEO 李俊峰荣登榜单，一同上榜的还有字节跳动的创始人张一鸣、SHEIN 的创始人兼 CEO 许仰天、科沃斯集团的副董事长钱程等知名企业家。

"我最初是一个程序员，敲代码出身，我与几位合伙人都有相似的工作经验，但我们心中有一个大大的梦想——用科技赋能，做好一家全球化的 SaaS 企业，服务跨境电商，助力全球商务。2017 年，我们几个合伙人一拍即合，成立了店匠科技，现在其已成为国内跨境独立站 SaaS 龙头企业。今年年初完成了总额为 1.5 亿美元的 C1 轮融资，已为全球 36 万多名商家提供专业的跨境电商独立站建站 SaaS……"在深圳的一次分享会上，店匠科技的创始人李俊峰在开场时这样介绍自己。现场的嘉宾纷纷向他投去难以置信的目光，"5 年时间""服务全球 36 万多名商家""1.5 亿美元融资"让大家对这家企业充满好奇。

看着台下的嘉宾，李俊峰的思绪回到了 2017 年……

一、行业背景

李俊峰曾是百度国际化业务线负责人，拥有海外留学背景、10 年的互联网经验，以及 8 年的国际化产品和运营经验，曾带领团队打造过多款百度国际化千万级产品，管理过 70 人的产品研发团队，在海外产品研发、产品运营、流量营销、商业变现等方面有着深厚的经验积累。李俊峰丰富的国际化业务经验，使其对国际市场拥有敏锐的观察力与洞察力。他首先分享了自己对跨境电商行业的观察结果。

1. 跨境电商增速迅猛

"2012年前后，亚马逊在中国引入'全球开店'模式，开始大面积招商，很多商家选择通过平台出海。到了2017年，跨境电商的体量和规模达到一定程度，并且国内供应链不断增强，跨境电商已经具备了较强的供应链优势。"李俊峰说道。

自新冠疫情发生以来，跨境电商以直达消费者、敏捷灵活、精细化服务迎合新需求，实现稳中提质、逆势增长，成为稳外贸促增长的重要引擎，成为全球电商的领跑者。相关数据显示，2021年我国跨境电商进出口总额为1.98万亿元，同比增长15%，其中跨境电商出口额为1.44万亿元，同比增长24.5%。

跨境电商为我国企业打开了更多的海外市场，已形成以欧洲与北美为代表的成熟市场与东南亚、中东、拉美、东欧等新兴市场共存的格局。在贸易结构方面，3C产品、休闲服饰、家居产品、运动健身等品类的出口规模快速增长。

2. 第三方平台红利消退

第三方平台因自带流量及入门上手快等优势，成为处于起步阶段且供应链资源较弱的中小型卖家的首选。中小型卖家以亚马逊、eBay、全球速卖通等全球性综合型平台为主要渠道，Walmart、Shopee和Lazada也华丽转身，成为众多卖家的选择。"对于国内商家来说，出海的首要难题就是流量，所以第三方平台自带的大体量流量，本身就是吸引商家的重要因素。"李俊峰分析道。

然而，第三方平台因大量卖家涌入而导致同质化竞争加剧，平台的流量红利逐渐减少，销售增速放缓；平台规则不断变化使不确定风险增加，跨境电商风险事件频发。例如，自2021年4月以来，跨境电商企业遭遇亚马逊平台史上最严厉的一波"封号潮"，大批大卖家（如帕拓逊、泽宝、万拓等）及数千名中小型卖家被波及。仅仅两个多月的时间，在亚马逊平台被封店的中国卖家超过5.2万名，造成行业损失超千亿元。众多卖家强烈地感受到了第三方平台的"喜怒无常"，有些卖家感叹道："亚马逊咳嗽一声，我们就得感冒3天。"

相关数据显示，亚马逊平台卖家的利润在2021年受到了较大冲击，整体并不乐观。虽然有32%的卖家实现利润增长，7%的卖家的利润与上一年持平，但高达61%的卖家出现了利润下滑的状况，跨境电商第三方平台模式进入了低利润周期。

3. 独立站强势崛起

随着跨境电商竞争的日趋激烈，平台政策愈发严苛，产品下架、店铺封号时有发生。而独立站凭借其能帮助卖家直面消费者、降本提效、有利于品牌形象打造的特点深受跨境电商企业的欢迎。因此，越来越多的出海品牌选择将独立站作为主阵地。

早在2010年左右，跨境电商就存在两种发展模式，其一是平台型发展模式，其二是独立站发展模式。跨境电商企业通过自建独立站出海曾火爆一时，兰亭集势就是其中的佼佼者。然而，随着第三方平台的不断发力，阿里巴巴国际站、亚马逊、全球速卖通、eBay、Wish等跨境电商平台崛起，兰亭集势逐渐失去了市场优势。

李俊峰说："2010年左右做独立站，当时的市场还有很多环节不成熟，不单是技术层面，还有物流、供应链等，每一环节都需要投入较高成本，因此很难通过销售额和利润维持它的商业模式。所以在当时，独立站可能并不是一个好的商业模式。但是发展到现在，随着各种建站SaaS的成熟，商家建独立站可以在技术方面节省不少成本。"于是，"第三方平台+独立站"的双轨模式成为当下大多数出海品牌所采用的策略，不少跨境电商卖家将目光再次投向了独立站。

相比第三方平台，独立站的自主性更强，创新营销的发挥空间也更大，能够通过一手数据分析获客、积累高质量私域流量、培养用户的品牌忠诚度。

独立站似乎出现了"重新繁荣"的迹象，安克创新成功上市，大批新卖家蜂拥入局。2010年兴起的独立站，被跨境浪潮带回海里，如今仿佛又被拍了回来。

二、创立至今，稳居国内跨境独立站 SaaS 行业龙头

作为国内跨境独立站 SaaS 龙头企业，店匠科技自 2017 年成立以来，一直致力于为中国卖家提供独立站建站、数字营销和客户忠诚管理等企业级解决方案。

在国内，电商行业的领头者——淘宝、京东等电商平台几乎抢占了 80%的市场份额，独立站可发挥的空间非常有限。但在国外，得益于国外消费者心智与习惯的养成，独立站已占据国外电商市场 40%的市场份额。相关数据显示，美国为全球最大的 DTC 电商市场，超过 50%的在线零售额来源于其他电商独立商城。在日本，60%的在线零售额来自独立站。据 Shoplus 预测，未来将有一批平台卖家、B2B 外贸卖家、国内电商卖家涌入独立站市场，中国独立站卖家数量将超过 50 万名。

店匠科技成立的这几年，赶上了全球独立站的爆发期，不断满足海外多元的消费习惯。从 2018 年至今，店匠科技已连续获得云九资本、红杉资本、嘉程资本、前海母基金、磐晟资产等多家机构上亿级融资。店匠科技于 2022 年年初完成了总额为 1.5 亿美元的 C1 轮融资，由软银愿景二期基金领投，阿布扎比皇室基金（Chimera）、全球知名财富管理集团 Stepstone Group 等跟投。

2022 年，店匠科技荣获"InfoQ 技术发展驱动力奖"，3 月 22 日登上《人民日报》（海外版）"开放中国"版面头条。

三、科技赋能，助力中国企业成功出海

店匠科技以"通过卓越的技术引领客户实现全球商业成功"为使命，依托于核心产品"店匠 Shoplazza"独立站建站 SaaS，为跨境电商全球商家提供专业的电商独立站建站 SaaS，以及 DTC 跨境出海品牌解决方案服务，并引入众多优秀合作伙伴以满足全球商家日益增长的多元需求。

1. 依托建站 SaaS：为全球 B2C 电商提供技术解决方案

店匠科技依托核心产品"店匠 Shoplazza"独立站建站 SaaS，不仅能够快速运用模板和卡片式模块创建附有销售功能的海外官网，覆盖交易场景高达 95%以上，还能实现全行业免费主题随心选择、Shopify 和 SHOPLINE 店铺一键迁移、亚马逊/全球速卖通商品及评论一键抓取，助力中国商家的跨境电商独立站销售业务增长，助力中国品牌实现全球化转型。

店匠科技凭借技术优势形成了行业独有的国内外双端服务器，进行数据传输和数据存储，平均打开速度在 2 秒/次以内；同时，支持 PayPal、Stripe 等全球 10 多家信用卡在线支付通道和货到付款的支付形式，帮助商家在全球不同国家顺畅开展销售业务。

海帝思（Hidizs）是一家自主研发无损音乐播放器等便携式音乐产品的中国企业。2018 年以前，海帝思以亚马逊平台为主要销售渠道。随着业务的发展，海帝思很快意识到，入驻第三方平台不利于品牌的树立和深度运营。为此，2021 年 3 月，海帝思正式与店匠科技合作，将独立站作为品牌和用户的主阵地。海帝思从 Shopify 无缝迁移到店匠科技，店匠科技团队充分

发挥技术和专业优势，利用精美的落地页进行新品预热、营造活动氛围，通过海外团队本地化优势帮助海帝思进行社交媒体渠道运营和达人营销等。海帝思通过半年时间重塑品牌官网，配合营销全链路优化，实现了 159% 的 GMV 提升、124% 的订单量增长和 24% 的客户新增。

2. 全球伙伴计划：为独立站卖家构建商业生态

引流难、转化率低成为独立站卖家运营的最大痛点。为解决这些痛点，店匠科技于 2022 年 3 月面向全球发布"店匠科技全球伙伴计划"。通过该计划，店匠科技将全球开发者、合作伙伴与商家紧密连接起来，构建了开发者生态与服务商生态，店匠生态伙伴平台将为商家提供多元的技术解决方案和服务，从而满足商家在运营过程中的多元需求。

"我们定义的合作伙伴主要有 3 类。第一类是我们上下游的流量、支付等；第二类是插件、物流企业等，因为基础平台上会有很多场景，需要很多单独的插件，包括营销、客户管理等；第三类是服务商。这三者构成了我们合作伙伴的主体。"李俊峰说道。

自发布这个计划以来，店匠科技的插件合作方与上下游合作企业加起来接近 200 家。在跨境营销方面，店匠科技在海外流量端与 Google、Pinterest、TikTok、Snapchat 等多个媒体平台进行深层次的技术对接合作，能在跨境电商数据端及交易端完成无缝对接。在物流仓储方面，店匠科技不仅与 DHL、UPS 进行了对接，还和菜鸟、纵腾等国内的跨境电商头部商家进行了深度系统对接。与中外运、菜鸟国际等达成合作后，平台卖家可以在其后台一键接入菜鸟等国际物流平台，从而享受"一杯咖啡送全球"的高效全球物流服务。

2021 年，店匠科技成为 Meta 在国内的首家电商平台合作伙伴。在李俊峰看来，Meta 对于每一个合作伙伴都有严格的选择标准与评判细节。两家之所以能达成合作，首先是因为店匠科技在 Meta 平台上呈现的各项数据指标都很好，其次是因为店匠科技的用户范围不仅包括国内，还包括北美等地，能给 Meta 带来附加价值。

"从营销能力来讲，我们对接了全世界几乎所有的营销端主流平台；在数据能力方面，我们引入了 AI 模型，可以对相关的数据进行机器学习，并且能够做销量、库存、旺季产品销量预测，同时能为消费者在搜索的过程中想要看到的相关产品进行精准推荐。"李俊峰说道。

店匠科技通过不断开放其平台商业生态，接入全球在营销、物流仓储、支付等领域的跨境服务商，使独立站卖家在节省人力、减轻资金压力的同时，极大地提升了经营效率。

3. 多维度专业服务：助力中国品牌全球化

当中国跨境出海进入精耕细作时代，"品牌出海"成为许多中国出海企业寻求增长点的重要方向。在过去的独立站模式中，最常见的铺货模式是在网站上铺设大量极具性价比的 SKU 销售给海外用户。这种铺货模式的独立站卖家在品牌构建方面的投入并不多，更多的是通过广告和价格促进销量增长。

李俊峰认为，多 SKU、广铺货、站群引流、测爆品等早期独立站模式已很难持续发展。"流量成本变高，大家使用流量的效率应该在过程变化中不断提升。过去我们希望一次性把东西卖出去获得利润，现在我们需要做精细化运营，要看重客户的生命周期价值（Customer Lifetime Value，CLV），我觉得这是一个最大的改变。"李俊峰说道。

越来越多的卖家转向精品独立站，垂直精品模式的核心逻辑在于通过较高的流量获取和精细化的站内运营，沉淀和细分用户数据，力求通过产品导向和精细化运营服务提升用户体验，为良性的营销闭环和品牌建立奠定基础，从而实现二次营销、二次转化，提高品牌溢价和消费者的品牌忠诚度。

店匠科技专注于跨境电商领域的各个环节，除技术赋能外，还提供品牌、营销、运营的完整解决方案，助力中国企业和品牌拓展全球化业务。同时，店匠科技成立海外DTC本地化运营团队，以技术和数据为引导，为中国品牌提供品牌策划、流量推广、社交媒体传播等多维度专业服务。

上海衡德汽车配件有限公司（AlloyWorks）主营汽车散热器等配件，产品畅销北美、澳大利亚市场，在亚马逊等海外购物平台同类目中稳居前列。虽然在平台获得了不错的成绩，但AlloyWorks很快感受到来自平台的束缚和局限。平台流量成本日益提高、竞争对手层出不穷等困扰让AlloyWorks选择打造品牌独立站。

2019年，AlloyWorks与店匠科技DTC品牌营销服务团队接触，开启品牌独立站之路。"店匠科技团队为我们提供了从品牌Logo设计、网站UI设计、网站搭建到海外品牌营销体系建立的整套服务，在打造品牌内容的同时帮我们突破了平台局限，通过社交媒体的运营和达人营销等方式塑造品牌IP，提高行业知名度及用户黏性、复购率。店匠科技的服务给我们节约了大量的团队资源，在品牌化道路上省了大量的成本。"AlloyWorks的负责人表示。

店匠科技以"越过中间商，让国内品牌直销给海外消费者"的DTC方式，先后帮助30多家中国制造型企业成功出海；通过多元化的品牌打造和专业的技术能力，累计助力商家完成数亿美元的销售额。

独立站的未来，品牌化是必然。

四、以PLG为导向，走差异化、本地化道路

从成立至今，店匠科技面临来自Shopify、Magento、WooCommerce、ShopYii等的竞争，尤其是面对老牌跨境电商SaaS平台Shopify等强大的竞争对手，店匠科技坚持以PLG（Product Led Growth，产品驱动增长）为导向，走差异化、本地化道路。

店匠科技主要面向中小型商家，以PLG为核心增长要素，帮助他们走DTC模式。因为中小型商家能够投入的资源少，在技术方面也存在短板，单个商家很难专门组建一个技术团队。所以对于中小型商家来说，在独立站享受到同等的技术和产品待遇是刚需。

差异化主要体现在产品上，店匠科技面向国内用户开发了一些更具本地化特色的功能，如语言、操作流程都更符合国内商家的使用习惯，并且通过大数据反哺，帮助商家解决风险问题。相较于海外跨境电商SaaS服务商更专注于做本地买家和卖家的生意，店匠科技更关注如何助力中国商家做好中国品牌出海的生意。店匠科技服务的中国商家有很多是供应商、制造商、工厂，它们具有强大的供应链优势，这也是店匠科技快速增长的原因。李俊峰认为："中国研发团队的建站平台，更懂中国商家。"

而在服务侧，店匠科技也进行了本地化优化，特别是在客服层面。例如，对于国内DTC商家，店匠科技专门组建团队，提供全套解决方案，并与商家进行无缝沟通，保证中国商家的最新需求与变化能够被快速响应。

五、尾声

目前，店匠科技已经成为国内最大的跨境出海电商独立站SaaS平台。店匠科技在全球累计服务商家超过36万名，并拥有500多个合作伙伴，每个季度合作伙伴的增速达到15%～

20%。

当被问到"随着更多资本关注到独立站,你认为资本涌入后独立站是否会成为泡沫"时,李俊峰笑了笑。他坚定地说:"每一个品类都具备做消费品牌的能力,因此独立站的市场容量很大;其次是全球的消费市场很广,所以我认为资本的进入并不会对整个生态产生什么影响。相反,我认为资本进来之后,商家会更注重长期发展,去思考如何打造一个品牌,为未来做一些准备,这不见得是一件坏事。"

李俊峰表示未来将继续带领团队,持续构建跨境新生态,提供多元化的产品和服务,推动中国品牌出海走向全球。

【案例思考题】

1. 亚马逊封店潮对跨境电商行业产生了哪些影响?
2. 你认为第三方平台与独立站两种跨境模式各自有哪些特点?如果你是一家品牌出海企业,你将如何选择?
3. 跨境电商独立站在十多年的浮沉过程中,经历了怎样的变化?
4. 店匠科技等建站 SaaS 服务商给跨境电商卖家带来了哪些便利?两者是否能实现价值共创?
5. 店匠科技的"全球伙伴计划"为运营独立站的跨境电商卖家构建了怎样的商业生态?
6. 与老牌跨境电商 SaaS 平台 Shopify 相比,店匠科技的核心竞争力是什么?

第三节　马帮科技:跨境电商专业全流程解决方案提供者

【教学目的与用途】

1. 本案例的教学目的包括:
(1) 理解跨境电商 ERP 的概念及产生的背景。
(2) 理解全流程 ERP SaaS 体系及适用场景。
(3) 了解马帮 ERP 的盈利模式。
(4) 了解马帮 ERP 的主要功能模块与特点。
2. 本案例主要适用于跨境电子商务、国际贸易、电子商务、创业管理和财务管理等专业的课程。

【引言】

马帮,是西南地区特有的一种交通运输方式,也是茶马古道主要的运输手段。马帮是云南近代普洱茶贸易中最为活跃的因素,正是由于马帮队伍不畏艰辛,克服沿路的重重困难,普洱茶才能源源不断地被运销各地。

在跨境电商领域,也有这样一家叫作"马帮"的公司,其全名为上海马帮科技有限公司,简称马帮科技。张洁是马帮科技的创始人,业内人都称他为"帮主",他是中国跨境电商行业资深研究人员、ERP 领域研发及企业管理专家。

在上海的一次分享会上,张洁说:"我是从跨境电商小卖家起家的,是全国最早的一批跨境电商淘金者,在跨境电商行业摸爬滚打了近 20 年,一路上见证了行业的变迁与发展。

2010年，我们创建了中国第一个跨境电商ERP——马帮ERP，我的身份也从跨境电商淘金者，变身成'卖铲子'的人。"

台下的嘉宾对"马帮"及其"帮主"充满好奇。张洁微笑着继续分享："为什么取名'马帮'？有一次去云南旅行，听导游说起茶马古道的'马帮'，马帮那种迎难而上、勤勉，以及团结互助的精神特别吸引我，与我的理念非常吻合。我觉得马帮文化挺符合我们当时跨境电商的场景，大家在出口的时候都遇到了很多艰难险阻，历尽艰辛才把货驮到海外去，因此我们将公司命名为'马帮'。此后，马帮ERP团队有了飞跃发展，先后获得多轮融资，累计金额达5亿元……"

看着台下的嘉宾，张洁的思绪回到了2001年读大学创业的时光……

一、应运而生，直面跨境电商卖家的痛点

1. 跨境电商从微末走向爆发期

"2001年，我还在读大学，通过易趣进入了电商领域，成为第一批网商，当时纯粹是为了赚点小钱，没想到，很快就成交了第一笔业务，这大大激发了我的创业热情。到了2004年，eBay与易趣结盟，更名为eBay易趣，然而与诞生于2003年的淘宝快速发展的势头相比，易趣反而有点走下坡路了，于是我开始转向eBay平台做起了跨境电商出口业务。"张洁娓娓道来。

正是在2004年，中国外贸经营权全面放开。然而在当时，受限于支付、物流等技术问题，大部分出口跨境电商卖家处于初期发展阶段，体量相对较小。

"我记得在2005年的时候，钱是回不来的。我一般把货变成美元后，再用美元买东西，回来后，直接把东西卖掉，就相当于以物易物了。"张洁如实说道。

直到2007年，跨境电商支持电汇，整个行业的效率开始提升，加上物流体系的完善及商品种类数量的增加，涌现出了兰亭集势、米兰网、大龙网等跨境电商交易平台，跨境电商行业迎来了爆发期。

2. 跨境电商卖家的管理复杂度与成本上升

在跨境电商发展初期，大多数卖家依靠手动做Excel表的传统管理模式，但随着SKU数量的增多，使得多平台、多店铺频繁切换，需求与库存预测难度不断加大。

张洁说："随着跨境电商的迅猛发展，卖家原先一天只有几十、几百单的订单量一下子冲到上千单，订单暴增在带来大量盈利的同时，也使后端管理（如发货、库存管理等）的复杂程度逐渐上升，人力成本也随之成倍增加。"

传统的管理模式露出疲态，无法满足跨境电商卖家的需求。张洁认为，要整合品牌、产品、运营、人，实现资源最优配置，跨境电商卖家需要一套能够管理全流程的ERP系统来帮助其实现精细化运营。

3. 马帮ERP应运而生

面对跨境电商卖家尤其是跨境电商大卖家的痛点，张洁决定自己开发一套管理软件。软件开发出来后，靠着这款软件，马帮科技的管理效率实现了倍级增长。一些圈内人打听到情况就联系了张洁，希望能借用这套软件。

张洁说："既然跨境电商还处于淘宝店或夫妻店的手工作坊模式，自己的这套软件又经过了验证，可以实现行业效率的提升，那为什么不提供给更多的用户使用，提升大家的管理水平和效率呢？"

2010 年，张洁将原来的电商团队交给别人打理，自己另起炉灶。马帮 ERP 应运而生。

二、不断迭代，赢得跨境电商市场的青睐

1. 从初版更新迭代至 SaaS 版本

2010 年，张洁推出初版的马帮 ERP，第二年，马帮 ERP 便开始进行商业化销售。此后，马帮 ERP 不断更新迭代，持续发力，在跨境电商付费 ERP 市场一路领先，并在汇聚了大批忠实的中大型跨境电商卖家用户的同时，各类小工具、IT 化应用也逐步完善。

2014 年，在马帮 ERP 取得大好成绩的情况下，张洁决定彻底放弃跨境电商业务，全心投入马帮 ERP 中。此时，ERP 服务企业如雨后春笋般在行业内突然爆发起来，店小秘、芒果店长等 ERP 服务商先后推出 SaaS 版本，行业内竞争进一步加剧。

马帮在 2015 年开始转型做 SaaS，2016 年马帮 ERP 的 SaaS 版本正式推向市场。

2. 采用"基础免费+高阶收费"机制

为了获得竞争优势，店小秘等不少 ERP 服务商实行免费策略。马帮实行免费策略还是收费策略，这是摆在张洁面前的一道选择题。

"2B 服务领域不赞成完全免费，应实行分层次定价策略。"在张洁看来，免费不等于互联网思维，免费只是销售模式上的变化，而不是吸引企业级客户的最终手段。因此，马帮 ERP 的 SaaS 版本也实行免费策略，但在这一基础上马帮 ERP 同步推出收费的 VIP 付费版本，以及多个收费的功能模块，也就是采用"基础功能免费，高阶功能收费"模式。

张洁认为马帮科技并不仅是一家软件公司，更是一家服务公司。他说："我们是服务公司，收费是服务质量的保证。合理的产品应该遵循以用户为核心的价格策略，凭借用户对产品价值的判断，来制定合理的收费标准，免费的 SaaS 终究是不可持续的。"

3. 马帮赢得跨境电商卖家的青睐

在经过一两年的沉淀后，市场上的免费 ERP 逐渐消失，很多用户在订单量和业务需求增加后，纷纷从轻量型 ERP 转向其他服务商，而坚持"基础功能免费，高阶功能收费"原则的马帮 ERP 成为其中的赢家之一。

到了 2016 年，马帮 ERP 的销售业绩翻了 4 倍。也就是在这一年，马帮 ERP 获得黑马基金、梅花创投等数千万元 Pre-A 轮融资，成功实现第一次融资。

截至目前，马帮科技已服务了林氏木业、特步、361°、小狗电器、长虹电器、完美日记、花西子、卡姿兰、青蛙王子、colorkey、晨光文具、利格表业等多行业 20 多万名跨境电商卖家，对接亚马逊、全球速卖通、eBay、Kilimall、Jumia、Shopee 等超 100 个主流电商平台，对接德邦、4PX、FedEx 等 1000 多家物流公司和多家跨境主流收款工具。

三、系统布局，构建全流程 ERP SaaS 体系

马帮科技通过系统布局，为跨境电商卖家提供入驻开店、选品开发、订单管理、仓储物流、供应链、金融、销售渠道拓展等专业的全流程跨境电商解决方案和数据服务。

1. 致力于成为专业、全流程的 ERP SaaS

广州翠特蜜国际贸易有限公司（简称翠特蜜）主营服饰、生活用品等品类，深耕亚马逊、eBay 等第三方平台。翠特蜜的负责人提到，在公司发展前期，跨境业务的效率低下，成本

高,日单量仅有 1000 单,急需在库存管理、商品分布、财务管理等方面做调整,提高发货效率。

与翠特蜜相似,很多跨境电商卖家在发展过程中,由于采用比较传统的管理模式,普遍存在订单处理效率低、物流成本高、库存周转率低、现金流差或依赖人员经验模式做选择等诸多痛点。

面对跨境电商卖家的痛点,马帮 ERP 从选品、刊登、订单处理、物流管理、采购管理、商品管理、客服管理、财务管理等全方面助力跨境电商卖家提升效率,致力于成为专业、全流程的 ERP SaaS。

在选品方面,马帮 ERP 能实时在线抓取亚马逊、eBay、Aliexpress、Wish、Shopee、Lazada 六大平台的爆款数据,为选品提供数据支撑;通过深度对接 1688,智能筛选供应商;通过流程化管控项目,完成产品上线全流程闭环。在刊登方面,马帮 ERP 能实现快速刊登、数据一键搬家,无须人工复制、粘贴;能自动采集淘宝、全球速卖通、1688、天猫、亚马逊、eBay、Wish 的商品数据至卖家的平台店铺,一键转移现有其他平台的商品至卖家店铺。

对于订单处理,马帮 ERP 已对接国内外 100 多个主流电商平台,支持全部 API 下载;通过独特的订单匹配规则,自动获取物流运单号,甚至能自动拦截问题订单。在物流管理方面,马帮 ERP 实现了 1000 多家物流公司的询价功能,助力卖家快速找到物流公司,自动匹配最低物流运费,实时提供包裹跟踪信息,对物流服务商进行 KPI(Key Performance Indicators,关键绩效指标)统计。

在采购管理方面,马帮 ERP 实现与 1688 的无缝对接自动下单,告别手动 1688 后台下单;随着销量变化计算采购量,将库存周转控制在 15 天内;能对供应商实施 KPI 考核,对采购员的绩效统计引入降本全新算法。在商品管理环节,马帮 ERP 实施多平台、多仓库 SKU 库存统一管理,出入库可量化计算;通过提供爆款、旺款、平款、滞销款分类等级,为运营提供数据支撑;通过实施库龄分析统计,使得库存数据明细一目了然。

在客服管理方面,对于曾购买过产品的客户进行自动入"池",精准分类,使得金、银、铜牌客户一目了然;通过机器人助手自动回复,实现高级群发;通过消息分配规则,按不同分类分配给对应"懂你的"客服,同时自动生成客服工作量报表。

在财务管理方面,马帮 ERP 能实现 PayPal 管理、连连收款与 Payoneer 收款。2022 年 10 月,马帮 ERP 上线全新多平台利润中心,新增三大开发板块——利润报表、费用管理、业务配置,从实际账单维度为跨境电商卖家提供多维度的财务数据管理功能。

翠特蜜在引入马帮 ERP 后,每日订单量逐渐上涨,从最开始的每日 1000 单发展到现在的日均 5000 单;在库存方面,解决仓库管理混乱问题,实现 FBA 库存精确管理,及时提醒缺货与补货;在财务方面,实现了多维度利润统计。

翠特蜜的负责人指出:"选择马帮不仅是因为马帮的专业全流程赋能,更多的是因为马帮会根据需求进行合理的升级,更符合我们所使用平台的要求。"

2. 开发亚马逊与东南亚专用版

针对亚马逊这个流量大、客户优质的跨境电商平台,马帮科技专门开发了亚马逊专用版,助力亚马逊卖家实现一站式亚马逊店铺管理,帮助卖家实现数据闭环,助力业务增长。

马帮 ERP 东南亚专用版支持泰国、越南、马来西亚、新加坡、菲律宾、印度尼西亚等多个站点,为海外卖家提供专业全流程的电商服务,同时支持多语种和海外部署服务器,为国内东南亚电商提供本土操作环境和流畅的运行系统。

马帮 ERP 东南亚专用版已对接 Shopee、Lazada、Shopify、JD.ID、Tokopedia 等东南亚主流电商平台，帮助跨境电商卖家实现 Shopee 和 Lazada 两大平台快速刊登，采集各大平台商品、对接爆款开发工具，实现一键铺货到多平台。

张洁认为，马帮专业的全流程解决方案，打破了原有 ERP 技术断层的局面，实现了数据信息高效流通，打通了各个环节，实现了交易闭环，为不同阶段的跨境电商卖家提供高效的管理方法及解决方案。

四、多维赋能，护航中国企业品牌出海

跨境电商是我国外贸的新引擎与新动力，我国将继续促进传统外贸转型升级，推动双边跨境电商和数字贸易合作，不仅要吸引外资入驻，还要让更多的国内企业走出去。而在数字化经济浪潮下，商家都想高效地实现"品牌出海"。

为赋能中国企业品牌出海，马帮科技通过数十年的技术沉淀和跨境电商经验，不仅为跨境电商企业构建了专业、全流程的 ERP SaaS，还开发了马帮 WMS、马帮 SCM 系统、马帮 TMS 与跨境分销系统等全流程跨境电商解决方案管理软件（见图 7-5），以助力跨境电商卖家实现精细化、高效运营，降低成本与管控风险，并着力发掘新价值来源。

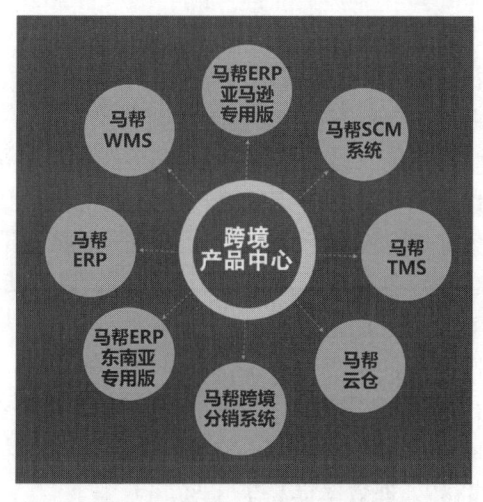

图 7-5 马帮 ERP 产品模块

1. 马帮 WMS

浦江金果工艺品有限公司（简称金果工艺）是一家经营工艺品、玻璃制品、五金制品等品类的跨境电商企业，主要目标市场为德国、日本与美国。

"作为小型创业企业，跨境电商的运营和仓储是非常重要的工作，刚起步时，我们缺少系统管理能力和仓储专业知识，走了很多弯路，导致货物积压，销售不出去。"金果工艺的负责人说道。

在一次跨境峰会上，金果工艺了解到马帮科技，抱着试试看的心态，与马帮科技建立了合作关系。马帮科技为金果工艺提供"ERP+WMS"服务，派专业实施人员进行仓库测量，对其进行合理规划，提供仓库 3D 规划图。在确认仓库实施方案后，马帮科技的团队进行了货架的采买及搭建，仓库瞬间焕然一新。

除了贴心的服务，最吸引金果工艺的是马帮 WMS 的精细化库存管理功能，其采用触发

式盘点机制，提高了公司大约 57% 的库存周转率。不仅如此，该系统简单易用，"傻瓜式操作"使得新员工当天就可以上手；该系统具有可视化报表功能，实现仓库全环节统计分析，实时监控人力运作情况；该系统自动记录工种报表，为员工绩效提供数据支撑。仓库每日人均处理近 2000 单，单包裹处理成本低至 0.4 元。马帮 WMS 不仅为仓储管理各节点提供了信息化支持，还大大提升了仓库效率。

2. 马帮 SCM 系统

马帮 SCM 系统的推出，主要是为了提高企业的供应链管理水平，重新定义采购工作。例如，马帮 SCM 系统能每日分析企业与供应商的采购数据往来，设定线下谈判目标，从供应商处获取免息贷款，提高约 10% 采购额的现金流。

马帮 SCM 系统还能对供应商进行多维度考核，提升对供应商的管理水平。通过马帮 SCM 系统，采购数据信息将被自动流转给供应商，减少了下单环节，降低了沟通成本，助力跨境电商企业提高采购效率。

此外，马帮 SCM 系统通过开放供应商打印商品标签，使供应商在系统里能一键打印客户 SKU 标签，大大减少企业的入库工作量，还能按供应商一键生成应结采购单和财务账单，提升财务对账效率。

3. 马帮 TMS 与跨境分销系统

马帮 TMS 旨在为海外仓储代发业务的客户提供一站式全流程仓储解决方案。

马帮 TMS 能实现从商品发货到签收，订单全链路跟踪管理，具有直接操作下单，一站式连接商家、物流和承运商等功能。另外，马帮 TMS 还能实现多平台实时协同管理承运商，以及商家订单自动分配、统一管理，并使运输合同实现数字化。

此外，马帮科技还开发了跨境分销系统，针对工贸一体拓宽销售渠道，降低库存滞销，实现平台、分销、供应商 3 种角色的订单流转、账款结算，以及货品价格、库存数量物流状态的实时同步，全面助力卖家提升运营效率。

浙江国贸云商控股有限公司的负责人表示，公司与马帮科技达成官方合作，并携手赋能马帮 ERP 平台商家，助力中国商品出海。相关数据显示，有了马帮 ERP 的全流程赋能，跨境电商卖家的订单处理效率提高了 27%，库存周转率提高了 57%，物流成本管控节省了 13%，客户复购率提升了 12%，商品处理效率提高了 38%。

五、尾声

马帮科技成立十余年，跨境业务遍布全国 20 多个城市，并开通东南亚本地化服务。截至目前，马帮科技已服务了约 20 多万家跨境电商卖家，对接了 100 多个主流电商平台，以及 1000 多家物流公司、多个跨境主流收款工具。

马帮科技聚焦服务于各阶段、各领域的跨境电商从业者，为跨境电商卖家提供订单处理、商品库存管理，以及能为跨境电商提供全链条全生命周期深度赋能的 ERP。张洁说："我们致力于形成一套跨境电商生态系统，我们称它为 'ERP+'，'+' 概念是指我们把商品供应商、卖家、平台、物流供应商、金融服务多个环节全部打通，实现跨境电商行业的闭环。"

当谈到马帮科技接下来的发展时，张洁有着很坚定的目标。他说："我觉得我们的事业有两个使命，一个使命是让全世界的商品流动效率变得更高，另一个就是让中国供应链、中国产品卖向全世界，让中国从'世界工厂'变成'世界商店'。"

【案例思考题】

1. 做跨境电商一定要用 ERP 吗？为什么？
2. 曾经不少 ERP 服务商实行的免费策略，你觉得是否靠谱？为什么？
3. 马帮科技是如何构建全流程 ERP SaaS 体系的呢？
4. 在助力中国企业出海方面，马帮 ERP 做了哪些贡献？

第四节　J&P：助力解决中国跨境电商卖家出海的合规痛点

【教学目的与用途】

1. 本案例的教学目的包括：
（1）理解跨境电商合规产生的背景。
（2）理解跨境电商合规所包含的内容。
（3）理解跨境电商 VAT 合规的主要内容。
（4）理解跨境电商产品合规的主要内容。

2. 本案例主要适用于跨境电子商务、国际贸易、电子商务、创业管理和财务管理等专业的课程。

【引言】

遵循海外的市场监管政策，既是为了保障我国跨境电商企业能够持续开展业务，也是我国出口经济进一步与国际接轨、实现更高水平全球化的必经之路。在欧洲等海外市场加强跨境电商监管的环境下，跨境电商卖家在应对各类合规工作时面临不了解当地法律、不具备相关专业知识、语言能力不足等多方面的困难。以"助力跨境电商企业实现合规化经营"为企业宗旨的 J&P 应运而生。其立足于市场需求构建了税收合规、产品安全、知识产权保护和运营合规等多门类合规服务体系，并通过整合各类专业化的服务主体、实施涉外在线合规服务模式等手段推动跨境电商出口企业成长。

一、行业发展背景

1. VAT 和产品违规事件频发

2021 年 3 月 18 日，深圳市泽宝电子商务股份有限公司（简称泽宝）的母公司广东星徽精密制造股份有限公司（简称星徽精密）公布，公司的二级子公司 Sunvalley（HK）Limited（太阳谷香港）收到法国 PUBLIC FINANCES DIRECTORATE GENERAL（法国公共财政总局）于 2020 年 11 月 30 日出具的税款缴纳通知。随着亚马逊的快速发展及其全球影响力的提升，法国政府开始重点关注并清查亚马逊平台上卖家的税收问题。法国税务部门认定，太阳谷香港在 2015 年 1 月至 2019 年 8 月期间，存在未足额申报 VAT 的情形，并据此向太阳谷香港出具税款缴纳通知书，合计金额为 495.0891 万欧元。

以星徽精密为例，不合规申报纳税带来的后果不言而喻。一旦查到企业未合规申报纳税，轻则关店，重则补缴高额税金和罚款。2020 年 5 月，欧盟委员会召开工作会议，决定根据《行政合作指令》，将欧盟电商 VAT 大改革的实施日期延后到 2021 年 7 月 1 日，而在这一项政策中，最大的改革之一是将由亚马逊等电商平台代收、代缴 VAT。除了亚马逊，eBay 同期也发布了德国 VAT 合规要求变更通知，有义务注册德国 VAT 的卖家必须注册德国 VAT 识别号码，并将该号码上传至 eBay 账户。当地税务机关仍然会大力度清查各大电商平台上卖家的 VAT 缴纳情况，还会追溯店铺的运营历史，如运营历史中存在不合规的情况，则会要求卖家补税或对其追加罚金。

无独有偶，2021 年 9 月，某卖家发布了一则爆炸性消息：几十名卖家的货物被欧盟市场监督机构扣留，货物价值预计超过 1000 万元。根据其中一名卖家的描述，货物一入境欧盟地区就被欧盟市场监督机构查扣，从卖家收到的邮件通知函来看，该批货物被查扣的原因是货物产品不合规。欧盟市场监督机构告知卖家，要在 7 日内解决相关问题，否则将会对货物进行永久扣留。面对这样的情况，这些卖家集体"发蒙"。他们不知道自己的产品到底哪里不合规，也不知道如何去补救，几封邮件回复下来，多名卖家表示已经筋疲力尽。在经过 3 天的沟通后，欧盟市场监督机构又发来回复邮件，告知卖家货物被扣的缘由是产品进口商信息标注错误。

2. 跨境电商在 2021 年进入合规发展元年

以上两个案例分别涉及跨境电商卖家财税合规和产品合规的问题，2021 年 4 月开始的大规模亚马逊关店潮使业务合规成为必然要求。因此，2021 年成为跨境电商合规发展元年。自 2021 年 7 月以来，"合规"成为跨境电商各类论坛和大会复盘的重要议程，同时也已成为跨境电商卖家的生死战略、普遍共识、基本真理，"全面合规"的进程磅礴启动。

"全面合规"是一个复杂的系统化问题，对于许多跨境电商卖家而言，凭一己之力完成品牌合规、税务合规、产品合规和物流合规等存在一定的困难，选择可靠的服务商成为必然的选择。始终坚持以"助力跨境电商企业实现合规化经营"为企业宗旨的 J&P 的业务发展向我们展示了跨境电商合规发展的历程，让我们通过本案例一起探索跨境电商合规服务商的成长。

二、聚焦财税合规，直击中国跨境电商卖家出海的痛点

1. J&P 聚焦财税合规

J&P 的总部位于英国曼城，由简稚云创办成立。作为中国人民银行首批个人理财规划师，早在 2007 年，简稚云毅然放弃了工商银行的高薪待遇，远赴英国创办 J&P 会计师事务所并成功对接英国税务海关总署的税务系统，正式为华人开启了欧洲电子零售市场的一扇大门，解决了华人在欧洲缴税难的难题。她以丰富的欧洲税务经验取得了 ACCA/FCCA（英国皇家特许公认会计师公会资深会员资格），并担任过英国曼城华人联合会常任理事及欧洲华人联会常任理事，多年来一直在英国坚持替华人发声，努力维护着华人在欧洲的合法权益与地位。

简稚云对行业发展有着敏锐的洞察力。早在 2014 年的一次跨境电商论坛上，有跨境电商业内人士指出，随着中国跨境电商的迅速发展，欧洲税务合规问题将成为中国跨境电商卖家进军欧洲市场的拦路虎之一。简稚云在了解到中国跨境电商卖家的痛点之后，随即于 2015 年在中国深圳成立服务团队，该团队致力于解决中国跨境电商卖家的出海难题，成为中国跨境电商卖家欧洲税务合规服务行业的开创者。

2. J&P 跨境电商 VAT 服务

1）J&P 跨境电商 VAT 服务的规模

J&P 是一家跨境电商 VAT 服务商，截至 2021 年 9 月，J&P 在英国杜伦及德国、法国、

意大利、西班牙等欧洲多国设有办公室,其中国大陆团队主要分布在深圳(2016 年成立)、杭州(2021 年成立)、宁波(2020 年成立)及青岛(2021 年成立),目前欧洲专业会计师、客服团队及中国大陆团队员工合计超过 300 人,真正实现汉语海外无障碍沟通。作为最早开展跨境电商欧洲税务行业的企业,J&P 拥有一批经验丰富的税务专家,这些专家拥有丰富的税务处理经验,可以为客户提供实时更新的跨境电商税务资讯,目前已为超过 20 000 家跨境电商客户提供税务注册申报服务,处理退税案例超过 5000 起,税务稽查案例超 1000 起。目前,J&P 可为欧洲(英国、德国、法国、西班牙、意大利、波兰、捷克、奥地利、荷兰)和中东(沙特、阿联酋)多国。

2)J&P 跨境电商 VAT 服务的内容和特色

J&P 会计师事务所主要提供的 VAT 服务内容包括注册、申报、注销、退税、税务咨询、税务稽查处理、账户解封、转代理等一站式服务,以及 EORI 号注册、IOSS 注册申报。其特色如下。

(1)直连英、德税务局的智能申报系统。J&P 会计师事务智能税务 SaaS 系统,获得了英、德税务局官方授权,能够直连英德税务局,在线计算、专业会计师复核、在线申报、人工客服一对一咨询,低成本、高效、合规地由平台代扣、代缴税款后,仍可以通过系统进行申报,从注册到申报,以及罚金信的处理,全部线上化,为跨境电商卖家提供海外税务整体解决方案。

(2)行业内唯一具备英国清关行的会计师事务所。在清关行和会计师事务所业态的结合下,J&P 会计师事务所能够向卖家提供递延清关服务,帮助卖家省下高达 20%的税金,极大地促进了卖家现金流的流动。

3. J&P 的同行竞争优势

市面上大大小小的 VAT 服务商多得令人眼花缭乱,能够注册多个或单个国家的 VAT 服务商已经多达上百家。这些 VAT 服务商因德国、意大利、法国、英国和西班牙等国强制注册 VAT 的红利得到了快速成长,但由于行业发展得过快,存在资质良莠不齐的状况。J&P 的竞争对手 AVASK 做过一篇非官方的亚马逊 SPN 对比测评(亚马逊 SPN 上的数据也是目前在可得性和真实性上比较有说服力的),认为综合考虑多种指标维度的数据,目前表现比较好的 3 家 VAT 服务商分别是 AVASK、J&P 和 Regional Express,它们的商标图示如图 7-6 所示。

图 7-6 AVASK、J&P 和 Regional Express 的商标图示

AVASK 在测评时选择了服务满意度、完成订单量和好评指数 3 个指标进行对比。首先是服务满意度,将好评等级和评价数量两个指标结合在一起,以好评等级为基数、评价数量为系数,定义好评指数为"每个国家的好评等级×评价数量之和的对数",用来反映一家 VAT 服务商的客户满意度情况。以下是这 3 家 VAT 服务商在德国、意大利、法国、英国和西班牙等国的服务满意度及综合服务满意度,J&P 是唯一一家综合服务满意度超过 8 分的服务机构,具体如图 7-7 所示。

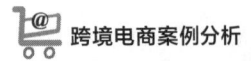

	德国	意大利	法国	英国	西班牙	综合
AVASK	5.91	5.90	5.93	5.91	5.90	7.52
J&P	6.86	6.86	6.86	6.87	6.86	8.47
Regional Express	5.63	5.61	5.63	5.72	5.63	7.26

图 7-7　AVASK、J&P 和 Regional Express 在欧洲 5 国的服务满意度及综合服务满意度

此外，对于完成订单量和好评指数两个指标，J&P 均优于 AVASK 和 Regional Express，由此可见在 VAT 服务市场上，J&P 的综合竞争力水平略占优势。

三、以财税合规为基础，纵深发展合规业务

中国跨境电商发展得如火如荼，中国跨境电商卖家对海外服务的需求也与日俱增。为了更好地服务中国跨境电商卖家，J&P 提出"为中国跨境电商卖家插上一双飞往欧洲的翅膀"的理念，在合规服务领域不断地进行横向拓展及纵向深挖。横向来看，合规服务的范畴从早期的 VAT 合规服务延伸到产品合规、知识产权合规和物流合规；纵向来看，合规服务从纯人工服务向人工智能服务方向发展，从而更好地解决中国跨境电商卖家的真实痛点，为跨境电商产业的发展持续赋能。

1. 拓展产品合规业务

欧盟在产品安全监管方面一直走在前面，如今越来越多的国家逐步加强安全监管，相关的产品安全标准也在逐步完善，之后不合格、不安全的产品也会越来越少地出现在市场上，消费者也将对不安全的产品进行追责。因此跨境电商卖家在选品的时候要考虑这个产品在这个平台能不能卖、在这个国家能不能卖，能卖的话需要符合哪些法规、需要获得哪些合格证书。跨境电商卖家应根据需要备齐诸如 EPR、CPC、CE 等相关认证，只有这样，产品在销售的时候才不会被"卡脖子"。因此产品合规服务的发展空间将随着跨境电商的发展进一步扩大。

2021 年 9 月，简稚云宣布 J&P 并购欧代易检测（Oudaiyi Testing），增加产品合规服务，扩大了 J&P 跨境电商合规服务的业务版图。欧代易检测紧跟国内国际标准，以客户需求为导向，不断创新服务项目和检测技术，它是欧盟各大公告机构的合作单位，且获得了国际权威实验室的授权认可。在欧美认证服务领域，欧代易检测已同国内、欧盟、美国等全球 30 多个国家与地区的认证服务中心达成长期紧密的战略伙伴合作关系，业务范围覆盖全球 50 多个国家与地区，同时对跨境相关实务进行深入研究。

产品合规的服务内容主要包括 3 部分：①检测认证，包括 CE 检测认证、REACH 认证、UKCA 检测认证、FDA 检测、CPC 检测认证、FCC 检测；②授权代理申请，包括美国授权代表、德国授权代表、英国授权代表、欧盟授权代表等；③环保法案申请，包括德国/法国包装法申请、德国/法国电池法申请、欧盟 ERP 认证、欧盟 WEEE 指令申请、欧盟 RoHS 指令申请、欧盟 EPR 注册。

欧代易检测自主研发的"欧代秘书"服务，能够及时为跨境电商卖家提供产品合规建议，并为跨境电商卖家提供定制化 Doc 文件（客户仅需提供产品资料和认证材料，欧代易检测即可为其定制高通关率的 Doc 文件），大幅度提高产品出口欧盟时的通关概率。同时，一旦产品在欧盟海关出现卡关的情况，欧代易检测能够第一时间为客户对接欧盟海关部门，了解卡关缘由并且解除扣货危机。如果客户的产品不幸遭到欧盟市场监督机构抽查，则欧代易检测能够快

速协助客户下架产品,提供产品合规化援助。

2. 拓展知识产权合规业务

随着创新、知识成为经济发展的重要推动力,各国纷纷加强知识产权保护,知识产权纠纷成为国际经贸争端的重要内容和领域。欧盟高度关注国际贸易中的知识产权问题。经济合作与发展组织同欧盟知识产权局发布的"假冒和盗版货物贸易趋势"报告,以及欧盟海关知识产权执法报告在国际上有较大影响。欧盟认为,全球侵权假冒贸易数量仍在增长,已从2005年的2000亿美元上升到2019年的5000亿美元,占全球贸易额比重达3.3%。其中,与跨境电商快递、铁路、公路运输等渠道相关的案件出现大幅度增长,而在欧盟海关预警系统中,中国商品位列"高风险"级别。当然,跨境电商卖家除了存在因侵犯知识产权遭到惩罚的情况,也可能遭遇被侵权的情况。因此,知识产权合规服务的发展空间将随着跨境电商的发展进一步扩大。

2021年9月,简稚云宣布J&P并购盛世知识产权,增加知识产权合规服务,进一步扩大J&P跨境电商合规服务的业务版图。知识产权合规服务主要包括商标注册、专利申请和版本申请3部分内容。其中,专利申请包括外观专利、实用新型专利和发明专利;版本申请主要包括美国、中国、欧盟及英国等国家和地区,商标注册已经覆盖53个国家和地区。

相比其他知识产权服务机构,J&P的知识产权服务具有两大优势。①在美国商标注册服务方面,为客户提供美国专商局的使用证据OA答复[①]的首次免费服务。美国商标注册与其他国家最大的一个区别就是其使用证据提交制度,根据客户的反馈,其他代理机构在处理美国商标注册时有收到使用证据递交资料不合格而需要使用证据OA答复的情况,目前各代理机构使用证据OA答复一般均价为2000元左右。②免费进行日文字标(商标的文字部分)的高级检索,提高客户注册的成功率。由于日语的特殊性,其检索特别复杂,一般的代理机构只能进行前期简单检索,最多只涉及视觉因素,也就是字形的检索。而关于日文检索的另外两个关键点(读音、含义)是无法检索且不能检索的,因为其属于高级检索的范围,一般收费为1500~2000日元/类,而J&P免费为客户提供此项服务。未来J&P将上线商标注册系统,并将提供系统智能核名服务。

3. 拓展物流合规业务

物流是跨境电商行业无法绕过的一关,物流费用也是跨境电商企业费用占比很大的一部分支出,且目前很多卖家以双清包税的方式进行出口报关,没有以企业自身的名义报关出口。买单报关是不合规的。

J&P于2016年成立了YOYO供应链,旗下拥有无忧海外仓(YOYO Parcel),同时收购了YSD清关行。YSD清关行设立于英国的希斯罗机场,与英国海关有密切合作,拥有自己的监管仓和保税仓,空运、海运和火车、卡航运输的货品都能在此办理清关。无忧海外仓成立于2016年,总部位于英国中部的曼彻斯特,占地面积达8000平方米;2020年新增德国仓库,位于杜塞尔多夫,占地面积达6000平方米。

目前YOYO供应链主要服务于来自亚马逊、AliExpress、eBay、Wish等国际知名电商平台的跨境电商卖家,致力于为其提供贴标换标、一件代发、仓储配送、中转调拨、产品检测

---

① 在美国的商标申请过程中,审查员审查商标申请信息后,认为需要修改或答辩的,通常会下发OA(Office Action,审查意见通知书),此时申请人需要在规定时间内答复OA,否则商标申请将会失效。当需要企业提供证据时,J&P可以免费提供这类服务。

等海外仓服务，以及本土清关、头程物流、尾程派送、海运拼箱/整柜、空运加派、铁路专线直邮小包等海外物流服务。无忧海外仓与多家国际知名物流企业（如 RoyalMail、DHL、UPS、DPD、YODEL、HERMES、Fedex 等）达成战略合作关系，根据不同的时效和价格将服务划分为不同等级，缩短运输时间，提高物流时效性，进一步帮助客户降低物流成本，并实现了与多家第三方 ERP 系统的无缝对接。

四、尾声

J&P 自创立以来，先后收购了欧代易检测、盛世知识产权、无忧海外仓和 YSD 清关行等多家公司作为旗下子品牌，并建立了一支专业的技术研发团队。目前 J&P 的合规服务业务范围涵盖了税务合规（VAT）服务、产品合规（CE、FDA、FCC 等检测）、英国及欧盟授权代理人）服务、海外知识产权（商标、专利等）服务、海外仓（贴标换标、一件代发等）服务、海外物流服务（本土清关、头程物流）等。J&P 始终坚持以"助力跨境电商企业实现合规化经营"为企业宗旨，以"专业、诚信、合规化"为立业之本，并形成一套集了解、体验、建议、合作、售后及回访于一体的完整服务体系，迄今已服务全球超过 30 000 家跨境电商企业。

以往 J&P 被定位为服务型专业团队，为跨境电商卖家提供各个领域的专业及前沿知识，未来 J&P 将重塑服务体系，打造一支技术与服务并行的团队。"我们公司设立了一个技术部门，专注于搭建跨境电商卖家专属服务系统，将以往的所有服务都整合在一个系统当中。实现客户、中国服务团队及欧洲服务团队三方串联，提供高效的沟通对接服务。"简稚云说，未来跨境电商卖家可以在 J&P 系统中进行资讯政策的阅览、服务的自助化购买、注册文件的递交等，每一个处理进度都将变得透明化，实现高效运作，进一步优化并提升跨境电商卖家的服务体验。

【案例思考题】
1．企业在从事跨境电商出口业务时会碰到哪些合规性问题？
2．企业在从事跨境电商出口业务时为什么要重视 VAT 合规问题？
3．跨境电商企业发生了知识产权侵权问题可能会产生什么后果？
4．跨境电商企业选择专业的合规服务机构为什么是必要的？
5．跨境合规服务机构如何提供更优质的服务？

第五节　跨知通：以知识产权服务赋能跨境电商出口

【教学目的与用途】
1．本案例的教学目的包括：
（1）理解跨境电商知识产权合规的产生背景。
（2）理解跨境电商知识产权合规的主要内容。
（3）理解跨知通的跨境电商知识产权服务体系。
（4）理解跨知通如何多维赋能跨境电商企业出口。

2. 本案例主要适用于跨境电子商务、国际贸易、电子商务、创业管理和财务管理等专业的课程。

【引言】

跨知通作为国内首家跨境知识产权服务平台于 2016 年在中国（杭州）跨境电商综试区成立，致力于为中国制造及企业的国际化、全球化提供国际商标注册、专利运营保护、全球版权登记、海外公司注册、品牌包装设计、财务税务筹划、法律终端诉讼和新媒体资讯聚合等一站式跨境商务法律服务。跨知通在 2017 年中国（杭州）跨境电商综试区"E 揽全球"创新项目中获得唯一的"法律服务创新奖"，同时成为国务院 2017 年全国大众创业万众创新活动周唯一推荐涉外知识产权服务平台。

一、应运而生，直面跨境电商企业出口的痛点

在世界经济开放发展的大时代，利用国内和国际两种资源，拓展国内和国际两大市场，实施国际化和全球化经营是很多制造企业追求成长与发展的不二选择。在国际化分工格局下，位于全球价值链低端位置的我国众多制造企业面临着产品附加值低、利润微薄、缺少国际品牌等痛点，无法很好地实现"做大、做强、做优"。随着传统外贸和互联网的相互融合，跨境电商模式快速兴起，为制造企业拓展全球市场，并向全球价值链两端攀升提供了难得有利的条件。然而，在这种以数字化和国际化为特征的线上交易模式下，产品附加值过低、知识产权侵权等问题是跨境电商企业面临的痛点。例如，2015 年年初，由于涉嫌销售仿冒产品，中国 5000 余名商家使用的 PayPal 账户被美国法院以临时限制令冻结，涉及金额高达 5000 万美元，最终因应诉维权成本高、法律意识淡薄等原因，不少商家的 PayPal 账户被清零。跨境电商知识产权问题导致的海外法律诉讼成本及赔偿金额都较高，对企业发展可能造成重大伤害。海关总署公布的"2021 年侵犯知识产权典型案例"就涉及对国内外权利人商标专用权、奥林匹克标志专有权等知识产权的平等保护，涵盖食品、化妆品、服装、香烟、玻璃杯等消费品领域，以及货运、跨境电商、邮递等重点渠道。全国海关加大知识产权保护执法力度，2021 年全年共查扣进出口侵权嫌疑货物 7.9 万批次、7180 万件。在我国企业纷纷跨境出海的背景下，品牌塑造和知识产权管理等服务的重要性凸显出来。2016 年 8 月，跨境知识产权服务平台跨知通在杭州跨境电商综试区应运而生。

二、系统布局，构建多门类知识服务体系

为了有效应对市场竞争、满足跨境电商平台对产品品质等方面的要求，越来越多的跨境电商企业等市场主体需要多品类和高质量的知识产权综合服务。跨知通立足于市场需求，构建了商标服务、专利服务、版权服务、品牌设计服务、涉外法律服务、科技咨询服务等多门类知识服务体系，可为跨境电商企业和跨境电商卖家提供品牌维权、商标申请、全球专利等知识产权领域的商务服务共计 500 余项。

1. 商标服务

商标既是企业品牌文化的精髓，也是企业的一种无形资产，能增加企业的资产总额，是品牌价值最直接的体现。在开展跨境电商业务时，注册商标是防止"跟卖"的有效手段。跨知通整合了商标申请经验丰富的资深专家团队，为企业提供免费的专业分析服务、及时的申

报服务，能够快速查询相似的商标，严格把关、检索商标状态，制定优质、高效的商标注册解决方案，并实时通报申请办理状态，提供正规的发票和跟踪咨询服务。

2. 专利服务

专利作为一种无形资产，具有巨大的商业价值，是提升企业竞争力的重要手段。专利的质量与数量是企业申报高新技术企业、创新基金等各类科技计划、项目的必要前提条件。在跨境电商领域，专利已经成为一种强大的商业工具。跨知通以"保密、专业、快速、正规"为核心优势，为企业提供产品查新、专利注册、专利驳回复审、专利维权、专利无效宣告、专利无效答辩、专利著录项目变更、专利异议等专利服务，如图7-8所示。

图7-8 跨知通提供的专利服务

3. 版权服务

登记版权对版权所有者具有三大益处：一是通过登记机构的定期公告，可以向社会宣传自己的产品；二是在发生著作权争议时，"作品登记证书"是维护权利的有力武器；三是企业在申请"双软认定"、高新技术企业认定的前提下，可以享受国家税收优惠、补贴等政策。跨知通通过提供版权登记、版权评估、软件著作权登记等版权服务，守护企业的原创归属权和相关权益，解决因著作权归属造成的著作权纠纷。

4. 品牌设计服务

品牌设计就是对一家企业或一款产品进行命名、标识设计、平面设计、包装设计、展示设计、广告设计及推广、文化理念的提炼等，使其区别于其他企业或产品的个性塑造过程。跨知通可以帮助企业建立完整的品牌战略，并建立视觉化工具，进而创建品牌核心理念和文化，同时提供从品牌官网到电商品牌形象设计的服务。

5. 涉外法律服务

法律服务就像其他的有形产品一样，可以通过信息技术被准确、有效地刻画和记录，法律服务的生产、提供、交易可以和其他产品一样实现标准化、有形化、数字化。跨知通整合多家海外本土律师事务所，为中国企业提供优质的涉外经济贸易跨境法律服务、支持自贸试验区经济建设和参与国际法律服务市场竞争，为中国企业的国际化保驾护航。

6. 科技咨询服务

整合技术资源，赋能企业创新升级。跨知通依托专业的知识产权专业技能，整合相关政府、行业、专家资源，面向科技企业提供管家式托管服务，建立科学、严谨、规范的咨询服务流程和整套科技企业评估体系，促进科技成果向企业和社会转移、转化，让技术发挥最大价值。

跨知通自成立以来，不断优化和完善跨境电商知识服务体系，并遵循"服务标准化""模块电商化""业务数字化"思路运营，通过打造"互联网+知识产权"电商系统，推进线上业务，依靠数据积累、利用、分析和迭代，使得服务展示、获取订单、业务处理、信息反馈、档案管理等均可在线上完成，从而提高服务效率、降低企业的交易成本、提升用户体验。跨知通每年为中国企业在海外提供知识产权服务2000多项，持续为10 000余家中小型企业提供海外品牌创建或相关服务。截至目前，跨知通已经帮助中国跨境电商品牌在亚马逊等电商平台发起80余次维权行动，打击海外120多个品牌的不正当竞争，帮助200余家企业在海外挽回损失600多万美元。

三、多维赋能，护航中国制造品牌出海

跨知通通过整合各类专业化的服务主体、实行涉外在线商务法律服务模式、打造跨知通出海品牌研究院等手段，不断提升赋能跨境出口企业的能力，用知识产权护航中国制造品牌出海。

1. 多方联动，整合各类专业化的服务主体

助力中国制造品牌出海，涉及提供海外公司注册、品牌标识设计、国际商标注册、专利运营保护、税务代理记账、股权合伙协议、法律终端诉讼等各类服务和环节，因此需要专业化服务人才和机构参与其中。为此，跨知通基于开放的合作理念，整合了全球律师、会计师、设计师、摄影师、知识产权代理人等服务商，形成了各类知识产权创造、保护、利用方面的服务合力。截至目前，跨知通已经和全球100多个国家的300多家律师事务所、知识产权代理机构建立了合作关系。

2. 模式创新，提供涉外在线商务法律服务

在数字经济先行城市杭州，数字化技术在各领域的应用走在全国前列。跨知通利用互联网技术开创全新涉外在线商务法律服务模式，整合全球各类专业化的服务主体，信息化对接企业需求，构建智能化跨境商务法律服务系统，实现跨时空、跨地域的服务供给，让广大中小型企业享受成本更低、效率更高、专业更强的商务法律服务，助力中国企业在全球完成品牌的创建和保护，同时促进跨境电商行业的有序、规范、高质量发展。2022年1月，由跨知通、浙江国贸数字科技有限公司、杭州综合保税区管理办公室、浙江省电子商务促进会等共同推出的《跨境电子商务术语》在全国团体标准信息平台发布。

3. 品牌研究，营造出海品牌创造管理氛围

2018年3月，跨知通联合知名智库、高等院校、咨询机构、品牌专家等成立跨知通出海品牌研究院。该研究院主要从事中国企业的品牌国际化理论研究、品牌价值评估、品牌战略管理、品牌传播和品牌保护等市场应用研究工作，通过发布"中国出海品牌价值榜单""电商出海品牌50强"等系列研究报告，关注中国互联网出海品牌在海外国家的发展情况，分享品牌建设的主要趋势，提升中国品牌的国际影响力。2018年5月10日，由跨知通主办的"中国跨境电商出海品牌价值论坛——大变化孕育世界品牌"发布了首份《中国跨境电商出海品牌发展报告》，推出了"中国跨境电商出海品牌30强推荐榜"。跨知通出海品牌研究院为中国制造出海品牌的创造与管理营造了积极的氛围。

四、尾声

创新是引领发展的第一动力。知识产权对激励创新、打造品牌、规范市场秩序、扩大对外开放发挥着越来越重要的作用。国务院于2021年10月印发了《"十四五"国家知识产权保护和运用规划》，对全面加强知识产权保护、高效促进知识产权运用进行了规划和工作部署。跨知通的创始人高进军认为，知识产权会成为中国企业"走出去"的"最核心"资产，中国企业的国际化和全球化必然要走国际品牌的发展之道，因此，在未来中国企业海外品牌快速发展的时期。以跨知通为代表的跨境知识产权服务机构在促进中国制造全球竞争力提升和跨境电商产业高质量发展方面应该继续扮演关键角色。

【案例思考题】
1．国际品牌塑造对跨境出口企业为什么越来越重要？
2．跨境出口企业需要哪些类别的知识产权服务？
3．跨境知识产权服务机构如何提供更优质的服务？
4．政府部门在促进企业培育国际品牌方面可以有哪些作为？

第六节　运河国际跨境电子商务园：打造跨境电商集聚示范区

【教学目的与用途】

1．本案例的教学目的包括：
（1）了解跨境电商园区的概念与设立背景，理解为何需要发展跨境电商园区这一形态。
（2）掌握跨境电商园区的属性、类型和特点。
（3）了解并掌握跨境电商园区的运营模式和管理机制。
（4）理解并掌握跨境电商园区对跨境电商行业的影响和推动作用。

2．本案例主要适用于跨境电子商务、国际贸易、电子商务、创业管理、财务管理及商业模式设计等专业本科生和研究生的课程。

【引言】

为进一步引导跨境电商产业园向规模化、集聚化、规范化与品质化方向发展，2022年10月，浙江省商务厅组织认定了39个2022—2024年度省级跨境电商产业园，运河国际跨境电子商务园成功入选。

"我从2014年开始入行跨境电商，我所在的运河国际跨境电子商务园是跟随着杭州跨境电商综试区的发展步伐成长起来的：2015年正式成立，2017年被认定为杭州跨境电商标杆产业园，同年获批浙江省省级众创空间，2019年园区成为浙江省省级科技企业孵化器、跨境电商'三新'引领园区，以及浙江省数字化示范园区。如今，园区喜获省级跨境电商产业园，现正在申请国家级备案孵化器……"运河国际跨境电子商务园的总经理王少华在一次分享会上介绍了运河国际跨境电子商务园的发展历程。

7年历程，获得诸多认定与荣誉，现场嘉宾对运河国际跨境电子商务园充满好奇。

一、成立背景

1. 跨境电商行业快速发展

"2015 年,杭州获批全国首个跨境电商综试区,开启了全国跨境电商第一区的先行先试,也迎来了跨境电商的快速发展期。"王少华说。

海关总署的相关数据显示,2017—2021 年,我国跨境电商进出口规模增长近 10 倍。2023 年,我国跨境电商进出口额达 2.38 万亿元,同比增长 15.6%。其中,跨境电商出口额为 1.83 万亿元,同比增长 19.6%;跨境电商进口额为 5483 亿元,同比增长 3.9%。

跨境电商作为当前发展速度最快、潜力最大、带动作用最强的外贸新业态,面对复杂多变的贸易环境,显示出巨大的市场活力和增长韧性,已成为我国外贸高质量发展的有生力量与重要抓手。

2. 中小型企业入局跨境电商面临挑战

跨境电商的快速发展,吸引了众多创业者纷纷入局,然而也面临诸多挑战。

"对于中小型企业的创业者来说,想要对接阿里巴巴、亚马逊等平台资源,是比较困难的。他们可以先通过园区把平台资源整合起来,再通过承办活动使园区企业快速与平台、服务商连接。例如,园区邀请了亚马逊等平台的运营负责人,为企业讲解平台实操,根据卖家的层级,给予相应的学习成长空间,为他们搭建人脉与圈子,帮助他们共同成长,这是我们的初心。"王少华分析道。

为助力跨境电商从业者利用好政府的资源和政策,运河国际跨境电子商务园于 2015 年应时而生。

3. 杭州加快打造跨境电商集聚区

作为全国首个跨境电商综试区,杭州在不断加快跨境电商集聚区的打造,积极优化电商企业的生存和发展环境,扶持电子商务产业园等集聚区的创建,促进跨境电商新业态的发展。

时任浙江省省长的李强要求杭州集聚要素、优化服务,打造全球最优的跨境电商生态圈,要广泛集聚企业、人才、资本等要素谋发展,不断完善生态链,打造更有活力的跨境电商生态圈。

在这样的背景之下,运河国际跨境电子商务园应运而生。

二、园区定位

运河国际跨境电子商务园成立于 2015 年,以服务为核心,围绕"一个平台、两个大厅、三个中心、四个单元"的运营理念,通过区跨境电商大数据展厅、跨境电商服务大厅提供数据对接和资源共享,依托园区人才培训中心、创新创业孵化中心、社群交流中心,打造集公共服务单元、第三方服务商单元、小微孵化单元、成长型企业单元于一体的跨境电商综合服务平台。

运河国际跨境电子商务园围绕 360°生态服务体系,打造数字新服务示范基地,现已成功申报中国（杭州）跨境电商综试区标杆园区、三新服务园区、跨境电商品牌出海基地，2021年、2022年连续两年获批跨境电商服务创新建设项目。

目前，运河国际跨境电子商务园入驻企业208家，汇集了瞳盟科技、凯宇、爱琴嗨购供应链、云淳电商、直路外贸学院等优质企业。2022年，运河国际跨境电子商务园入驻企业的销售总额超过100亿元，税收超过1亿元。

运河国际跨境电子商务园专门成立了跨境电商运营部，并建立了自有外贸（跨境电商）人才库。自2022年以来，运河国际跨境电子商务园举办了80多场跨境电商活动、20多场招商宣讲活动、30多场路演活动，为企业和人才提供了多方位服务，致力于打造一站式数字产业生态园区。

三、服务生态

1. 一站式跨境电商孵化服务

运河国际跨境电子商务园运营中心为企业提供一站式跨境电商孵化服务，结合"大众创业、万众创新"的指导方针，成立了运河汇众创空间及运河汇孵化器，提供阿里巴巴、亚马逊、自建站、网红直播、跨境直播、DTC品牌运营等数字生态服务。

杭州云淳电子商务有限公司（简称云淳）是一家专注于美妆赛道的抖音全链路服务商，与娇韵诗、资生堂安耐晒、怡丽丝尔等国际知名品牌都有合作。该公司于2021年正式入驻运河国际跨境电子商务园，为有效缓解2022年下半年节日大促订单激增、进入订单旺季等原因造成的季节性、阶段性直播需求增加的情况，运河国际跨境电子商务园为云淳提供直播全链路服务。直播间由原本的2个增至5个，同时充分整合直播资源，配合营销全链路优化，助力企业2022年销售GMV突破1.8亿元。运河国际跨境电子商务园通过整合营销、媒体、内容和电商销售，助力企业实现生意和品牌的长期增长。

运河国际跨境电子商务园联合浙江大学城市学院共同打造全球跨境电商品牌与设计创新中心，以跨境产品品牌研究、工业设计和界面设计研究为核心，带动服务对接、交流合作、产业孵化。同时，运河国际跨境电子商务园依托直路外贸学院、拱港中心、侃侃商学院、全明星学院等直播平台，全面开展跨境电商培训沙龙、创业活动、项目孵化、资本对接、路演活动、项目转型升级、招商引资、连接海内外资源、跨境直播等活动，打造线上、线下互通交流的智慧平台。

运河国际跨境电子商务园配套高效、专业的自媒体宣传、创业投资、媒体宣传、创业活动、投后管理、创业公寓等全面创业服务，将互联网创业项目与相关资源进行整合，重新定义"互联网+跨境"众创空间概念，助力传统外贸企业及跨境电商企业全方位转型升级；通过对跨境电商龙头企业及跨境电商的资源进行整合，帮助企业加速发展，为跨境电商品牌出海保驾护航。

2. 跨境电商人才培养与对接服务

运河国际跨境电子商务园与中国（杭州）跨境电商学院、浙江大学城市学院、浙江外国语学院、杭州师范大学钱江学院等各大院校建立紧密的合作关系，并从跨境电商专业人才培养方案制定、跨境电商专业课程研发、跨境电商实训基地建设、跨境电商产学研实验室共建等维度开展合作。运河国际跨境电子商务园还联合拱墅区政府、拱墅外贸企业、杭州跨境电商协会等做好跨境电商趋势及政策解读，连接各大跨境电商平台的培训讲师，为跨境电商企业输送跨境人才；连接侃侃商学院、直路外贸学院、米谷学堂、枫火跨境等跨境电商培训机构，联合运河国际跨境电子商务园及行业内各大电商企业、转型外贸团队，组建高校实习基地。运河国际跨境电子商务园根据不同层次的人才，采用跨境电商人才推介会、校企双选会、一对一推荐等模式为高校学生提供实习就业机会，为跨境电商企业提供跨境专业技术人才。

3. 跨境电商投融资服务

运河国际跨境电子商务园为项目企业提供灵活多样的创新投融资服务，通过与银行、风投机构、基金公司的深入合作，定期举办项目路演、资本对接会等。运河国际跨境电子商务园积极与金融机构共同出资设立孵化基金，为处于不同阶段的企业提供贴息贷款、投融资服务，降低企业获取资金的难度，打通企业融资通道，让"大众创业、万众创新"真正走进企业，解决企业的资金链难题，助力企业快速成长。

运河国际跨境电子商务园还专门设立了杭州云禾晖股权投资基金，该基金是浙江省跨境电子商务产业联盟副主席单位杭州平定投资有限公司（运河汇孵化器）为跨境电商企业的技术创新、互联网科技成果的产业化和归国留学人员创业而设立的专项孵化基金。

4. 跨境电商数字营销服务

为帮助跨境电商企业开展数字营销服务，运河国际跨境电子商务园成立拱墅星汇直播联盟，设立供应链中心、人才创业创新中心、全链路服务中心、网络营销中心四大分中心，集聚一批 MCN 机构、专业直播培训机构、主播孵化机构，定期承办一批直播专题讲座、直播技能大赛、直播行业论坛等活动，营造通畅、共享、自由的"无界创新创业"空间，培养一批直播达人，协助传统产业转型升级，加快直播服务人才引聚，建立有效合作机制，共享优质资源。

运河国际跨境电子商务园携手杭州高保玛琪网络科技有限公司（简称高保玛琪）建立全球社交私域创新中心、DTC 独立站孵化中心，助力企业通过社交媒体私域流量加速数字化转型。高保玛琪是一家以技术为驱动的品牌全球化数字营销机构，公司采用海内外领先的数字营销手段，为出海企业找准企业定位，建立自主品牌，进行精准的内容创建、广告投放和在线推广，建立"塑造—传播—转化"三位一体的全链"海外营销系统"，帮助品牌与用户沟通，助力品牌走向全球。

2021 年，高保玛琪成为全国领先的海外社交媒体数字营销系统的技术提供商，可随时随地提取海外 Meta、Instagram、LinkedIn 等主流社交媒体的相关数据，并通过 WhatsApp 实现一站式自动化营销，赋能企业销售业绩增长。2022 年，拓海星盘研发了 TikTok 社媒矩阵营销系统，以 TikTok 为核心载体，覆盖海外主流社交媒体，为跨境电商企业出海开拓新的渠道并提供一站式服务，实现企业海外销售业绩的增长。

四、创新举措

1. 加大产业服务生态建设，增强产业集聚发展活力

运河国际跨境电子商务园发挥园区企业集聚效应，通过政策引导和重点服务，持续强化招引企业，主动发掘特色项目，积极探索以数字生活为核心的跨境直播产业新模式，现已成功申报 2021 年度省级直播电商基地、2022 年度数字生活新服务高质量发展项目、2021 年度国家备案众创空间、浙江省电子商务产业示范基地、2021 年度浙江省电子商务产业示范基地、全球跨境电商品牌与设计创新中心。

2. 创新工作模式，提升产业服务水平

运河国际跨境电子商务园借助直播电商基地和数字生活新服务的项目集聚优势，依托"拱墅区'1+3+N'政策"优势，举办亚马逊全球开店工厂转型、站外引流、报关模式、TikTok 等线上、线下培训课程，助力跨境电商产业链和生态圈的人才专业化、标准化培养，增强跨境电商企业的凝聚力和创造力；加强宣传引导，积极探索企业 9710、9810 监管模式，推动传统外贸企业向跨境电商企业转型升级，由传统货物出口模式向"跨境电商 9710、9810"出口模式转化，营造良好的产业发展氛围。

3. 共建全球跨境电商品牌与设计创新中心，提升数字化服务效能

运河国际跨境电子商务园加大与浙江大学城市学院的校企合作力度，共建全球跨境电商品牌与设计创新中心，以跨境产品品牌研究、工业设计和界面设计研究为核心，开展多学科交叉融合的科研平台、社会服务平台的资源联动，带动服务对接、合作交流、产业孵化，以品牌出海助力中国企业外贸转型升级和品牌价值链重塑。

4. 创新人才培育模式，提升跨境电商人才服务能力

运河国际跨境电子商务园通过大数据智慧人才培育系统，实现"专题培训"与"自选课程"的有机结合，实施"结对子""师带徒"技能传承平台培育模式，创新"中国工匠"激励"中国品牌"名匠培育模式；从人才推荐、人才招聘、人才培训、人才测评、人才辅导、人才创业等多方位，提升企业人才的专业化水平，驱动业务快速增长，高效整合线上、线下的人才和企业数据，匹配企业的人才需求，提升人才的职业能力及实操能力，为企业提供全方位垂直服务。

运河国际跨境电子商务园进一步加强与院校的深度合作，签订共建跨境电商人才孵化中心战略合作协议，推进跨境电商人才孵化中心的建设，深化校企合作与协同创新，提升人才培养质量与创新服务地方的能力。双方共同研发跨境电商人才模式，深化从课堂教学到实践教学一体化教学模式的改革，共建校内实训基地、校外跨境创业基地、产学研实验室，推进招聘会、实习基地的建设，将园区企业资源导入院校，积极促进院校专利成果的授权转让或专利成果的技术入股等，为院校提供成果转化的渠道。

五、尾声

当被问到"运河国际跨境电子商务园在未来有什么规划"时,王少华笑了笑。他坚定地说:"未来,园区将发挥浙江跨境电商产业联盟、星汇直播基地、数字生活新服务项目等资源优势,辐射并带动跨境电商产业集聚发展。依托运河园区人才基地打造人才培训高地,促进园区内跨境电商企业优质资源有机整合,打通跨境电商从销售、物流、报关到品控等全链条,形成集聚发展优势,进一步提升跨境贸易便利化水平。"

王少华表示未来将继续带领团队,持续构建跨境服务新生态,助推中国品牌出海。

【案例思考题】

1. 请分析运河国际跨境电子商务园的设立背景。
2. 你认为运河国际跨境电子商务园采用了什么运营模式和管理机制?
3. 你认为运河国际跨境电子商务园建立了怎样的服务生态?对跨境电商具有哪些推动作用?
4. 运河国际跨境电子商务园推出了诸多创新举措,给你带来了哪些启发与思考?

参考文献

[1] 郭顺兰，贺红兵. 跨境电子商务模式创新要素分析[J]. 商业经济研究，2021（07）：94-97.

[2] 熊嘉晖. 跨境电商企业独立站建设策略研究[J]. 焦作大学学报，2021，35（02）：84-87.

[3] 吴芙蓉，佘明英. 基于抖音看电商新形态兴趣电商[J]. 老字号品牌营销，2022（04）：48-50.

[4] 高钰萌. 跨境电商平台商业模式研究[D]. 天津商业大学，2019.

[5] 曹越，毕新华. 开放式创新社区价值共创模式与知识治理机制[J]. 科技管理研究，2021，41（06）：149-155.

[6] 吕红. 我国社交型跨境电商发展面临的挑战与对策[J]. 对外经贸实务，2017（04）：35-38.

[7] 李文莲，夏健明. 基于"大数据"的商业模式创新[J]. 中国工业经济，2013（05）：83-95.

[8] 任玙，廖惠. 红海时代跨境电商平台发展模式探索：以 Shopee 平台为例[J]. 企业科技与发展，2021（05）：122-124.

[9] 程俊豪. Shopee 异军突起[J]. 21世纪商业评论，2021（04）：49-51.

[10] 李玮. 中国面向东南亚的跨境电商发展趋势探析：基于 Lazada 和 Shopee 的对比分析[J]. 全国流通经济，2021（08）：8-11.

[11] 刘存丰. Lazada 与 Shopee 跨境支付模式比较研究：基于中国出口商视角[J]. 科技经济市场，2020（09）：118-121.

[12] 陈岳，杭俊，陈婷. 东南亚地区跨境电商选品策略[J]. 合作经济与科技，2020（17）：80-82.

[13] 桂晓千. 快时尚品牌营销策略分析：以"SHEIN"为例[J]. 化纤与纺织技术，2021，50（03）：131-132.

[14] 杜志琴. 中国快时尚跨境电商海外拓展创新策略与经验借鉴：以 SHEIN 为例[J]. 天津商务职业学院学报，2020，8（06）：69-74.

[15] 邓贻龙. 希音打造快时尚跨境电商品牌[J]. 企业管理，2022（02）：80-84.

[16] 蔡恩泽. SHEIN："浅吟低唱"的跨境电商黑马[J]. 董事会，2021（06）：74-75.

[17] 李莉，苏子棋，吕晨. 移动互联网产品全球化发展策略研究：以 TikTok 为例[J]. 管理现代化，2021，41（01）：44-47.

[18] 张建鑫. 短视频平台带货的商业逻辑分析：以抖音为例[J]. 采写编，2022（04）：190-192.

[19] 陈品琪，殷彬. 电商直播对消费者购买决策影响研究：以抖音直播为例[J]. 江苏商论，2022（03）：29-32.

[20] 陈杰，薛艳梅，杨好伟，等. 社交平台功能可供性对电商平台引流效果的作用机制[J]. 商业经济研究，2021（17）：97-100.

[21] 王琳. 以小红书为例对社交与电商平台用户行为分析及对策[J]. 现代营销（学苑版），2021（05）：80-83.

[22] 冉双. TikTok 平台跨境电商发展战略研究[J]. 老字号品牌营销，2022（02）：13-15.

[23] 浙江省电子商务促进会. 跨境电商直播研究报告[R]. 杭州：浙江省电子商务促进会，2020.

[24] 艾媒咨询. 2022—2023 年中国直播电商行业运行大数据分析及趋势研究报告[R]. 广州：艾媒智库，2022.

[25] 高帅，段炼. 跨境直播电商促进外贸高质量发展的对策研究[J]. 对外经贸实务，2023.

[26] 刘歆玥. 区块链，生态保险与跨境电商：以豆沙包为例[D]. 浙江大学，2023.

[27] 郑素静. 保险在我国跨境电商风险防范机制中的必要性研究[J]. 对外经贸实务，2021，000（008）：85-88.

[28] 彭焘，史恩义. 数字贸易背景下跨境电商服务平台化（PaaS）路径探索[J]. 商业经济研究．2023，11（8）.

[29] 庞燕. 跨境电商服务供应链与服务集成商能力的提升[J]. 中国流通经济，2019，33（9）：9.

反侵权盗版声明

电子工业出版社依法对本作品享有专有出版权。任何未经权利人书面许可，复制、销售或通过信息网络传播本作品的行为；歪曲、篡改、剽窃本作品的行为，均违反《中华人民共和国著作权法》，其行为人应承担相应的民事责任和行政责任，构成犯罪的，将被依法追究刑事责任。

为了维护市场秩序，保护权利人的合法权益，我社将依法查处和打击侵权盗版的单位和个人。欢迎社会各界人士积极举报侵权盗版行为，本社将奖励举报有功人员，并保证举报人的信息不被泄露。

举报电话：(010) 88254396；(010) 88258888
传　　真：(010) 88254397
E-mail：　dbqq@phei.com.cn
通信地址：北京市海淀区万寿路 173 信箱
　　　　　电子工业出版社总编办公室
邮　　编：100036